Aplicaciones Web

JUAN FERRER MARTÍNEZ

Ra-Ma®

Editado por:
RA-MA Editorial
Calle Jarama, 3A, Polígono Industrial Igarsa
28860 PARACUELLOS DE JARAMA, Madrid
Teléfono: 91 658 42 80
Fax: 91 662 81 39
Correo electrónico: editorial@ra-ma.com
Internet: **www.ra-ma.es** y **www.ra-ma.com**
ISBN: 978-84-9964-167-6
Depósito Legal: M-23608-2012
Maquetación: Antonio García Tomé
Diseño de Portada: Antonio García Tomé
Impresión: Litográfica Ingramex S. A. de C. V.
impreso en México.

A mis padres
y hermanos

Índice

INTRODUCCIÓN 13

CAPÍTULO 1. INTRODUCCIÓN A LAS APLICACIONES WEB 15

1.1 ESQUEMA DE FUNCIONAMIENTO DE UN SERVICIO WEB 16
- 1.1.1 Servicio de ficheros estáticos 16
- 1.1.2 Contenido dinámico 16
- 1.1.3 Servidores virtuales 17
- 1.1.4 Prestaciones extra 17

1.2 LENGUAJES DE MARCAS 17

1.3 PÁGINAS WEB SENCILLAS CON HTML 18
- 1.3.1 Estructura de un documento HTML 18
- 1.3.2 Tamaños y tipos de letra en HTML 20
- 1.3.3 Cambios de párrafo y de línea. Línea horizontal. Divisiones de texto 21
- 1.3.4 Imágenes 22
- 1.3.5 Enlaces, vínculos o *links* 23
- 1.3.6 Tablas 24

1.4 LENGUAJES DE SCRIPT DE CLIENTE 25

1.5 PÁGINAS WEB SENCILLAS CON JAVASCRIPT 25

1.6 HOJAS DE ESTILO 27

1.7 PÁGINAS WEB SENCILLAS CON CSS 27
- 1.7.1 Algunas etiquetas CSS 27
- 1.7.2 CSS en pequeñas partes de la página 28
- 1.7.3 Estilo definido para una etiqueta 28
- 1.7.4 Estilo definido para toda una página 29
- 1.7.5 Estilo definido para todo un sitio web 30

1.8 LENGUAJES DE SCRIPT DE SERVIDOR 31
- 1.8.1 Características 31
- 1.8.2 Tipos 32

1.9 HERRAMIENTAS PARA EL DISEÑO WEB 34
- 1.9.1 Notepad++ 35
- 1.9.2 Dreamweaver 35
- 1.9.3 Aptana Studio 36

1.10 RELACIÓN ENTRE PÁGINAS WEB Y BASES DE DATOS 37

RESUMEN DEL CAPÍTULO 39

EJERCICIOS PROPUESTOS 39

TEST DE CONOCIMIENTOS 40

CAPÍTULO 2. APLICACIONES WEB 2.0 41
2.1 CARACTERÍSTICAS 42
2.2 CONCEPTOS Y TERMINOLOGÍA 42
2.3 RSS, FEEDS, AGREGADORES Y SINDICACIÓN 43
2.4 MARCADORES SOCIALES 47
2.5 BLOGS 53
2.6 WIKIS 53
2.7 PODCASTS 54
2.8 HERRAMIENTAS MULTIMEDIA ON LINE 55
2.8.1 Presentaciones 55
2.8.2 Organizadores y editores de imágenes 57
2.8.3 Diseño web 58
2.8.4 Edición de vídeo 60
2.8.5 Edición de audio 61
2.8.6 Conversión de archivos 63
RESUMEN DEL CAPÍTULO 64
EJERCICIOS PROPUESTOS 64
TEST DE CONOCIMIENTOS 65

CAPÍTULO 3. INSTALACIÓN DE SERVIDORES DE APLICACIONES WEB 67
3.1 SERVIDORES WEB 68
3.1.1 Instalación Apache en Windows 68
3.1.2 Instalación y configuración del módulo PHP en Windows 72
3.2 SISTEMAS GESTORES DE BASES DE DATOS 76
3.2.1 Instalación en Windows 77
3.2.2 Configuración básica de MySQL: PHPMyAdmin 83
3.2.3 Utilizando PHPMyAdmin 84
3.3 INSTALACIÓN DE APACHE, PHP Y MYSQL EN UBUNTU 87
3.4 APLICACIONES DE INSTALACIÓN INTEGRADA 90
3.4.1 Instalación de XAMPP en Windows 90
3.4.2 Instalación de XAMPP en Ubuntu 94
RESUMEN DEL CAPÍTULO 96
EJERCICIOS PROPUESTOS 97
TEST DE CONOCIMIENTOS 97

CAPÍTULO 4. GESTORES DE CONTENIDOS 99
4.1 DEFINICIÓN DE GESTOR DE CONTENIDOS O CMS 100
4.1.1 Historia de los CMS 100
4.1.2 Funcionamiento de un CMS 100
4.2 CARACTERÍSTICAS DE UN CMS 101
4.3 ESTRUCTURA DE UN CMS 101
4.4 TIPOS DE CMS 102
4.5 LICENCIAS DE USO DE LOS CMS 106
RESUMEN DEL CAPÍTULO 107
EJERCICIOS PROPUESTOS 107
TEST DE CONOCIMIENTOS 108

CAPÍTULO 5. INSTALACIÓN DE GESTORES DE CONTENIDOS: JOOMLA....... 109
5.1 DEFINICIÓN....... 110
5.2 LICENCIAS DE USO....... 110
5.3 REQUERIMIENTOS DE FUNCIONAMIENTO....... 110
5.4 DESCARGA DE JOOMLA....... 111
5.5 INSTALACIÓN EN SISTEMAS OPERATIVOS LIBRES Y PROPIETARIOS....... 112
5.6 USUARIOS Y GRUPOS....... 117
5.6.1 Niveles de acceso a la parte pública (*frontend*)....... 117
5.6.2 Niveles de acceso a la parte de administración (*backend*)....... 117
5.6.3 Crear o administrar usuarios en Joomla....... 118
5.7 PERSONALIZACIÓN DE LA INTERFAZ: PLANTILLAS....... 119
RESUMEN DEL CAPÍTULO....... 121
EJERCICIOS PROPUESTOS....... 122
TEST DE CONOCIMIENTOS....... 122
CAPÍTULO 6. FUNCIONALIDADES PROPORCIONADAS POR EL GESTOR DE CONTENIDOS JOOMLA....... 123
6.1 FUNCIONAMIENTO DEL GESTOR DE CONTENIDO JOOMLA....... 124
6.1.1 Componentes del gestor de contenidos Joomla....... 124
6.1.2 Categorías....... 124
6.1.3 Creación de contenidos: artículos....... 127
6.1.4 Lista de artículos. Publicar/despublicar artículos....... 127
6.1.5 Editar artículos....... 128
6.1.6 Nuevo artículo....... 129
6.2 ADMINISTRACIÓN....... 130
6.2.1 Actualizaciones del gestor de contenidos....... 130
6.2.2 Configuración de módulos....... 130
6.2.3 Configuración de menús....... 133
6.2.4 Mecanismos de seguridad....... 135
6.2.5 Rendimiento....... 135
6.2.6 Sindicación externa....... 136
6.2.7 Sindicación interna....... 138
6.2.8 Copias de seguridad....... 139
6.2.9 Idiomas....... 141
RESUMEN DEL CAPÍTULO....... 143
EJERCICIOS PROPUESTOS....... 144
TEST DE CONOCIMIENTOS....... 144
CAPÍTULO 7. GESTORES DE APRENDIZAJE A DISTANCIA: MOODLE....... 145
7.1 DEFINICIÓN....... 146
7.2 LICENCIAS DE USO....... 146
7.3 REQUERIMIENTOS DE FUNCIONAMIENTO....... 147
7.4 INSTALACIÓN....... 147
7.5 CÓMO CREAR UN CURSO....... 157
7.6 ESTRUCTURA....... 159
7.6.1 Foros....... 159

7.6.2 Diarios ... 161
7.6.3 Apuntes, Materiales o Recursos ... 161
7.6.4 Tareas ... 162
7.6.5 Cuestionarios ... 163
7.6.6 Consultas ... 165
7.6.7 Encuestas ... 166
7.6.8 *Chat* ... 167
7.6.9 Glosario ... 168
7.6.10 Lección ... 168
7.6.11 Taller ... 168
7.7 CREACIÓN DE CONTENIDOS ... 169
7.8 PERSONALIZACIÓN DE LA INTERFAZ ... 169
7.8.1 Ajustes de Temas ... 169
7.8.2 Selector de Temas ... 171
7.9 USUARIOS Y GRUPOS ... 171
7.9.1 Administrador ... 172
7.9.2 Creador de Cursos ... 172
7.9.3 Profesor ... 172
7.9.4 Estudiante ... 172
7.9.5 Invitado ... 172
7.10 CONTROL DE ACCESOS. RED MOODLE ... 173
7.11 INTEGRACIÓN DE MÓDULOS ... 173
7.11.1 Módulo de Tareas ... 173
7.11.2 Módulo de Consulta ... 174
7.11.3 Módulo Foro ... 174
7.11.4 Módulo Diario ... 174
7.11.5 Módulo Cuestionario ... 174
7.11.6 Módulo Recurso ... 175
7.11.7 Módulo Encuesta ... 175
7.11.8 Módulo Wiki ... 175
7.12 COPIAS DE SEGURIDAD ... 176
RESUMEN DEL CAPÍTULO ... 179
EJERCICIOS PROPUESTOS ... 179
TEST DE CONOCIMIENTOS ... 180
CAPÍTULO 8. INSTALACIÓN DE SERVICIOS DE GESTIÓN DE ARCHIVOS WEB ... 181
8.1 INTRODUCCIÓN ... 182
8.1.1 Ventajas ... 182
8.1.2 Inconvenientes ... 182
8.1.3 Algunas aplicaciones de Gestión de Archivos en Línea ... 182
8.2 INSTALAR GMAIL DRIVE ... 187
8.3 ALTA EN BOX ... 190
8.4 NAVEGACIÓN Y OPERACIONES BÁSICAS CON GMAIL DRIVE ... 193
8.4.1 Crear carpetas ... 193
8.4.2 Copiar archivos y carpetas ... 193
8.4.3 Eliminar archivos y carpetas ... 194

8.5 NAVEGACIÓN Y OPERACIONES BÁSICAS CON BOX....195
8.5.1 Crear carpetas....195
8.5.2 Copiar archivos....196
8.5.3 Eliminar archivos y carpetas....197
8.6 ADMINISTRACIÓN DE BOX....197
8.7 CREACIÓN DE RECURSOS COMPARTIDOS EN BOX....201
8.7.1 Compartir mediante enlace seguro....201
8.7.2 Compartir mediante colaboradores....202
8.8 USUARIOS Y PERMISOS. TIPOS DE USUARIO EN BOX....205
RESUMEN DEL CAPÍTULO....207
EJERCICIOS PROPUESTOS....207
TEST DE CONOCIMIENTOS....208
CAPÍTULO 9. INSTALACIÓN DE APLICACIONES DE OFIMÁTICA WEB....209
9.1 INTRODUCCIÓN....210
9.1.1 Ventajas....210
9.1.2 Inconvenientes....211
9.1.3 Algunas aplicaciones de ofimática web....211
9.1.4 Google Docs....212
9.2 INSTALACIÓN....213
9.2.1 Creación de una cuenta Google....214
9.3 UTILIZACIÓN DE LAS APLICACIONES INSTALADAS: CREACIÓN DE DOCUMENTOS....216
9.3.1 La pantalla de Inicio....216
9.3.2 Nuevo documento....216
9.3.3 Guardar un documento....217
9.4 COMPROBACIÓN DE LA SEGURIDAD. GESTIÓN DE USUARIOS Y PERMISOS ASOCIADOS....219
9.4.1 Compartir un elemento....219
9.4.2 Invitar a colaboradores y lectores....220
9.4.3 Gestionar el uso compartido....222
9.4.4 Público en la Web....224
9.4.5 Publicar un documento....224
RESUMEN DEL CAPÍTULO....227
EJERCICIOS PROPUESTOS....227
TEST DE CONOCIMIENTOS....228
CAPÍTULO 10. INSTALACIÓN DE APLICACIONES WEB DE ESCRITORIO....229
10.1 ESCRITORIO WEB....230
10.1.1 Historia....230
10.1.2 Escritorio web vs. escritorio tradicional....230
10.1.3 Aplicaciones de escritorio web....231
10.2 APLICACIONES DE CORREO WEB....234
10.3 INSTALACIÓN....234
10.3.1 instalación en Windows....234
10.3.2 Instalación en Linux....237
10.4 GESTIÓN DE USUARIOS....238
10.4.1 Gestión de usuarios en Thunderbird....238
10.4.2 Gestión de usuarios en Gmail....242

RESUMEN DEL CAPÍTULO 245
EJERCICIOS PROPUESTOS 245
TEST DE CONOCIMIENTOS 246

CAPÍTULO 11. GESTORES DE CONTENIDOS PARA BLOGS: BLOGGER 247
11.1 ¿QUÉ ES UN BLOG? 248
11.2 ESTRUCTURA DE UN BLOG 248
11.2.1 La cabecera 248
11.2.2 El *post* o entrada 249
11.2.3 Los comentarios 249
11.2.4 El *blogroll* 250
11.2.5 Fecha/hora 250
11.2.6 Categorías/etiquetas 250
11.2.7 Enlace permanente o *permalink* 251
11.2.8 Sindicación 251
11.2.9 *Widgets* o *gadgets* 251
11.3 BLOGGER 251
11.3.1 Historia de Blogger 251
11.4 CREACIÓN DE NUESTRO BLOG CON BLOGGER 252
11.4.1 Personalizar apariencia de nuestro *blog* 254
11.4.2 Creación de entradas en nuestro *blog* 255
11.4.3 Añadir *gadgets* a nuestro *blog* 261
11.4.4 Configuración avanzada de nuestro *blog* 263
11.4.5 Estadísticas de nuestro *blog* 264
11.5 CÓMO PONER MÚSICA EN NUESTRO BLOG: GOEAR.COM 265
11.6 CÓMO INSERTAR PRESENTACIONES A NUESTRO BLOG 268
RESUMEN DEL CAPÍTULO 269
EJERCICIOS PROPUESTOS 270
TEST DE CONOCIMIENTOS 270

CAPÍTULO 12. WIKIS: MEDIAWIKI 271
12.1 DEFINICIÓN 272
12.2 COMPONENTES DE UNA WIKI 272
12.3 MEDIAWIKI 274
12.4 LICENCIAS DE USO DE MEDIAWIKI 274
12.5 REQUERIMIENTOS DE FUNCIONAMIENTO 275
12.6 INSTALACIÓN 275
12.6.1 Acceso a Mediawiki 276
12.6.2 Comprobación del entorno 277
12.6.3 configuración de la base de datos 278
12.6.4 Configuración del sitio 280
12.6.5 Opciones de instalación 281
12.6.6 Extensiones 282
12.6.7 Carga de imágenes y archivos. Configuración avanzada 282
12.6.8 Completar la instalación 283
12.6.9 Problemas encontrados 285

12.7 USUARIOS Y GRUPOS ... 286
12.7.1 *Sysops* o administradores ... 287
12.7.2 Los burócratas ... 288
12.8 CREACIÓN DE CONTENIDOS ... 290
12.8.1 *Sidebar* ... 291
12.8.2 Pestañas ... 292
12.8.3 Enlaces del usuario ... 292
12.8.4 Crear una página nueva ... 295
12.9 PERSONALIZACIÓN DE LA INTERFAZ, PLANTILLAS ... 299
12.10 MECANISMOS DE SEGURIDAD INTEGRADOS ... 300
12.11 EDICIÓN ... 300
12.12 COPIAS DE SEGURIDAD ... 302
RESUMEN DEL CAPÍTULO ... 303
EJERCICIOS PROPUESTOS ... 304
TEST DE CONOCIMIENTOS ... 304
CAPÍTULO 13. INSTALACIÓN DE SISTEMAS GESTORES PARA IMÁGENES ... 305
13.1 INTRODUCCIÓN ... 306
13.1.1 Ventajas de las Aplicaciones Gestoras de Imágenes ... 306
13.1.2 Edición básica de fotos *on line* ... 306
13.1.3 Archivado y almacenamiento ... 307
13.1.4 Creación de presentaciones para fotos ... 307
13.1.5 Retoque fotográfico y edición avanzada ... 307
13.2 INSTALACIÓN ... 308
13.2.1 Edición básica de fotos *on line*: Photoshop Express Editor ... 308
13.2.2 Archivado y almacenamiento: Picasa ... 312
13.2.3 Creación de presentaciones para fotos: MemoriesOnTV ... 321
13.2.4 Retoque fotográfico y edición avanzada: Photoshop ... 326
13.2.5 Facebook ... 333
13.2.6 Tuenti ... 336
RESUMEN DEL CAPÍTULO ... 337
EJERCICIOS PROPUESTOS ... 338
TEST DE CONOCIMIENTOS ... 338
CAPÍTULO 14. GESTORES DE CONTENIDOS PARA FOROS: BBPRESS ... 339
14.1 DEFINICIÓN ... 340
14.2 LICENCIAS DE USO DE BBPRESS ... 340
14.3 REQUERIMIENTOS DE FUNCIONAMIENTO ... 340
14.4 INSTALACIÓN ... 341
14.5 ESTRUCTURA ... 344
14.6 PERSONALIZACIÓN DE LA INTERFAZ ... 346
14.7 PERFILES DE USUARIOS Y MECANISMOS DE SEGURIDAD INTEGRADOS ... 347
14.7.1 *Master Key* ... 347
14.7.2 Administrador ... 348
14.7.3 Moderador ... 348
14.7.4 Miembro ... 348

14.7.5 Bloqueado ... 348
14.8 USUARIOS Y GRUPOS ... 348
14.9 INTEGRACIÓN DE MÓDULOS ... 351
14.9.1 Base de datos ... 351
14.9.2 *Cookies* ... 351
14.9.3 Registro ... 351
14.9.4 Funciones (opcional) ... 351
14.10 GESTIÓN DE TEMAS ... 352
14.11 PUBLICACIÓN ... 352
14.12 SINDICACIÓN DE CONTENIDOS ... 353
14.13 COPIAS DE SEGURIDAD ... 353
14.14 SELECCIÓN DE MODIFICACIONES A REALIZAR ... 355
14.15 INCORPORACIÓN Y ADAPTACIÓN DE FUNCIONALIDADES ... 356
RESUMEN DEL CAPÍTULO ... 356
EJERCICIOS PROPUESTOS ... 357
TEST DE CONOCIMIENTOS ... 357
CAPÍTULO 15. SISTEMAS OPERATIVOS ONLINE ... 359
15.1 INTRODUCCIÓN ... 360
15.1.1 Google Chrome OS ... 360
15.1.2 Jolicloud ... 361
15.2 INSTALACIÓN DE JOLICLOUD ... 362
15.3 UTILIZACIÓN ... 365
RESUMEN DEL CAPÍTULO ... 373
EJERCICIOS PROPUESTOS ... 374
TEST DE CONOCIMIENTOS ... 374
MATERIAL ADICIONAL ... 375
ÍNDICE ALFABÉTICO ... 377

Introducción

Este libro surge con el propósito de acercar al lector a los aspectos más importantes que encierran las aplicaciones web, ante la creciente demanda de personal cualificado para su administración. Con tal propósito, puede servir de apoyo también para estudiantes del Ciclo Formativo de Grado Medio de **Informática** y las **Ingenierías Técnicas**.

Hoy en día, existen muchos usuarios y profesionales de la Informática que discuten las ventajas e inconvenientes de algunas aplicaciones web y prefieren limitarse al uso exclusivo de una de ellas. Aquí no hay preferencia por ningún sistema en particular, ni se intenta compararlos para descubrir cuál es el mejor de todos, sino que se exponen sus principales características, manejo y métodos para conseguir la coexistencia entre ellos.

Para todo aquel que use este libro en el entorno de la enseñanza (Ciclos Formativos o Universidad) se ofrecen varias posibilidades: utilizar los conocimientos aquí expuestos para inculcar aspectos genéricos de las aplicaciones web o simplemente centrarse en preparar a fondo alguno de ellos. La extensión de los contenidos aquí incluidos hace imposible su desarrollo completo en la mayoría de los casos.

Ra-Ma pone a disposición de los profesores una guía didáctica para el desarrollo del tema que incluye las soluciones a los ejercicios expuestos en el texto. Puede solicitarla a *editorial@ra-ma.com*, acreditándose como docente y siempre que el libro sea utilizado como texto base para impartir las clases.

1 Introducción a las aplicaciones web

OBJETIVOS DEL CAPÍTULO

- ✓ Comprender el esquema de funcionamiento de un servicio web.
- ✓ Conocer los lenguajes de marcas y el más utilizado de todos, el lenguaje HTML.
- ✓ Conocer los lenguajes de *script* de cliente y una introducción al más popular JavaScript.
- ✓ Presentar las limitaciones en cuanto a formato de presentación de HTML e introducir las hojas de estilo en cascada (CSS).
- ✓ Introducir los lenguajes de *script* de servidor, sus características y tipos.
- ✓ Ver algunas de las herramientas para el desarrollo web.
- ✓ Conocer la relación entre las páginas web y las bases de datos.

1.1 ESQUEMA DE FUNCIONAMIENTO DE UN SERVICIO WEB

Existen múltiples definiciones sobre lo que son los servicios web, lo que muestra su complejidad a la hora de dar una adecuada definición que englobe todo lo que son e implican. Podemos considerar los servicios web como un conjunto de aplicaciones o de tecnologías con capacidad para interoperar en la Web. Estas aplicaciones o tecnologías intercambian datos entre sí con el objetivo de ofrecer unos servicios. Los proveedores ofrecen sus servicios como procedimientos remotos y los usuarios solicitan un servicio llamando a estos procedimientos a través de la Web.

Estos servicios proporcionan mecanismos de comunicación estándares entre diferentes aplicaciones, que interactúan entre sí para presentar información dinámica al usuario. Para proporcionar interoperabilidad y extensibilidad entre estas aplicaciones, y que al mismo tiempo sea posible su combinación para realizar operaciones complejas, es necesaria una arquitectura de referencia estándar.

Un servidor web es un programa que sirve para atender y responder a las diferentes peticiones de los navegadores, proporcionando los recursos que soliciten usando el protocolo HTTP o el protocolo HTTPS (la versión cifrada y autenticada). Un servidor web básico cuenta con un esquema de funcionamiento muy simple, basado en ejecutar infinitamente el siguiente bucle:

1. Espera peticiones en el puerto TCP.
2. Recibe una petición.
3. Busca el recurso.
4. Envía el recurso utilizando la misma conexión por la que recibió la petición.
5. Vuelve al primer punto.

Un servidor web que siga el esquema anterior cumplirá todos los requisitos básicos de los servidores HTTP, aunque solo podrá servir ficheros estáticos.

A partir del anterior esquema se han diseñado y desarrollado todos los servidores de HTTP que existen, variando solo el tipo de peticiones (páginas estáticas, CGI, *Servlets*, etc.) que pueden atender, en función de que sean o no sean multiproceso o multihilados, etc.

1.1.1 SERVICIO DE FICHEROS ESTÁTICOS

Todos los servidores web deben incluir, al menos, la capacidad para servir los ficheros estáticos que se hallen en alguna parte del disco. Un requisito básico es la capacidad de especificar qué parte del disco se servirá. No resulta recomendable que el programa servidor obligue a usar un directorio concreto, aunque sí puede tener uno por defecto.

La mayoría de servidores web permiten añadir otros directorios o subdirectorios para servir, especificando en qué punto del "sistema de ficheros" virtual del servidor se localizarán los recursos.

Algunos servidores web permiten también especificar directivas de seguridad (quién puede acceder a los recursos), mientras que otros hacen posible la especificación de los ficheros que se deben considerar como índice del directorio.

1.1.2 CONTENIDO DINÁMICO

Uno de los aspectos fundamentales del servidor web elegido es el nivel de soporte que ofrece para servir contenido dinámico. Puesto que la mayor parte del contenido web que se sirve no viene de páginas estáticas, sino que se genera de forma dinámica, y esta tendencia se mueve claramente al alza, el soporte para contenido de tipo dinámico que ofrece un servidor web es uno de los puntos críticos en la elección.

La mayor parte de los servidores web ofrecen soporte para CGI (se debe recordar que los CGI son el método más antiguo y sencillo para generar contenido dinámico). Otros muchos ofrecen soporte para algunos lenguajes de programación (normalmente lenguajes interpretados) como PHP, JSP, ASP, etc. Es muy recomendable que el servidor web que vayamos a utilizar proporcione soporte para algunos de estos lenguajes, especialmente PHP, sin tener en cuenta JSP, que normalmente requerirá un software externo para funcionar (como un contenedor de *Servlets*). La oferta es muy amplia, pero antes de elegir un lenguaje de programación de servidor se debe plantear si se desea un lenguaje muy estándar para que la aplicación no dependa de un servidor web o una arquitectura concreta o si, al contrario, la portabilidad no es prioritaria y sí lo es alguna otra prestación concreta que pueda ofrecer algún lenguaje de programación concreto.

1.1.3 SERVIDORES VIRTUALES

Una prestación que gana aceptación y usuarios rápidamente, muy especialmente entre los proveedores de servicios de Internet y las empresas de alojamiento de dominios, es la capacidad de algunos servidores web de facilitar múltiples dominios con una única dirección IP, discriminando entre los diferentes dominios alojados en función del nombre de dominio enviado en la cabecera HTTP. Esta prestación permite la administración racional y ahorradora de un bien escaso, las direcciones IP. Si se necesitan muchos nombres de servidor (porque proporcionamos alojamiento o por cualquier otro motivo) debemos asegurarnos de que el servidor web elegido ofrezca esta facilidad y que el soporte que ofrece para servidores virtuales permita una configuración distinta para cada servidor. Sería perfecto que cada servidor se comportara como si fuese un ordenador diferente.

1.1.4 PRESTACIONES EXTRA

Son muchas las prestaciones que ofrecen los diferentes servidores web para diferenciarse de la competencia. Algunas son realmente útiles y pueden decidir la elección de servidor. Hay que ser conscientes, sin embargo, de que si utilizamos algunas de estas características, o si éstas devienen imprescindibles, ello nos puede ligar a un determinado servidor web e imposibilitar una migración posterior.

1.2 LENGUAJES DE MARCAS

Un “lenguaje de marcado” o “lenguaje de marcas” se puede definir como una forma de codificar un documento donde, junto con el texto, se incorporan etiquetas, marcas o anotaciones con información adicional relativa a la estructura del texto, su presentación. El lenguaje de marcas más conocido en la actualidad es el HTML, que se utiliza en las páginas web.

Las marcas también están formadas de texto, pero que es interpretado cuando se muestra el documento, y suelen llamarse también etiquetas. Existen tres clases de lenguajes de marcas y pueden presentarse todas en un mismo documento.

- **Marcas de presentación**: estas marcas indican el formato-marco del texto. Su uso comienza a reducirse dado que es poco flexible, especialmente en grandes proyectos.
- **Marcas de procedimientos**: estas marcas se utilizan para la presentación del texto, interpretándose cada una en el orden en que aparecen. Por ejemplo, la marca que se agrega inmediatamente antes de un texto para que se vea en negrita. Luego debe existir la marca correspondiente que termine o cierre la negrita. Otras marcas de procedimientos pueden ser centrar texto, cambio de tamaño de fuente, cambios de estilos, etc. Algunos lenguajes de marcas de procedimiento son *nroff*, *troff*, *TeX*, *PostScript*, *HTML*, etc.

- **Marcas descriptivas**: también llamadas *marcado descriptivo* o *semántico*. Aquí se utilizan las marcas para describir fragmentos de texto sin especificar cómo deben representarse. Algunos lenguajes diseñados para esto son el *SGML* y el *XML*.

En los lenguajes de marcas descriptivas el formato está separado del contenido, permitiendo flexibilidad a la hora de reformatear un texto.

Algunos ejemplos de lenguajes de marcas son: *DocBook*, *Extensible HyperText Markup Language* (XHTML), *Extensible Markup Language* (XML), *Generalized Markup Language* (GML), *HyperText Markup Language* (HTML), *Lilypond* (sistema para notación musical), *Rich Text Format* (RTF), *TeX*, *LaTeX* (utilizado generalmente en matemáticas y publicaciones académicas), etc.

1.3 PÁGINAS WEB SENCILLAS CON HTML

HTML son las siglas de *HyperText Markup Language* (Lenguaje de Marcas de Hipertexto), es el lenguaje de marcado predominante para la construcción de páginas web. Es usado para describir la estructura y el contenido en forma de texto, así como para complementar el texto con objetos tales como imágenes. HTML se escribe en forma de "etiquetas" o "marcas", rodeadas por corchetes angulares (< >).

HTML fue desarrollado originalmente por Tim Berners-Lee mientras estaba en el CERN, y popularizado por el navegador Mosaic desarrollado en NCSA. Durante el transcurso de la década de 1990 proliferó con el crecimiento explosivo de la Web. Durante este tiempo, se añadieron etiquetas al lenguaje HTML. La web depende de los autores de páginas web y de que las compañías compartan las mismas convenciones de HTML. Esto ha motivado el trabajo conjunto sobre las especificaciones de HTML.

A las instrucciones que forman el lenguaje HTML se les llama elementos o etiquetas y siempre van encerrados entre < y >.

1.3.1 ESTRUCTURA DE UN DOCUMENTO HTML

Toda página HTML debe incluir las etiquetas <HTML> y </HTML>, estas etiquetas nos están indicando que el código contenido entre ellas va a ser HTML.

Los documentos escritos en HTML están estructurados en dos partes diferenciadas: la HEAD (cabecera) y el BODY (cuerpo).

HEAD. La parte <HEAD> es la primera de las dos partes en que se estructura un documento HTML.

En la zona del <HEAD> y </HEAD> reside información acerca del documento, y generalmente no se ve cuando se navega por él. En la zona <HEAD> y </HEAD> se pone el elemento <TITLE> </TITLE> que es una breve descripción que identifica el documento. Es lo que veremos como título de la ventana en los navegadores que lo permitan. Es como se conocerá nuestra página en algunos buscadores y en la agenda de direcciones (*bookmarks*) de los usuarios. Por tanto, parece importante pensarnos bien cómo llamarla. Este título aparecerá en la barra superior del navegador junto con el nombre de dicho navegador.

```
<HEAD>
<TITLE>
Head de un documento
</TITLE>
</HEAD>
```

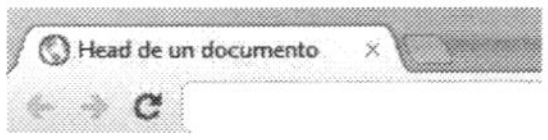

Figura 1.1. *Head*

ACTIVIDADES 1.1

- Haga un título que sea personalizado para todas sus webs futuras, en dicho título debe aparecer su nombre y apellidos, además del curso. No olvide para todas las prácticas de este tema incorporar este título.

BODY. El cuerpo <BODY> </BODY> es la segunda y última de las dos partes en que se estructura un documento HTML. Esta parte al contrario que <HEAD> es obligatoria, ya que es aquí donde reside el verdadero contenido de la página. A continuación se presenta la primera página web en HTML.

```
<HTML>
<HEAD>
<TITLE> Mi primera pagina</TITLE>
</HEAD>
<BODY>
<CENTER>
<H1>
Mi Primera pagina
</H1>
</CENTER>
<P> Bienvenido a mi primera pagina Web
</BODY>
</HTML>
```

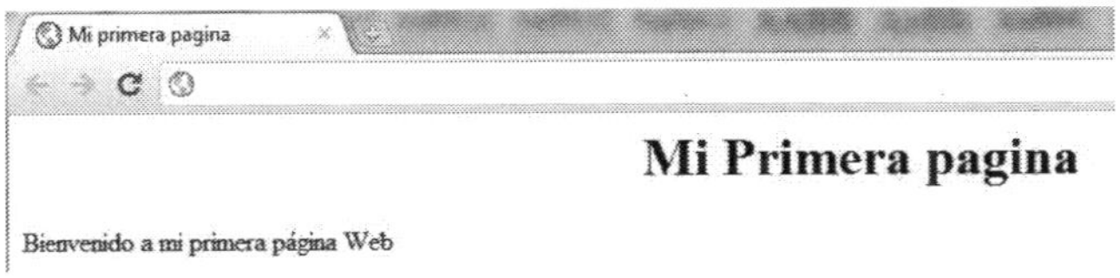

Figura 1.2. *Mi primera web*

Con las etiquetas <CENTER> y </CENTER> indicamos que el texto que está comprendido entre estas etiquetas irá centrado en la pantalla del navegador.

Las etiquetas <H1> y </H1> indican el tamaño del texto, en este caso cabecera 1 (el más grande de todos), que nos permitirá verlo más grande que el resto de elementos de la página web.

Por último la etiqueta <P> nos indica que el texto que viene a continuación es un párrafo normal y corriente, el típico texto que nos vamos a encontrar en cualquier página web.

ACTIVIDADES 1.2

- Haga su primera página web, en esta página aparecerá un texto centrado de tipo *cabecera1* con su nombre y apellidos, después pondrá un texto de tipo párrafo con el contenido "esta es mi tarea número 2". No olvide poner el título personalizado que realizó en la Actividad 1.1.

1.3.2 TAMAÑOS Y TIPOS DE LETRA EN HTML

Para definir distintos tamaños de letra, en HTML se utiliza el elemento <Hx> </Hx> donde *x* es un número que puede variar entre 1 y 6, siendo 1 el tamaño mayor. Podemos probar esto con el siguiente ejemplo:

```
<HTML>
<HEAD>
<TITLE> Pagina Web </TITLE>
</HEAD>
<BODY>
<H1>Encabezado H1</H1>
<H2>Encabezado H2</H2>
<H3>Encabezado H3</H3>
<H4>Encabezado H4</H4>
<H5>Encabezado H5</H5>
<H6>Encabezado H6</H6>
<P>Este es una parrafo normal para comparar con los encabezados
</BODY>
</HTML>
```

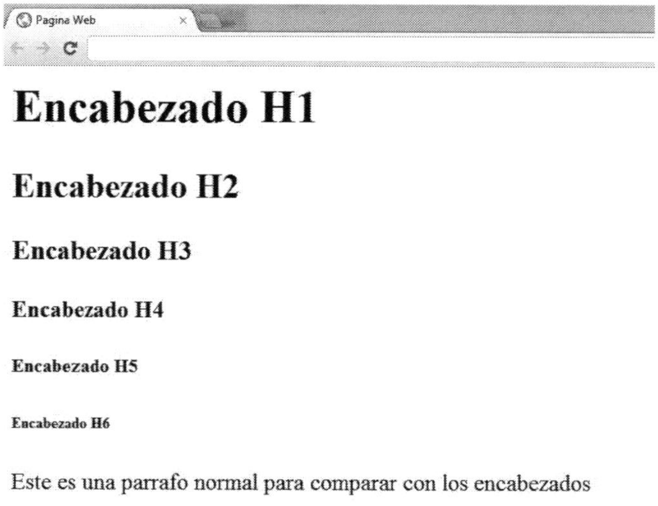

Figura 1.3. *Encabezados*

ACTIVIDADES 1.3

- Haga una página web donde aparezcan los encabezados vistos anteriormente pero en orden inverso, es decir, primero empezando por el encabezado 6 y terminando por el 1. El contenido del texto de los encabezados será su nombre y apellidos. La página terminará con un texto con formato párrafo que ponga "Aquí se acaba la página, hasta otra".

1.3.3 CAMBIOS DE PÁRRAFO Y DE LÍNEA. LÍNEA HORIZONTAL. DIVISIONES DE TEXTO

Para realizar cambios de párrafo (Intro) debemos utilizar <BR>. Hay que tener en cuenta que cuando se cambia de un estilo a otro, se produce un salto de línea de manera automática, sin tener que especificar <BR>.

Si queremos introducir líneas para separar unos contenidos de otros debemos utilizar <HR>, el funcionamiento de <HR> es similar al de
 (Intro) y funciona de manera parecida, ya que <BR> introduce un salto de línea y <HR> lo que hace es dar un salto de línea pero además incluyendo una línea separatoria, además, al igual que en el caso de <BR>, tampoco existe </HR>. En el ejemplo siguiente se puede apreciar claramente las diferencias existentes entre <BR> y <HR>.

```
<HTML>
<HEAD>
<TITLE>web</TITLE>
</HEAD>
<BODY>
<H2> Encabezado 1 </H2>
<P>Primer parrafo debajo del encabezado.
<HR>
<H2> Encabezado 2 </H2>
<P>Segundo parrafo debajo del encabezado.
<BR>aqui seguira el resto de la pagina
</BODY>
</HTML>
```

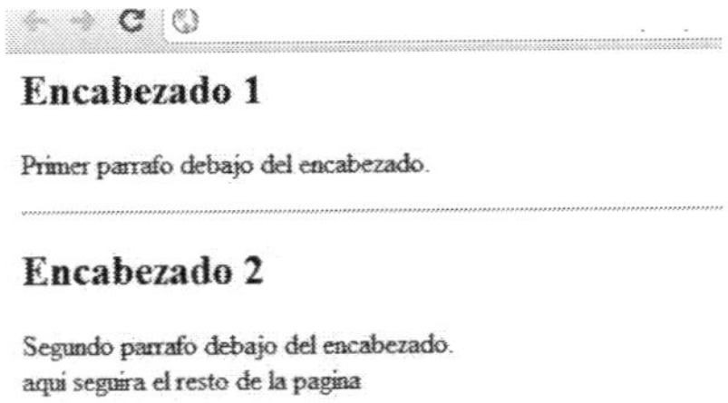

Figura 1.4. *
 y <HR>*

ACTIVIDADES 1.4

- Partiendo de la Actividad 1.3, añada una línea de separación entre cada cabecera distinta. Entre el contenido de las cabeceras y el del párrafo normal deben quedar 3 saltos (Intros).

1.3.4 IMÁGENES

Podemos insertar imágenes en una página web, que nos ayudarán a mejorar el aspecto visual de una página web. Para insertar una imagen es necesario insertar la etiqueta <IMG src='foto'>. Dicha etiqueta no necesita etiqueta de cierre, como sucede con <BR> y <HR>. Para insertar una imagen en una página web habrá que escribir:

```
<IMG SRC="imagen.gif">
```

Para trabajar de una forma más sencilla y ordenada, es recomendable que todas las imágenes se encuentren en un mismo directorio.

```
<HTML>
<HEAD>
<TITLE>  Web </TITLE>
</HEAD>
<BODY>
<H1>Web con fotos</H1>
<BR> <BR>
<IMG SRC="ordenador1.jpg" WIDTH="180">
<BR>
<IMG SRC="ordenador1.jpg" WIDTH="480">
</HTML>
```

Figura 1.5. *Fotos*

ACTIVIDADES 1.5

- Hacer una web que contenga 3 fotos. Las fotos pueden ser las que quiera el alumno/a.

1.3.5 ENLACES, VÍNCULOS O LINKS

Un enlace es una zona de texto o gráficos que si son cliqueados nos trasladan a otra página o a otra posición dentro de la página actual.

Para incorporar un enlace hay que utilizar la etiqueta <A HREF>. Todo lo que encerremos entre <A HREF> y </A>, ya sea texto o imágenes, será considerado como enlace y se visualizará de manera distinta en el navegador. El texto aparecerá subrayado y de un color distinto al habitual, y las imágenes estarán rodeadas por un borde del mismo color que el del texto del enlace. Al pulsar sobre el enlace, seremos enviados a la página que apuntaba el enlace. Para que el enlace sirva para algo debemos especificarle una dirección. Lo haremos de la siguiente manera:

```
<A HREF="dirección">pulsame </A>
```

Podemos referenciar a páginas que están dentro de mi sitio web o páginas que son externas a mi sitio web.

```
<HTML>
<HEAD>
<TITLE> Web </TITLE>
</HEAD>
<BODY>
<H1> Links </H1>
<BR>
<A HREF="http://www.google.es"> haz clic aqui para ir a google</A>
<BR> <BR>
<A HREF="o.html"><img src="uno.jpg"></A>
</BODY>
</HTML>
```

Figura 1.6. *Links*

ACTIVIDADES 1.6

- Hacer una web que enlace a 3 páginas distintas. El primer enlace será a *http://www.ra-ma.es*, el segundo será a *http://www.bing.es* y el tercero será un enlace a la Actividad 1.2 con una imagen que lleve el número 2.

1.3.6 TABLAS

Las tablas nos permiten representar y ordenar cualquier elemento de nuestra presentación en diferentes filas y columnas de modo que podamos resumir grandes cantidades de información de una manera que puede representarse rápida y fácilmente. Cuando hablamos de filas nos referimos a las casillas que están en horizontal y las columnas son las que están de manera vertical.

Una tabla va siempre delimitada por las etiquetas <table> y </table>. Dentro de una tabla vamos a distinguir dos elementos: filas y columnas:

- **Filas**: se identifican mediante las etiquetas <tr> y </tr>.
- **Columnas**: se identifican mediante las etiquetas <td> y </td>.

Para completar una tabla vamos rellenando casillas de izquierda a derecha, partiendo de arriba hacia abajo.

Vamos a ver un ejemplo de una tabla que tiene 3 filas y 2 columnas, la primera fila contendrá el título de los campos de la tabla.

```
<HTML>
<HEAD>
<TITLE>web</TITLE>
</HEAD>
<BODY>
<H1>Tablas</H1>
<TABLE BORDER="1">
<TR>
   <TD>casilla 1</TD>
   <TD>casilla 2</TD>
</TR>
<TR>
   <TD>casilla 3</TD>
   <TD>casilla 4</TD>
</TR>
   <TR>
   <TD>casilla 5</TD>
   <TD>casilla 6</TD>
   </TR>

</TABLE>
</BODY>
</HTML>
```

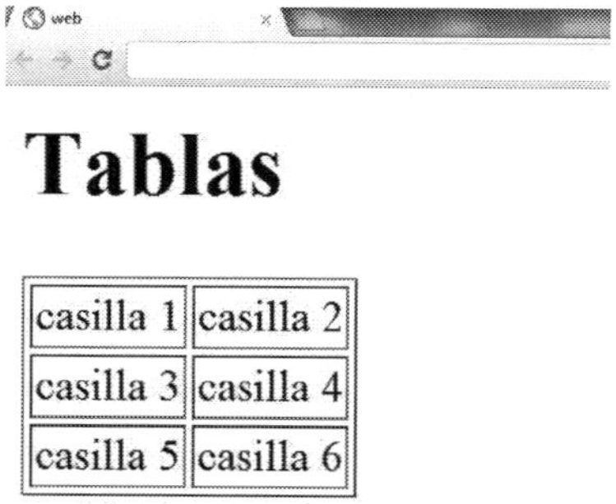

Figura 1.7. *Tablas*

ACTIVIDADES 1.7

- Hacer una página web con una tabla que tenga 2 filas y 5 columnas, en cada una de las casillas irá un numero: 1, 2, 3... hasta el 10.

1.4 LENGUAJES DE SCRIPT DE CLIENTE

Un lenguaje de *script* es un pequeño lenguaje de programación cuyo código se inserta dentro del documento HTML. Este código se ejecuta en el navegador del usuario al cargar la página, o cuando sucede algo especial como puede ser el pulsar sobre un enlace.

Estos lenguajes permiten variar dinámicamente el contenido del documento, modificar el comportamiento normal del navegador, validar formularios, realizar pequeños trucos visuales, etc. Sin embargo, conviene recordar que se ejecutan en el navegador del usuario y no en la máquina donde estén alojados, por lo que no podrán realizar cosas como manejar bases de datos.

Los lenguajes de *script* de cliente más conocidos son: HTML, CSS, JavaScript, Flash, VBScript y los *applets* de Java.

1.5 PÁGINAS WEB SENCILLAS CON JAVASCRIPT

El primer lenguaje de *script* que vio la luz fue el JavaScript de Netscape. Nacido con la versión 2.0 de este navegador en el año 1995 y basado en la sintaxis de Java, su utilidad y el casi absoluto monopolio que entonces ejercía Netscape en el mercado de navegadores permitieron que se popularizara y extendiera su uso.

¿Por qué el JavaScript y no otro lenguaje de programación? Porque:

- Es moderno (tiene pocos años).
- Es sencillo (su hermano mayor, el Java, es bastante más complejo).
- Es útil (el desarrollo de Internet ha sido muy rápido en los últimos años).
- Es potente: permite la POO (Programación Orientada a Objetos).
- Es barato: solo necesitamos un editor de textos y un navegador. Permite la "programación visual" (ventanas, botones, colores, formularios, etc.).

HTML dispone de unas etiquetas para incluir código de *script* en una página. Esas etiquetas pueden situarse en la sección HEAD o en el BODY de la página (eso depende de lo que vaya a hacer el *script*). Las sentencias escritas en JavaScript se encapsulan entre las etiquetas <SCRIPT LANGUAGE="JavaScript" TYPE="text/JavaScript"> y </script> o simplemente entre <script> y </script>.

A continuación un ejemplo representado de la primera forma:

```
<HTML>
<BODY>
<SCRIPT LANGUAGE=”JavaScript” TYPE=”text/JavaScript”>
alert (‘Esto es un ejemplo con JavaScript’);
</SCRIPT>
</BODY>
</HTML>
```

Figura 1.8. *Primer ejemplo*

Un segundo ejemplo representado de la manera “corta”:

```
<html><body>
<script>
alert(“Bienvenido a mi sitio web. Gracias...”);
</SCRIPT>
</BODY>
</HTML>
```

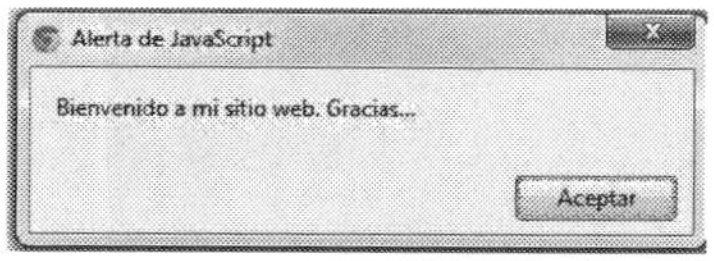

Figura 1.9. *Segundo ejemplo*

ACTIVIDADES 1.8

- Hacer una página web que incluya un mensaje por pantalla en JavaScript que muestre el mensaje "*Tarea 8 de nombre y apellidos del alumno/a*".

ACTIVIDADES 1.9

- Hacer una página web que muestre varios mensajes por pantalla en JavaScript, el primero será "*nombre y apellidos del alumno/a*", el segundo "estás en mi tarea 9" y, el tercero, "Gracias por tu visita".

1.6 HOJAS DE ESTILO

El lenguaje HTML está limitado a la hora de aplicarle formato a un documento. Esto es así porque fue concebido para otros usos (científicos sobre todo), distintos a los actuales, mucho más amplios. Para solucionar estos problemas los diseñadores han utilizado técnicas tales como la utilización de tablas con imágenes transparentes para ajustarlas, utilización de etiquetas que no son estándares del HTML y otras. Estas "trampas" han causado a menudo problemas en las páginas a la hora de su visualización en distintas plataformas.

Además, los diseñadores se han visto frustrados por la dificultad con la que, aun utilizando estos trucos, se encontraban a la hora de maquetar las páginas, ya que muchos de ellos venían maquetando páginas sobre el papel, donde el control sobre la forma del documento es absoluto. Para subsanar estar carencias aparecen las hojas de estilo en cascada CSS.

1.7 PÁGINAS WEB SENCILLAS CON CSS

Para dar valor a una etiqueta con CSS utilizaremos el nombre de la etiqueta separada de ":" (dos puntos), a continuación vendrá el valor de dicha etiqueta. Podemos aplicar estilos CSS a:

- Un sitio web, de modo que se puede definir la forma de todo el sitio de una sola vez. Para ello utilizaremos un fichero externo con extensión *css*.
- Una página individual, podemos dar formato a toda la página. Para ello introduciremos el código CSS entre las etiquetas <style type="text/css"> y </style> en la zona <head> de nuestra web.
- Una porción del documento, aplicando estilos visibles en un trozo de la página, con las etiquetas <span> y <div>.
- Una etiqueta en concreto, llegando incluso a poder definir varios estilos diferentes para una sola etiqueta. Esto es muy importante ya que ofrece potencia en nuestra programación.

1.7.1 ALGUNAS ETIQUETAS CSS

Antes de ver dónde podemos aplicar CSS, vamos a ver algunas etiquetas CSS sencillas, que nos servirán para dar un formato más espectacular a nuestras webs. Si queremos utilizar varias etiquetas, separaremos unas de otras con ";" (punto y coma).

- **Color**: podemos indicar el color del texto, el color vendrá en inglés (*white*, *black*, *blue*, etc.) o utilizar # junto con el valor RGB (#009900).
- **Font-size**: aquí indicamos el tamaño de la letra. Su valor puede expresarse en puntos (pt) como lo haríamos en un editor de texto o mediante unos valores predefinidos (*small*, *medium*, *large*, etc.).
- **Font-family**: en este caso establecemos el tipo de fuente que se representará por pantalla. No utilizar tipos raros ya que si el cliente no tiene esa fuente en su sistema, la página podría no mostrarse bien. Algunos ejemplos: Arial, Times, Courier, etc.

- **Font-weight**: grosor de los caracteres. Podemos expresarlo con números del 100, 200, ..., 900 o valores predefinidos (*normal*, *bold*, *bolder*, *light*, etc.).
- **Font-style**: curvado de los caracteres. Hay 3 valores predefinidos para este estilo: *normal*, *italic* y *oblique*.
- **Text-align**: alineación del texto con respecto a la página. Puede ser izquierda (*left*), derecha (*right*), centrado (*center*) o justificado (*justify*).

1.7.2 CSS EN PEQUEÑAS PARTES DE LA PÁGINA

Para definir estilos en secciones reducidas de una página se utiliza la etiqueta <SPAN STYLE>. Con su atributo style indicamos en sintaxis CSS las características de estilos.

```
<span style="color:blue; font-weight:bolder;">
Esto va en azul y grosor en negrita </span>
<br>
<span style="color:green;font-size:16pt;">
Esta parte en verde y fuente de 16 puntos</span>
<br>
<span style="color:red;font-style:italic;font-weight:normal;">
Aqui mezclo 3: color rojo, italic(cursiva) y grosor normal</span>
```

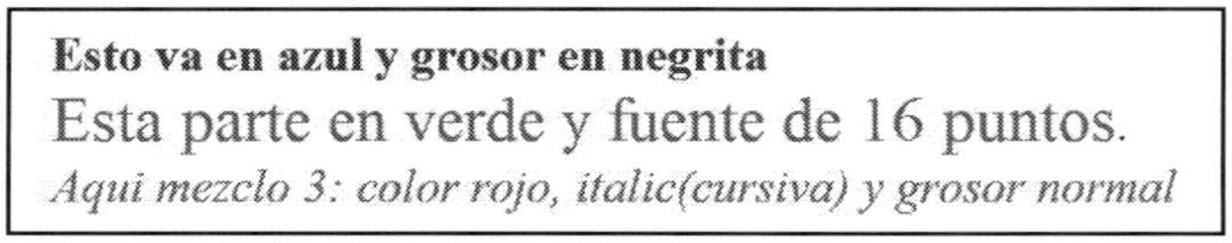

Figura 1.10. *CSS*

ACTIVIDADES 1.10

- Hacer una página que muestre lo siguiente: en la primera línea vendrá el nombre completo del alumno/a en color verde (*green*), grosor del texto *bolder*, la fuente utilizada será *Arial* y el tipo de texto *oblique*. En la segunda línea aparecerá el curso y el ciclo formativo al que pertenece (SMR), en este caso el texto será de color azul (*blue*), la fuente tendrá un tamaño de 18 puntos, el tipo de letra será *Courier* y el texto quedará alineado a la parte izquierda de la página.

1.7.3 ESTILO DEFINIDO PARA UNA ETIQUETA

De este modo podemos hacer que toda una etiqueta muestre un estilo determinado. En el siguiente ejemplo vemos la diferencia entre utilizar CSS con etiquetas a utilizarlas sin CSS.

```
<h1 style="color:blue; font-weight:bolder;">
H1 en azul y grosor en negrita </h1>
<h1>H1 en su modo normal de presentación </h1>
<p style="color:green; font-size:16pt;">
P en verde y fuente de 16 puntos</p>
<p>P en su modo normal de presentacion</p>
```

Figura 1.11. *CSS*

ACTIVIDADES 1.11

- Hacer una página que muestre lo siguiente: en la primera línea vendrá el nombre completo del alumno/a con formato de cabecera 3 (h3) en color rojo (*red*), grosor del texto normal, la fuente utilizada será *Courier* y el tipo de texto será *italic*. En la segunda línea aparecerá el curso y el ciclo formativo al que pertenece con formato cabecera 5 (h5), en este caso el texto será de color azul marino (*navy*), el texto lo más grueso posible (*bolder*), el tipo de letra será *Arial* y el texto aparecerá alineado a la derecha.

1.7.4 ESTILO DEFINIDO PARA TODA UNA PÁGINA

Podemos definir, en la cabecera del documento, estilos para que sean aplicados a toda la página. Esta definición se hace dentro del <head> utilizando las etiquetas <style type="text/css"> y </style>. Es una manera muy cómoda de darle forma al documento y muy potente, ya que estos estilos serán seguidos en toda la página y nos ahorraremos así muchas etiquetas HTML que apliquen forma al documento. Además, si deseamos cambiar los estilos de la página lo haremos de una sola vez. Como puede observarse, cada definición de etiquetas de estilo va encerrada entre **{ }** y si hubiese más de un parámetro, separados por **;**.

```
<html>
<head>
<STYLE type="text/css">
h1 {
font-family:arial;
color: blue;}

p {
font-Family:times;
color: green;
font-weight:bold;}
</STYLE>
</head>
<body>
<h1>Estilos CSS</h1>
Bienvenidos...
<p>Aqui se ve el estilo aplicado</p>
</body>
</html>
```

Figura 1.12. *CSS*

ACTIVIDADES 1.12

- Hacer una página que asigne estilo a las etiquetas siguientes:
  - a. Cabecera 2 (h2) en color rojo (*red*), grosor del texto *bold*, la fuente será *Times* y el tipo de texto será *italic*.
  - b. Cabecera 5 (h5), el texto será de color azul claro (cian), el texto lo más grueso posible (*bolder*) y el tipo de letra será Arial, además el texto aparecerá alineado en el centro de la página.
- Hacer un texto de prueba dentro de nuestra web donde aparezcan los estilos con su nuevo formato.

1.7.5 ESTILO DEFINIDO PARA TODO UN SITIO WEB

Sería algo parecido al caso anterior, solo que ahora en lugar de tener el estilo contenido en la propia página, lo tenemos en un archivo externo *css*. Así podemos tener varias páginas con el mismo estilo sin tener que copiar en todas ellas la definición. Por lo tanto, si queremos variar algún parámetro en la definición de estilos solo tendremos que cambiarla en el fichero *css* y todas las páginas quedarán automáticamente actualizadas.

Como ya hemos indicado tendremos por un lado el fichero de definiciones de estilos y, por otro, nuestra página web. Para hacer referencia a ese fichero de estilo desde la cabecera de nuestra web (*head*) utilizaremos la etiqueta:

```
<link rel="stylesheet" type="text/css" href="estilos.css">
```

Donde *estilos.css* es el nombre del fichero que tiene definidos los estilos. Vamos a ver el mismo ejemplo anterior utilizando dos ficheros.

Fichero estilo.css

```
h1 {
 font-family:arial;
 color: blue;}

p {
font-Family:times;
color: green;
font-weight:bold;}
```

Nuestra página web

```
<html>
<head>
<link rel="stylesheet" type="text/css" href="estilo.css">
</head>
<body>
<h1>Estilos CSS</h1>
Bienvenidos...
<p>Aqui se ve el estilo aplicado</p>
</body>
</html>
```

El resultado obtenido es el mismo que en la Figura 1.12, ya que hemos aplicado los mismos estilos que entonces.

ACTIVIDADES 1.13

- Hacer una página externa que proporcione estilo a las etiquetas siguientes:
  a. Cabecera 1 (h1) en color amarillo (*yellow*), grosor del texto *bold*, la fuente será *Arial* y el tipo de texto será *italic*.
  b. Cabecera 3 (h3), el texto será de color verde (*green*), el texto lo más grueso posible (*bolder*) y el tipo de letra será *Courier*. El texto aparecerá alineado en la parte derecha de la página.
- Hacer otra página web (*html*) que incorpore dicho estilo (*link rel*). Dentro de nuestra web deben aparecer los estilos con su nuevo formato.

1.8 LENGUAJES DE SCRIPT DE SERVIDOR

Los lenguajes de lado servidor son aquellos lenguajes que son reconocidos, ejecutados e interpretados por el propio servidor y que se envían al cliente en un formato comprensible para él (HTML).

1.8.1 CARACTERÍSTICAS

Existe una multitud de lenguajes. Cada uno de ellos explota más a fondo ciertas características que los hacen más o menos útiles para desarrollar distintas aplicaciones. La versatilidad de un lenguaje está íntimamente relacionada con su complejidad. Un lenguaje complicado en su aprendizaje permite en general realizar un espectro de tareas más amplio y más profundamente. Es por ello que a la hora de elegir el lenguaje que queremos utilizar tenemos que saber claramente qué es lo que queremos hacer y si el lenguaje en cuestión nos lo permite o no.

1.8.2 TIPOS

A continuación se presentan los principales lenguajes de *script* de servidor, junto con sus ventajas y desventajas.

PHP: es un lenguaje de programación utilizado para la creación de sitios web. PHP es un acrónimo recursivo que significa *PHP Hypertext Pre-processor* (inicialmente se llamó *Personal Home Page*). Surgió en 1995, desarrollado por PHP Group. PHP es un lenguaje de *script* interpretado en el lado del servidor utilizado para la generación de páginas web dinámicas, embebidas en páginas HTML y ejecutadas en el servidor. PHP no necesita ser compilado para ejecutarse. Para su funcionamiento necesita tener instalado Apache o IIS con las librerías de PHP. La mayor parte de su sintaxis ha sido tomada de C, Java y Perl con algunas características específicas. Los archivos cuentan con la extensión *.php*.

Ventajas:

- Muy fácil de aprender.
- Se caracteriza por ser un lenguaje muy rápido.
- Soporta en cierta medida la orientación a objetos. Clases y herencia.
- Es un lenguaje multiplataforma: Linux, Windows, entre otros.
- Capacidad de conexión con la mayoría de los manejadores de base de datos: MySQL, PostgreSQL, Oracle, MS SQL Server, entre otros.
- Capacidad de expandir su potencial utilizando módulos.
- Posee documentación en su página oficial, la cual incluye descripción y ejemplos de cada una de sus funciones.
- Es libre, por lo que se presenta como una alternativa de fácil acceso para todos.
- Incluye gran cantidad de funciones.
- No requiere definición de tipos de variables ni manejo detallado del bajo nivel.

Desventajas:

- Se necesita instalar un servidor web.
- Todo el trabajo lo realiza el servidor y no delega al cliente, por tanto, puede ser más ineficiente a medida que las solicitudes aumenten de número.
- La legibilidad del código puede verse afectada al mezclar sentencias HTML y PHP.
- La programación orientada a objetos es aún muy deficiente para aplicaciones grandes.
- Dificulta la modularización.
- Dificulta la organización por capas de la aplicación.

ASP: es una tecnología del lado del servidor desarrollada por Microsoft para el desarrollo de sitios web dinámicos. ASP, en inglés *Active Server Pages*, fue liberado por Microsoft en 1996. Las páginas web desarrolladas bajo este lenguaje necesitan tener instalado *Internet Information Server* (IIS). ASP no necesita ser compilado para ejecutarse. Existen varios lenguajes que se pueden utilizar para crear páginas ASP. El más utilizado es VBScript, nativo de Microsoft. ASP se puede programar también en Perl y Jscript (no JavaScript). El código ASP puede ser insertado junto con el código HTML.

Ventajas:

- Usa Visual Basic Script, siendo fácil para los usuarios.
- Comunicación óptima con SQL Server.
- Soporta el lenguaje JScript (JavaScript de Microsoft).

Desventajas:

- Código desorganizado.
- Se necesita escribir mucho código para realizar funciones sencillas.
- Tecnología propietaria.
- Hospedaje de sitios web costosos.

ASP.NET: este es un lenguaje comercializado por Microsoft y usado por programadores para desarrollar entre otras funciones, sitios web. ASP.NET es el sucesor de la tecnología ASP y fue lanzado al mercado mediante una estrategia de mercado denominada .NET. ASP.NET fue desarrollado para resolver las limitaciones que brindaba su antecesor ASP. Creado para desarrollar web sencillas o grandes aplicaciones. Para el desarrollo de ASP.NET se puede utilizar C#, VB.NET o J#. Los archivos cuentan con la extensión (*aspx*). Para el funcionamiento de las páginas se necesita tener instalado IIS con el *Framework* .Net. Microsoft Windows 2003 incluye este *framework*, solo se necesitará instalarlo en versiones anteriores.

Ventajas:

- Completamente orientado a objetos.
- Controles de usuario y personalizados.
- División entre la capa de aplicación o diseño y el código.
- Facilita el mantenimiento de grandes aplicaciones.
- Incremento de velocidad de respuesta del servidor.
- Mayor velocidad.
- Mayor seguridad.

Desventajas:

- Mayor consumo de recursos.

JSP: es un lenguaje para la creación de sitios web dinámicos, acrónimo de *Java Server Pages*. Está orientado a desarrollar páginas web en Java. JSP es un lenguaje multiplataforma. Creado para ejecutarse del lado del servidor. JSP fue desarrollado por Sun Microsystems. Comparte ventajas similares a las de ASP.NET. Fue desarrollado para la creación de aplicaciones web potentes. Posee un motor de páginas basado en los *servlets* de Java. Para su funcionamiento se necesita tener instalado un servidor Tomcat.

Ventajas:

- Ejecución rápida del *servlets*.
- Crear páginas del lado del servidor.
- Multiplataforma.
- Código bien estructurado.
- Integridad con los módulos de Java.
- La parte dinámica está escrita en Java.
- Permite la utilización se *servlets*.

Desventajas:

- Complejidad de aprendizaje.

PYTHON: es un lenguaje de programación creado en el año 1990 por Guido van Rossum y es el sucesor del lenguaje de programación ABC. Python es comparado habitualmente con Perl. Los usuarios lo consideran como un lenguaje más limpio para programar. Permite la creación de todo tipo de programas incluyendo los sitios web. Su código no necesita ser compilado, por lo que se dice que el código es interpretado. Es un lenguaje de programación multiparadigma, lo cual fuerza a que los programadores adopten un estilo de programación particular: programación orientada a objetos, programación estructurada, programación funcional y programación orientada a aspectos.

Ventajas:

- Libre y de código abierto.
- Lenguaje de propósito general.
- Gran cantidad de funciones y librerías.
- Sencillo y rápido de programar.
- Multiplataforma.
- Orientado a objetos.
- Portable.

Desventajas:

- Lentitud por ser un lenguaje interpretado.

RUBY: es un lenguaje interpretado de muy alto nivel y orientado a objetos. Desarrollado en 1993 por el programador japonés Yukihiro "Matz" (Matsumoto). Su sintaxis está inspirada en Phyton, Perl. Es distribuido bajo licencia de software libre (*Opensource*). Ruby es un lenguaje dinámico para una programación orientada a objetos rápida y sencilla.

Ventajas:

- Permite desarrollar soluciones a bajo coste.
- Software libre.
- Multiplataforma.

Desventajas:

- Código desordenado si no se establece convención de sintaxis entre programadores.

1.9 HERRAMIENTAS PARA EL DISEÑO WEB

El código para la programación web puede ser generado con cualquier editor de texto, es muy recomendable no utilizar editores de texto avanzados (Microsoft Word, OpenOffice Writer, etc.) ya que añaden al texto caracteres especiales que no serían "comprensibles" por el navegador. Por lo tanto, si vamos a utilizar editores de texto no específicos sería recomendable utilizar el Bloc de Notas de Windows o el Gnome Editor o Kde Editor de Linux. Existen también herramientas creadas expresamente para diseñar código, hay algunas que son gratuitas y otras de pago, que se van a presentar a continuación de manera breve para que el alumno/a decida la que se adapte a su gusto y pueda profundizar en el manejo de dicha herramienta.

1.9.1 NOTEPAD++

Notepad++ es un editor de texto y de código fuente libre con soporte para varios lenguajes de programación. Solo funciona en Microsoft Windows. Se parece al Bloc de notas en cuanto al hecho de que puede editar texto sin formato y de forma simple. No obstante, incluye opciones más avanzadas que pueden ser útiles para usuarios avanzados como desarrolladores y programadores.

Se distribuye bajo los términos de la Licencia Pública General de GNU. Tiene multitud de lenguajes de programación soportados, incluidos todos los que hemos visto en el capítulo. Además, permite al usuario definir su propio lenguaje: no solo las palabras clave para la sintaxis coloreada, sino también las palabras clave para la envoltura de sintaxis, los comentarios clave y los operadores.

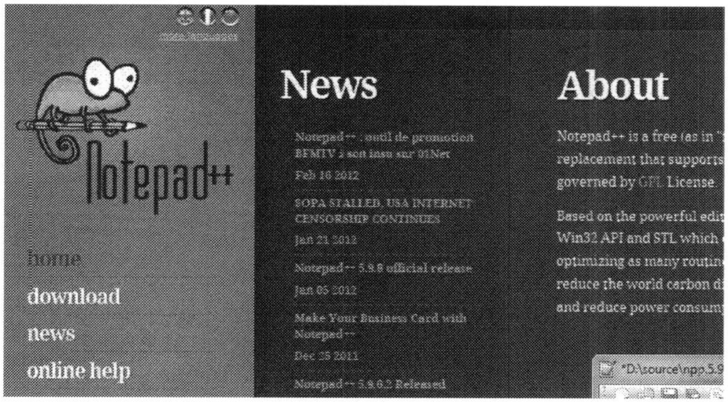

Figura 1.13. *Notepad++*

ACTIVIDADES 1.14

- Descargue e instale Notepad++. Haga capturas de todo el proceso, tanto en la descarga como en la instalación.

1.9.2 DREAMWEAVER

Dreamweaver es un software desarrollado por Adobe, de pago y con versiones para Windows y Mac OS. Es fácil de usar y permite crear páginas web profesionales. Las funciones de edición visual de Dreamweaver permiten agregar rápidamente diseño y funcionalidad a las páginas, sin la necesidad de programar manualmente el código HTML.

Se pueden crear tablas, editar marcos, trabajar con capas, insertar comportamientos JavaScript, etc., de una forma muy sencilla y visual. Además incluye un software de cliente FTP completo, permitiendo, entre otras cosas, trabajar con mapas visuales de los sitios web, actualizando el sitio web en el servidor sin salir del programa.

Figura 1.14. *Dreamweaver*

ACTIVIDADES 1.15

- Descargue e instale Dreamweaver y haga capturas de todo el proceso, tanto en la descarga como en la instalación.

1.9.3 APTANA STUDIO

Aptana Studio es un entorno de desarrollo integrado gratuito basado en Eclipse y desarrollado por Aptana, Inc., que puede funcionar bajo Windows, Mac y Linux y provee soporte para lenguajes como: PHP, Python, Ruby, CSS, Ajax, HTML y Adobe AIR.

Tiene la posibilidad de incluir complementos para nuevos lenguajes y funcionalidades. Aptana Studio es un entorno de software libre que posee la GNU General Public License o la Aptana Public License.

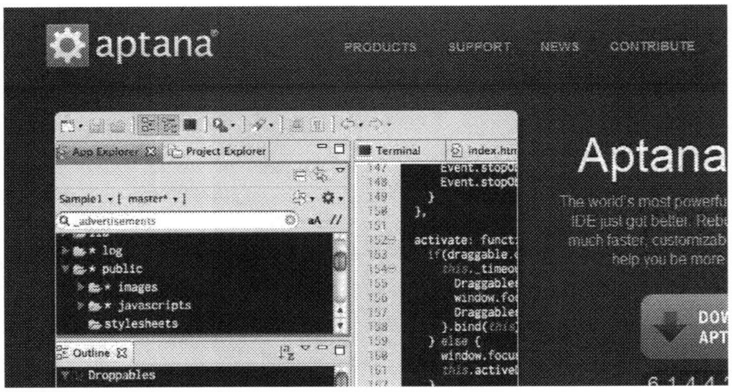

Figura 1.15. *Aptana Studio*

ACTIVIDADES 1.16

- Descargue e instale Aptana Studio. Haga capturas de todo el proceso, tanto en la descarga como en la instalación.

1.10 RELACIÓN ENTRE PÁGINAS WEB Y BASES DE DATOS

Antes de ver la relación entre las páginas y las bases de datos vamos a ver la diferencia entre las páginas web estáticas y dinámicas.

- Las páginas web estáticas siempre se ven igual y el contenido nunca cambia a menos que se cargue una nueva página, o cambiemos el aspecto de la página modificando la página original.
- Las páginas web dinámicas hacen lo contrario, ya que pueden cambiar cada vez que se cargan (sin que tengamos que hacer esos cambios) y pueden cambiar su contenido, basándose en lo que los usuarios hagan, como hacer clic sobre un texto o una imagen.

Uno de los tipos más comunes de páginas web dinámicas son las vinculadas a bases de datos. Esto significa que tenemos una página web que recibe la información de una base de datos (la página web está conectada a la base de datos a través de la programación) e inserta la información en la página web cada vez que esta se carga. Si la información almacenada en la base de datos cambia, la página web conectada a la base de datos también cambiará en consecuencia sin intervención del usuario.

Los lenguajes de programación web orientados al servidor son los que van a permitir la comunicación con las bases de datos; estos lenguajes se han visto en el apartado 8 de este capítulo. Dicha relación se producirá entre el lenguaje de programación orientado al servidor y el sistema gestor de bases de datos. Los sistemas gestores de bases de datos más conocidos y utilizados son los siguientes:

- **MySQL**: es un sistema de gestión de bases de datos relacional, multihilo y multiusuario, desde enero de 2008 una subsidiaria de Sun Microsystems desarrolla MySQL como software libre en un esquema de licenciamiento dual. Por un lado se ofrece bajo la GNU GPL para cualquier uso compatible con esta licencia, pero para aquellas empresas que quieran incorporarlo en productos privativos deben comprar a la empresa una licencia específica que les permita este uso.

Figura 1.16. *MySQL*

- **Oracle**: es un sistema de gestión de bases de datos objeto-relacional. Se considera a Oracle como uno de los sistemas de bases de datos más completos, destacando su soporte de transacciones, estabilidad, escalabilidad y soporte multiplataforma. Su dominio en el mercado de servidores empresariales ha sido casi total hasta hace relativamente poco. Recientemente sufre la competencia del Microsoft SQL Server de Microsoft y de la oferta de otros como PostgreSQL, MySQL o Firebird.

Figura 1.17. *Oracle*

- **PostgreSQL**: es un sistema de gestión de bases de datos relacional orientado a objetos y libre, publicado bajo la licencia BSD. Como muchos otros proyectos de código abierto, el desarrollo de PostgreSQL no es manejado por una empresa y/o persona, sino que es dirigido por una comunidad de desarrolladores que trabajan de forma desinteresada, altruista, libre y/o apoyados por organizaciones comerciales.

Figura 1.18. *PostgreSQL*

- **Microsoft SQL Server**: es un sistema para la gestión de bases de datos producido por Microsoft basado en el modelo relacional. Sus lenguajes para consultas son T-SQL y ANSI SQL. Microsoft SQL Server constituye la alternativa de Microsoft a otros potentes sistemas gestores de bases de datos como son Oracle, PostgreSQL o MySQL.

Figura 1.19. *SQL Server*

RESUMEN DEL CAPÍTULO

En este primer capítulo se ha visto en primer lugar un pequeño esquema del funcionamiento de un servicio web. Aparecen los lenguajes de marcas, se les llama así porque para su uso nos servimos de una serie de marcas o etiquetas. Lenguajes de este tipo son: XHTML, XML, GML, RTF, Text y, por supuesto, HTML. Para este último se han elaborado páginas sencillas con este lenguaje.

Hemos visto, también, de forma introductoria las hojas de estilo en cascada CSS, que nos van a servir para dar un aspecto más bonito y llamativo a nuestras páginas elaboradas con HTML.

Para crear nuestras páginas web, nos podremos ayudar de herramientas de diseño web, que nos facilitarán mucho la labor de creación. Herramientas tales como Dreamweaver, Aptana, Notepad++, etc.

También se han introducido los lenguajes de *script* de cliente o navegador, viendo las diferencias con los lenguajes de *script* de servidor, estos últimos tan potentes que son capaces de interactuar con sistemas gestores de bases de datos.

EJERCICIOS PROPUESTOS

1. Defina con sus palabras qué es HTML.

2. ¿Qué limitaciones tiene HTML con respecto a presentar la información de forma vistosa?

3. Defina con sus palabras qué es CSS.

4. ¿Qué cree que es anterior, HMTL o CSS? ¿Por qué?

5. Busque en Internet información sobre HTML5, sus principales novedades y características.

6. Busque en Internet información sobre CSS3, sus principales novedades y características.

TEST DE CONOCIMIENTOS

1 La etiqueta que nos permite hacer una tabla es:

a) </TABLE>.
b) <TABLE>.
c) <TD>.
d) <TR>.
e) Todas son ciertas.
f) Todas son falsas.

2 Si queremos que el texto que nos aparece en pantalla aparezca en negrita, debemos utilizar la etiqueta:

a) *Font-family*.
b) *Font-size*.
c) *Font-weight*.
d) *Font-style*.
e) *Color*.
f) *Text-align*.

3 Si queremos que el texto que se nos presenta en pantalla aparezca en cursiva, debemos utilizar la etiqueta:

a) *Font-family*.
b) *Font-size*.
c) *Font-weight*.
d) *Font-style*.
e) *Color*.
f) *Text-align*.

4 Un lenguaje orientado a servidor es:

a) JavaScript.
b) CSS.
c) HMTL.
d) Phyton.
e) Flash.
f) Todas son ciertas.
g) Todas son falsas.

5 Es obligatorio utilizar una herramienta de edición de páginas web para hacer páginas en HTML.

a) Sí, ya que hay que compilarlas con dicho editor.
b) Siempre.
c) No, ya que no existen herramientas de edición de páginas web.
d) No, aunque puede ayudarnos en la elaboración de la página.
e) Todas son falsas.

2 Aplicaciones Web 2.0

OBJETIVOS DEL CAPÍTULO

- ✓ Conocer las características, conceptos y terminología de la Web 2.0.
- ✓ Introducir los conceptos de RSS, *feed*, agregadores y sindicación.
- ✓ Ver qué son los marcadores sociales.
- ✓ Presentar herramientas que se estudiarán más adelante, como son los *blogs* y las wikis.
- ✓ Conocer en qué consiste el *podcasting* y el *streaming*.
- ✓ Presentar algunas herramientas *on line* para diversas finalidades.

2.1 CARACTERÍSTICAS

El término Web 2.0 está asociado a aplicaciones web que facilitan la labor de compartir información, la interoperabilidad, el diseño centrado en el usuario y la colaboración en la *World Wide Web*. Un sitio Web 2.0 permite a los usuarios interactuar y colaborar entre sí como creadores de contenido generado por usuarios en una comunidad virtual, a diferencia de sitios web donde los usuarios se limitan a la observación pasiva de los contenidos que se han creado para ellos.

Frente a las tradicionales páginas web estáticas (Web 1.0) donde sus visitantes solo pueden leer los contenidos ofrecidos por su autor o editor, en la Web 2.0 todos los cibernautas pueden elaborar contenidos y compartirlos, opinar, etiquetar/clasificar... Esto supone una democratización de las herramientas de acceso a la información y de elaboración de contenidos, aunque como no todos los que escriben en Internet son especialistas, se mezclarán los conocimientos científicos con las simples opiniones y las falsedades.

2.2 CONCEPTOS Y TERMINOLOGÍA

Con el término Web 2.0, subrayamos un cambio de paradigma sobre la concepción de Internet y sus funcionalidades, que ahora abandonan su marcada unidireccionalidad y se orientan más a facilitar la máxima interacción entre los usuarios y el desarrollo de redes sociales (tecnologías sociales) donde puedan expresarse y opinar, buscar y recibir información de interés, colaborar y crear conocimiento (conocimiento social), o compartir contenidos.

Hay una serie de términos que pueden asociarse a la Web 2.0. Algunos serán desarrollados en este mismo capítulo:

- **Bookmark o favorito**: en la World Wide Web, un *bookmark* es una dirección web que fue adicionada a una lista de favoritos.
- **Browser o navegador**: aplicación que permite al usuario navegar en la *World Wide Web*.
- **Computación móvil**: es un paradigma computacional derivado de la tecnología de redes sin cables que es utilizada por dispositivos móviles, tales como portátiles, *tablets*, *smartphones*, etc.
- **Cookie**: conjunto de información que es intercambiada entre el *browser* y el servidor web, y que es almacenada por el navegador del cliente.
- **Dot.com o punto.com**: empresas que comercializan productos y servicios en la Web. También conocidas por “empresas punto com”.
- **Download o descargar**: transferir datos de otra máquina a la mía.
- **Feeds**: listas de actualización de contenido de un determinado sitio en la Web, que, a través de un programa agregador, permiten al usuario recibir información sobre ese sitio sin que tenga que visitarlo.
- **Gadgets**: mini-aplicaciones o bloques de código que son incorporados en las páginas web.
- **Plugin**: es un programa pequeño que sirve normalmente para adicionar funciones a otros programas mayores, adicionándoles alguna funcionalidad especial o muy específica.
- **Podcast**: archivo en formato audio disponible en línea y que puede ser distribuido vía RSS.
- **Post**: mensaje publicado. Por ejemplo, entradas de texto cronológicas en *blogs*.

- **RSS** (*Really Simple Syndication*): permite a los usuarios inscribirse en sitios que ofrecen *feeds* (fuentes) RSS, recibiendo información siempre que el sitio es actualizado.
- **Site o sitio**: está constituido por un conjunto de páginas web ligadas unas a las otras a través de hipervínculos, alojadas en un servidor de Internet.
- **Tags**: palabras o pequeñas frases que pueden estar asociadas a un texto, a una foto o a un archivo, lo que permite que otros usuarios localicen esos ficheros o archivos con más facilidad.
- **Template o plantilla**: permite cambiar el aspecto gráfico de una página web.
- **Timeline**: línea de tiempo, barra cronológica.
- **Upload**: transferir datos desde mi máquina a otra máquina.
- **Vodcast, videocast o vidcast**: archivo en formato vídeo disponible en línea y que puede ser distribuido vía RSS.
- **Web 3.0 o Web semántica**: es una extensión de la Web actual que permitirá a los computadores y humanos trabajar en cooperación. Corresponde a la tercera generación de la Web.

2.3 RSS, FEEDS, AGREGADORES Y SINDICACIÓN

Esta sigla se usa para referirse a los siguientes estándares:

- **Rich Site Summary** (RSS 0.91): "Resumen óptimo del sitio".
- **RDF Site Summary** (RSS 0.9 y 1.0): "Resumen RDF del sitio".
- **Really Simple Syndication** (RSS 2.0): "Sindicalización Realmente Simple".

RSS (*Rich Site Summary*) es un formato para el envío regular de los cambios de contenido web. Muchos sitios relacionados con noticias, *weblogs* y otros editores en línea publican su contenido como una fuente RSS para quienes lo requieran.

RSS (*Really Simple Syndication*) es un archivo en formato XML para sindicar o compartir contenido en la web. Se utiliza para difundir información actualizada frecuentemente a usuarios que se han suscrito a la fuente de contenidos. El formato permite distribuir contenidos sin necesidad de un navegador, utilizando un software diseñado para leer estos contenidos RSS (agregador).

Cuando hablamos de RSS nos referimos usualmente a la tecnología completa para distribución de contenidos de los sitios web. Pero un RSS es realmente un formato de archivo, que sirve para recoger contenidos publicados en páginas web. Los RSS tienen extensión *.rss* o bien *.xml*, pero en realidad son un simple archivo de texto donde aparecen referencias a contenidos publicados, en un formato específico.

Figura 2.1. *RSS*

Igual que HTML sirve para escribir páginas en un formato entendible por los navegadores, RSS sirve para enumerar artículos o páginas dentro de un sitio, en un formato que pueden entender programas denominados lectores RSS o agregadores.

Figura 2.2. Google reader

En el archivo RSS simplemente están los datos de las novedades del sitio, como el título, fecha de publicación o la descripción. El programa que lea el RSS será el encargado de darle estilo o apariencia a los datos que se incluyan en el archivo y presentarlos de una manera atractiva al usuario y de fácil lectura.

A través de los RSS, el usuario tiene la opción de suscribirse al contenido de una página web o alguna de sus secciones. Dichos contenidos se cargarán automáticamente en la computadora u otro tipo de terminal del usuario. El suscriptor recibe así la información más actual de forma cómoda y automática. Las suscripciones no están limitadas únicamente a los archivos de texto, sino que también pueden incluir archivos de audio y vídeo

Figura 2.3. Bloglines

Comúnmente el término RSS es usado erróneamente para referirse a fuente web, independientemente de que el formato de dicha fuente sea RSS o no.

Fuente web (FEED) se refiere al medio de redifusión web, mientras que RSS se refiere al formato de dicha fuente web. Originalmente el único formato de fuente web era RSS, así que se usaban de manera indistinta ambos términos. Sin embargo, actualmente el formato Atom es otro formato popular de fuente web.

Figura 2.4. MiYahoo

No toda fuente web tiene formato RSS, algunas tienen formato Atom. En ocasiones, las páginas web ofrecen una fuente web en formato Atom y erróneamente la señalan como RSS.

Gracias a los **agregadores** o lectores de fuentes web (programas o sitios que permiten leer fuentes web) se pueden obtener resúmenes de todos los sitios que se desee desde el escritorio del sistema operativo, programas de correo electrónico o por medio de aplicaciones web que funcionan como agregadores. No es necesario abrir el navegador y visitar decenas de páginas. A la derecha se muestran algunos de los agregadores más populares.

Figura 2.5. Netvibes

Figura 2.6. FeedReader

El término **sindicación**, cuyo uso se desaconseja en español, o **redifusión de contenidos**, consiste en el reenvío o reemisión de contenidos desde una fuente original, un sitio web de origen "emisor", hasta otro sitio web de destino "receptor" que, a su vez, se convierte en emisor, puesto que pone a disposición de sus usuarios los contenidos a los que en un principio solo podían tener acceso los usuarios del sitio web de origen.

Sin embargo, la redifusión web (o sindicación web) se ha concretado en el servicio que un sitio web ofrece a usuarios individuales, consistente en mantenerlos permanentemente actualizados sobre sus contenidos, informándoles sobre la renovación de sus titulares y de fragmentos de sus páginas web: por ejemplo, los nuevos titulares de las noticias de un periódico digital, los nuevos artículos que se crean en una wiki o *blog*, o las intervenciones más recientes que han tenido lugar en un foro. A los usuarios receptores de este servicio se les denomina suscriptores del sitio web original, ya que deben solicitarle de alguna manera dicho servicio (más tarde se verá cómo hacerlo).

Hasta la aparición de la redifusión web, muchos usuarios debían mantener en su navegador web una amplia lista de elementos favoritos, la lista con las direcciones web de los sitios de su máximo interés, ya sean páginas web, wikis, *blogs*, etc. Además, debían dedicar cierto tiempo a visitar y comprobar si en estos sitios aparecían nuevas publicaciones con, por ejemplo, nuevos recursos educativos, noticias de actualidad, ofertas de productos, etc. La redifusión viene a facilitar el acceso a los nuevos contenidos y a reducir el tiempo que se dedica a examinarlos.

PRÁCTICA 2.1

Vamos a utilizar el agregador que viene incorporado en Windows 7 y nos vamos a suscribir a la fuente web.

1. Partimos del escritorio y pulsamos el botón derecho, elegimos la opción **Gadgets** de entre las que nos aparecen (Figura 2.7).

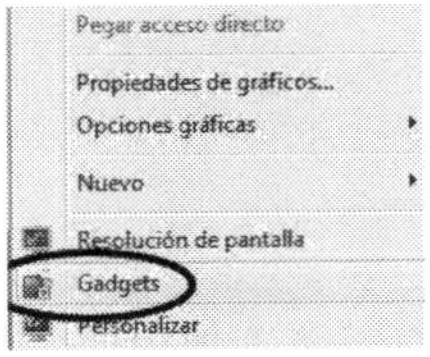

Figura 2.7. *Agregador*

2. Dentro de **Gadgets** seleccionamos **Encabezados de la fuente** (el que lleva el icono característico de los RSS). Le damos doble clic y quedará instalado (Figura 2.8).

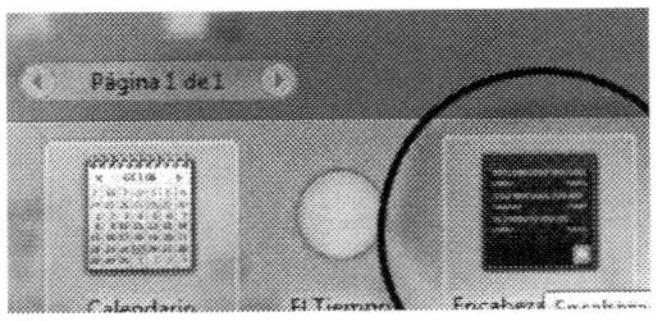

Figura 2.8. *Encabezados de la fuente*

3. Ya tenemos nuestro agregador instalado. De momento no tiene configurado ningún *FEED* (Figura 2.9), eso es lo que vamos a hacer a continuación. Una cosa importante para poder agregar contenido a nuestro *FEED*, necesitamos utilizar Microsoft Internet Explorer.

Figura 2.9. *Agregador*

4. Abrimos nuestro Internet Explorer y nos dirigimos a la página que queremos que sea nuestra fuente web. Si la página es una fuente web (*FEED*) el botón de contenido RSS del navegador se activa (Figura 2.10).

Figura 2.10. *FEED*

5. Hacemos clic sobre dicho icono y nos aparecerá una página con los contenidos RSS. Además nos proporciona la posibilidad de suscribirnos a la fuente (Figura 2.11).

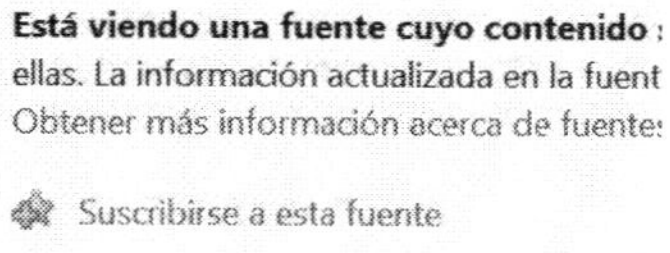

Figura 2.11. Suscribirse

6. Aceptamos suscribirnos a la fuente, a partir de este momento el contenido RSS de esta fuente nos aparece en nuestro agregador (Figura 2.12).

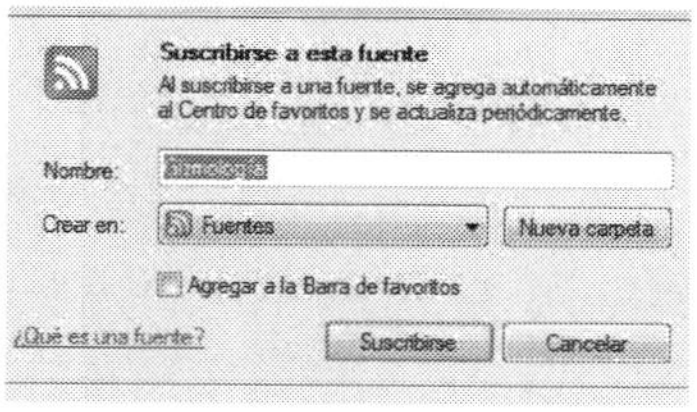

Figura 2.12. Aceptar

7. Ahora podemos ver nuestro agregador en funcionamiento (Figura 2.13).

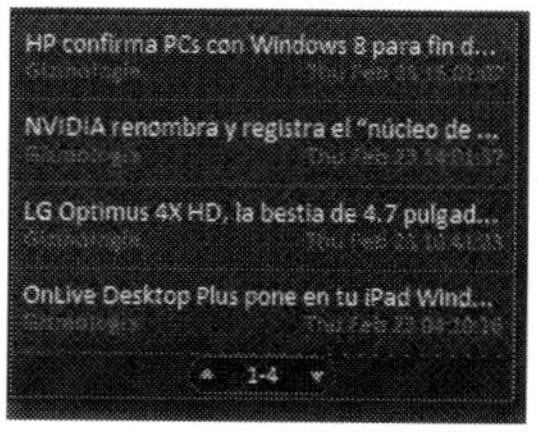

Figura 2.13. Agregador

8. Si queremos tener más información sobre un encabezado, nos aparecerá información ampliada del tema en cuestión (Figura 2.14).

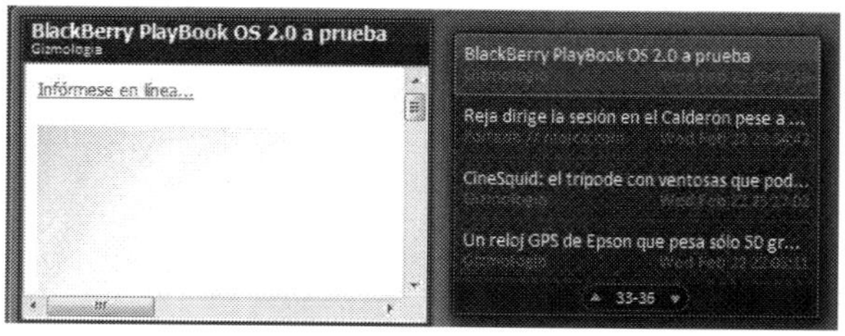

Figura 2.14. Agregador

9. Si deseamos ver la información completa debemos pulsar sobre el enlace **Infórmese en línea**. Nos abrirá la página web con el contenido del encabezado que hemos seleccionado previamente (Figura 2.15).

***Figura 2.15.** Información completa*

ACTIVIDADES 2.1

- Haga que aparezca el agregador en el escritorio de su Windows 7, añada al menos 3 RSS de 3 *feeds* distintos. Haga capturas de todo el proceso.

2.4 MARCADORES SOCIALES

Los marcadores sociales son un tipo de medio social que permite almacenar, clasificar y compartir enlaces en Internet o en una Intranet.

Los marcadores sociales o *bookmarking* son hoy en día una de las mejores opciones para tener todas tus herramientas y páginas favoritas *on line*, estés donde estés, sin necesidad de conectarte al ordenador donde guardaste tus "Favoritos". Pero no solo nos aportan esta cómoda ventaja sino que son una forma democrática de encontrar buenos e interesantes recursos y noticias en la red. En un sistema de marcadores sociales los usuarios guardan una lista de recursos de Internet que consideran útiles en un servidor compartido. Las listas pueden ser accesibles públicamente o de forma privada. Su popularidad va creciendo y la competición ha hecho que los servicios ofrezcan algo más que compartir marcadores y permitan votos, comentarios, importar o exportar, añadir notas, enviar enlaces por correo, notificaciones automáticas, *rss*, crear grupos y redes sociales, etc.

Este sistema tiene varias ventajas sobre otras herramientas tradicionales como los motores de búsqueda. Toda la inclusión y clasificación de recursos está realizada por seres humanos en lugar de máquinas que procesan la información de forma automática según un programa.

Además de esto, los usuarios marcan los recursos que encuentran más útiles, por lo tanto, los recursos más útiles son marcados por más usuarios. De esta forma se crea un *ranking* de recursos basado en el criterio de los usuarios. Es una forma de medir la utilidad de los recursos mejor que la que proporcionan otros sistemas automatizados como los que se basan en el número de enlaces externos, etc.

Algunos ejemplos de estos marcadores son los siguientes:

- **Delicious**: es uno de los marcadores sociales más conocidos y utilizados. Permite compartir noticias, clasificarlas por *tags*, ver las personas que comparten esa misma noticia o enlace, así como ver los *tweets* que mencionan ese *link*: *http://delicious.com/*.

Figura 2.16. *Delicious*

- **Digg**: marcador social similar a Delicious, donde se pueden clasificar los resultados por temáticas: ciencia, tecnología, negocios, deportes, etc. Se pueden buscar resultados tanto en formato noticia, imagen o vídeos, y se pueden votar todos los resultados: *http://digg.com*.

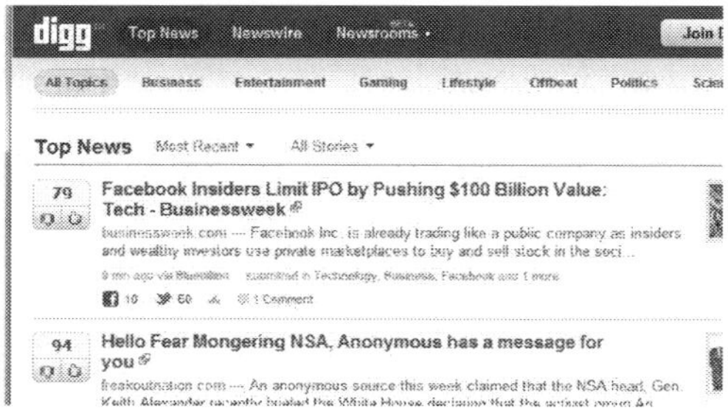

Figura 2.17. *Digg*

- **Mister Wong**: marcador social genérico, de origen alemán pero con versión también en español, francés e inglés. Todos los resultados se pueden guardar y comentar. Puede integrar el botón de Mister Wong en su *blog* o website para que sus visitantes puedan agregarle directamente a sus favoritos en Mister Wong: *http://www.mister-wong.es*.

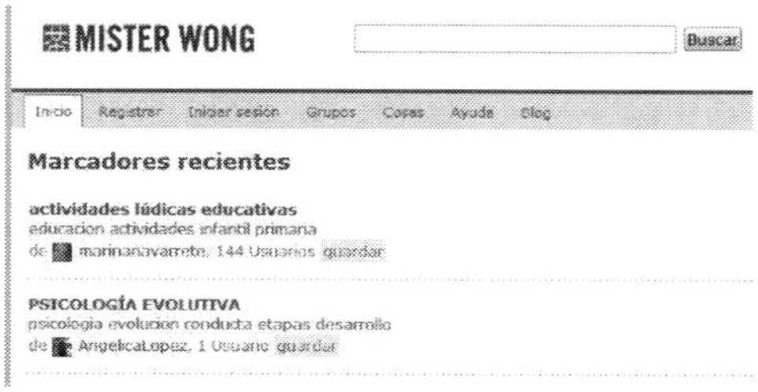

Figura 2.18. *Mister Wong*

PRÁCTICA 2.2

Vamos a suscribirnos y utilizar un marcador web, en este caso el seleccionado ha sido Mister Wong, pues de los más utilizados es el que está en español. Para esto vamos a utilizar el navegador Mozilla Firefox, pues ofrece una total compatibilidad con este marcador social.

1. Nos dirigimos a la página web del marcador: *http://www.mister-wong.es/* (Figura 2.19).

Figura 2.19. *Mister Wong*

2. Hacemos clic sobre la pestaña **Registrar**, para registrarnos debemos insertar una serie de datos o asociar nuestra cuenta Mister Wong a nuestro perfil de Facebook. Además, debemos aceptar los términos y condiciones de dicha web (Figura 2.20).

Figura 2.20. *Registro*

3. Podemos instalar la barra de herramientas o no en nuestro navegador. En nuestro caso hemos optado por instalarla (Figura 2.21).

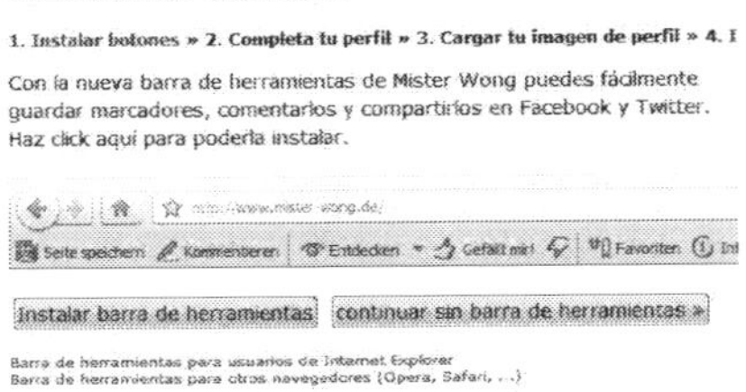

Figura 2.21. *Instalar botones*

4. Aceptamos la instalación del complemento en nuestro navegador (Figura 2.22).

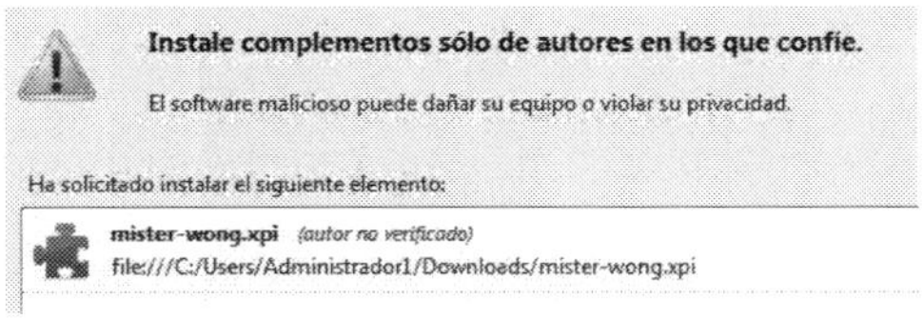

Figura 2.22. *Instalar la barra*

5. Ya tenemos nuestra barra de herramientas en nuestro navegador (Figura 2.23).

Figura 2.23. *Barra de herramientas*

6. Continuamos la instalación de Mister Wong. Ahora debemos introducir nuestra información personal y qué parte de ella nos interesa que sea pública (Figura 2.24).

Figura 2.24. *Perfil*

7. En el siguiente paso podemos subir la foto para personalizar nuestro avatar (Figura 2.25).

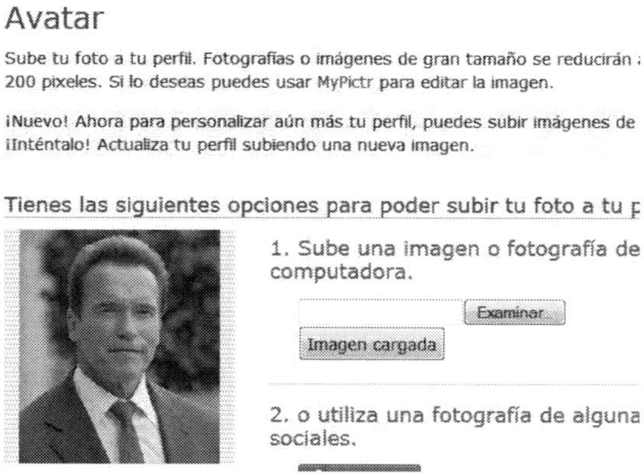

Figura 2.25. *Avatar*

8. Ya estamos en disposición de utilizar nuestro Mister Wong. Lo que vamos a hacer es entrar en una de nuestras páginas preferidas, una vez dentro pulsamos en la barra de Mister Wong en **Guardar Sitio** (Figura 2.26).

Figura 2.26. Guardar sitio

9. Una vez le damos a guardar nos pide una serie de datos para guardar la página dentro de nuestros favoritos (Figura 2.27).

Figura 2.27. Guardar

10. Una vez tenemos todas las páginas que queramos guardadas, tan solo tenemos que ir a la pestaña Favoritos para ver nuestras páginas seleccionadas (Figura 2.28).

Figura 2.28. Favoritos

11. Si accedemos desde otro ordenador que no es el nuestro, tenemos que identificarnos una vez entramos en la web de Mister Wong (Figura 2.29).

Figura 2.29. *Identificarnos*

12. Si queremos instalar de nuevo la barra, porque se haya perdido, tenemos varios ordenadores, hemos cambiado de ordenador, etc., debemos ir hasta la pestaña **Cosas** y hacer clic sobre **Instalar barra de herramientas para Firefox** (Figura 2.30).

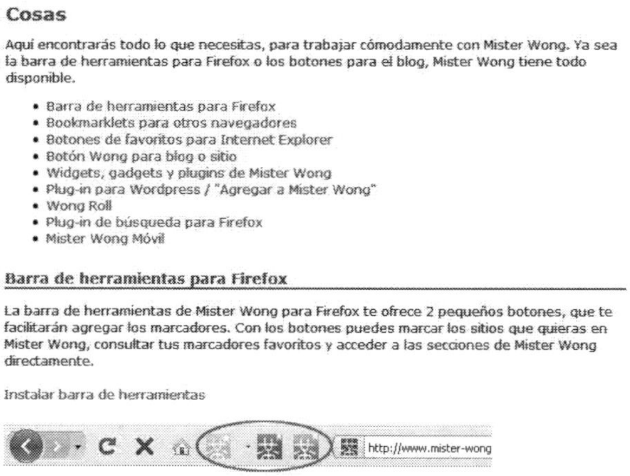

Figura 2.30. *Instalar la barra*

ACTIVIDADES 2.2

- Regístrese en Mister Wong, agregue la barra de herramientas de Mister Wong a su navegador Firefox, personalice su avatar y añada como mínimo 3 favoritos a dicha cuenta. Haga capturas de todo el proceso seguido.

2.5 BLOGS

Los blogs permiten la publicación de noticias en orden cronológico, permitiendo comentarios. Dos de los más populares son: WordPress y Blogger. En los últimos tiempos se han hecho populares diferentes artefactos (*gadgets*), en particular de Google, que permiten incorporar en los *blogs* diferentes utilidades como diccionarios, citas célebres, seguimiento de lectores, estado del tiempo, noticias, etc.

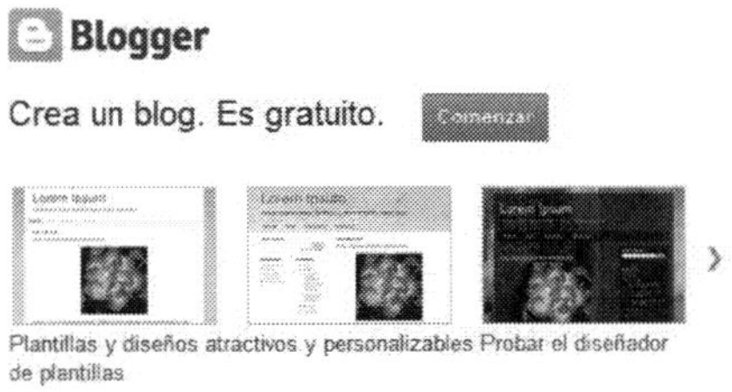

Figura 2.31. *Blogs*

Existen muchos tipos de blogs; una posible clasificación es la siguiente:

- **Blog temático, de política, noticias, opinión, etc.**: comentarios sobre la actualidad noticiosa. Lo interesante en este caso es que hay una relación directa entre quien escribe y su audiencia, que no es mediada por un editor como en los medios tradicionales.
- **Blog personal**: diario de vida o diario de viaje, con fotos o historias.
- **Blog colaborativo**: un *blog* que es escrito por varias personas. Lo compartido es el registro de usuarios, los tags o clasificaciones del contenido y la apariencia del sitio.
- **Fotolog**: es un *blog* en el que no se escribe en demasía, como mucho un párrafo, siendo lo más importante del contenido las fotos que ilustran un momento del tiempo o un acontecimiento.
- **AudioBlog o podcast**: un *blog* en el que se publica un programa de audio (similar a un programa de radio), y que permite a los usuarios descargarlo a un dispositivo como un reproductor portátil de MP3.

En el capítulo 11 veremos cómo crear y administrar un *blog*.

2.6 WIKIS

La wiki es un tipo especial de web que permite la creación colaborativa de contenidos, el ejemplo más destacado es la misma Wikipedia, otros gestores de wiki son: MediaWiki, TikiWiki. En el Capítulo 12 veremos cómo crear y administrar una wiki.

Figura 2.32. *Wikis*

2.7 PODCASTS

El *podcasting* consiste en la distribución de archivos multimedia (normalmente audio o vídeo, que puede incluir texto como subtítulos y notas) mediante un sistema de redifusión (RSS) que permita suscribirse y usar un programa que lo descarga para que el usuario lo escuche en el momento que quiera. No es necesario estar suscrito para descargarlos.

El origen del *podcasting* se sitúa alrededor del 13 de agosto de 2004, cuando Adam Curry usó una especificación del formato RSS para incluir archivos adjuntos. Añadió archivos de audio a un archivo RSS y decidió crear un programa para poder gestionar esos archivos.

Inicialmente se refería a las emisiones de audio, pero posteriormente se ha usado de forma común para referirse a emisiones multimedia, de vídeo y/o audio; si el contenido es un vídeo también se le suele llamar *vodcast*, *videocast* o *vidcast*.

El podcast es muy conocido y utilizado en la actualidad, la mayor parte de programas que escuchas en la radio tienen su versión descargable en podcast, esto permite que los seguidores puedan escuchar el programa a la carta, es decir, en el momento que ellos estimen oportuno. También existen multitud de programas que se hacen directamente como podcast, es decir, no se emiten por radio. De este tipo hay una inmensa variedad, así como los temas que tratan. De hecho existen unas web especiales que recogen y catalogan estos podcasts. Hay 2 webs de este tipo que son muy conocidas, por un lado está ivoox (*www.ivoox.com*) y por otro lado está iTunes (*http://www.apple.com/es/itunes/*); no todos los podcasts que existen están en estas páginas, pero si un gran número de ellos están alojados aquí. Estas páginas permiten realizar búsquedas por temas y filtros, presentan los audios más populares, etc.

Existe una variación del podcast llamada **streaming** que consiste en la emisión en directo de contenidos audiovisuales. Un ejemplo de *streaming* son las páginas web de las radios o televisiones que permiten escuchar (radios) o ver y escuchar (TV) a través de la web de forma similar a como se haría mediante una radio o un aparato de TV.

ACTIVIDADES 2.3

- Localice al menos 3 páginas que ofrezcan descarga de *podcasts* (que no sean ni *ivoox* ni *iTunes*) y 3 páginas que hagan emisión en *streaming*. Intente localizar además otra página que ofrezca los dos servicios, es decir, la emisión en directo y la posibilidad de descargar programas en *podcast*.

2.8 HERRAMIENTAS MULTIMEDIA ON LINE

Las herramientas multimedia *on line* nos van a permitir trabajar con recursos multimedia (audio, vídeo, presentaciones, etc.) de forma similar a como lo haríamos con aplicaciones de escritorio. El hecho de que sean *on line* nos permite trabajar utilizando un navegador web y una conexión a Internet, independientemente del sitio en el que estemos (ordenador de casa, escuela, trabajo, etc.) y del sistema operativo que tengamos en el cliente.

Muchas de estas aplicaciones son creadas a partir de otras, de esta forma encontramos servicios realizados a partir de YouTube, Google y Flickr entre otros.

La evolución de estos servicios es tal que se puede encontrar una gran variedad de herramientas, desde editores de fotos y vídeos, hasta herramientas de procesamiento de audio y vídeo, conversiones de archivos, etc. A continuación vamos a ver una pequeña selección de estas herramientas agrupadas por categorías.

2.8.1 PRESENTACIONES

- **Google Docs Presentaciones**: si tiene una cuenta en Google, seguro que conoce Google Docs y sus capacidades como suite ofimática. Su herramienta para presentaciones no es una excepción.

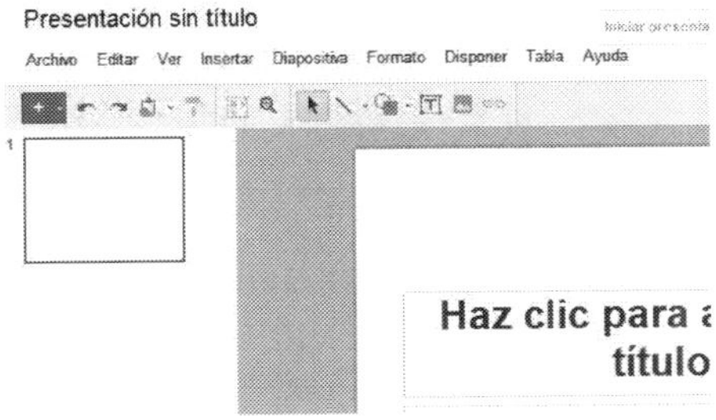

Figura 2.33. *Google Docs*

- **BrinkPad.com**: es una herramienta de presentación basada en Java que permite crear la presentación a través de su web y después descargarla a nuestro sistema.

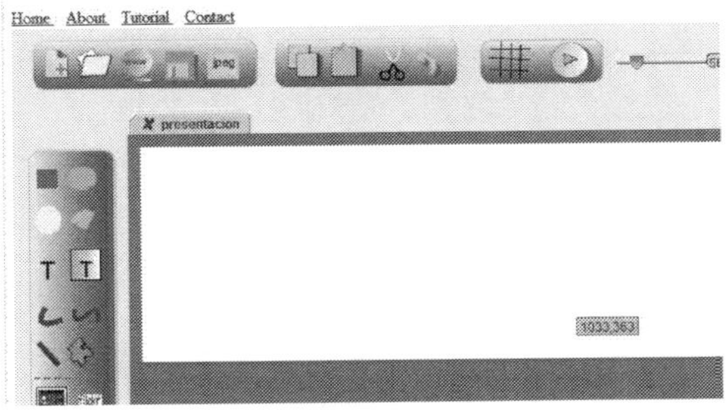

Figura 2.34. *BrinkPad*

- **Empressr.com**: es una herramienta para crear presentaciones multimedia en línea con Flash y Ajax. Se puede compartir con el público y permitir votaciones sobre nuestras publicaciones.

Figura 2.35. *Empressr*

- **SlideShare**: no permite componer nuestras propias presentaciones, como los ejemplos anteriormente citados, sino que se trata de un servicio que nos ofrece almacenamiento para las que hayamos creado previamente en nuestro ordenador. Podemos decir que es el YouTube de las presentaciones de diapositivas.

Figura 2.36. *SlideShare*

ACTIVIDADES 2.4

- Dese de alta en una de las aplicaciones *on line* de presentaciones que se presentan y cree una nueva presentación. Haga capturas de todo el proceso seguido, tanto del alta en el servicio como de la creación de la presentación.

2.8.2 ORGANIZADORES Y EDITORES DE IMÁGENES

- **Picasa**: los usuarios del software de gestión y edición de fotografías de Google lo destacan por su facilidad de uso y el impresionante conjunto de características que posee. Su integración con Gmail, las sencillas herramientas de edición que ofrece y los álbumes web son los tres puntos fuertes que hacen de Picasa el elegido de una gran mayoría a la hora de editar y compartir sus fotografías *on line*.

Figura 2.37. *Picasa*

- **Flickr**: sus defensores destacan el sistema de etiquetado, la organización por sets y colecciones, la difusión a través de sus grupos temáticos y la capacidad ilimitada de la cuenta Pro. Aunque cabe destacar que aquellos que utilizan la versión gratuita de Flickr también pueden disfrutar de sus mejores herramientas, incluida la de edición de fotografías.

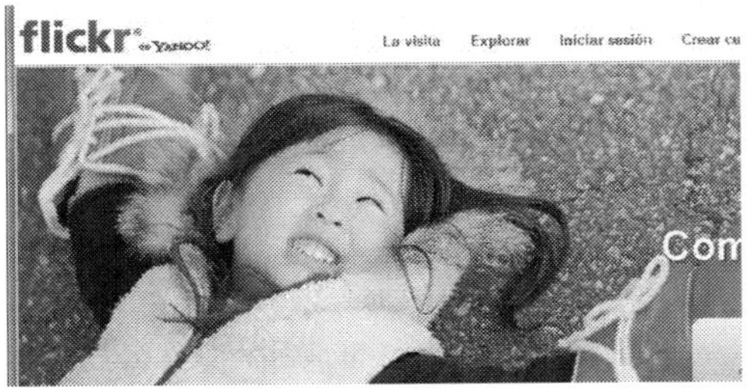

Figura 2.38. *Flickr*

- **Photoshop Express**: se trata de la versión *on line* del software más popular para la edición de fotos. Solo que esta vez es mucho más sencillo de usar. Este software al contrario de los 2 anteriores solo es de edición, no permite organizar las fotografías.

Figura 2.39. *Photoshop Express*

- **Snipshot**: fue uno de los primeros editores que salió al mercado, y desde entonces ha crecido considerablemente. Incorpora una versión Pro que permite la edición de RAW, detección facial y efectos avanzados.

Figura 2.40. *Snipshot*

ACTIVIDADES 2.5

- Dese de alta en una de las herramientas de organización y edición web, que permita edición, suba una foto suya y edítela. Haga capturas tanto del proceso de registro como de la subida y edición de la fotografía.

2.8.3 DISEÑO WEB

- **Google Sites**: aplicación que permite crear webs sin apenas conocimientos del tema. Se pueden crear webs con tantas páginas como sean necesarias, con diferentes niveles jerárquicos y partiendo de una serie de plantillas en las que, a través de un editor visual, se pueden generar sus contenidos, incorporando elementos de otras aplicaciones de Google.

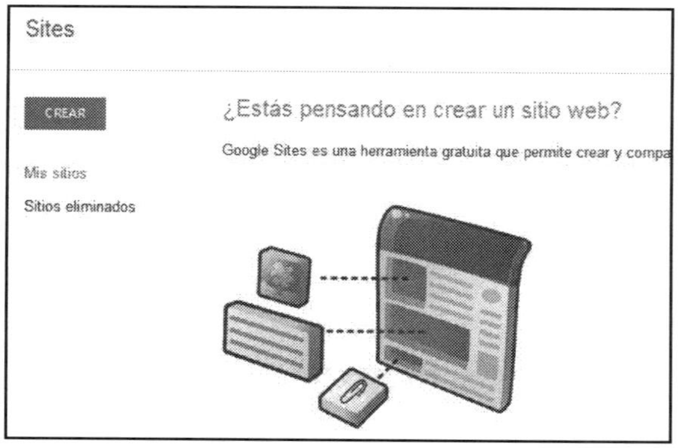

Figura 2.41. *Google Sites*

- **Neositios**: permite crear, desarrollar, y administrar su sitio web de modo fácil y rápido. Galería de más de 2.000 diseños y asistentes para la creación de su sitio. Dispone de varias herramientas de diseño, como un editor de logos, editor de imágenes, etc.

Figura 2.42. *Neositios*

- **Wix**: plataforma de creación de páginas web de manera sencilla a partir de unas plantillas prediseñadas. Se pueden crear webs en Flash. Tiene un editor muy sencillo de tipo arrastra y suelta sin necesidad de utilizar programación.

Figura 2.43. *Wix*

- **Roxer**: aplicación para diseñar páginas web de manera *on line* sin necesidad de conocimientos de programación. Esta página al contrario de las anteriores no tiene versión en español.

Figura 2.44. *Roxer*

ACTIVIDADES 2.6

- Dese de alta en una de las páginas que hemos visto con herramientas *on line* para crear páginas web. Cree una nueva web sencilla, incorpore algún texto y alguna foto. Haga capturas tanto del proceso de alta como del de elaboración de su web.

2.8.4 EDICIÓN DE VÍDEO

- **Filelab**: nos permitirá unir varios vídeos, cortarlos de forma precisa, añadir transiciones entre los cortes o entre los distintos vídeos que hemos unido. También podemos aplicar distintos efectos, modificar opciones de sonido, etc.

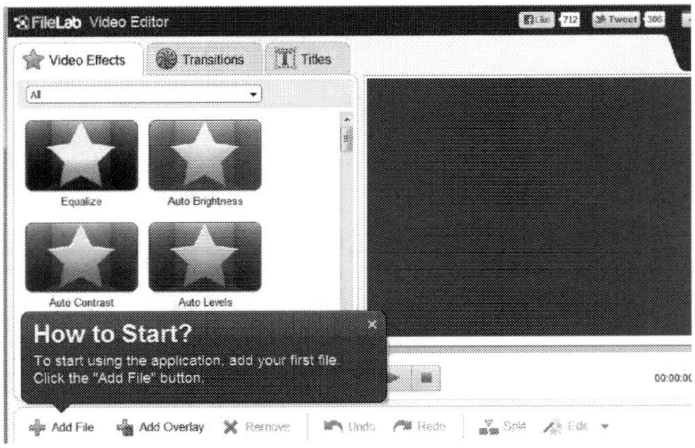

Figura 2.45. Filelab

- **Kaltura**: es un recurso de fácil manejo que le permitirá traer a su banda de edición materiales albergados en YouTube y en Flickr.

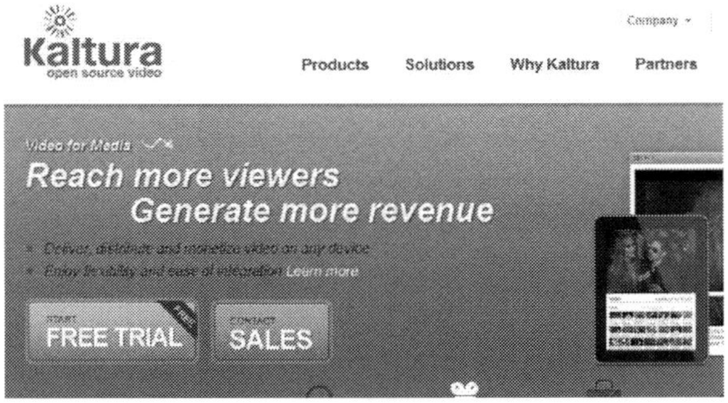

Figura 2.46. Kaltura

- **Viddix**: su funcionamiento consta solo de tres pasos, el primero es el de subir el vídeo, el segundo paso es incluir lo que desee al vídeo utilizando un panel de control y el tercero es el de publicarlo.

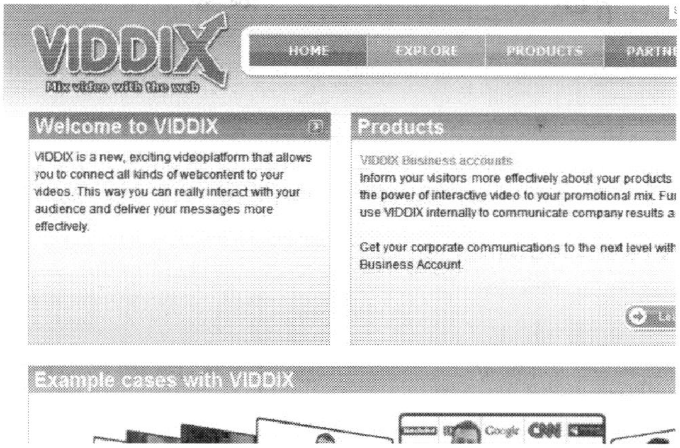

Figura 2.47. Viddix

ACTIVIDADES 2.7

» Dese de alta en una de las páginas que hemos visto con herramientas *on line* para edición de vídeo. Suba y edite un vídeo sencillo, puede utilizar uno de YouTube o Flickr. Haga capturas de todo el proceso.

2.8.5 EDICIÓN DE AUDIO

- **Filelab**: nos permitirá unir varios sonidos, cortarlos de forma precisa. También podemos aplicar distintos efectos para mejorar o cambiar el aspecto de nuestros sonidos, modificar opciones, etc.

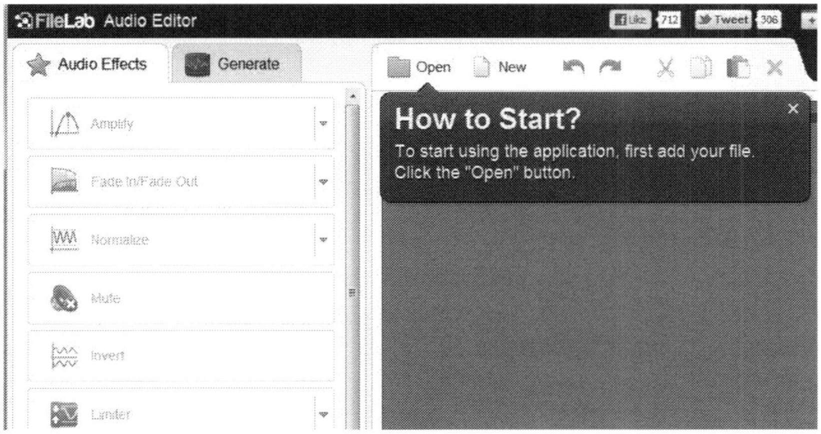

Figura 2.48. Filelab

- **Myna**: cuenta con todo lo que debe tener un programa de edición de audio profesional, como edición de onda, manejo de paneos y volumen por medio de bezier, filtros bastante poderosos.

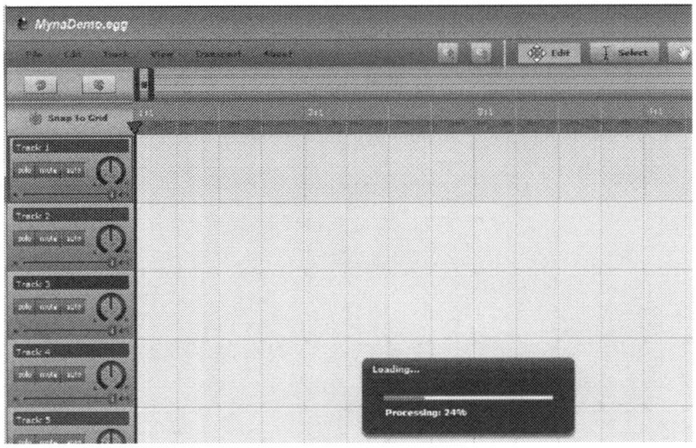

Figura 2.49. *Myna*

- **Soundation Studio**: nos va a permitir editar tonos y multitud de pistas, tiene más de 400 sonidos, efectos y la posibilidad de mezclar, todo desde una sola herramienta, cuando esté todo listo lo puede descargar o publicar en la web y ponerlo a disposición de todo el mundo.

Figura 2.50. *Soundation Studio*

ACTIVIDADES 2.8

- Dese de alta en una de las páginas que hemos visto con herramientas *on line* para edición de sonido. Suba y edite un archivo MP3, si no dispone de ningún archivo en *http://www.jamendo.com/es/* puede encontrar mucha variedad de canciones con licencia *Creative Commons* (canciones de descarga gratuita). Haga capturas de todo el proceso.

2.8.6 CONVERSIÓN DE ARCHIVOS

- **Online Convert**: ¿necesita convertir un archivo WAV a MP3? ¿O un documento Word a PDF? A este conversor *on line* de archivos puede acceder de forma rápida, sin registro y realizar estas tareas en unos pocos minutos.

Figura 2.51. *On line Convert*

- **Zamzar**: es un potente servicio web para convertir archivos *on line*, se pueden convertir muchos tipos de imágenes, documentos, música, vídeo, etc.

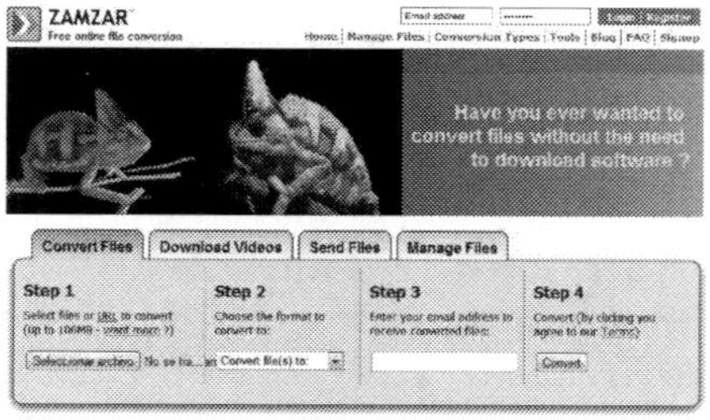

Figura 2.52. *Zamzar*

- **PDFaid**: es un recurso *on line* que nos ofrece hasta 14 herramientas para poder modificar nuestros archivos PDF.

Figura 2.53. *PDFaid*

ACTIVIDADES 2.9

- Convierta algún archivo que tenga en su ordenador de un formato a otro, utilizando cualquiera de las herramientas *on line* que se han presentado anteriormente. No olvide hacer capturas de todo el proceso.

RESUMEN DEL CAPÍTULO

En este segundo capítulo hemos tratado multitud de temas interesantes, debería conocerlos todos si no quiere quedarse fuera de la Web 2.0.

En primer lugar se han presentado una serie de definiciones de términos más empleados en dicha Web 2.0.

Hemos tratado el tema del RSS, crucial si quiere estar siempre al día y no perder un detalle de sus web favoritas, ¡que no se le escape nada!

Para poder acceder a sus páginas favoritas se encuentre donde se encuentre, podrá valerse de marcadores sociales, incluso podrá hacer valer la importancia de una web para que otros usuarios con las mismas aficiones que usted sean capaces de conocerla y valorarla en su justa medida.

Y qué decir de los programas en radio enlatada o los *podcasts*. En primer lugar que la mayoría de los programas que se emiten por las radios nacionales, regionales y locales tienen su versión en *podcast*, si no pudo escuchar el programa en directo, podrá escucharlo en su versión *podcast*. También hay multitud de archivos sonoros que han sido creados directamente como *podcast*, es decir, no han pasado por la radio. Estos programas están creados, en su gran mayoría, por gente *amateur*, pero con unos contenidos espectaculares, que nada tienen que envidiar a sus "hermanos mayores", los programas de la radio. Le animo a que visite contenedores de *podcast* como *ivoox* o *iTunes*, busque un tema, o varios de su interés y ya verá cómo tiene delante horas y horas de diversión.

Por último, hemos visto una serie de herramientas multimedia *on line* para presentaciones, edición de vídeo y audio, conversión de archivos, etc.

EJERCICIOS PROPUESTOS

1. ¿Estaba suscrito/a a alguna web con contenido RSS antes de iniciar el capítulo? ¿Y ahora? ¿A qué página/s? ¿Por qué?

2. Indique alguna de las ventajas que ve en los marcadores sociales.

3. Localice en la web al menos 3 *blogs* de temática de su interés (cine, música, videojuegos, etc.). Indique la dirección de dichos *blogs* y la temática predominante en dichos *blogs*.

4. Localice al menos 3 *podcasts* de temática que le interesen. Puede ayudarse de portales especializados en *podcasts* como *ivoox* o *iTunes*. Indique la dirección donde se puede descargar los *podcasts* y la temática de los *podcasts* en cuestión.

5. Busque en la Red al menos 4 herramientas *on line* sobre seguridad (antivirus, *antispyware*, *antispam*, etc.), indicando la dirección de dicha herramienta y sus características principales.

TEST DE CONOCIMIENTOS

1 Un *bookmark* es:

a) El nuevo ordenador de Apple.
b) Un lector digital de libros electrónicos.
c) Una dirección que nos interesa guardar.
d) Una aplicación o miniaplicación que ofrece contenidos ampliados para otras aplicaciones o funcionalidades que antes no podía realizar.
e) Todas son ciertas.
f) Todas son falsas.

2 Un *gadget* es:

a) El nuevo ordenador de Apple.
b) Un lector digital de libros electrónicos.
c) Una dirección que nos interesa guardar.
d) Una aplicación o miniaplicación que ofrece contenidos ampliados para otras aplicaciones o funcionalidades que antes no podía realizar.
e) Todas son ciertas.
f) Todas son falsas.

3 RSS es:

a) Un sitio web que ofrece contenido cambiante del que podemos descargar información en forma de titulares para estar al día de dichos cambios.
b) Un programa que me permite descargar el contenido del sitio web comentado en el apartado anterior.
c) El contenido que ofrece el sitio web, propiamente dicho.
d) El envío de una serie de contenidos desde la fuente a las personas suscritas, el envío lo realiza el emisor, el receptor no necesita acceder al servidor para conocer este contenido.
e) Todas son falsas.

4 Un *feed* es:

a) Un sitio web que ofrece contenido cambiante del que podemos descargar información en forma de titulares para estar al día de dichos cambios.
b) Un programa que me permite descargar el contenido del sitio web comentado en el apartado anterior.
c) El contenido que ofrece el sitio web, propiamente dicho.
d) El envío de una serie de contenidos desde la fuente a las personas suscritas, el envío lo realiza el emisor, el receptor no necesita acceder al servidor para conocer este contenido.
e) Todas son falsas.

5 Un agregador es:

a) Un sitio web que ofrece contenido cambiante del que podemos descargar información en forma de titulares para estar al día de dichos cambios.
b) Un programa que me permite descargar el contenido del sitio web comentado en el apartado anterior.
c) El contenido que ofrece el sitio web, propiamente dicho.
d) El envío de una serie de contenidos desde la fuente a las personas suscritas, el envío lo realiza el emisor, el receptor no necesita acceder al servidor para conocer este contenido.
e) Todas son falsas.

6 La sindicación o redifusión de contenidos es:

a) Un sitio web que ofrece contenido cambiante del que podemos descargar información en forma de titulares para estar al día de dichos cambios.
b) Un programa que me permite descargar el contenido del sitio web comentado en el apartado anterior.
c) El contenido que ofrece el sitio web, propiamente dicho.
d) El envío de una serie de contenidos desde la fuente a las personas suscritas, el envío lo realiza el emisor, el receptor no necesita acceder al servidor para conocer este contenido.
e) Todas son falsas.

7 Un marcador social nos permite:

a) Valorar sitios web.
b) Acceder a nuestros favoritos sin necesidad de tener que utilizar la máquina donde se guardaron.
c) Conocer la opinión que tiene el resto de usuarios sobre un sitio web, esto nos va a permitir establecer clasificaciones.
d) Todas son ciertas.
e) Todas son falsas.

8 La creación de archivos de sonido y su distribución mediante RSS u otros medios se llama:

a) *Vodcast*.
b) *Videocast*.
c) *Vidcast*.
d) RSS.
e) *Podcast*.
f) Todas son ciertas.
g) Todas son falsas.

9 BrinkPad es una aplicación *on line* que se utiliza para:

a) Realizar presentaciones.
b) Gestión/edición de imágenes.
c) Diseño web.
d) Edición de vídeo.
e) Edición de audio.
f) Conversión de archivos.

10 Flickr es una aplicación *on line* que se utiliza para:

a) Realizar presentaciones.
b) Gestión/edición de imágenes.
c) Diseño web.
d) Edición de vídeo.
e) Edición de audio.
f) Realizar conversión de archivos.

11 Wix es una aplicación *on line* que se utiliza para:

a) Realizar presentaciones.
b) Gestión/edición de imágenes.
c) Diseño web.
d) Edición de vídeo.
e) Edición de audio.
f) Realizar conversión de archivos.

12 Kaltura es una aplicación *on line* que se utiliza para:

a) Realizar presentaciones.
b) Gestión/edición de imágenes.
c) Diseño web.
d) Edición de vídeo.
e) Edición de audio.
f) Realizar conversión de archivos.

13 Myna es una aplicación *on line* que se utiliza para:

a) Realizar presentaciones.
b) Gestión/edición de imágenes.
c) Diseño web.
d) Edición de vídeo.
e) Edición de audio.
f) Realizar conversión de archivos.

14 Zamzar es una aplicación *on line* que se utiliza para:

a) Realizar presentaciones.
b) Gestión/edición de imágenes.
c) Diseño web.
d) Edición de vídeo.
e) Edición de audio.
f) Realizar conversión de archivos.

3 Instalación de servidores de aplicaciones web

OBJETIVOS DEL CAPÍTULO

- ✓ Conocer qué es un servidor web.
- ✓ Instalar un servidor web Apache en Windows y Linux.
- ✓ Instalar un Sistema Gestor de Bases de Datos MySQL en Windows y Linux.
- ✓ Instalar PHPMyAdmin en Windows y Linux.
- ✓ Conocer e instalar una herramienta de instalación integrada XAMPP tanto en Windows como en Linux.

3.1 SERVIDORES WEB

Un servidor web no es más que un programa que ejecuta de forma continua en un ordenador (también se utiliza el término para referirse al ordenador que lo ejecuta), manteniéndose a la espera de peticiones por parte de un cliente (un navegador de Internet) y que contesta a estas peticiones de forma adecuada, sirviendo una página web que será mostrada en el navegador o mostrando el mensaje correspondiente si se detectó algún error.

Instalar un servidor web en nuestro PC nos permitirá, entre otras cosas, poder montar nuestra propia página web sin necesidad de contratar alojamiento web, probar nuestros desarrollos en local, acceder a los ficheros de nuestro ordenador desde un PC remoto (aunque para esto existen otras alternativas), o utilizar alguno de los programas basados en web tan interesantes que están viendo la luz últimamente.

Uno de los servidores web más populares del mercado, y el más utilizado actualmente, es Apache, de código abierto y gratuito, disponible para Windows y GNU/Linux, entre otros. Su instalación es bastante sencilla.

Figura 3.1. *Apache*

3.1.1 INSTALACIÓN APACHE EN WINDOWS

Lo primero que debemos hacer es descargar la última versión disponible de Apache 2.2, lo hacemos desde la URL: *http://httpd.apache.org/download.cgi*.

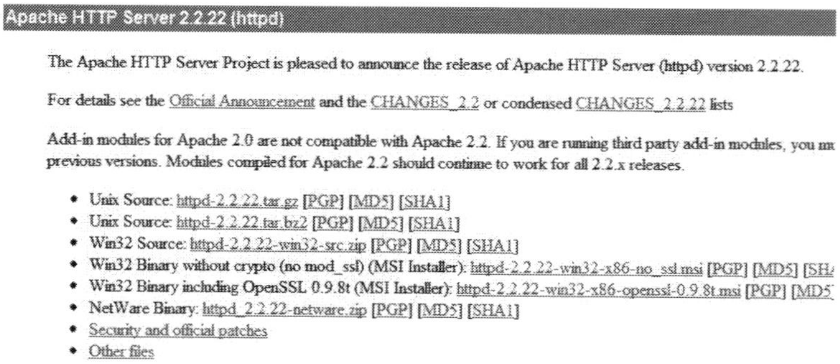
Apache HTTP Server 2.2.22 (httpd)

The Apache HTTP Server Project is pleased to announce the release of Apache HTTP Server (httpd) version 2.2.22.

For details see the Official Announcement and the CHANGES_2.2 or condensed CHANGES_2.2.22 lists

Add-in modules for Apache 2.0 are not compatible with Apache 2.2. If you are running third party add-in modules, you m
previous versions. Modules compiled for Apache 2.2 should continue to work for all 2.2.x releases.

- Unix Source: httpd-2.2.22.tar.gz [PGP] [MD5] [SHA1]
- Unix Source: httpd-2.2.22.tar.bz2 [PGP] [MD5] [SHA1]
- Win32 Source: httpd-2.2.22-win32-src.zip [PGP] [MD5] [SHA1]
- Win32 Binary without crypto (no mod_ssl) (MSI Installer): httpd-2.2.22-win32-x86-no_ssl.msi [PGP] [MD5] [SH
- Win32 Binary including OpenSSL 0.9.8t (MSI Installer): httpd-2.2.22-win32-x86-openssl-0.9.8t.msi [PGP] [MD5
- NetWare Binary: httpd_2.2.22-netware.zip [PGP] [MD5] [SHA1]
- Security and official patches
- Other files

Figura 3.2. *Descarga Apache*

En este momento la última versión es Apache 2.2.22 pero cualquier 2.2 e incluso la 2 se instala de forma similar. Como obviamente no nos interesan las fuentes ni la versión para Linux descargamos Win32 Binary including OpenSSL, que incluye también soporte para SSL (puede sernos útil más adelante).

Tras la descarga, lanzaremos el instalador y realizamos la instalación, que es muy sencilla y solo debemos configurar algunos datos.

En primer lugar, debemos introducir la información del servidor, indicando dominio, nombre del servidor, email del administrador, y si vamos a instalar Apache para todos los usuarios de nuestro Windows o solo para el actual. En nuestro caso el dominio de red y el nombre de la máquina elegido para nuestro servidor ha sido *localhost* (máquina local) (Figura 3.3).

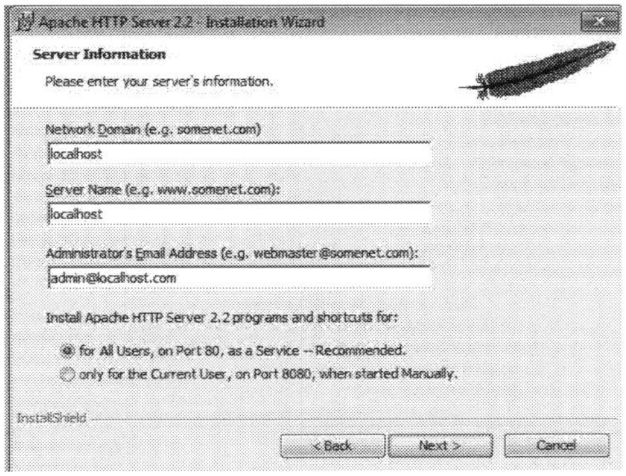

Figura 3.3. *Instalación de Apache*

Como hemos indicado antes utilizaremos la instalación personalizada (*custom*). De este modo podremos personalizar un poco la instalación. Si elegimos la opción típica nos cargará los valores por defecto de la aplicación. No les dé miedo elegir esta opción, ya que la configuración personalizada es sencilla (Figura 3.4).

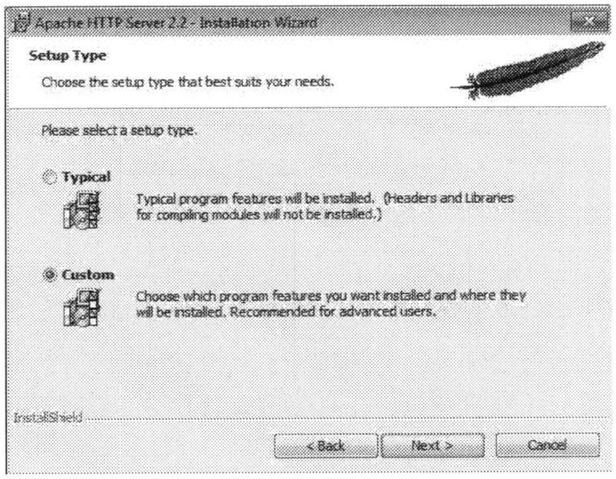

Figura 3.4. *Instalación de Apache*

En la siguiente ventana nos va a aparecer la carpeta en la que se va a instalar Apache, en nuestro caso la cambiamos a **c:\web**, más que nada por comodidad, para no tener que estar accediendo a la carpeta por defecto de la instalación **c:\Archivos de Programa\Apache Software Foundation\Apache2.2** (Figura 3.5).

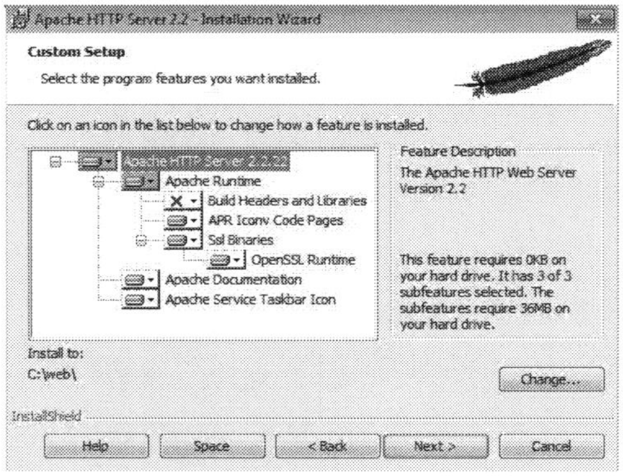

Figura 3.5. Instalación de Apache

Ya está terminada la instalación de Apache para Windows. Hacemos clic en finalizar para dar por concluida la instalación (Figura 3.6).

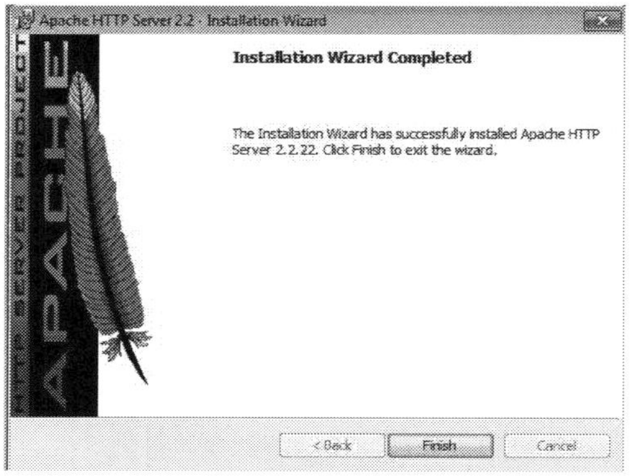

Figura 3.6. Instalación de Apache

Para comprobar que Apache se ha instalado y está funcionando nos vamos al símbolo de sistema, escribimos **c:\web\httpd.exe -k install** y presionamos **Intro**, debería aparecer un mensaje indicando que Apache está instalado.

```
C:\Users\usuario.usuario-PC>c:\web\bin\httpd -k install
[error] Apache2.2: Service is already installed.
```

Figura 3.7. Instalación de Apache

Para verificar el funcionamiento del servidor en nuestro navegador, entramos a la URL *http://localhost*, nos mostrará una página web con el mensaje "It works!".

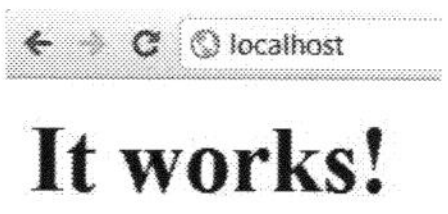

Figura 3.8. Instalación de Apache

En principio está todo hecho, pero en algunos casos es necesario modificar y personalizar el funcionamiento de Apache, para ello vamos a editar **httpd.conf** que se encuentra dentro de **c:\web\conf** (Figura 3.9).

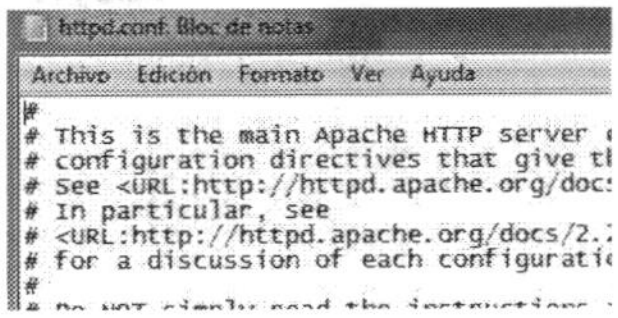

Figura 3.9. *httpd.conf*

- **ServerRoot**: define la ruta donde se encuentra Apache 2.2, en nuestro caso debe ser **c:\web** (Figura 3.10).

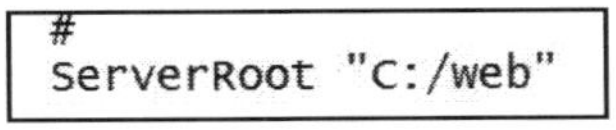

Figura 3.10. *ServerRoot*

- **ServerName**: nos permite definir el nombre del servidor y un puerto determinado (Figura 3.11).

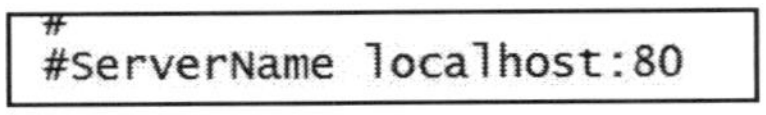

Figura 3.11. *ServerName*

- **DocumentRoot**: en este directorio irán alojados los ficheros de nuestra/s página/s web. Si cambiamos la ubicación de DocumentRoot, no cambia la dirección de acceso de nuestro navegador *http://localhost* (Figura 3.12).

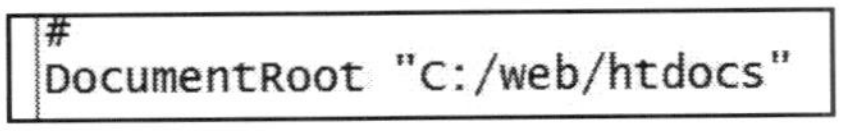

Figura 3.12. *DocumentRoot*

- **Listen**: puerto por el que Apache se comunica con el exterior, normalmente será el puerto 80 (Figura 3.13).

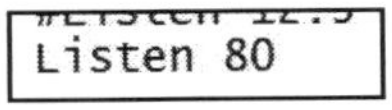

Figura 3.13. *Listen*

Se han escrito libros enteros sobre la configuración y uso de Apache, por lo que esto queda lejos del propósito de este capítulo. Si le interesa personalizar totalmente el servidor puede echar un vistazo a la documentación de Apache en la web de la Fundación.

3.1.2 INSTALACIÓN Y CONFIGURACIÓN DEL MÓDULO PHP EN WINDOWS

Apache, por sí solo, solamente permite mostrar al visitante webs estáticas, escritas en HTML y utilizar lenguajes que se interpreten del lado del cliente, como JavaScript.

Si queremos crear una web dinámica, con la que el usuario pueda interaccionar realmente y que modifique su comportamiento según esta interacción, tendremos que utilizar un lenguaje de programación como PHP, Perl, JSP o ASP.

El código PHP se puede incluir en un documento HTML, lo que nos permite crear páginas web dinámicas. Estas líneas de código serán interpretadas en el servidor y el resultado mandado al cliente después. Esto es lo que se llama *server-side* o del lado del servidor, en comparación con *client-side* o del lado del cliente, modelo en el cual es el propio PC cliente el que tiene que interpretar el código.

Lo primero que tenemos que hacer para instalar PHP es descargar los binarios de PHP. Para ello nos dirigimos a *http://windows.php.net/download/* y descargamos el fichero *zip*. No utilizar el instalador.

Figura 3.14. *PHP*

Una vez descargado, pasamos a descomprimirlo. A efectos prácticos el directorio donde lo instalemos no importa, para comodidad vamos a suponer que lo hemos descomprimido en **c:\php**.

Antes de pasar a configurar PHP y el servidor Apache para que utilice el intérprete instalado, modificaremos la variable de entorno *Path*. Vamos a **Propiedades del sistema**. Seleccionamos la pestaña **Opciones avanzadas** y una vez ahí, **Variables de entorno**. En el cuadro de Variables de sistema haremos doble clic sobre la variable Path para editarla, y añadiremos al final de la lista **;c:\php** (cada entrada se separa con un punto y coma).

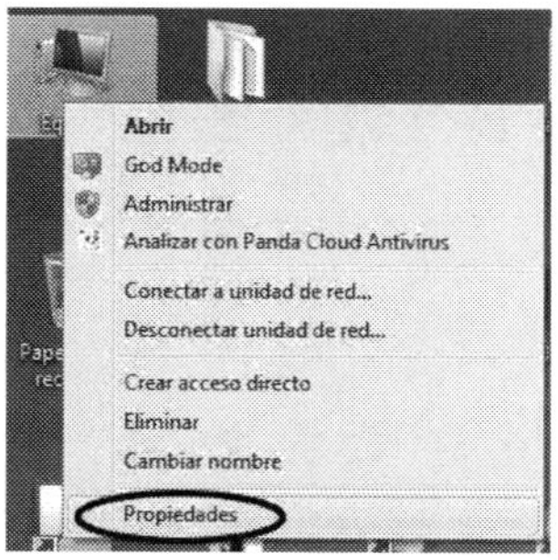

Figura 3.15. *Equipo, botón derecho → Propiedades*

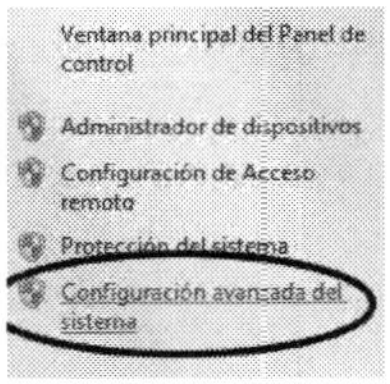

Figura 3.16. Configuración avanzada del sistema

Figura 3.17. Variables de entorno

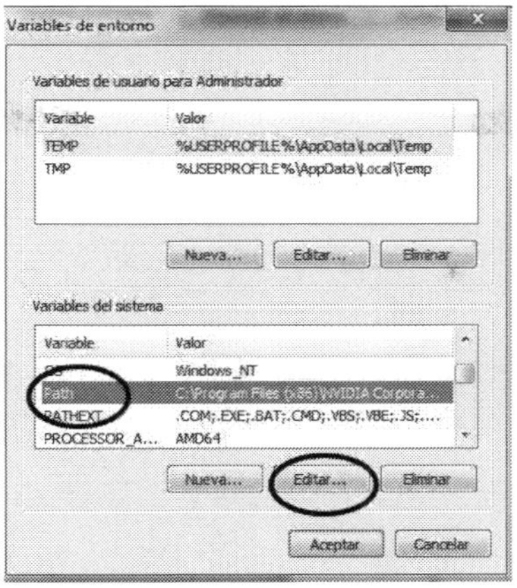

Figura 3.18. Editar variable Path

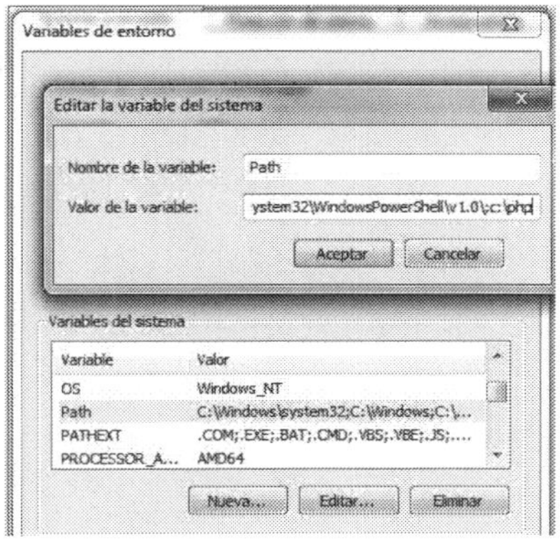

Figura 3.19. Añadir c:\php

Las distintas opciones de PHP se configuran mediante un archivo llamado **php.ini** situado en **c:\php**. Por defecto este archivo no existe, sino que tendremos que crearlo renombrando el archivo **php.ini-production**. Pasemos a editar **php.ini**.

Busque el texto **include_path = ".;c:\php\includes"** y elimine el comentario (borre el ";" al inicio de la línea).

```
;
; Windows: "\path1;\path2"
include_path = ".;c:\php\includes"
;
```

Figura 3.20. include_path

Modificamos el valor de **doc_root** para que coincida con el directorio donde se guardan los archivos que mostrará Apache (por defecto, si no lo cambiamos en **httpd.conf**, éste será **C:\web\htdocs**).

```
; http://php.net/doc-root
doc_root = c:\web\htdocs
```

Figura 3.21. doc_root

Modificamos el valor de **session.cookie_path** por **session.cookie_path=**.

```
; http://php.net/session.(
session.cookie_path = \
```

Figura 3.22. cookie_path

Y, por último, modificamos el valor de **session.save_path** para poder trabajar con sesiones (el directorio debe existir, PHP no lo creará por nosotros): **session.save_path = "c:\php\sesiones"**.

```
; http://php.net/session.save-path
session.save_path = "c:\php\sesiones"
```

Figura 3.23. save_path

Solo resta activar algunas extensiones útiles para que estas se carguen automáticamente. Tendremos que indicar a PHP dónde se guardan las extensiones, modificando **extension_dir** de forma que contenga la ruta al directorio *ext* dentro de la carpeta donde se instaló PHP (**c:\php\ext**).

```
; On windows:
extension_dir = "c:\php\ext"
```

Figura 3.24. *extension_dir*

Una vez hecho esto buscamos la sección Windows Extensions que muestra una lista de distintas extensiones que podemos activar. Para cada extensión que queramos, no tenemos más que borrar el punto y coma al principio de la línea o bien añadir una nueva línea si no existe.

Necesitaremos activar, al menos, **php_MySQL.dll** para que PHP pueda guardar y obtener datos de una base de datos MySQL. También es muy recomendable **php_MySQLi.dll**, que ofrece conexiones mejoradas y, por último, **php_mbstring.dll**, necesaria para utilizar codificaciones de caracteres en las que cada carácter ocupa más de un *byte*.

```
;extension=php_ldap.dll
extension=php_mbstring.dll
;extension=php_exif.dll
extension=php_mysql.dll
extension=php_mysqli.dll
;extension=php_oci8.dll
```

Figura 3.25. *Windows Extensions*

Es recomendable no activar una extensión si no conoce cuál es su función, entre otras cosas porque muchas de ellas necesitan otros archivos, y en el caso de que PHP no los encuentre se quejará.

Una vez configurado PHP es el momento de modificar la configuración de Apache para trabajar con este. El archivo de configuración de Apache es **httpd.conf**, situado por defecto en **C:\Archivos de programa\Apache Group\Apache2\conf**, hay que tener en cuenta que nosotros hemos instalado Apache en **c:\web**, por tanto, la carpeta de configuración será **c:\web\conf**.

Busque el texto que viene en la Figura 3.26, inmediatamente después encontrará una lista de módulos que se cargarán con Apache.

```
# Statically compiled modules (those li
# to be loaded here.
#
# Example:
# LoadModule foo_module modules/mod_foo
#
LoadModule actions_module modules/mod_a
```

Figura 3.26. *LoadModule*

Añada al final de la lista **LoadModule php5_module "c:/php/php5.dll"** para cargar el módulo de PHP 5.

```
#LoadModule usertrack_module modules/mod_u
#LoadModule version_module modules/mod_ver
#LoadModule vhost_alias_module modules/mod
LoadModule php5_module "c:/php/php5.dll"
```

Figura 3.27. *Carga del módulo de PHP*

Busque el texto que viene en la Figura 3.28, aparece una lista de tipos MIME que el servidor es capaz de reconocer.

```
# If the AddEncoding directives above a
# probably should define those extensi(
#
AddType application/x-compress .Z
AddType application/x-gzip .gz .tgz
```

***Figura 3.28.** MIME*

Añada al final de la lista **AddType application/x-httpd-php .php**.

```
# probably should define those extensio
#
AddType application/x-compress .Z
AddType application/x-gzip .gz .tgz
AddType application/x-httpd-php .php
#
# AddHandler allows you to map certain
```

***Figura 3.29.** MIME*

Busque **DirectoryIndex index.html**, como aparece en la Figura 3.30 y sustitúyalo por **DirectoryIndex index.php index.html**. Esto indicará a Apache que los archivos *php* también pueden utilizarse como archivos de índice de un directorio (Figura 3.31).

```
#
<IfModule dir_module>
    DirectoryIndex index.html
</IfModule>
```

***Figura 3.30.** DirectoryIndex*

```
#
<IfModule dir_module>
    DirectoryIndex index.php index.html
</IfModule>
```

***Figura 3.31.** DirectoryIndex*

Añada al final del fichero la línea **PHPIniDir "c:\php"** para indicar al servidor web dónde encontrar el archivo **php.ini** y reinicie el PC.

```
SSLRandomSeed conne
</IfModule>
PHPIniDir "c:\php"
```

***Figura 3.32.** PHPIniDir*

Hora de probar que PHP se ha instalado correctamente. Esto se suele hacer creando un archivo php (crear un nuevo archivo con cualquier editor de textos, con nombre, por ejemplo **info.php**) cuyo contenido será:

```
<?
phpinfo();
?>
```

Introduzca en la barra de direcciones del navegador la URL: *http://localhost/info.php*

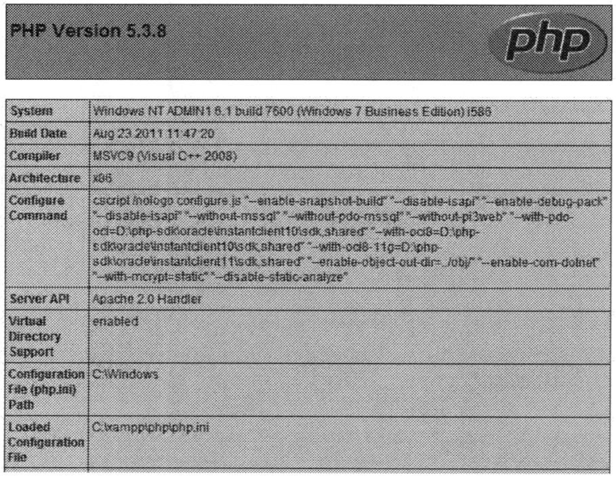

Figura 3.33. *Comprobación de la instalación de PHP*

3.2 SISTEMAS GESTORES DE BASES DE DATOS

Un Sistema Gestor de Bases de Datos (SGBD) es un software de propósito general que permite crear y mantener una base de datos, asegurando su integridad, confidencialidad y seguridad. Por lo tanto, debe permitir:

- **Definir una base de datos**: especificar tipos, estructuras y restricciones de datos.
- **Construir la base de datos**: guardar los datos en algún medio controlado por el mismo SGBD.
- **Manipular la base de datos**: realizar consultas, actualizarla, generar informes.
- **Controlar la redundancia**: la redundancia de datos tiene varios efectos negativos (duplicar el trabajo al actualizar, desperdicia espacio en disco, puede provocar inconsistencia de datos) aunque a veces es deseable por cuestiones de rendimiento.
- **Restringir los accesos no autorizados**: cada usuario ha de tener unos permisos de acceso y autorización.
- **Cumplir las restricciones de integridad**: el SGBD ha de ofrecer recursos para definir y garantizar el cumplimiento de las restricciones de integridad.

Uno de los SGBD más utilizados por los servidores en la web es MySQL, ya que es un gestor de bases de datos sencillo de usar e increíblemente rápido, y es gratis para aplicaciones no comerciales.

3.2.1 INSTALACIÓN EN WINDOWS

Para instalar MySQL, dependiendo de si nuestro sistema operativo es de 32 ó 64 bits instalaremos una versión u otra de MySQL.

Para descargar MySQL vamos a la dirección:

http://dev.mysql.com/get/Downloads/MySQLInstaller/mysql-installer-5.5.15.0.msi/from/http://mysql.mirror.kangaroot.net/

Guardamos el archivo en nuestro ordenador. Hacemos doble clic sobre el programa descargado y se inicia la instalación. En primer lugar, debemos aceptar los términos de la licencia para poder continuar con la instalación.

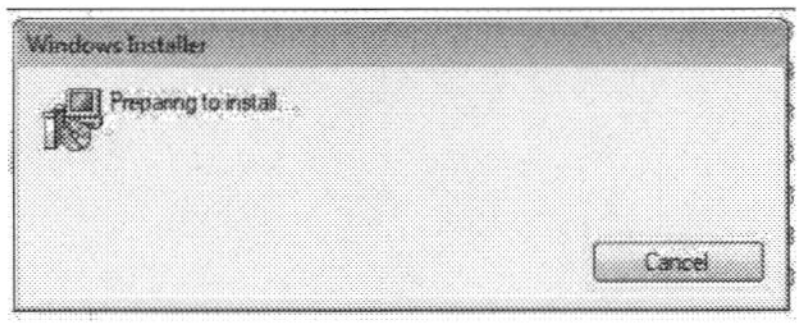

Figura 3.34. *Preparando la instalación*

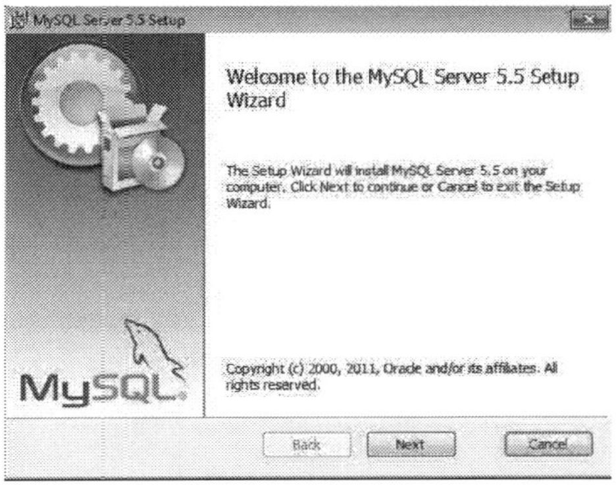

Figura 3.35. *Bienvenido*

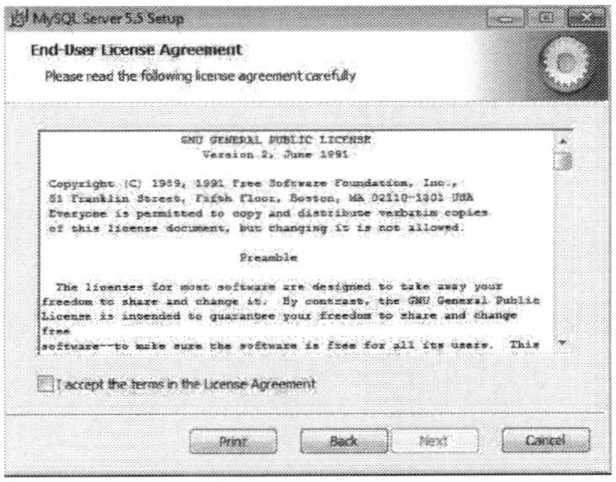

Figura 3.36. *Acuerdo de licencia*

Una vez aceptados los términos nos preguntará qué tipo de instalación vamos a efectuar. En nuestro caso con la instalación **típica** nos será más que suficiente, por tanto, hacemos clic sobre el botón **Tipical**.

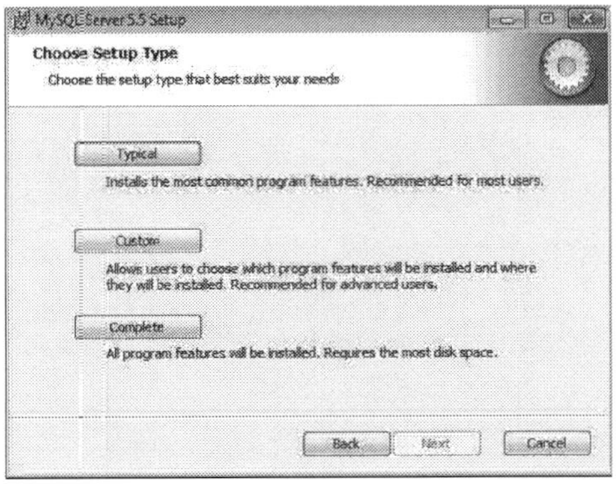

Figura 3.37. *Tipo de instalación*

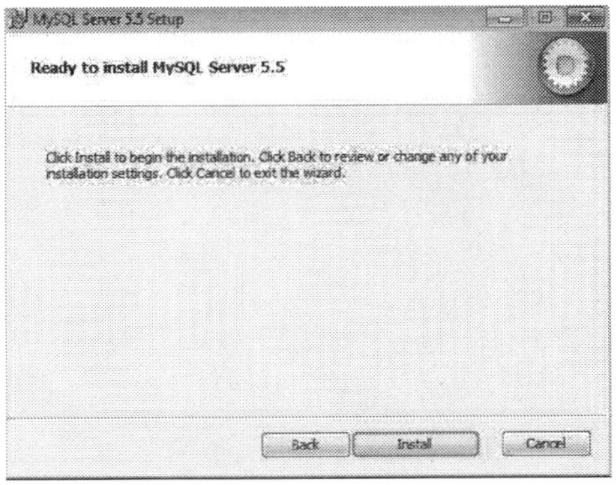

Figura 3.38. *Listo para instalar*

Ya estamos preparados para instalar MySQL. Durante la instalación nos aparecerán una serie de pantallas en las que simplemente debemos dar a **Siguiente** (**Next**) para continuar. Una vez ha finalizado la instalación hacemos clic sobre **Finish** para que nos aparezca el Asistente de configuración de MySQL (MySQL Instance Configuration Wizard).

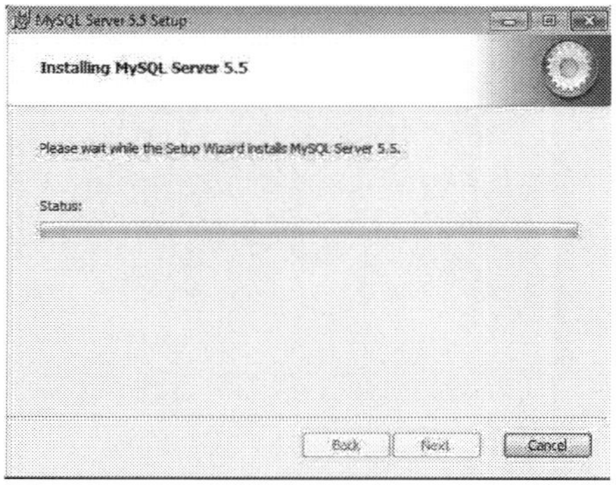

Figura 3.39. Instalando

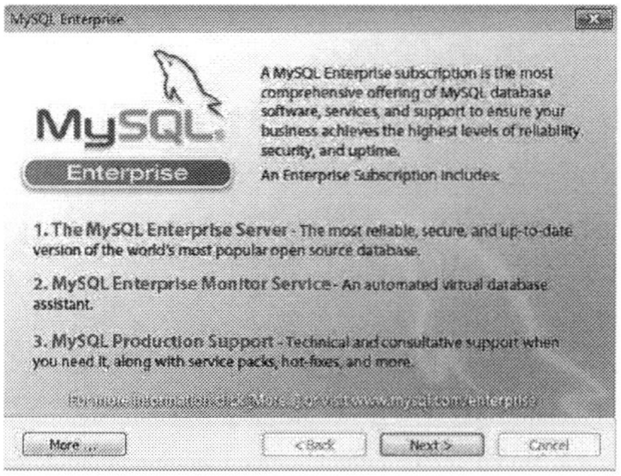

Figura 3.40. Next

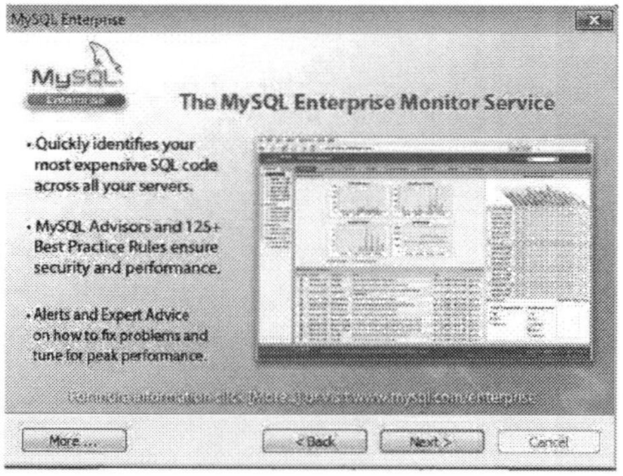

Figura 3.41. Next

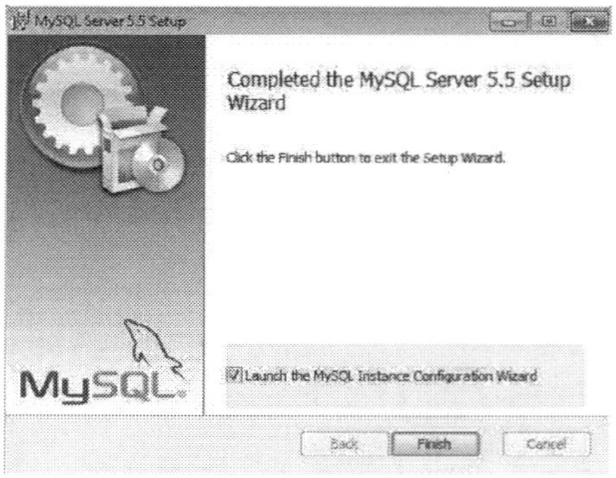

Figura 3.42. Finalizar

Estamos ahora frente al Asistente de Configuración de MySQL. En primer lugar, debemos elegir entre **Configuración Detallada** (*Detalled Configuration*) o **Configuración Estándar** (*Standard Configuration*). En nuestro caso hemos seleccionado la configuración detallada, pues podemos personalizar un poco más MySQL.

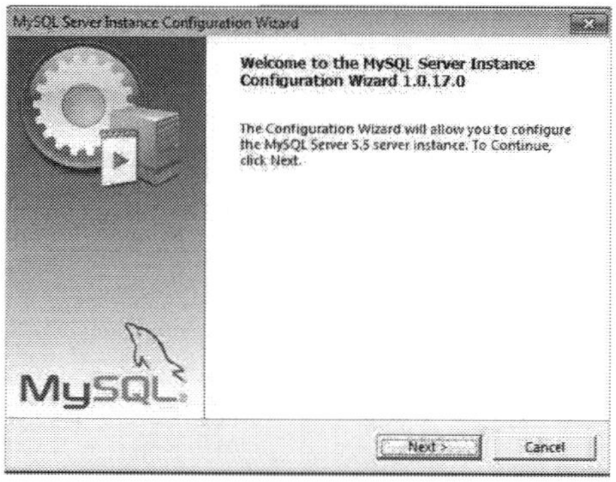

Figura 3.43. Configuración del servidor

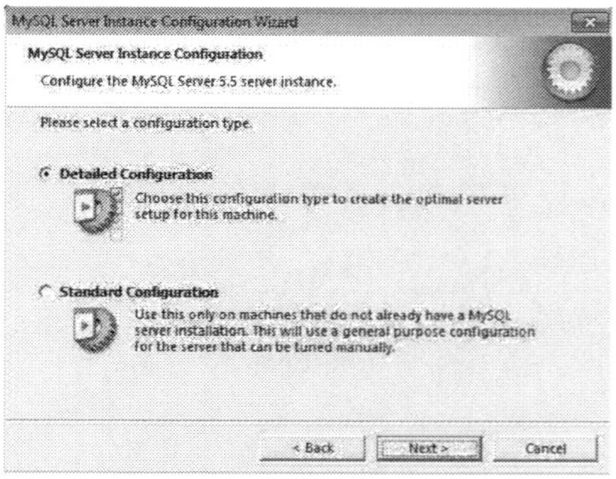

Figura 3.44. Tipo de configuración

Tras esto y si hemos elegido la anterior configuración, nos preguntará qué tipo de máquina vamos a utilizar para instalar MySQL. En nuestro caso hemos seleccionado **Developer Machine**, ya que nos permitirá ejecutar MySQL y no consumirá excesiva memoria, cosa que no ocurre con el resto de instancias.

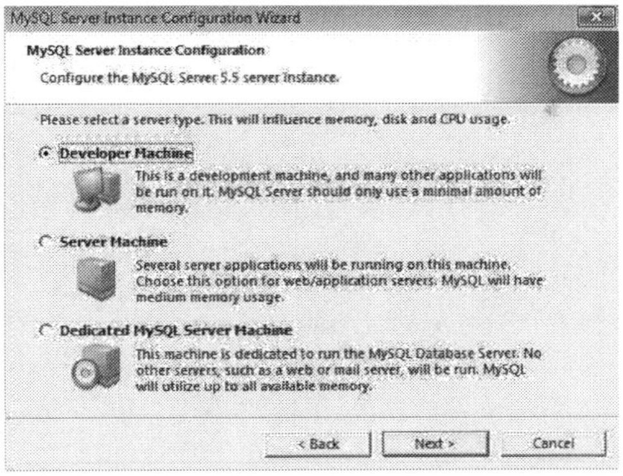

Figura 3.45. *Tipo de servidor*

En esta ocasión debemos seleccionar el uso de la base de datos, hay tres tipos: **Multifunctional**, **Transactional** y **Non-transactional**. Igual que anteriormente, dependiendo del uso que vayamos a dar al sistema gestor escogeremos una u otra opción. En nuestro caso, como las bases de datos que vamos a utilizar son de propósito general, y van a ser de tipo InnoDB (que nos permite el uso de claves foráneas y otras cosas), hemos seleccionado Multifunctinal Database (Figura 3.46).

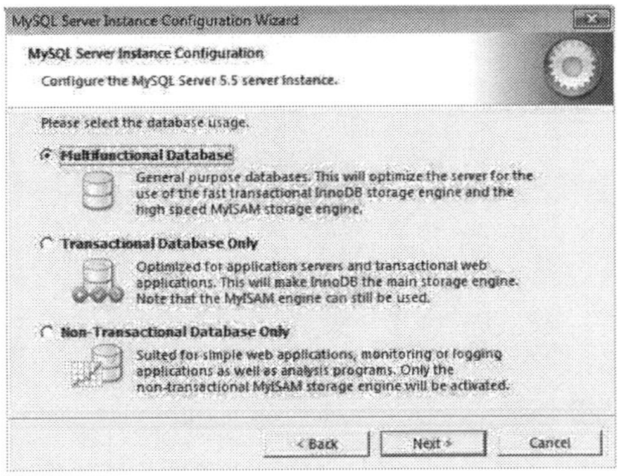

Figura 3.46. *Uso de la base de datos*

En la siguiente pantalla debemos elegir la ruta de instalación de las tablas InnoDB en caso de no querer utilizar la configuración por defecto. En principio no debemos hacer nada en especial en esta pantalla, simplemente pulsamos **Next**.

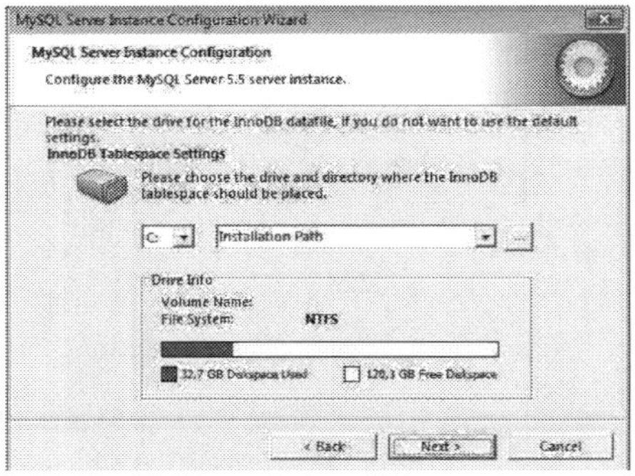

__Figura 3.47.__ InnoDB tablespace

Tras esta debemos seleccionar el número aproximado de usuarios que accederán de forma concurrente a la base de datos. En nuestro caso hemos seleccionado **Decision Support** (DDS)/OLAP. Esta configuración está concebida para aplicaciones de bases de datos que no requieren un número alto de conexiones concurrentes.

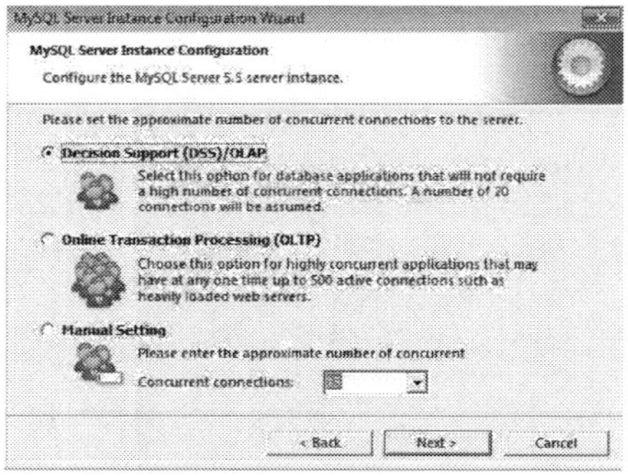

__Figura 3.48.__ Número de conexiones

En este punto llegamos a las opciones de red (*Networking options*). Habilitaremos (o no) la red TCP/IP y estableceremos un puerto mediante el cual se realizarán las conexiones (incluso podemos agregar una excepción al cortafuegos de ese puerto seleccionado). Si deshabilitamos esta opción, el acceso a las bases de datos solo podrá hacerse de forma local (desde la propia máquina).

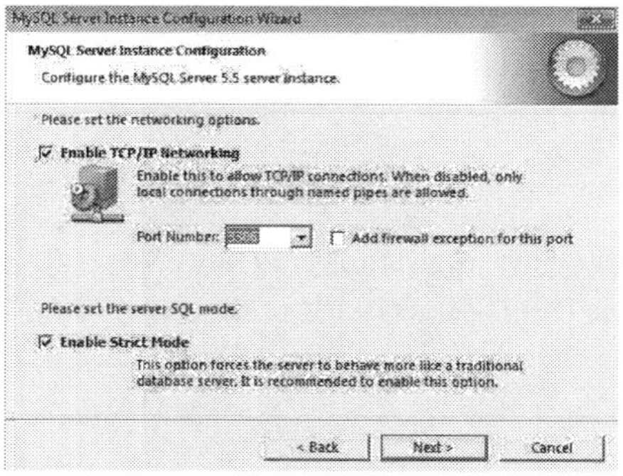

__Figura 3.49.__ TCP/IP Networking

En la siguiente pantalla debemos seleccionar el conjunto de caracteres por defecto (default character set), como podemos ver en la Figura 3.50 hemos seleccionado **Standard Character Set**, ya que es el más apropiado para lenguajes de Europa Occidental (*West European languages*).

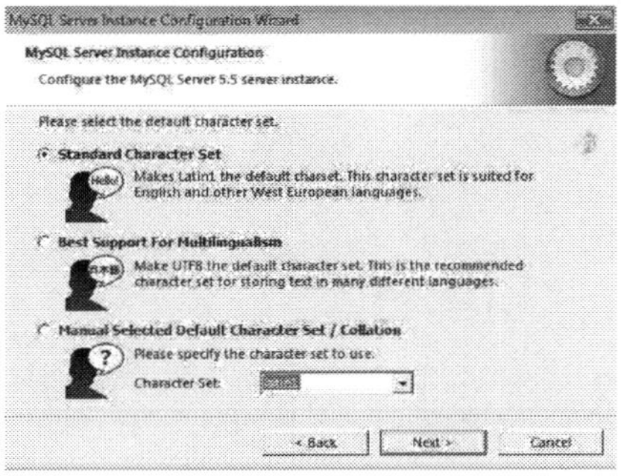

Figura 3.50. *Default caracter set*

En la siguiente pantalla (Figura 3.51) nos da la opción de instalar MySQL como un servicio de Windows (*Install As Windows Service*), esto implica que estará siempre en funcionamiento. Si esta opción no la marcamos, cada vez que queramos utilizar el gestor deberemos arrancarlo de forma manual.

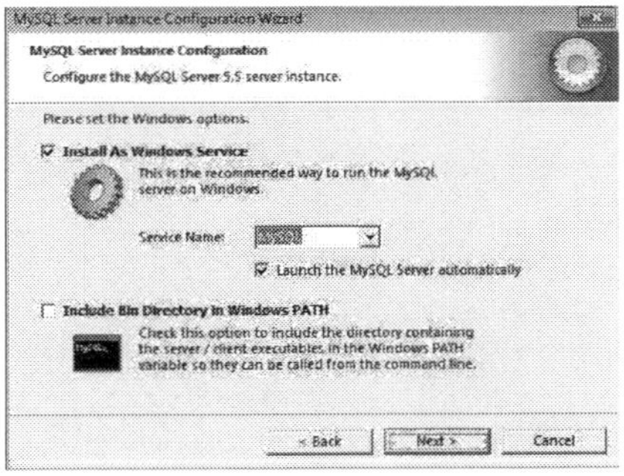

Figura 3.51. *Windows options*

Ahora debemos establecer las opciones de seguridad (*security options*). En esta pantalla estableceremos la contraseña para el usuario *root* (administrador) del sistema gestor, nos da la posibilidad de que la cuenta sea anónima, es decir, sin contraseña, aunque él mismo nos advierte de que nos quedará un sistema inseguro.

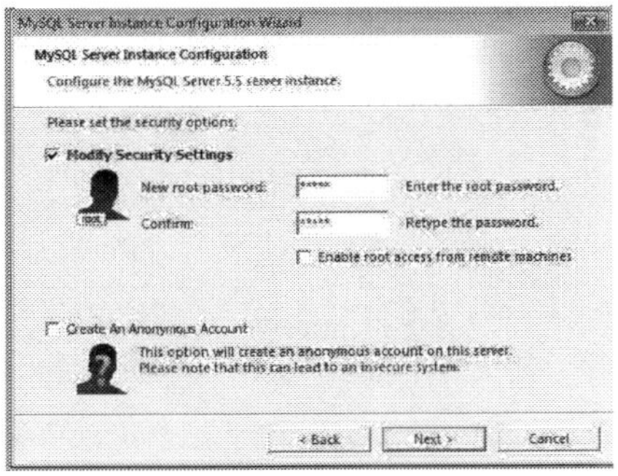

Figura 3.52. *Security options*

Ya hemos terminado la configuración, tan solo debemos pulsar sobre **Execute** y se concluirá la instalación de MySQL en nuestro equipo; una vez ha finalizado, ya se ha completado la instalación, por tanto, podremos pulsar sobre **Finish** para dar por concluida la instalación.

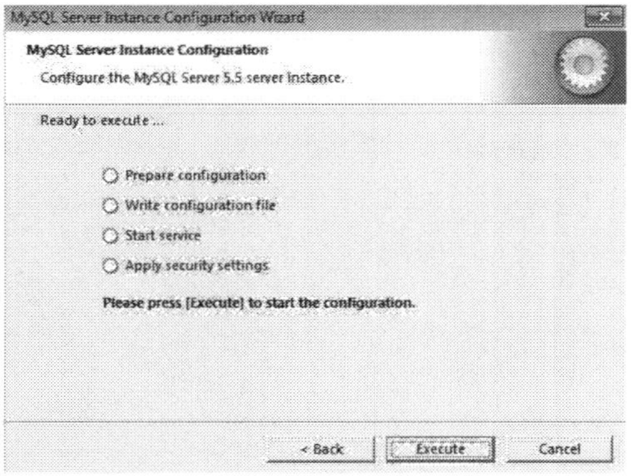

Figura 3.53. *Execute*

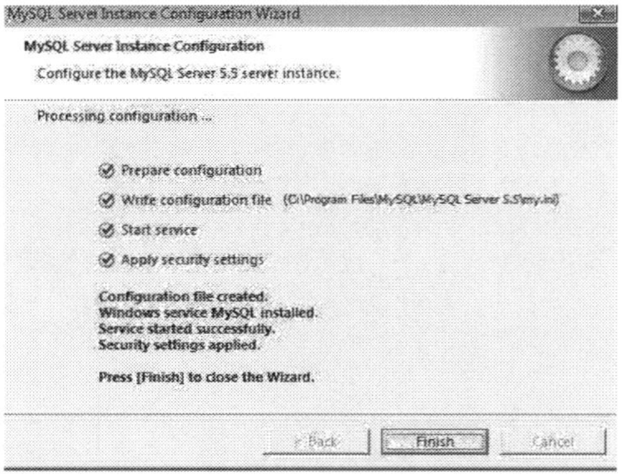

Figura 3.54. *Finish*

Para poder utilizar MySQL en nuestro ordenador debemos clicar sobre **Inicio → MySQL → MySQL Command Line Client**.

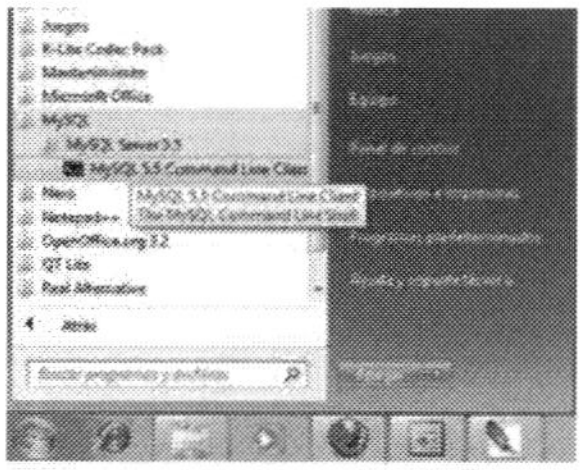

Figura 3.55. *Ejecutar*

Nos pedirá la contraseña que hemos puesto anteriormente (Figura 3.56) y ya podemos utilizar dicho gestor.

Figura 3.56. *Enter password*

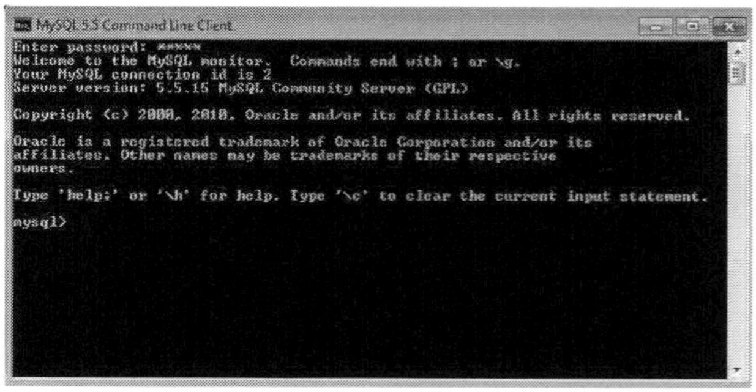

Figura 3.57. *MySQL*

3.2.2 CONFIGURACIÓN BÁSICA DE MYSQL: PHPMYADMIN

Para poder gestionar de forma más sencilla y amigable nuestras bases de datos MySQL vamos a utilizar una herramienta libre llamada PHPMyAdmin. Se trata de una herramienta escrita íntegramente en lenguaje PHP, realizada con el fin de facilitar las tareas de administración. Permite administrar de forma completa un servidor MySQL (requiere de una cuenta superusuario) así como bases de datos simples de un usuario en particular.

Las características principales de PHPMyAdmin son: crear y eliminar bases de datos. Crear, copiar, eliminar, renombrar y alternar tablas, eliminar, editar y agregar campos, ejecutar sentencias SQL, administrar campos clave, cargar archivos de texto a las tablas, exportar los datos a diferentes formatos, administrar usuarios MySQL y privilegios, administrar múltiples servidores, crear archivos PDF del diseño de la base de datos, búsquedas globales y, además, comunicarlo en 47 idiomas diferentes.

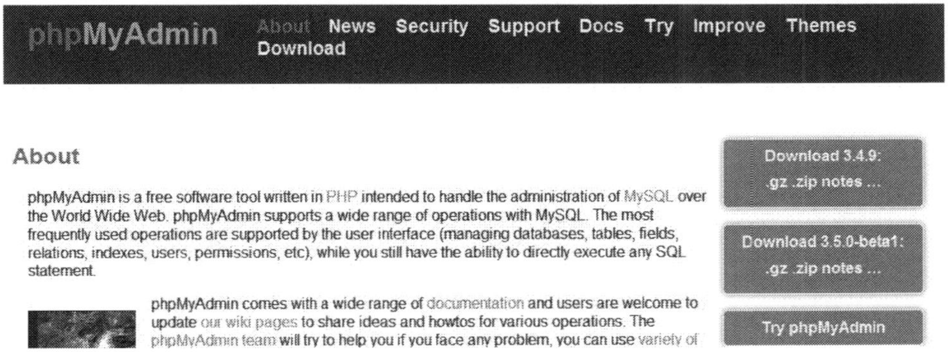

Figura 3.58. Página web de phpMyAdmin

- **Requisitos**. Es necesario contar con un servidor web con soporte de PHP, un motor de bases de datos MySQL y, por supuesto, un navegador web.
- **Instalación**. La herramienta se descarga desde el sitio web oficial: *www.phpmyadmin.net*. Una vez descargado, hay que descomprimirlo en el directorio raíz del servidor web.

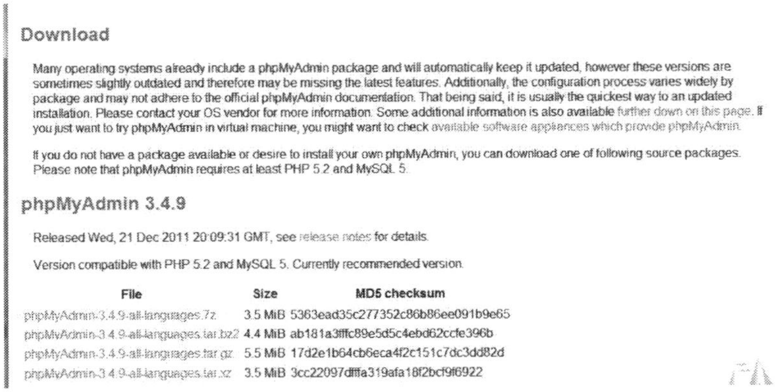

Figura 3.59. Descarga de phpMyAdmin

- **Configuración**. Abrimos el archivo **config.inc.php** con algún editor de texto, como el Notepad de Windows. Deberemos configurar las siguientes instancias:

```
$cfg['PmaAbsoluteUri'] = 'http://localhost/phpMyAdmin';
```

Hay que asignar la ruta completa para acceder a phpMyAdmin. Si trabajamos de forma local: *http://localhost/phpmyadmin* y, en caso de trabajar en un servidor, *http://servidor/phpmyadmin*.

```
$cfg['Servers'][$i]['host'] = 'localhost';
```

El *host* o número de IP del servidor de la base de datos MySQL:

```
$cfg['Servers'][$i]['user'] = 'usuario';
```

Para el nombre del usuario de la base de datos, si trabajamos de forma local, generalmente pondremos el usuario *root* (superusuario) para poder administrar usuarios y bases de datos desde el navegador. En caso de utilizar un servidor externo, solo tendremos privilegios de usuario común con una sola base de datos. Para la contraseña del usuario:

```
$cfg['Servers'][$i]['password'] = 'contraseña';
```

3.2.3 UTILIZANDO PHPMYADMIN

Configurando las líneas señaladas anteriormente ya estamos habilitados para utilizar la herramienta. En el navegador introducimos la dirección *http://localhost/phpmyadmin*.

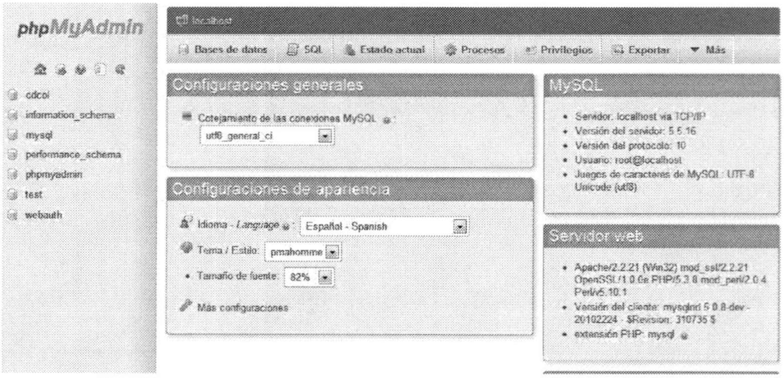

Figura 3.60. Pantalla principal de phpMyAdmin

- **Creando una base de datos**. En la página principal de phpMyAdmin, hacemos clic sobre Bases de datos (está en la parte superior de la pantalla). Debemos completar el campo del formulario con el nombre de la nueva base de datos ("pruebas") y pulsamos sobre el botón Crear.

Figura 3.61. Crear una base de datos nueva

- **Creando una tabla**. Dentro de la base de datos recién creada, vamos a crear una tabla (noticias) que va a tener tres campos.

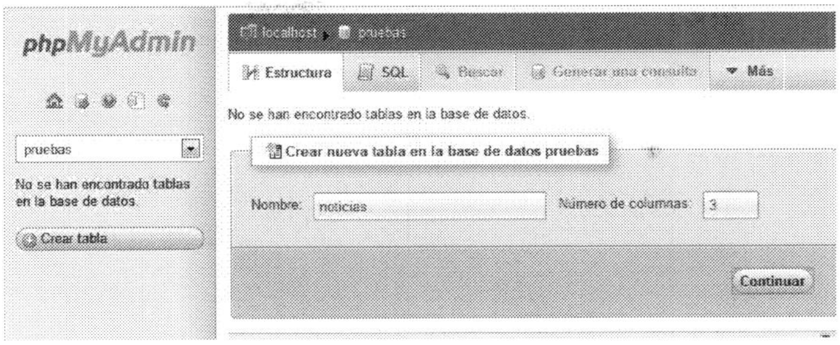

Figura 3.62. Crear una nueva tabla

- **Configurar los campos**. En el paso anterior especificamos que vamos a utilizar 3 campos, en esta página debemos configurarlos. Los campos son:

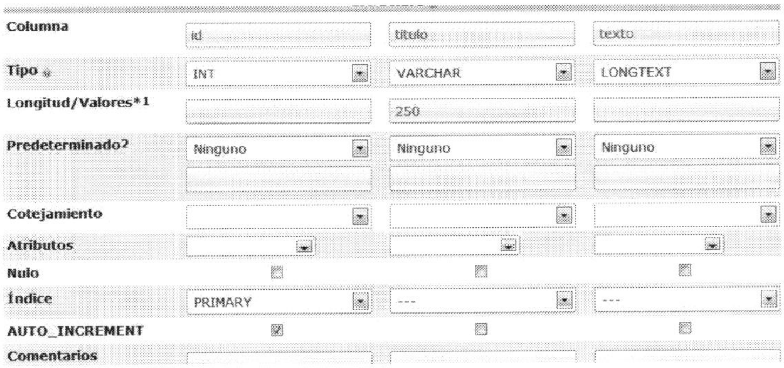

Figura 3.63. Campos de la nueva tabla

Completados los valores, pulsamos sobre **Guardar**.

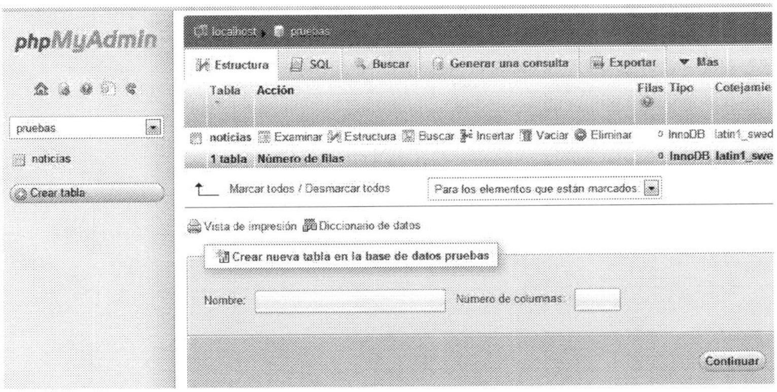

Figura 3.64. Guardar los cambios

- **Agregando datos**. Para agregar datos hay que pulsar sobre **Insertar**, completamos el formulario (el campo *id* no es necesario completarlo ya que lo declaramos como autonumérico) y damos a **Continuar**.

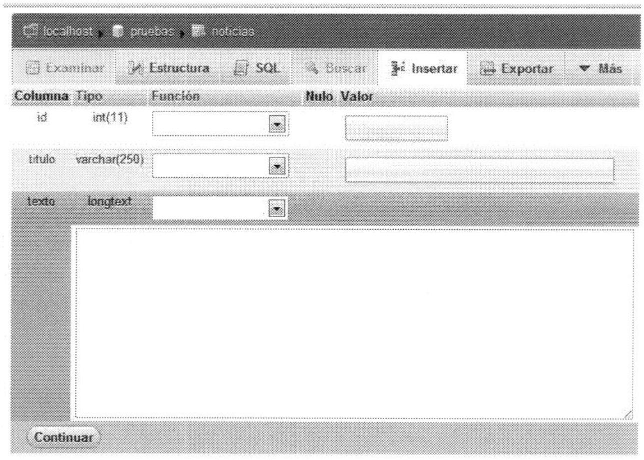

Figura 3.65. Insertar datos en la tabla

- **Observar datos**. Los datos de la tabla pueden ser visualizados pulsando sobre **Examinar**, con lo cual veremos un listado de los diferentes registros contenidos en la tabla. Allí mismo se permite la opción de **Editar** y **Borrar** los mismos.

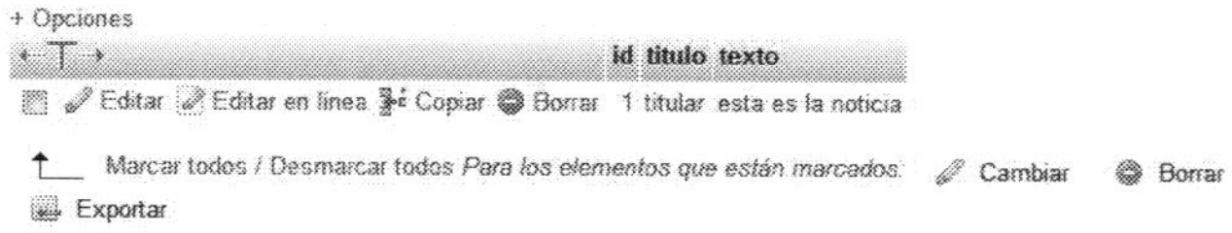

Figura 3.66. PHPMyAdmin

- **Conclusión**. PHPMyAdmin es una excelente herramienta de administración de bases de datos MySQL que permite su utilización mediante un navegador web. Además de ser muy intuitivo y fácil de utilizar, es realmente completo y eficaz.

ACTIVIDADES 3.1

- Descargue, instale y configure en su ordenador o en una máquina virtual con Windows la aplicación PHPMyAdmin.

3.3 INSTALACIÓN DE APACHE, PHP Y MYSQL EN UBUNTU

La instalación se hará desde la consola, ya que muchas veces es el único medio disponible en servidores o cuando se hacen instalaciones mediante el uso de SSH. También hay formas más sencillas de hacerlo mediante el uso de las herramientas gráficas, como pueden ser Synaptic, KPackageKit y muchas otras utilidades.

Como hemos indicado en el título estos comandos son para Ubuntu, aunque son extensibles para la mayoría de las distribuciones basadas en Debian. Por lo tanto, utilizaremos el comando *sudo* para ganar privilegios de administrador y la utilidad *apt-get install* para realizar la instalación. El proceso es bastante sencillo y rápido desde la consola.

```
sudo apt-get install mysq-server-5.1 apache2 php5 php5-MySQL libapache2-mod-auth-mysql
```

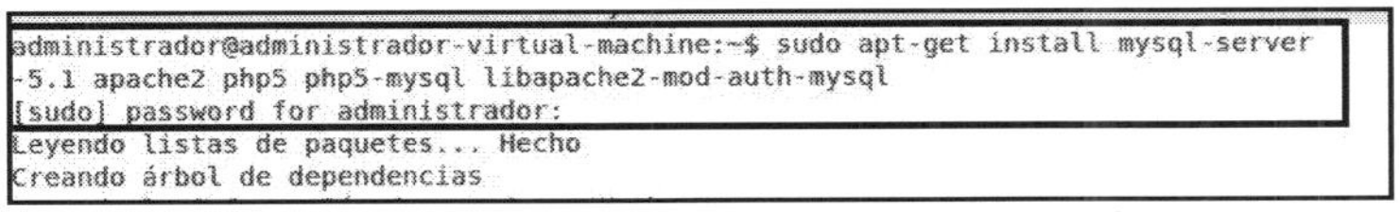

Figura 3.67. *apt-get*

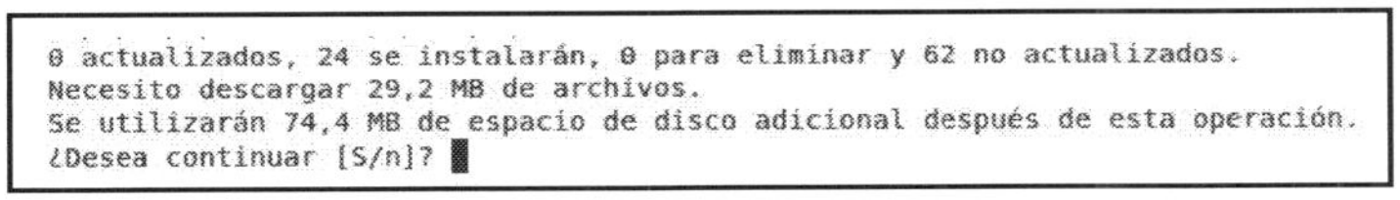

Figura 3.68. *¿Desea continuar?*

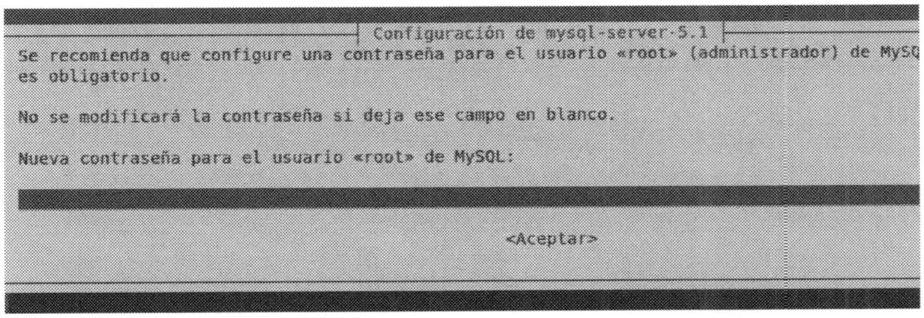

Figura 3.69. *Contraseña root*

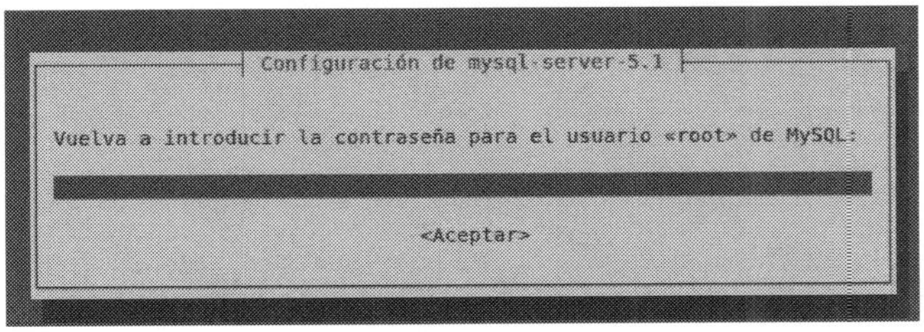

Figura 3.70. *Repita contraseña root*

```
Desempaquetando apache2-utils (de .../apache2-utils_2.2.20-1ubuntu1.2_i386.deb) ...
Seleccionando el paquete apache2.2-common previamente no seleccionado.
Desempaquetando apache2.2-common (de .../apache2.2-common_2.2.20-1ubuntu1.2_i386.deb) ...
Seleccionando el paquete apache2-mpm-prefork previamente no seleccionado.
Desempaquetando apache2-mpm-prefork (de .../apache2-mpm-prefork_2.2.20-1ubuntu1.2_i386.deb) ...
Seleccionando el paquete apache2 previamente no seleccionado.
Desempaquetando apache2 (de .../apache2_2.2.20-1ubuntu1.2_i386.deb) ...
Seleccionando el paquete libapache2-mod-auth-mysql previamente no seleccionado.
Desempaquetando libapache2-mod-auth-mysql (de .../libapache2-mod-auth-mysql_4.3.9-13ubuntu1_i386.deb) ...
Seleccionando el paquete php5-common previamente no seleccionado.
Desempaquetando php5-common (de .../php5-common_5.3.6-13ubuntu3.6_i386.deb) ...
Seleccionando el paquete libapache2-mod-php5 previamente no seleccionado.
Desempaquetando libapache2-mod-php5 (de .../libapache2-mod-php5_5.3.6-13ubuntu3.6_i386.deb) ...
Seleccionando el paquete php5 previamente no seleccionado.
Desempaquetando php5 (de .../php5_5.3.6-13ubuntu3.6_all.deb) ...
Seleccionando el paquete php5-mysql previamente no seleccionado.
Desempaquetando php5-mysql (de .../php5-mysql_5.3.6-13ubuntu3.6_i386.deb) ...
Procesando disparadores para ureadahead ...
ureadahead will be reprofiled on next reboot
Procesando disparadores para man-db ...
Procesando disparadores para ufw ...
Configurando libnet-daemon-perl (0.48-1) ...
Configurando libplrpc-perl (0.2020-2) ...
```

Figura 3.71. *Instalando y configurando*

```
Enabling module reqtimeout.
Configurando apache2-mpm-prefork (2.2.20-1ubuntu1.2) ...
 * Starting web server apache2
apache2: Could not reliably determine the server's fully qualified domain name, using 127.0.1.1 for ServerName
                                                                                                         [ OK ]
Configurando apache2 (2.2.20-1ubuntu1.2) ...
Configurando libapache2-mod-auth-mysql (4.3.9-13ubuntu1) ...
Configurando php5-common (5.3.6-13ubuntu3.6) ...
Configurando libapache2-mod-php5 (5.3.6-13ubuntu3.6) ...

Creating config file /etc/php5/apache2/php.ini with new version
 * Reloading web server config apache2
apache2: Could not reliably determine the server's fully qualified domain name, using 127.0.1.1 for ServerName
                                                                                                         [ OK ]
Configurando php5 (5.3.6-13ubuntu3.6) ...
Configurando php5-mysql (5.3.6-13ubuntu3.6) ...
Procesando disparadores para libc-bin ...
ldconfig deferred processing now taking place
administrador@administrador-virtual-machine:~$
```

Figura 3.72. *Fin de la instalación*

Para asegurarnos reiniciamos MySQL y Apache con los comandos:

```
sudo /etc/init.d/apache2 restart
sudo service mysql restart
```

```
administrador@administrador-virtual-machine:~$ sudo /etc/init.d/apache2 restart
[sudo] password for administrador:
 * Restarting web server apache2
apache2: Could not reliably determine the server's fully qualified domain name, usir
```

Figura 3.73. *apache2 restart*

```
administrador@administrador-virtual-machine:~$ sudo service mysql restart
mysql start/running, process 4494
administrador@administrador-virtual-machine:~$
```

Figura 3.74. *mysql restart*

Cambiamos los permisos en la carpeta */var/www/* para poder acceder a ella:

```
sudo chmod -R 755 /var/www
sudo chown -R www-data\: /var/www/
```

Para verificar que todo quedó bien instalado pondremos un archivo llamado **info.php** en la carpeta */var/www/* con el siguiente contenido:

```
<?
phpinfo();
?>
```

Abrimos el navegador de Internet y navegamos la URL:

http://localhost/info.php

Deberíamos ver algo parecido a la Figura 3.75. En concreto, debemos verificar que PHP tenga soporte para MySQL. En la zona media tenemos que encontrar un bloque de MySQL parecido al de la Figura 3.76.

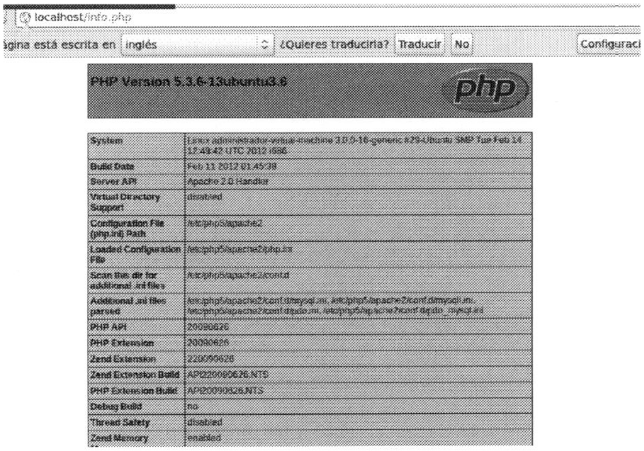

Figura 3.75. *PHP en Ubuntu*

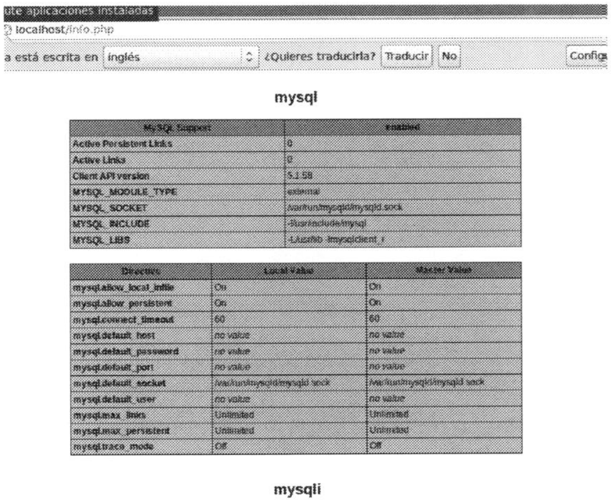

Figura 3.76. *MySQL en Ubuntu*

ACTIVIDADES 3.2

- Descargue, instale y configure en su ordenador o en una máquina virtual con Ubuntu: Apache, PHP y MySQL.

3.4 APLICACIONES DE INSTALACIÓN INTEGRADA

Existe una herramienta para instalar de forma automática lo que hemos realizado en los pasos anteriores (Apache, PHP, MySQL y PHPMyAdmin), esta herramienta se llama XAMPP.

Muchos usuarios saben por experiencia propia que la instalación de un servidor web Apache no es fácil y que se complica aún más si se desea agregar MySQL, PHP y Perl.

XAMPP es una forma fácil de instalar la distribución Apache que contiene MySQL, PHP y Perl. XAMPP es realmente simple de instalar y usar, basta con descargarlo, extraerlo y comenzar.

En este momento hay cuatro versiones de XAMPP: XAMPP para Linux, XAMPP para Windows, XAMPP para Mac OS X y XAMPP para Solaris.

XAMPP es una compilación de software libre (comparable a una distribución Linux), es gratuito y libre para ser copiado conforme a los términos de la licencia *GNU General Public License*. Sin embargo, solo la compilación de XAMPP está publicada bajo la licencia GPL.

3.4.1 INSTALACIÓN DE XAMPP EN WINDOWS

En primer lugar debemos descargar XAMPP, para ello nos vamos a su página web: *http://www.apachefriends.org/es/xampp.html*. Nos vamos a la sección de descargas y bajamos por la página hasta que nos aparezca **XAMPP for Windows** y hacemos clic sobre la versión **Installer**. Se descargará en nuestro ordenador la última versión del programa.

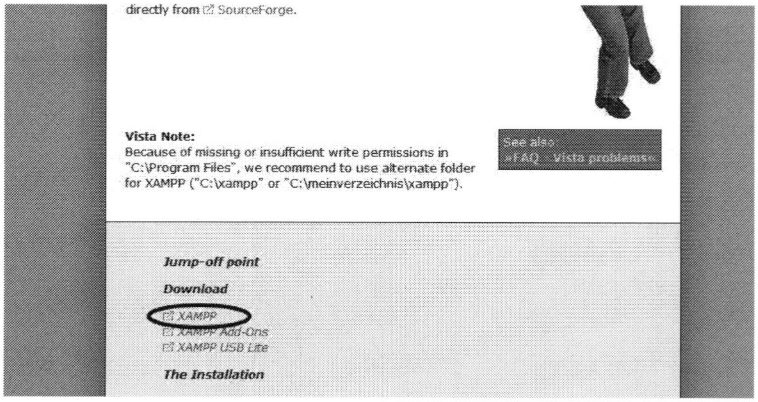

Figura 3.77. *Página principal de XAMPP*

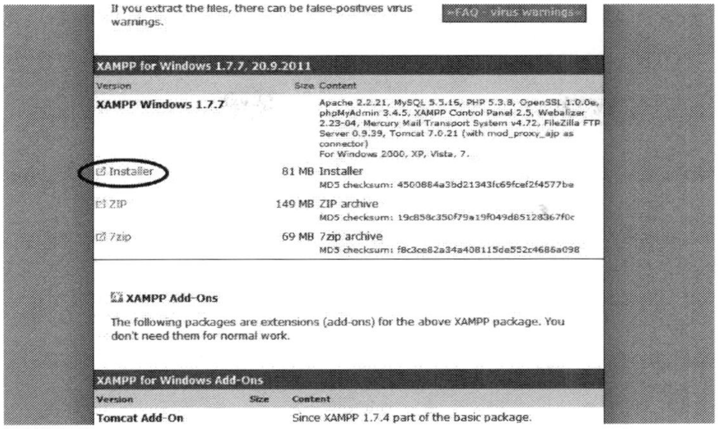

Figura 3.78. *Descargar Installer*

Vamos a comenzar la instalación, hacemos doble clic sobre el fichero descargado y, en primer lugar, debemos elegir el idioma de instalación, en este caso no está español, aunque después sí podremos elegir nuestro idioma para poder utilizar XAMPP. En nuestro caso hemos seleccionado inglés (**English**).

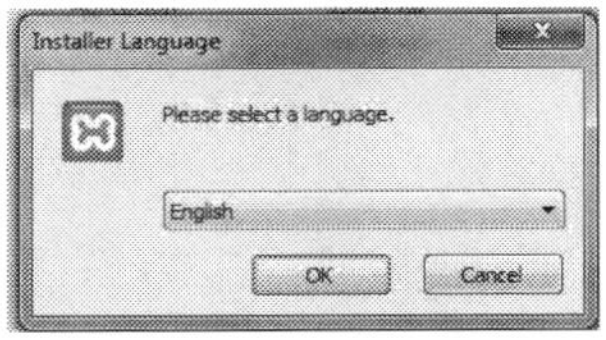

Figura 3.79. *Idioma de instalación*

Nos da la bienvenida y nos recomienda cerrar todos los programas abiertos antes de iniciar la instalación, ya que durante la instalación pueden modificarse algunos ficheros de sistema y posiblemente tengamos que reiniciar el ordenador al finalizar la instalación.

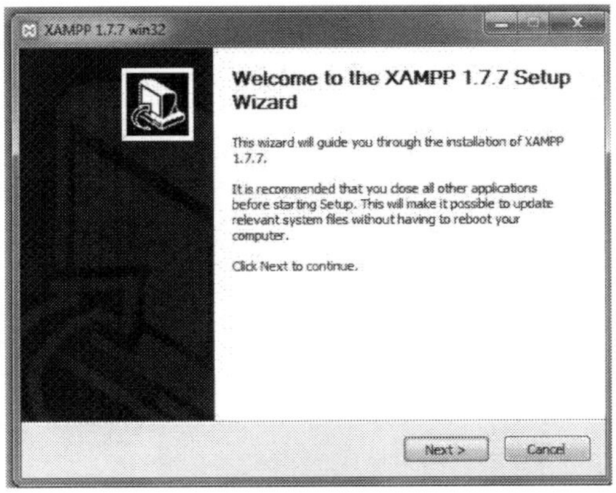

Figura 3.80. *Consideraciones iniciales*

Nos pedirá ahora el directorio de instalación del programa, por defecto utilizará **c:\xampp**, podemos cambiarlo por el que queramos, aunque el propio programa no recomienda instalarse en **Archivos de Programa** por problemas de los permisos en esta carpeta con Windows Vista y 7.

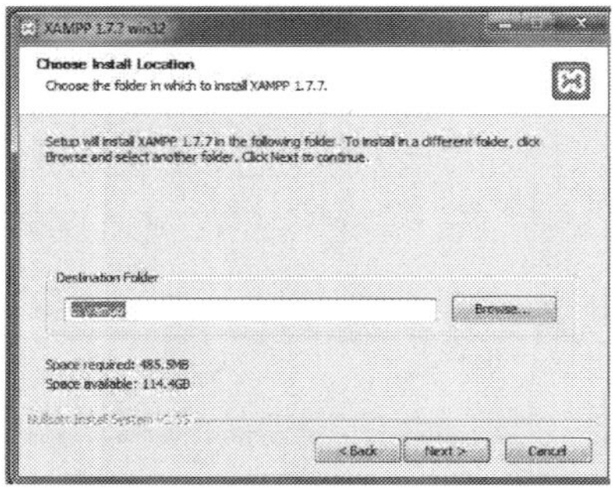

Figura 3.81. *Carpeta de instalación*

En la siguiente pantalla elegiremos opciones de la instalación de XAMPP en nuestra máquina, en primer lugar, si queremos que se cree un acceso directo del programa en el escritorio. Después, si queremos crear una entrada en el menú de inicio. Y, por último, si queremos instalar Apache, MySQL y Filezilla como servicios (se ejecutarán automáticamente al iniciar Windows).

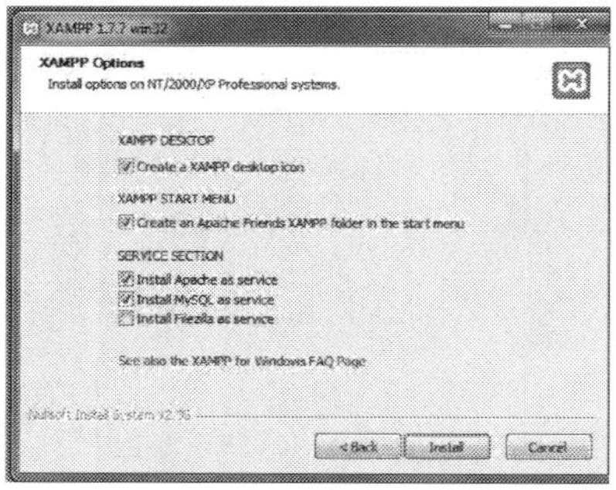

Figura 3.82. *Opciones de instalación*

Ya no tenemos que hacer nada más, se instalará en la carpeta seleccionada. Una vez concluida la instalación debemos pulsar en **Finish** para dar por concluida dicha instalación.

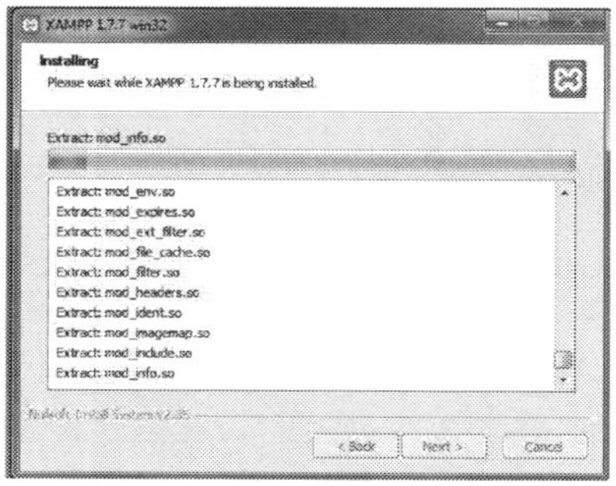

Figura 3.83. *Instalación*

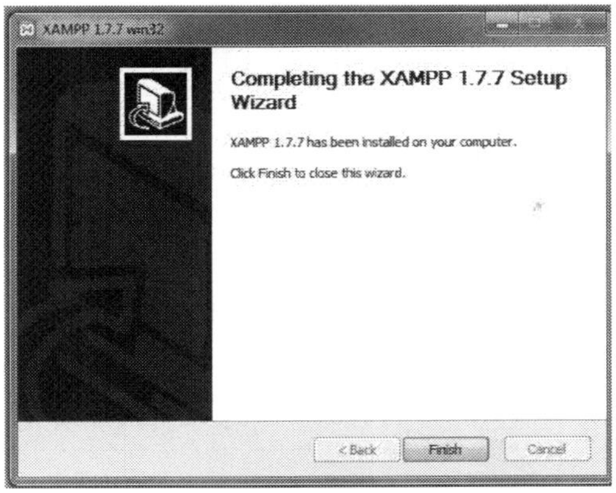

Figura 3.84. Finish

XAMPP comprueba que los puertos que utiliza tanto Apache como MySQL están libres. En este punto se abrirán una serie de ventanas de sistema que se cerrarán automáticamente una vez hechas las comprobaciones pertinentes. No cierre dichas ventanas.

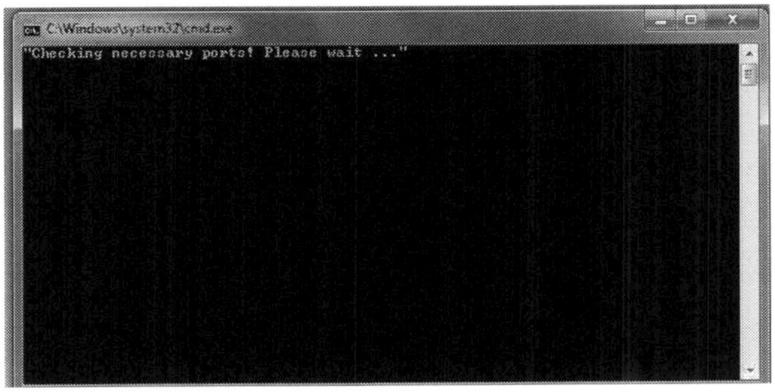

Figura 3.85. Comprobación

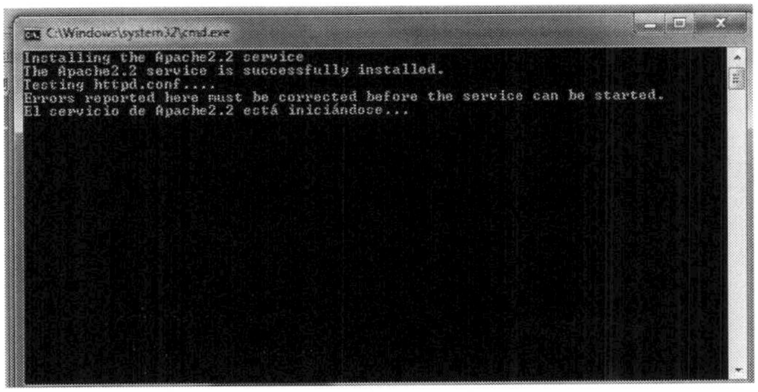

Figura 3.86. Comprobación

Para comprobar que todo está correcto tenemos un acceso directo en el escritorio (si seleccionamos esa opción en la instalación) y un icono en la barra de tareas con el símbolo de XAMPP. Podemos hacer doble clic sobre ese icono y comprobaremos si Apache y MySQL están funcionando, o si lo deseamos, para alguno de los servicios que están funcionando.

Figura 3.87. *Icono de XAMPP*

Si no hemos marcado la opción de instalar como servicios tanto Apache como MySQL y queremos utilizarlos, deberemos arrancar dichos programas manualmente desde aquí.

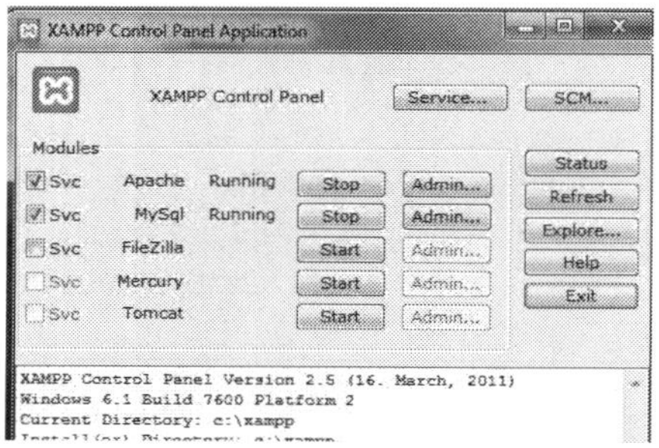

Figura 3.88. *XAMPP Control Panel*

ACTIVIDADES 3.3

- Descargue, instale y configure en su ordenador o en una máquina virtual Windows XAMPP.

3.4.2 INSTALACIÓN DE XAMPP EN UBUNTU

Lo primero que tenemos que hacer es bajar el último paquete XAMPP desde: *http://www.apachefriends.org/en/xampp-linux.html*

Dentro de esa página nos descargamos el fichero con la última versión para Linux.

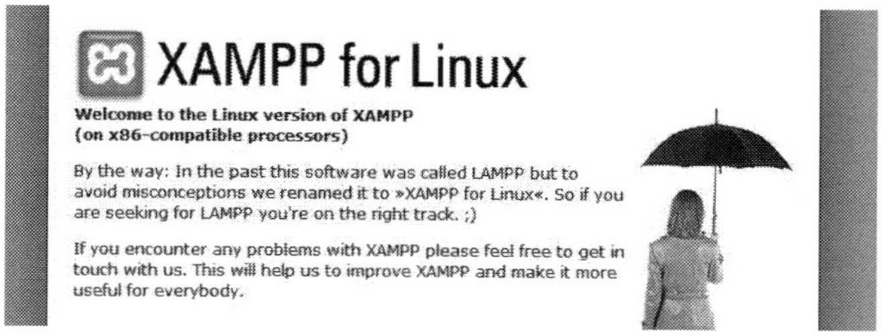

Figura 3.89. *XAMPP for Linux*

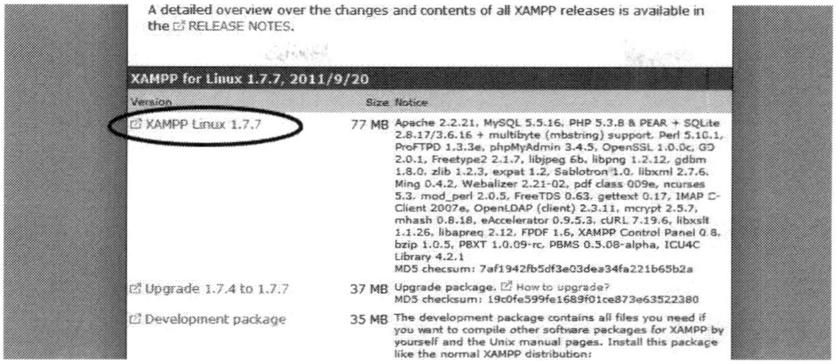

Figura 3.90. Descarga de XAMPP

Una vez descargado el fichero ejecutamos desde consola (como *root*):

```
sudo tar xvfz xampp-linux-X.X.X.tar.gz -C /opt
```

X.X.X hace referencia a la versión de XAMPP que vamos a instalar, en nuestro caso es 1.7.7.

Eso es todo. XAMPP se instala por defecto en **/opt/lampp**. Para arrancarlo ejecutamos:

```
/opt/lampp/lampp start
```

Aparecen los mensajes de texto que indican que el servidor web y la base de datos se han iniciado:

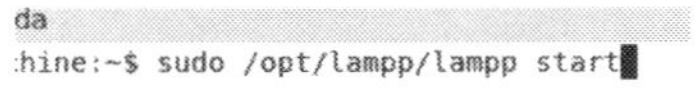

Figura 3.91. lampp start

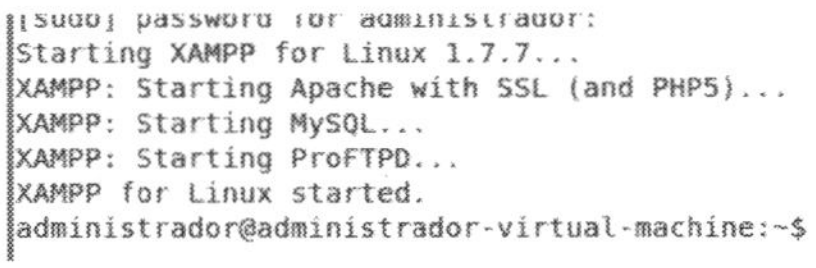

Figura 3.92. lampp start

Podemos comprobar que se ha instalado correctamente abriendo una sesión con el navegador web y escribiendo como URL *http://localhost.*

ACTIVIDADES 3.4

- Descargue, instale y configure en su ordenador o en una máquina virtual Ubuntu LAMPP.

Si queremos consultar documentación existente sobre Apache, PHP, MySQL y otros temas, podemos hacerlo en *http://localhost*. Nos vamos a **Documentación** y tendremos una serie de enlaces web para ampliar nuestros conocimientos, resolver dudas y aprender a configurar mejor y más seguro nuestro servidor.

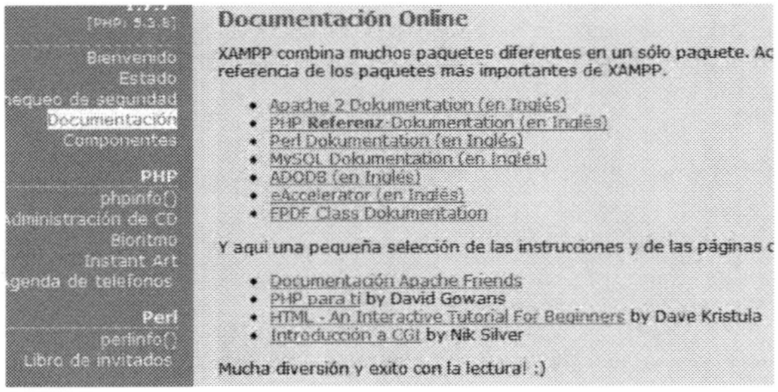

Figura 3.93. *Documentación*

RESUMEN DEL CAPÍTULO

En este capítulo hemos instalado y configurado el servidor web Apache, el preprocesador PHP y el sistema gestor de bases de datos MySQL en nuestro servidor, ya sea de forma manual o mediante XAMPP que, como se ha visto, es bastante más sencillo. Se ha tratado su instalación tanto en sistemas Windows como en Linux.

También se ha presentado una de las herramientas más importantes para la gestión de bases de datos MySQL, como es PHPMyAdmin. Hemos visto cómo configurarla y cómo realizar operaciones sencillas con dicha herramienta.

EJERCICIOS PROPUESTOS

1. Busque en Internet otros servidores web y plantee una guía de instalación similar a la de Apache, PHP y MySQL.

2. Localice e instale otros programas todo en uno tipo XAMPP.

3. Busque en Internet cómo adaptar su servidor Apache, instalado en el capítulo, al lenguaje de programación Perl.

4. Busque en Internet alguna aplicación para trabajar de forma "amigable" con MySQL al estilo de PHPMyAdmin.

5. Cuando trabajamos con un servidor web externo, debemos utilizar un cliente FTP para poder "subir" nuestras páginas en dicho servidor. Localice algún cliente en la web, a ser posible gratuito, y realice un pequeño manual de instalación y configuración de dicho cliente FTP.

TEST DE CONOCIMIENTOS

1 Uno de los servidores web más conocidos y utilizados del mercado es:

a) MySQL.
b) PHP.
c) Apache.
d) PHPMyAdmin.
e) Todas son ciertas.
f) Todas son falsas.

2 Para instalar MySQL en Windows es necesario tener instalado:

a) PHP.
b) Oracle.
c) Net *Framework*.
d) Zend *Framework*.
e) Todas son ciertas.
f) Todas son falsas.

3 Podemos instalar Apache sobre el sistema operativo:

a) Windows.
b) Linux/Unix.
c) Netware.
d) Las respuestas *a* y *b* son ciertas.
e) Todas son ciertas.
f) Todas son falsas.

4 En la configuración de Apache, la entrada ServerRoot hace referencia a:

a) Nombre del servidor.
b) Ruta donde se encuentra instalado Apache.
c) Puerto por el que se comunica Apache con el exterior.
d) Dirección de acceso externa al servidor.
e) Todas son falsas.

5 Un Sistema Gestor de Bases de Datos debe permitir:

a) Definir bases de datos.
b) Manipular bases de datos.
c) Controlar seguridad de la base de datos.
d) Todas son ciertas.
e) Todas son falsas.

4 Gestores de contenidos

OBJETIVOS DEL CAPÍTULO

- ✓ Conocer qué es un Gestor de Contenidos.
- ✓ Conocer el funcionamiento y características de un Gestor de Contenidos.
- ✓ Conocer la estructura de un Gestor de Contenidos.
- ✓ Diferenciar los distintos tipos de Gestores de Contenidos existentes.

4.1 DEFINICIÓN DE GESTOR DE CONTENIDOS O CMS

Un Sistema de Gestión de Contenidos, *Content Management System* (CMS), es un programa que permite crear una estructura de soporte para la creación y administración de contenidos por parte de los participantes principalmente.

Es un software instalado en el servidor que nos permite crear una web con publicación descentralizada, sin necesidad de conocer el lenguaje HTML para publicar todo tipo de textos, archivos, etc. La publicación se realiza desde el mismo navegador.

Una herramienta CMS generalmente contendrá una interfaz basada en formularios, a los que habitualmente se accede con el navegador, donde se pueden dar de alta los contenidos fácilmente. Esos contenidos luego aparecerán en la página en los lugares donde se ha indicado al darlos de alta. Por lo tanto, un CMS estará compuesto de dos partes, un *back* y un *front*, siendo el *back* la parte donde los administradores publican las informaciones y el *front* la parte donde los visitantes visualizan las mismas.

4.1.1 HISTORIA DE LOS CMS

Los primeros sistemas de administración de contenidos fueron desarrollados por organizaciones que publicaban una gran cantidad de contenido en Internet, y necesitaban de continuas actualizaciones; como revistas en línea, periódicos y publicaciones corporativas.

En 1995, el sitio de noticias tecnológicas CNET sacó su sistema de administración de documentos y publicación y creó una compañía llamada Vignette, pionera de los sistemas de administración de contenido comerciales.

La evolución de Internet hacia portales con más contenido y la alta participación de los usuarios directamente, a través de *blogs* y redes sociales, han convertido a los gestores de contenidos en una herramienta esencial en Internet, tanto para empresas e instituciones como para las personas.

Las wikis y los sistemas *groupware* también son considerados CMS.

Hoy en día existen sistemas desarrollados en software libre y no libre. En ambos casos es necesaria una implantación para adaptar el gestor de contenidos al esquema gráfico y funcionalidades deseadas. Para ciertos gestores existen muchas plantillas disponibles que permiten una sencilla implantación por parte de un usuario sin conocimientos de programación.

4.1.2 FUNCIONAMIENTO DE UN CMS

Un sistema de administración de contenido siempre funciona en el servidor web en el que esté alojado el portal. El acceso al gestor se realiza generalmente a través del navegador web, y se puede requerir el uso de FTP para subir contenido.

Cuando un usuario accede a una URL, se ejecuta en el servidor esa llamada, se selecciona el esquema gráfico y se introducen los datos que correspondan de la base de datos. La página se genera dinámicamente para ese usuario, el código HTML final se genera en esa llamada. Normalmente se predefinen en el gestor varios formatos de presentación de contenido para darle la flexibilidad a la hora de crear nuevos apartados e informaciones.

4.2 CARACTERÍSTICAS DE UN CMS

Entendido como un sistema de soporte a la gestión de contenidos, ya que, en realidad, son las estrategias de comunicación las que realmente llevan a gestionar contenidos y publicidad de forma efectiva; los sistemas informáticos pueden a lo sumo proporcionar las herramientas necesarias para la publicación en línea, o bien incluir servicios de soporte a la toma de decisiones por lo que a la gestión de contenidos se refiere.

El gestor de contenidos se aplica generalmente para referirse a sistemas de publicación, pudiendo subestimarse las funcionalidades de soporte y mantenimiento, en detrimento de las funcionalidades relacionadas con la optimización de los tiempos de publicación. La correcta implantación del sistema, con arreglo a las necesidades del cliente es necesaria, y es necesario entender el proyecto de un portal web en el seno de un proyecto de comunicación estructurado y bien planteado.

La elección de la plataforma correcta será vital para alcanzar los objetivos del cliente, ya que exentan particularidades diferenciales tanto en su adaptabilidad a esquemas gráficos como la posible integrabilidad de funcionalidades y extensiones adicionales.

El posicionamiento en buscadores está relacionado con el volumen de contenidos de un portal y con la forma en la que éste se presenta. Es importante tener eso en cuenta para la estructura del portal para garantizar un correcto posicionamiento orgánico.

4.3 ESTRUCTURA DE UN CMS

Las diferentes funcionalidades ofrecidas por un CMS pueden ser separadas en diferentes categorías.

- **Front-end y Back-end**. Un CMS consiste en un *Front-end*, que es el sitio web (*website*) que los visitantes y los usuarios registrados pueden ver; y un *Back-end*, que contiene la parte de administración, localizado en una URL diferente al sitio web, y es donde se realizan las tareas de configuración, mantenimiento, limpieza, creación de estadísticas, etc.
- **Configuración**. Las decisiones de configuración que se aplican al sitio web son especificadas en **Configuration settings**. Esto incluye el título del sitio web, las palabras para los motores de búsqueda, opciones que permiten o prohíben darse de alta como usuario en el sitio web y muchas otras funciones.
- **Derechos de acceso**. En un CMS, los nombres de usuario son asignados a personas que están involucradas en el desarrollo del sitio web y su administración, y poseen diferentes derechos de acceso. El rango de derechos va desde un usuario simplemente registrado, registrado como autor o editor, hasta la categoría de administrador, que tiene total control sobre el dominio. Según los derechos asignados, el sitio web muestra diferentes contenidos, o el usuario trabaja en diferentes partes de la administración aparte de en el sitio web.
- **Contenido**. Un CMS permite cualquier tipo de contenido. Texto simple, imágenes, vínculos, música y archivos multimedia en general o una combinación de todos ellos. Para mantener una buena presentación de los contenidos, son incluidos en estructuras jerarquizadas, siendo clasificados según secciones y categorías, que a su vez, deben ser administrados.

- **Plantillas**. Una plantilla define los colores, las fuentes y su tamaño, imágenes de fondo, espaciado y distribución de la página, es decir, todo lo que tiene que ver con la apariencia del sitio web.
- **Extensiones**. Todo sistema debe poder ser ampliable para poder crecer en función de los requerimientos que aparezcan. Las funcionalidades que pertenecen a determinado contexto son cubiertas por lo que conocemos como componente. Por ejemplo, componentes típicos son una tienda *on line*, un gestor de usuarios, un gestor de listas de correo, un foro, una galería de imágenes, un gestor de descargas... Los módulos que se necesitan integrar con los componentes son utilizados para insertar contenidos en la parte deseada dentro de la plantilla. Son ejemplos de módulos el que permite ver los usuarios conectados en el momento, el que permite ver las estadísticas del sitio, el que muestra los artículos de contenido más recientes, etc. Son consideradas extensiones también las plantillas, los paquetes de idiomas, y también los llamados plugins, cuya funcionalidad principal, pero no la única, es interceptar los contenidos y realizar alguna modificación en ellos antes de ser mostrados en el navegador.

4.4 TIPOS DE CMS

Existen diferentes tipos de CMS. De acuerdo con la misma definición de CMS queda claro que cualquier Sistema que implemente una Gestión de Contenidos puede considerarse como un CMS. De acuerdo con ello podemos distinguir las siguientes categorías, de las que en esta etapa solo corresponde señalar los más representativos:

- **Gestión de portales**. Estos CMS sirven para gestionar todo el contenido de un sitio web ofreciendo funcionalidad diversa. Uno de los principales es el Joomla (*http://www.joomla.org*) que ha ganado amplia popularidad convirtiéndose en paradigmático en esta categoría, por sus facilidades para gestionar un sitio.

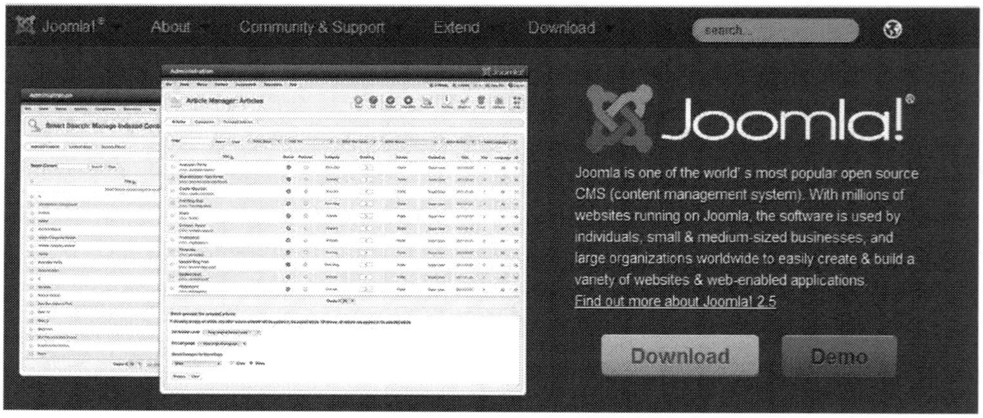

Figura 4.1. *Gestión de portales*

- **Blogs**. Estos permiten la publicación de noticias en orden cronológico, permitiendo comentarios. Dos de los más populares ya se conocieron en el módulo anterior: WordPress y Blogger. En los últimos tiempos se han hecho populares diferentes artefactos (*gadgets*), en particular de Google, que permiten incorporar en los *blogs* diferentes utilidades como diccionarios, citas célebres, seguimiento de lectores, estado del tiempo, noticias, etc.

Figura 4.2. *Blogs*

- **Gestores de foros**. Estos permiten la discusión en línea de usuarios entre ellos: phpBB, SMF, MyBB.

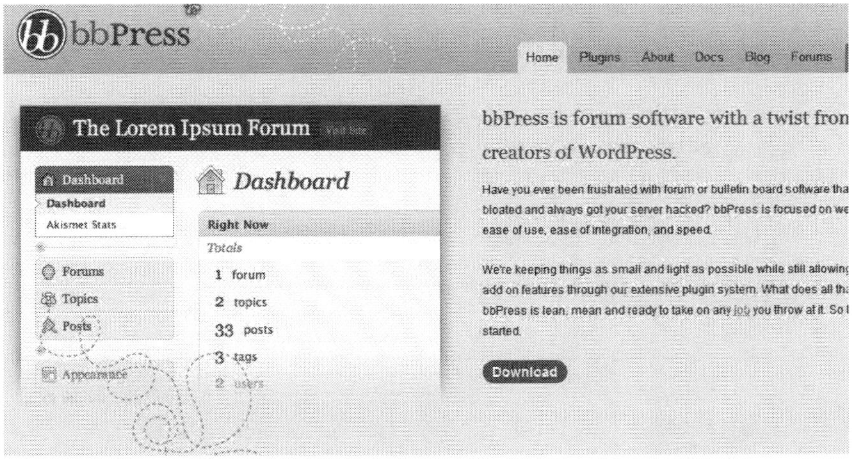

Figura 4.3. *Foros*

- **Wikis**. La wiki es un tipo especial de web que permite la creación colaborativa de contenidos, el ejemplo más destacado es la misma Wikipedia. Otros gestores de wikis son: MediaWiki, TikiWiki.

Figura 4.4. *Wikis*

- **Gestores de comercio electrónico**. Estos permiten generar sitios web específicos para comercio electrónico. Ejemplos: osCommerce (licencia GPL), Dynamicweb eCommerce (comercial).

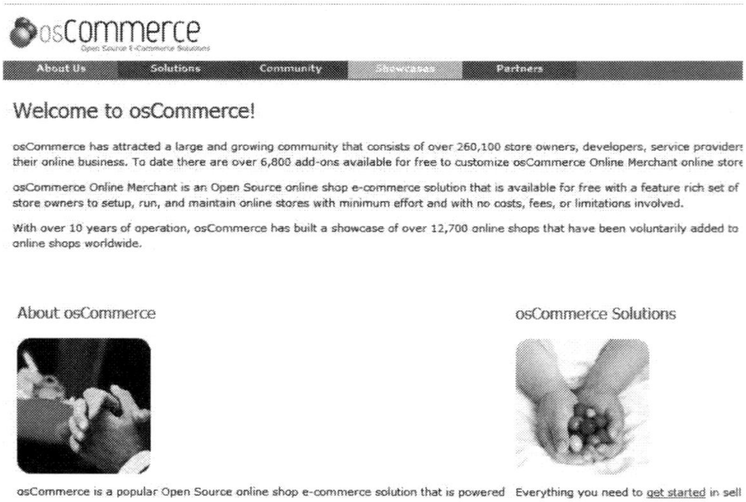

Figura 4.5. *Gestores de comercio*

- **Galerías**. Estos permiten administrar y generar automáticamente un portal o sitio web que muestra contenido audiovisual, normalmente imágenes. Ejemplos: Gallery (*http://gallery.menalto.com*) y Dragonfly CMS.

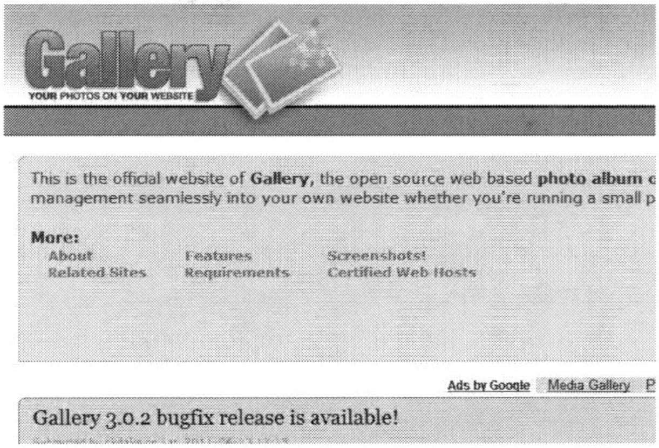

Figura 4.6. Galerías

- **Gestores de e-learning**. Estos son los denominados LMS (*Learning Management Systems*). Las particularidades del proceso de enseñanza/aprendizaje han hecho que se desarrollen diferentes tipos de plataformas o LMS; el más importante y conocido es Moodle (*http://moodle.org/*) y se ha convertido en uno de los más utilizados a nivel mundial.

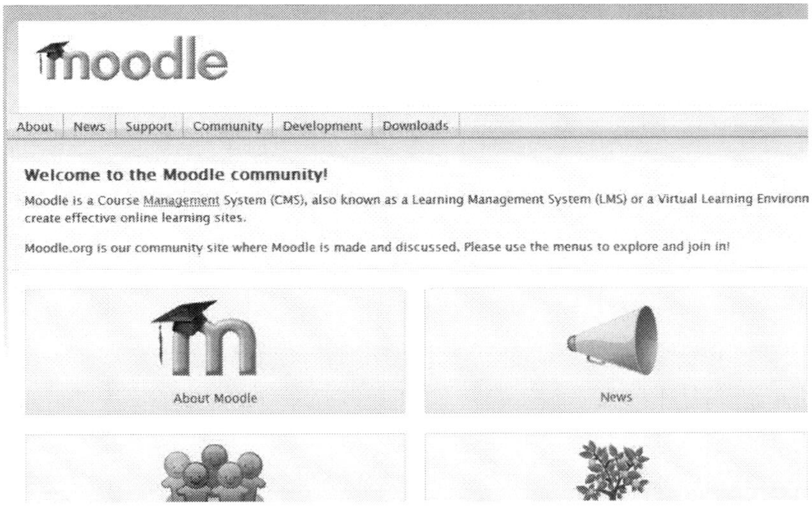

Figura 4.7. Gestores e-learning

- **Otros**. Existen también plataformas especialmente diseñadas teniendo en cuenta las necesidades de las publicaciones digitales, tales como periódicos, revistas, etc. Ejemplos: ePrints, Thihkdot CMS.

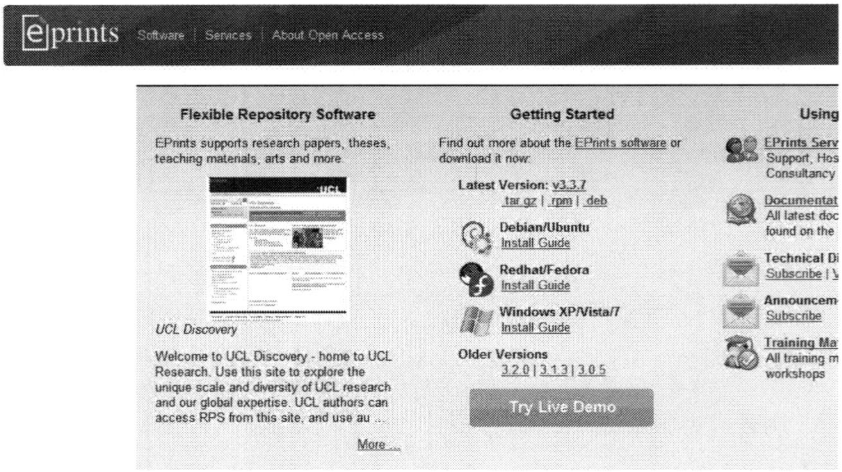

Figura 4.8. *Otros*

4.5 LICENCIAS DE USO DE LOS CMS

Se puede hacer una primera división de los CMS según el tipo de licencia escogido. Por una parte, están los **CMS comercializados por empresas** que consideran el código fuente un activo más que tienen que mantener en propiedad, y que no permiten que terceros tengan acceso.

Por la otra, tenemos los de **código fuente abierto**, desarrollados por individuos, grupos o empresas que permiten el acceso libre y la modificación del código fuente.

Los CMS de código abierto son mucho más flexibles en este sentido, pero se podría considerar que la herramienta comercial será más estable y coherente al estar desarrollada por un mismo grupo.

RESUMEN DEL CAPÍTULO

En este capítulo hemos introducido un concepto que nos acompañará en los siguientes (y puede que el resto de nuestra vida), los Sistemas de Gestión de Contenidos o CMS.

A lo largo del capítulo hemos visto un poco de historia, la estructura y los distintos tipos de CMS que existen. A su vez, se han presentado las limitaciones, requerimientos y licencias de uso de estos Gestores de Contenidos.

EJERCICIOS PROPUESTOS

1. Defina con sus palabras qué es un CMS.

2. ¿Por qué son tan importantes hoy en día los CMS?

3. Explique el funcionamiento de un CMS.

4. Tipos de CMS.

5. Enumere las distintas partes de la estructura de un CMS.

6. De todos los CMS que se han tratado en el tema, haga una lista de los que conoce y si los ha utilizado alguna vez.

TEST DE CONOCIMIENTOS

1 Un CMS es un sistema que:

a) Nos permite crear webs de manera muy sencilla.
b) Nos permite crear webs sin tener elevados conocimientos informáticos.
c) Puede utilizarlo todo el mundo.
d) Generalmente es de tipo gratuito.
e) Todas son ciertas.
f) Todas son falsas.

2 Un tipo de CMS son:

a) Gestión de foros.
b) Gestión de redes.
c) Gestión de recursos.
d) Todas son ciertas.
e) Todas son falsas.

3 Los gestores de *e-learning*, como Moodle, también se conocen como:

a) CMD.
b) LMS.
c) DDS.
d) CTL.
e) DDR.
f) Todas son falsas.

4 El primer CMS apareció en el año:

a) 1990.
b) 1992.
c) 1995.
d) 1998.
e) 2011.

5 Instalación de Gestores de Contenidos: Joomla

OBJETIVOS DEL CAPÍTULO

- ✓ Conocer qué es Joomla, sus licencias de uso y requerimientos de instalación.
- ✓ Descargar e instalar el Gestor de Contenidos Joomla en un servidor web.
- ✓ Conocer los diferentes usuarios y grupos que existen en Joomla.
- ✓ Personalizar la interfaz de Joomla mediante el uso de plantillas.

5.1 DEFINICIÓN

Joomla! es una pronunciación fonética de la palabra suajili *jumla*, que significa "todos juntos" o "como un conjunto". Fue elegida para afirmar el compromiso total del equipo de desarrollo del núcleo Joomla! y los muchos colaboradores del proyecto Joomla! que trabajan juntos en este poderoso proyecto *Open Source*.

Joomla, como Software de Código Abierto (OSS), se puede descargar, instalar y modificar libremente, y se puede utilizar sin restricciones tanto para fines personales como comerciales. El código base de Joomla! está escrito en lenguaje PHP. La instalación de Joomla! puede realizarse en cuestión de minutos, en su ambiente nativo de desarrollo: Sistema Operativo Linux, Servidor Web Apache, Módulo PHP y Base de Datos MySQL (todos ellos considerados también entre las mejores aplicaciones de código abierto). Joomla! también puede instalarse en otros tipos de servidores, siempre que estén presentes el módulo PHP y la base de datos MySQL. La mayoría de los proveedores de web *hosting* cumplen los requisitos necesarios para la instalación de Joomla.

5.2 LICENCIAS DE USO

El software Joomla CMS es de uso gratuito, y de libre distribución (OpenSource), bajo licencia pública general (GNU/GLP).

Es bueno que sepa que usted es el propietario de **su** sitio Joomla pero **no** es propietario del sistema Joomla que utiliza para el mismo (en el sentido en que no podría venderlo como si fuese suyo). Esto quiere decir que hay ciertas leyes de *copyright* que hay que respetar. Tenga en cuenta que el dinero que alguien paga por la construcción de un sitio utilizando Joomla no es por concepto de la compra del software (porque este es gratuito), sino que el cliente paga por los servicios que se derivan de Joomla: de instalación, configuración, diseño, y puesta en marcha del sitio, además del respectivo soporte.

De todas formas, jamás nadie podrá "cobrar" por la utilización de Joomla o impedir que alguien utilice este sistema si no se violan los términos de la licencia GNU/GLP, además es necesario que sepas que el *copyright* sobre los contenidos de cada sitio le pertenecen al propietario del mismo. Una cosa es el *copyright* de Joomla y otra muy distinta es el *copyright* de los contenidos de un determinado sitio.

5.3 REQUERIMIENTOS DE FUNCIONAMIENTO

Las características técnicas mínimas del servidor son:

- ✓ PHP 5.2.4 o superior (se recomienda PHP 5.3 o superior).
- ✓ MySQL 5.0.4 o superior.
- ✓ Apache 2.x o IIS 7.

5.4 DESCARGA DE JOOMLA

Los archivos principales de la distribución de Joomla (si los queremos en español) podemos descargarlos de: *http://www.joomlaspanish.org/*.

Una vez descargado el archivo, lo descomprimimos y subimos los archivos a nuestro servidor web, podemos subirlos a la raíz o crear una carpeta llamada Joomla para subir dicho contenido.

Figura 5.1. *Descarga de Joomla*

ACTIVIDADES 5.1

- Descargue y suba a su servidor web (o descomprima si es local) la última versión de Joomla. Para ello cree en su servidor una carpeta llamada *Joomla*, que será donde irán alojados los archivos que hemos descargado.

5.5 INSTALACIÓN EN SISTEMAS OPERATIVOS LIBRES Y PROPIETARIOS

La instalación tanto en Windows como en Linux es la misma, por tanto no existe distinción entre ambos sistemas operativos. Los requisitos que debe cumplir nuestro servidor web son los que hemos visto en el apartado 5.3.

Suponemos que hemos subido a nuestro servidor remoto (o si es local hemos descomprimido) los archivos de Joomla en una carpeta llamada *joomla*. Por tanto el punto de partida será: *http://miservidor/joomla*.

Durante la instalación vamos a pasar por una serie de pantallas que nos van a requerir introducir unos datos, los pasos son los siguientes:

1 En la primera pantalla elegiremos el idioma, en nuestro caso seleccionamos español (Figura 5.2).

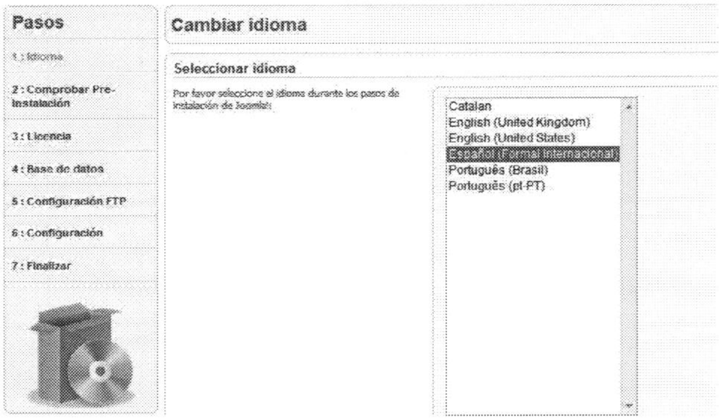

Figura 5.2. *Selección de idioma*

2 Una vez elegido el idioma se hace una comprobación del entorno para ver si cumple los requisitos mínimos para instalar Joomla, en caso de no cumplir estos requisitos no podremos pasar de este apartado (Figura 5.3).

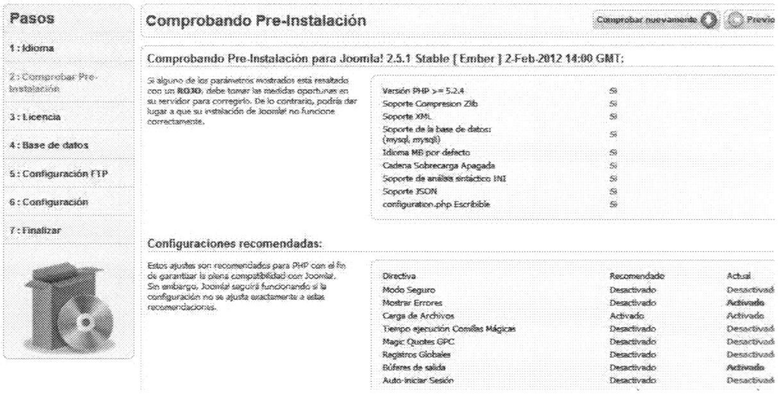

Figura 5.3. *Comprobación de requisitos*

3 En la siguiente pantalla nos aparece la Licencia GNU de Joomla (Figura 5.4).

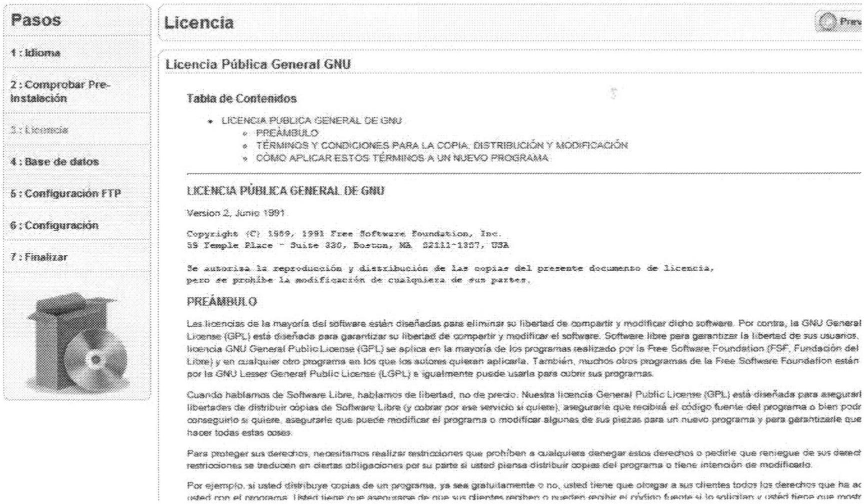

Figura 5.4. Licencia de Joomla

4 Después configuramos la base de datos: aquí nos recomienda usar MySQL. En este apartado debemos indicar el *host* del servidor de bases de datos, el usuario y la contraseña. También debemos asignar un nombre a la base de datos de Joomla y el prefijo para las tablas de la base de datos para Joomla (Figura 5.5).

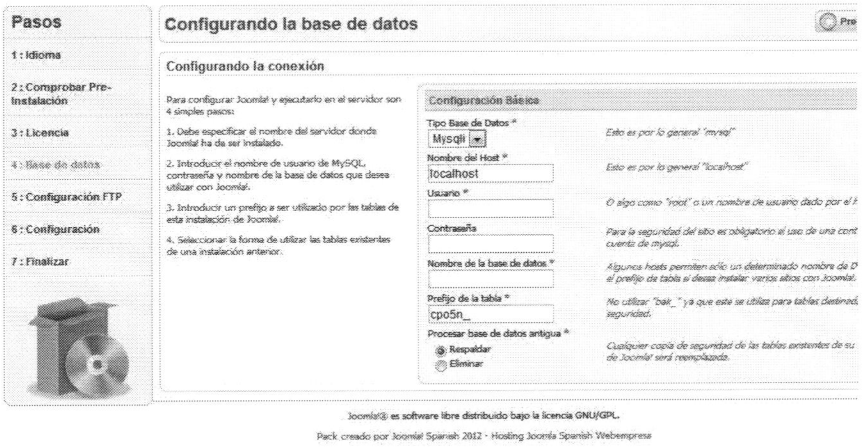

Figura 5.5. Configuración de la BD

5 A continuación aparece la Configuración del FTP del servidor, habrá que configurar este apartado en caso de que nuestro servidor así lo requiera (Figura 5.6).

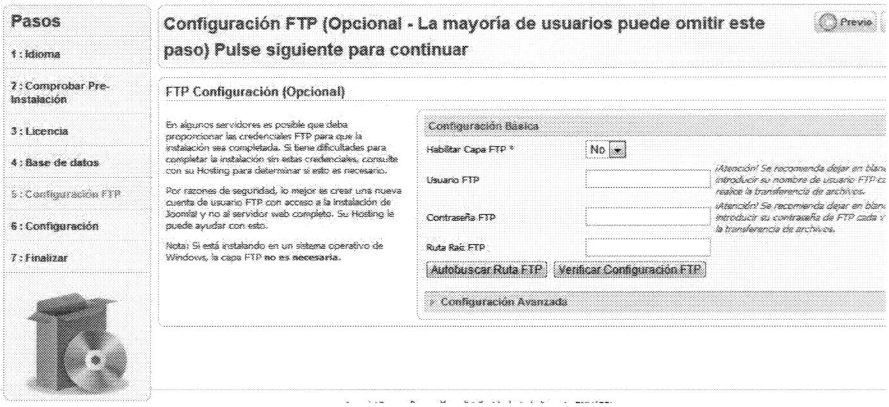

Figura 5.6. *Configuración FTP*

6 Tras esta pantalla insertaremos la configuración principal: nombre del sitio, *email* y datos de la cuenta de administrador. También podemos instalar los datos de ejemplo (recomendado para usuarios noveles, como nosotros) (Figura 5.7).

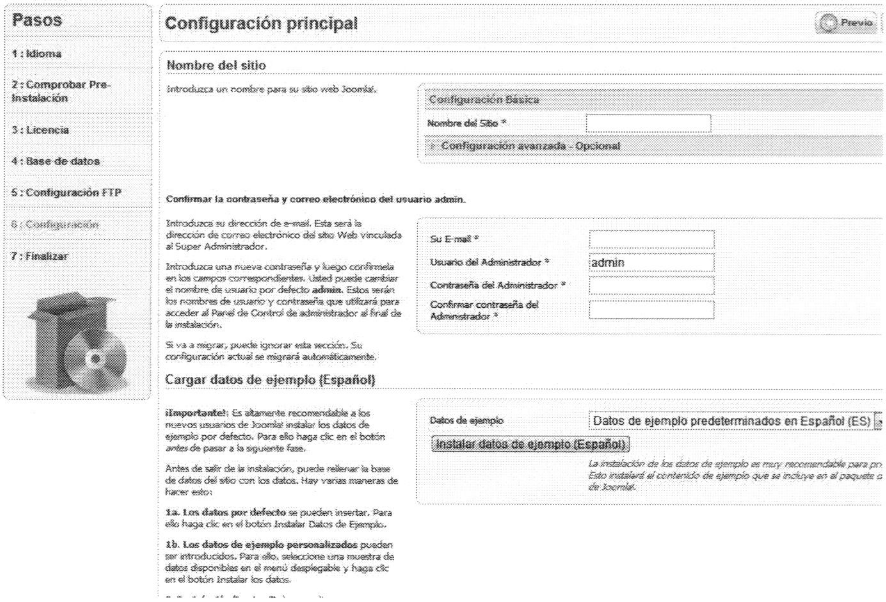

Figura 5.7. *Configuración del sitio*

7 Ya hemos terminado la instalación, tan solo tenemos que eliminar la carpeta de instalación y ya podremos disfrutar de nuestro Joomla (Figura 5.8).

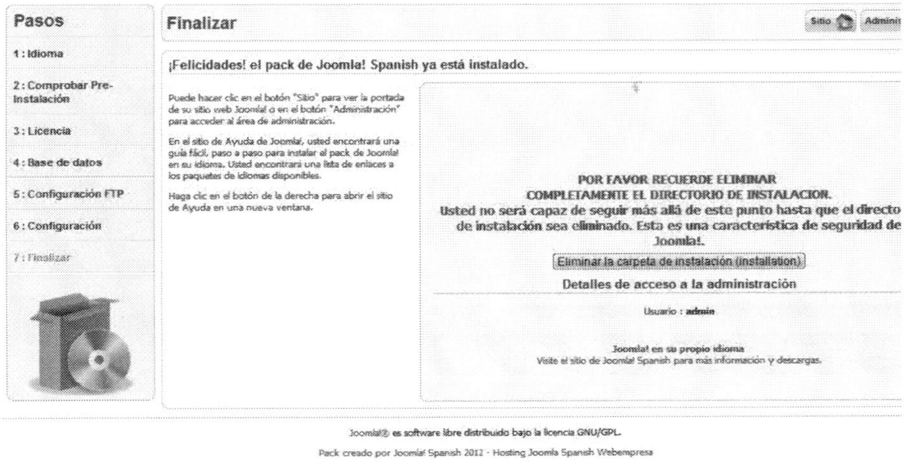

Figura 5.8. Finalizar

8 Para acceder al área de administración de nuestro Joomla, debemos pulsar sobre **Administración** y nos aparecerá una pantalla de autenticación como la de la Figura 5.9.

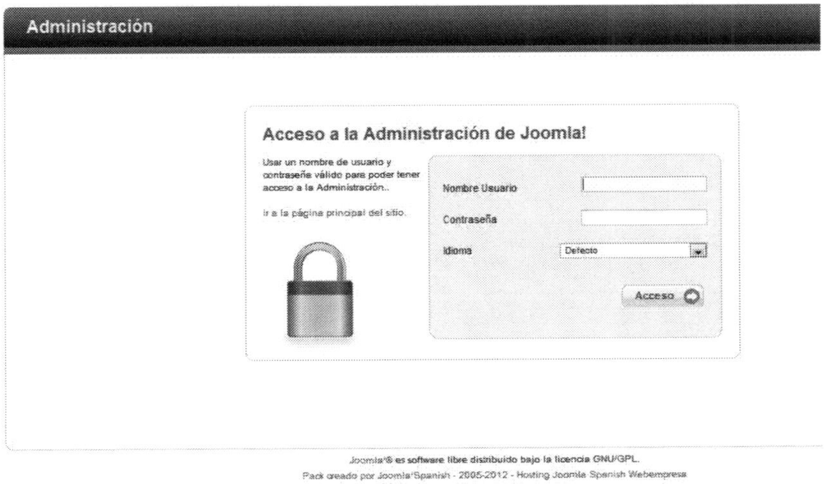

Figura 5.9. Acceso a administración

9 Para ver cómo ha quedado nuestra nueva página Joomla debemos introducir en el navegador la dirección *http://miservidor/joomla*. Así podremos ver los resultados de la instalación.

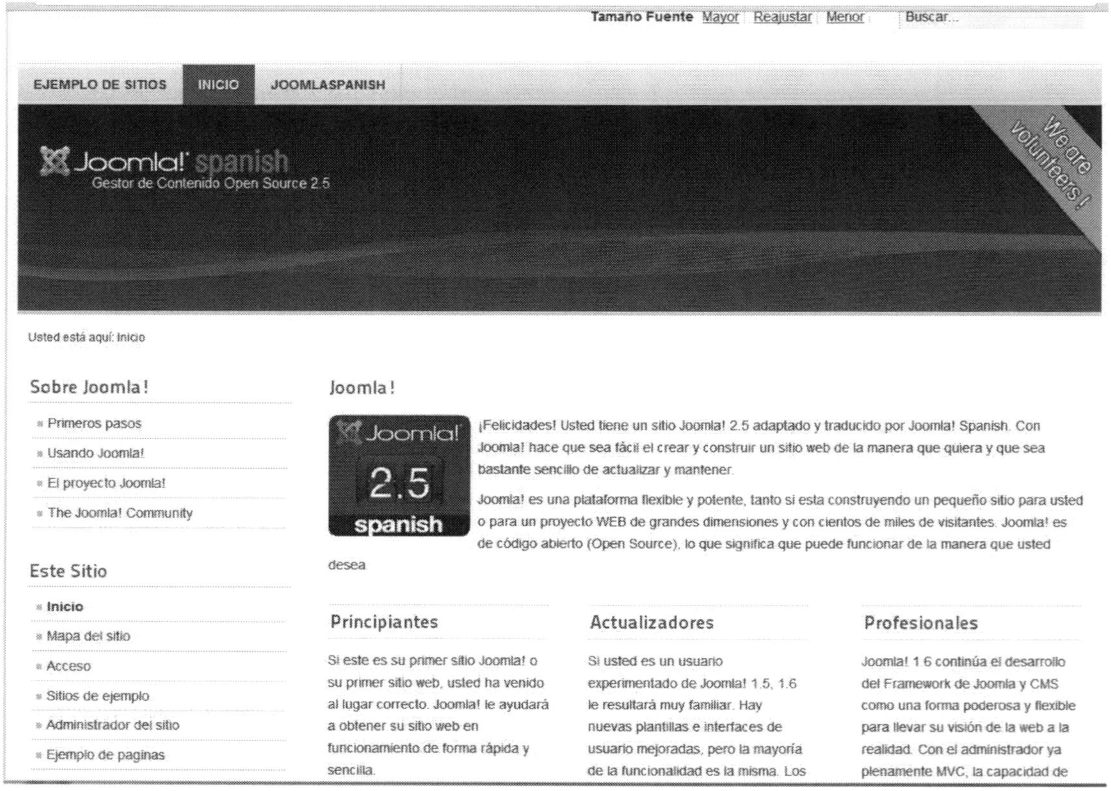

Figura 5.10. *Joomla*

ACTIVIDADES 5.2

- Instale Joomla en su servidor web.

5.6 USUARIOS Y GRUPOS

En Joomla podemos distinguir dos zonas, una zona pública (la web en sí) denominada *frontend* y otra restringida a cada uno de los diferentes administradores llamada *backend*.

Los visitantes podrán registrarse en la página web y acceder de esta forma a los distintos recursos "no publicados", limitados a estos usuarios. Así por ejemplo, estos usuarios podrán enviar noticias, enlaces, etc. De esta forma, los administradores de la web deciden qué contenidos están limitados a usuarios registrados y cuáles no.

Los usuarios que deseen registrarse, lo podrán hacer cuando el módulo **Registro** esté activado, rellenando un simple cuestionario. Una vez realizado el proceso de registro, podrán *loguearse* (autenticarse) en la web mediante el nombre de usuario y contraseña.

Los niveles de permisos están inteligentemente asignados, ya que cuando un usuario ingresa, el sistema le provee acceso en el menú solo a los recursos autorizados, y no hay forma de que se "salte" esta seguridad para acceder a aquellos recursos no autorizados o que requieren un nivel de permisos mayor.

5.6.1 NIVELES DE ACCESO A LA PARTE PÚBLICA (FRONTEND)

Los usuarios de *frontend* pueden solamente ingresar logueados en este. No pueden ingresar en el administrador.

- **Registrado**. Solamente es usuario registrado el que puede acceder a la información que requiere de este nivel de autenticación, puede acceder a las descargas y en general a cualquier recurso que el administrador tenga con el nivel de acceso *"registered"*.
- **Autor**. Puede enviar artículos, pero no puede editar los ítems de los demás, ni publicar los que escriba él mismo (quedan pendientes de validación hasta que un publicador o administrador los autorice y publique).
- **Editor**. Puede enviar artículos y editar los de los demás, pero no puede publicar (estos quedan pendientes de validación, al igual que en el caso anterior).
- **Publicador**. Puede enviar, modificar y publicar ítems.

5.6.2 NIVELES DE ACCESO A LA PARTE DE ADMINISTRACIÓN (BACKEND)

Superusuario. Posee acceso total a todo el sitio y a toda la administración.

Administrador. Similares atributos al del superusuario pero sin la posibilidad de ingresar en la configuración global. Tampoco puede editar o eliminar al superadministrador.

Gestor. Tiene un acceso parcial en el admin, sin poder acceder a la administración de componentes, a los módulos, a la edición de usuarios, a la configuración, etc.

5.6.3 CREAR O ADMINISTRAR USUARIOS EN JOOMLA

El usuario superusuario es el único con capacidad total de manipular usuarios, registros y permisos. Inclusive puede denegarse a sí mismo la entrada al sitio. Los usuarios registrados son los únicos capaces de crearse a sí mismos con el solo hecho de registrarse en el sitio, siempre y cuando el superadministrador permita el registro de usuarios. El superusuario puede elegir entre permitir el registro de usuarios, o puede guardarse esa capacidad solo para él, creando usuarios registrados desde el administrador. Para esto solo configura un parámetro dentro de la configuración *global Allow user registration*.

Desde el panel de control del sitio, nos vamos a **Gestor de Usuarios** (Figura 5.11).

Figura 5.11. *Usuarios*

Ahí pulsamos en **Añadir** o en **Modificar** (según lo que queramos hacer). En nuestro caso, elegimos **Añadir un nuevo usuario**, rellenamos los datos del usuario y le asignamos un grupo al que va a pertenecer (Figura 5.12).

Figura 5.12. *Usuarios*

Una vez completos los datos y asignado el grupo pulsamos en **Aplicar**. Nuestro nuevo usuario ha sido creado (Figura 5.13).

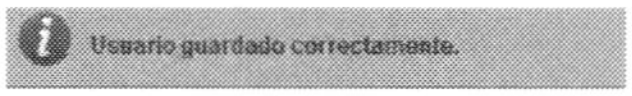

Figura 5.13. *Usuarios*

ACTIVIDADES 5.3

- Cree 3 usuarios nuevos que pertenezcan cada uno a un nivel distinto de acceso.

5.7 PERSONALIZACIÓN DE LA INTERFAZ: PLANTILLAS

Una de las ventajas de Joomla es la facilidad con la que podemos cambiar su aspecto. Existen múltiples plantillas para instalar en Joomla, la mayoría de ellas de forma gratuita. Además, podemos instalar cuantas plantillas deseemos sin modificar el contenido de la web, ya que el diseño y el contenido son independientes.

Las plantillas web son muy importantes, ya que determinarán la posición de los diferentes módulos que habrá en la página web. Es por ello que la selección de una plantilla adecuada para nuestra *website* sea ciertamente muy importante.

Podemos gestionar las plantillas instaladas desde la Administración de Joomla. Hay dos tipos de plantillas: unas son para el sitio (lo que el cliente web va a visualizar) y otras son para la administración (solo se utilizará esta plantilla en el área de administración).

Figura 5.14. *Plantillas*

Existen cientos de plantillas a nuestra disposición en la web *http://www.joomla24.com* (y otras muchas). Vamos a ver cómo descargar plantillas de Joomla, instalarlas y fijarlas en nuestro portal.

Nos vamos a la página que hemos nombrado anteriormente *http://www.joomla24.com* (Figura 5.15).

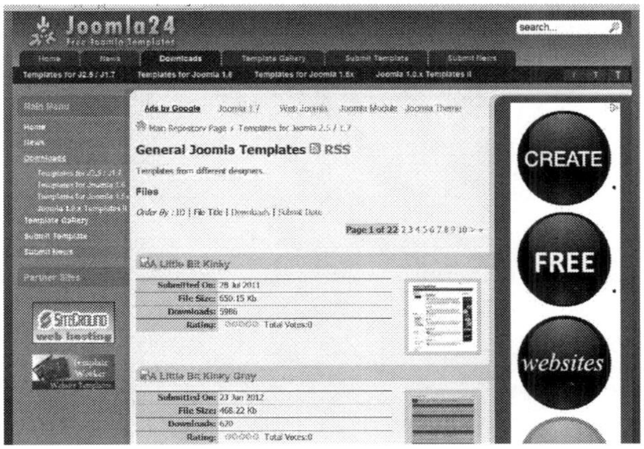

Figura 5.15. *www.joomla24.com*

Pulsamos sobre **Downloads** y elegimos nuestra versión de Joomla. Nos aparecerán muchas plantillas, podemos echarles un vistazo y elegir la que consideremos más adecuada a nuestra futura web (Figura 5.16).

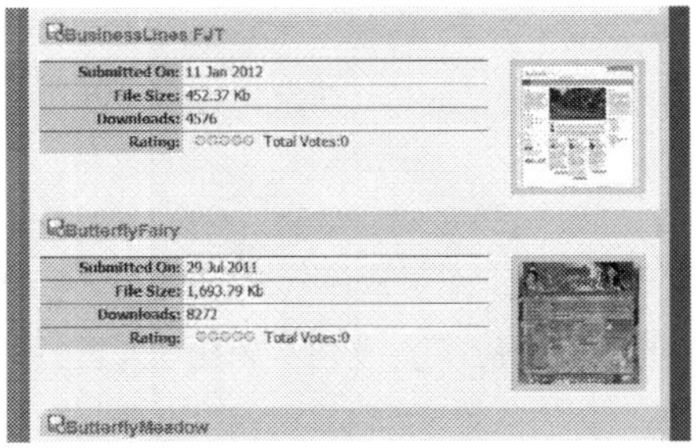

Figura 5.16. *Downloads*

Una vez descargada la plantilla que nos guste, nos vamos al área de Administración de Joomla, a **Gestor de Extensiones**. Seleccionamos el archivo que hemos descargado y pulsamos **Subir e instalar** (Figura 5.17).

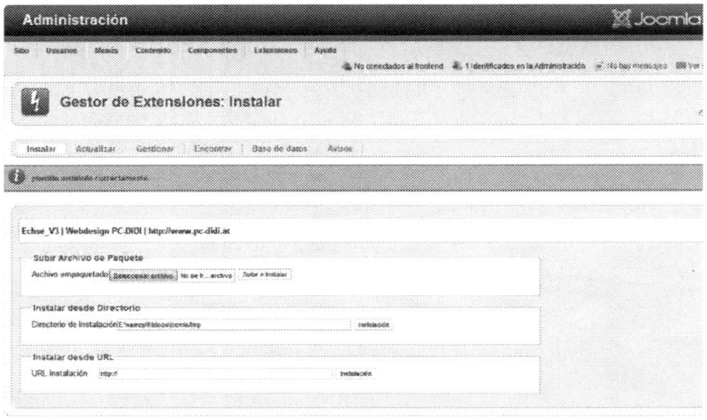

Figura 5.17. *Instalar extensión*

Una vez hemos instalado la nueva plantilla nos vamos a **Gestor de plantillas** y allí, entre otras, tenemos la plantilla que hemos descargado e instalado. Pulsamos sobre el cuadro que hay antes del nombre de la plantilla que acabamos de instalar y pulsamos en **Establecer por defecto** (Figura 5.18).

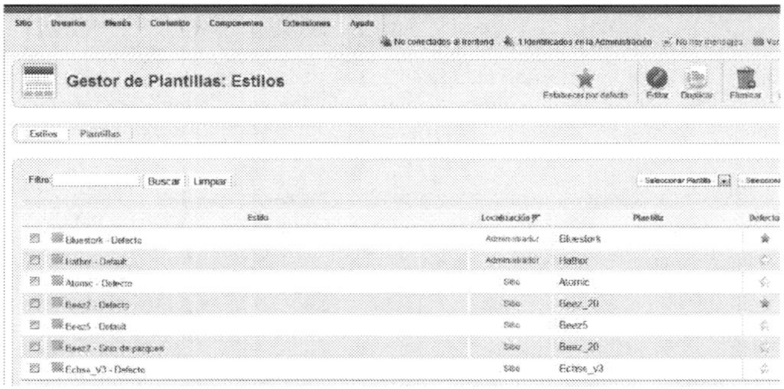

Figura 5.18. *Establecer por defecto*

Ya podemos ver nuestra nueva web resultado de la plantilla anterior (Figura 5.19). Podemos tener tantas plantillas como queramos instaladas en el sistema, aunque solo podremos tener una activa en un momento dado.

Figura 5.19. *Nueva plantilla*

ACTIVIDADES 5.4

- Vaya a la web *www.joomla24.com*, descargue e instale una plantilla en su sistema y establézcala como predeterminada.

RESUMEN DEL CAPÍTULO

Joomla incluye una serie de características como son: mejorar el rendimiento web, permitir versiones imprimibles de páginas, incorporar *flash* con noticias, *blogs*, foros, *polls* (encuestas), calendarios, búsqueda en el sitio web, etc.

Lo que se ha presentado en este capítulo ha sido una pequeña introducción a todo este mundo (ya que si se quisiese tratar a fondo Joomla necesitaríamos varios libros como este). El lector puede y debe ahondar es este tema, ya sea siguiendo el capítulo siguiente, o en la multitud de sitios web dedicados a Joomla, tanto con tutoriales como con recursos.

EJERCICIOS PROPUESTOS

1. Defina con sus palabras qué es Joomla y para qué sirve.

2. Buscar en la web páginas que estén hechas con Joomla.

3. Buscar información sobre Joomla en páginas en español.

4. Localice las principales diferencias entre las versiones 1.X de Joomla y la nueva 2.5.

5. Hay versiones de Joomla que llevan la etiqueta LTS, investigue qué significa esa etiqueta. Busque otros productos que también posean la etiqueta LTS.

TEST DE CONOCIMIENTOS

1 La primera versión de Joomla aparece en el año:

a) 1992.
b) 1997.
c) 2005.
d) 2008.
e) 2011.
f) Todas son ciertas.
g) Todas son falsas.

2 El antecesor de Joomla es:

a) BBS.
b) Usenet.
c) Mambo.
d) Lajoom.
e) A y b son ciertas.
f) C y d son ciertas.
g) Todas son falsas.

3 Joomla es:

a) Gratuito.
b) Gratis el primer portal, a partir de ese número son de pago.
c) De pago.
d) De pago solo para empresas, para los usuarios comunes es gratis.
e) Todas son falsas.

4 Para instalar Joomla necesito tener:

a) El mejor equipo que haya en el mercado con la conexión más rápida existente.
b) Un servidor web con soporte PHP y MySQL.
c) Un equipo con Windows.
d) Un equipo con Linux.
e) Todas son ciertas.
f) Todas son falsas.

5 Para utilizar Joomla necesito tener:

a) El mejor equipo que haya en el mercado con la conexión más rápida existente.
b) Un equipo normal con una conexión normal.
c) Un equipo con Windows.
d) Un equipo con Linux.
e) Todas son ciertas.
f) Todas son falsas.

6 Funcionalidades proporcionadas por el Gestor de Contenidos Joomla

OBJETIVOS DEL CAPÍTULO

- ✓ Conocer el funcionamiento del Gestor de Contenidos Joomla, sus componentes y categorías.
- ✓ Crear contenidos para el Gestor de Contenidos.
- ✓ Administrar el Gestor de Contenidos.
- ✓ Conocer la difusión de contenidos del Gestor de Contenidos.
- ✓ Actualizar el Gestor de Contenidos.
- ✓ Analizar cómo mejorar el rendimiento del Gestor de Contenidos.
- ✓ Realizar copias de seguridad del Gestor de Contenidos.

6.1 FUNCIONAMIENTO DEL GESTOR DE CONTENIDO JOOMLA

6.1.1 COMPONENTES DEL GESTOR DE CONTENIDOS JOOMLA

El sistema gestor de contenidos Joomla "organiza" la información en elementos clasificadores o "contenedores". En Joomla es importante organizar el contenido mediante una estructura jerárquica: categorías, subcategorías y artículos (noticias, enlaces, etc.), lo que constituirá el orden interno del CMS. En los siguientes apartados vamos a ver cómo definir esta estructura.

6.1.2 CATEGORÍAS

Joomla es un enorme archivador que contiene cajones (categorías) que a su vez contienen carpetas (subcategorías), que son las que guardan los artículos. No es posible publicar un artículo exclusivamente en una categoría. Debemos seleccionar una categoría y su subcategoría para publicar un artículo. Una categoría puede tener una o varias subcategorías y una subcategoría podrá contener uno o más artículos.

Para crear o editar *Categorías*, desde el panel de control hacemos clic en el siguiente icono (Figura 6.1):

Figura 6.1. *Gestor de categorías*

Aquí podemos crear nuevas categorías, editar existentes, publicar y despublicar categorías existentes, etc. (Figura 6.2).

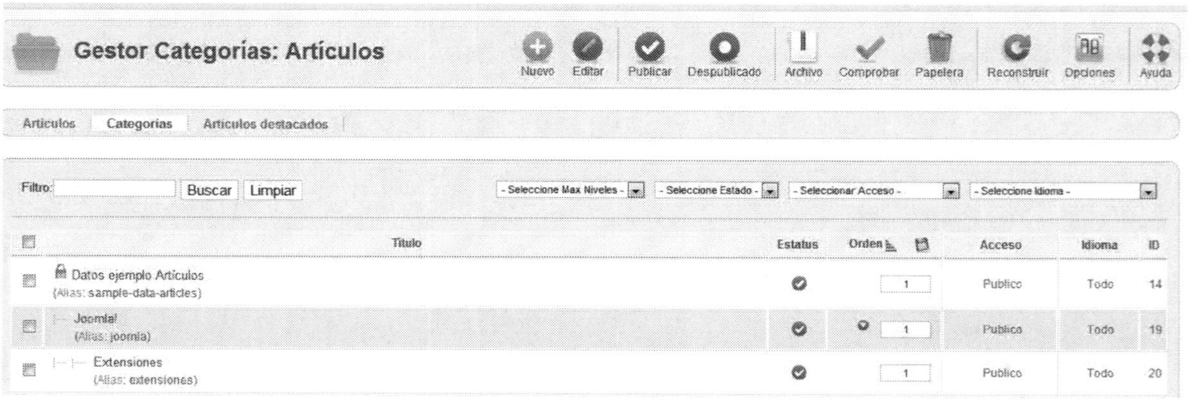

Figura 6.2. *Categorías*

Si pulsamos sobre **Crear categoría** deberemos rellenar los datos que nos pide para crear la nueva categoría. En nuestro caso vamos a crear una nueva categoría llamada *Hardware* (que tendrá una serie de subcategorías) (Figura 6.3).

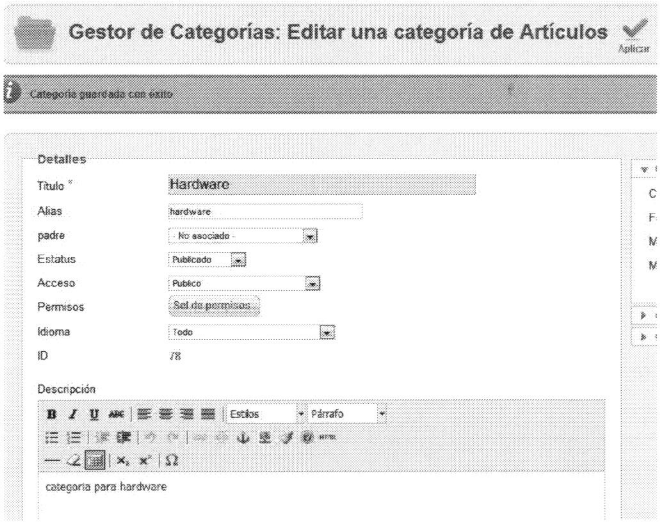

Figura 6.3. *Nueva categoría*

Ahora tenemos nuestra nueva categoría *Hardware* que hemos creado (Figura 6.4).

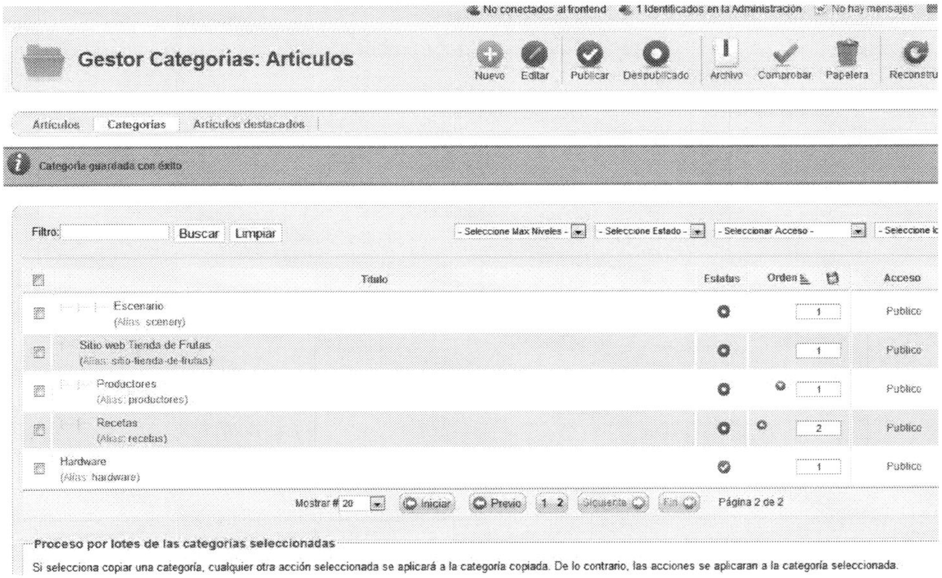

Figura 6.4. *Categoría Hardware*

Vamos a crear una subcategoría nueva llamada *Procesadores*, que va a depender de la categoría *Hardware* (Figura 6.5).

Figura 6.5. *Subcategoría*

Podemos ver como *Procesadores* es una subcategoría de *Hardware* (Figura 6.6).

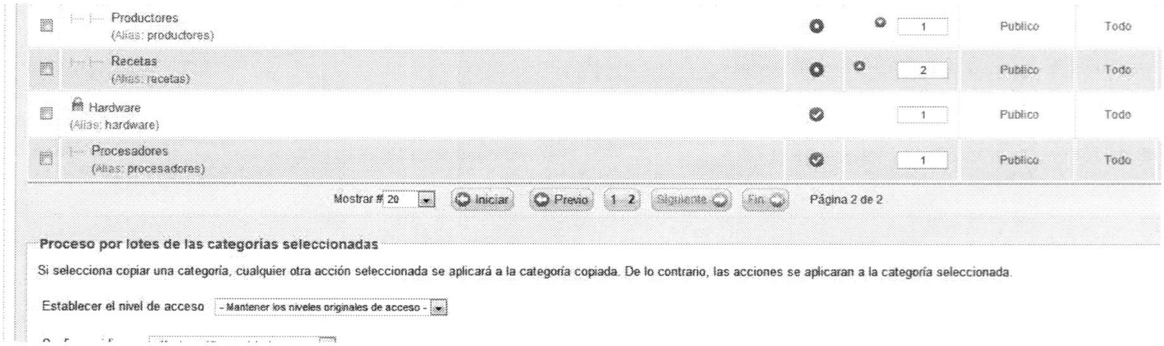

Figura 6.6. *Subcategoría Procesadores*

ACTIVIDADES 6.1

- Cree una categoría nueva y 3 subcategorías que pertenezcan a esta nueva categoría creada.

6.1.3 CREACIÓN DE CONTENIDOS: ARTÍCULOS

Desde el Gestor de Artículos de Joomla los administradores/as pueden modificar, añadir o eliminar los artículos de contenido disponibles en su sitio web. Joomla permite además gestionar por separado los artículos publicados en la página de Inicio y los artículos archivados (Figura 6.7).

Figura 6.7. *Gestor de Artículos*

En esta pantalla veremos dos zonas diferenciadas: la Barra de herramientas en la zona superior y la Lista de artículos en el área central de trabajo (Figura 6.8).

Figura 6.8. *Gestión de artículos*

6.1.4 LISTA DE ARTÍCULOS. PUBLICAR/DESPUBLICAR ARTÍCULOS

La lista de artículos publicados en el sitio se muestra dentro de una tabla con varias columnas (Figura 6.9).

Figura 6.9. *Lista de artículos*

Se puede filtrar la lista de artículos introduciendo un texto de búsqueda en el campo *Filtro* (Figura 6.10).

Figura 6.10. *Filtro*

También se pueden filtrar los artículos por sección, categoría, autor o estado seleccionando una o más combinaciones en las listas desplegables. Además, pulsando sobre el encabezado de las columnas podremos ordenar la lista según ese criterio.

Nos aparece un listado con los artículos que tenemos en nuestra web. En dicho listado se muestra toda la información necesaria para administrarlos. En primer lugar, nos aparece el nombre del artículo con un enlace que si lo pulsamos nos llevará a la zona de edición de dicho artículo, a continuación nos aparece un icono de estado, que nos informa de si nuestro artículo está publicado o no. Si pulsamos en **Estatus** podemos publicarlo o despublicarlo. El icono **Destacados** funciona de forma similar, es decir, al pulsarlo vamos cambiando a los distintos estados permitidos.

Figura 6.11. *Estatus y destacados*

6.1.5 EDITAR ARTÍCULOS

Si queremos editar un artículo, tan solo tenemos que hacer clic sobre el nombre y nos aparecerá dicho artículo para ser modificado (Figura 6.12).

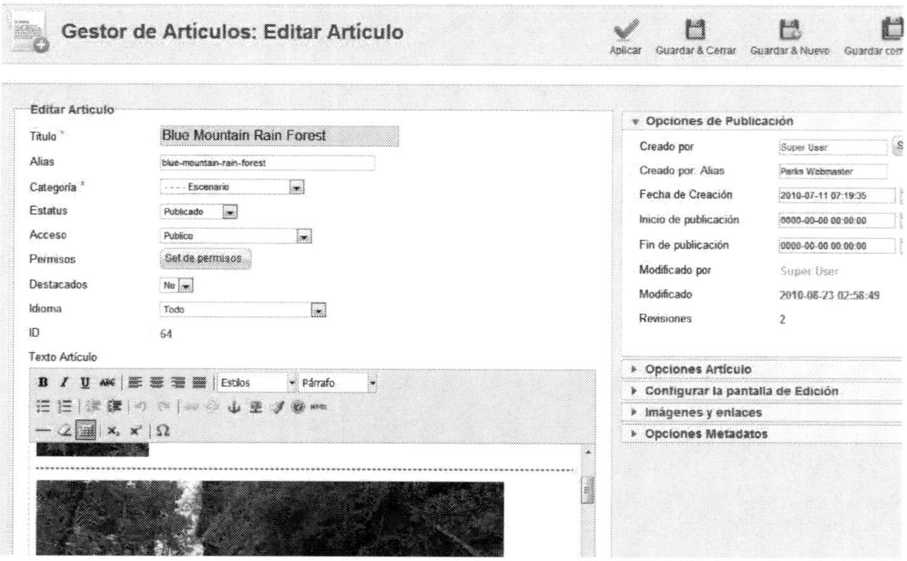

Figura 6.12. *Editar artículo*

6.1.6 NUEVO ARTÍCULO

Antes de insertar un nuevo artículo debemos tener creadas las categorías y subcategorías a las que pertenecerá dicho artículo. Desde el panel de **Administración**, nos aparece el icono **Añadir un nuevo Artículo** (Figura 6.13).

Figura 6.13. *Añadir un nuevo Artículo*

Debemos poner un nombre al artículo y un alias, establecer a qué categoría pertenece, si va a estar publicado, etc.

Figura 6.14. *Añadir Nuevo Artículo*

ACTIVIDADES 6.2

- Edite dos artículos de los existentes y añada otros dos nuevos a su página. Los nuevos enlácelos a dos categorías diferentes.

6.2 ADMINISTRACIÓN

6.2.1 ACTUALIZACIONES DEL GESTOR DE CONTENIDOS

Al entrar al área de Administración, Joomla comprueba automáticamente si existen actualizaciones y nos las muestra por pantalla.

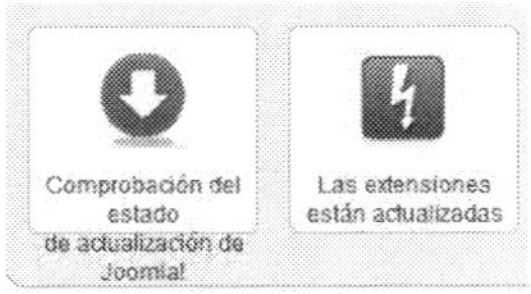

Figura 6.15. *Actualizaciones*

Figura 6.16. *Joomla! está al día*

Antes de efectuar cualquier actualización es recomendable realizar una copia se seguridad de la base de datos de Joomla.

ACTIVIDADES 6.3

- Haga una captura del nivel de actualizaciones de su sistema.

6.2.2 CONFIGURACIÓN DE MÓDULOS

La principal página de descargas de estas extensiones es:

http://extensions.joomla.org/

Vamos a mostrar cómo instalar un módulo que nos va a mostrar la hora en nuestra web. Hacemos clic en **Calendar & events → Time → Clocks** (Figura 6.17).

Figura 6.17. *Extensions.joomla.org*

Pulsamos sobre uno de los relojes (el que creamos conveniente para nuestra web), dentro de la página de características muestra las versiones con las que es compatible y podemos descargarlas (Figura 6.18).

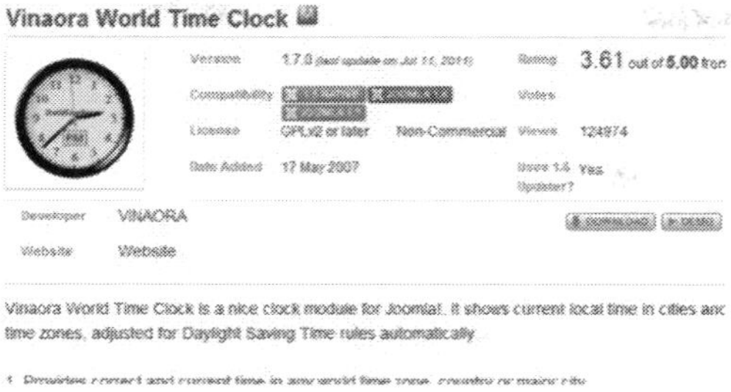

Figura 6.18. *Módulos*

Si no estamos en la zona de administración de Joomla nos dirigimos a ella. Dentro de esta zona nos dirigimos al **Gestor de extensiones** (Figura 6.19).

Figura 6.19. *Gestor de extensiones*

Seleccionamos el archivo y pulsamos **Subir e instalar** (Figura 6.20).

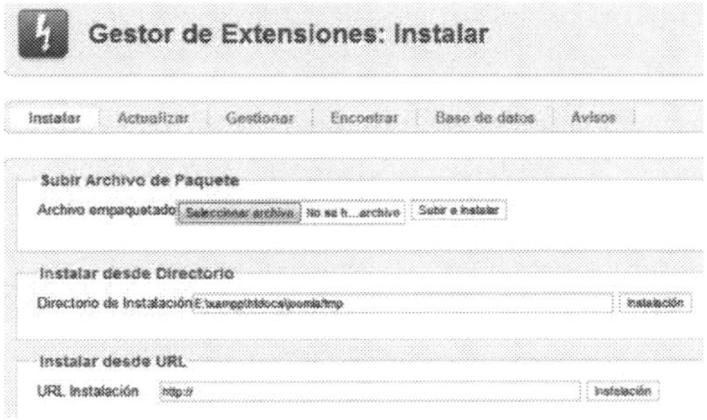

Figura 6.20. *Subir e instalar*

Ahora nos vamos a **Gestor de Módulos**, podemos ir desde el panel de control o desde el menú **Extensiones**, **Gestor de Módulos** (Figura 6.21).

Figura 6.21. *Gestor de Módulos*

Aquí nos aparece la nueva extensión (Figura 6.22).

Figura 6.22. *Nueva extensión*

Hacemos clic sobre ella para editarla, aquí podemos seleccionar la posición donde irá en la web, si queremos que aparezca publicado, las páginas donde aparecerá, etc.

Una vez asignadas las opciones pulsamos en **Aplicar** para que los cambios tengan efecto y podamos ver el resultado (si hemos seleccionado publicar, claro está) (Figura 6.23).

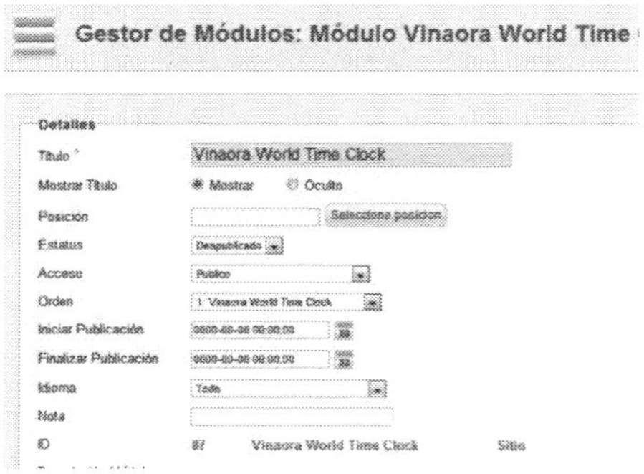

Figura 6.23. *Nueva extensión*

Aquí tenemos nuestro nuevo y maravilloso módulo, un reloj que ilumina nuestra web.

Si hacemos una vista previa de la página podemos observar el nuevo módulo dentro de ella (Figura 6.24).

Figura 6.24. *Vista previa*

ACTIVIDADES 6.4

- Añadir a nuestro Joomla una extensión llamada PhocaGallery que pertenece a la sección Photos&Images. Verá que después de instalarlo aparece un menú especial para ella dentro de **Componentes**. Hacer capturas de todo el proceso y del nuevo menú aparecido.

6.2.3 CONFIGURACIÓN DE MENÚS

Los menús son módulos, hay distintos tipos de menú y pueden ser creados tantos como necesitemos. Inclusive pueden mostrarse distintos menús dependiendo de la sección o página por la que navegue el visitante. Los menús que vienen por defecto en Joomla son:

- **Menú principal** (*mainmenu*): es el menú principal del sitio y el más importante. Lo que se encuentre como primer elemento de este menú es lo que se mostrará en la página principal.
- **Menú de tipo top**: este es el menú horizontal que aparece sobre (o debajo) de la cabecera del sitio.
- **Menú de usuario** (*usermenu*): solo aparece cuando un usuario se registra e ingresa en el sistema.
- **Otros menús**: es simplemente *otro menú* cualquiera.

En el siguiente ejemplo vamos a ver cómo añadir un menú más a los enlaces (Figura 6.25).

Figura 6.25. *Enlaces*

Nos vamos a **Gestor de Menús** (Figura 6.26).

Figura 6.26. *Gestor de Menús*

Dentro de **Menús**, seleccionamos **Ejemplos Enlaces**, que es el que contiene los menús de enlaces al que queremos añadir el nuevo elemento (Figura 6.27).

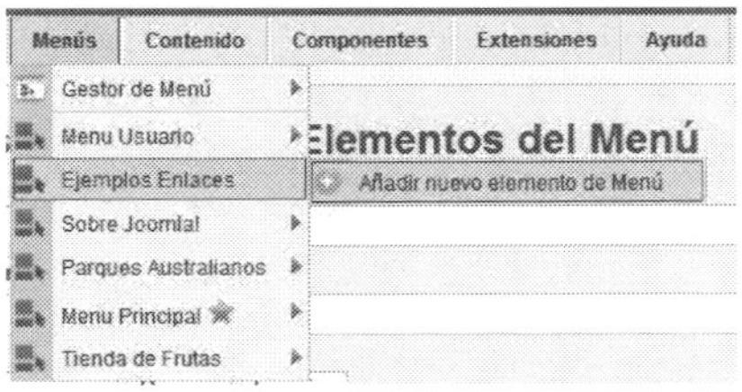

Figura 6.27. *Ejemplos Enlaces*

Añadimos el nuevo menú llamado *Hardware* (Figura 6.28).

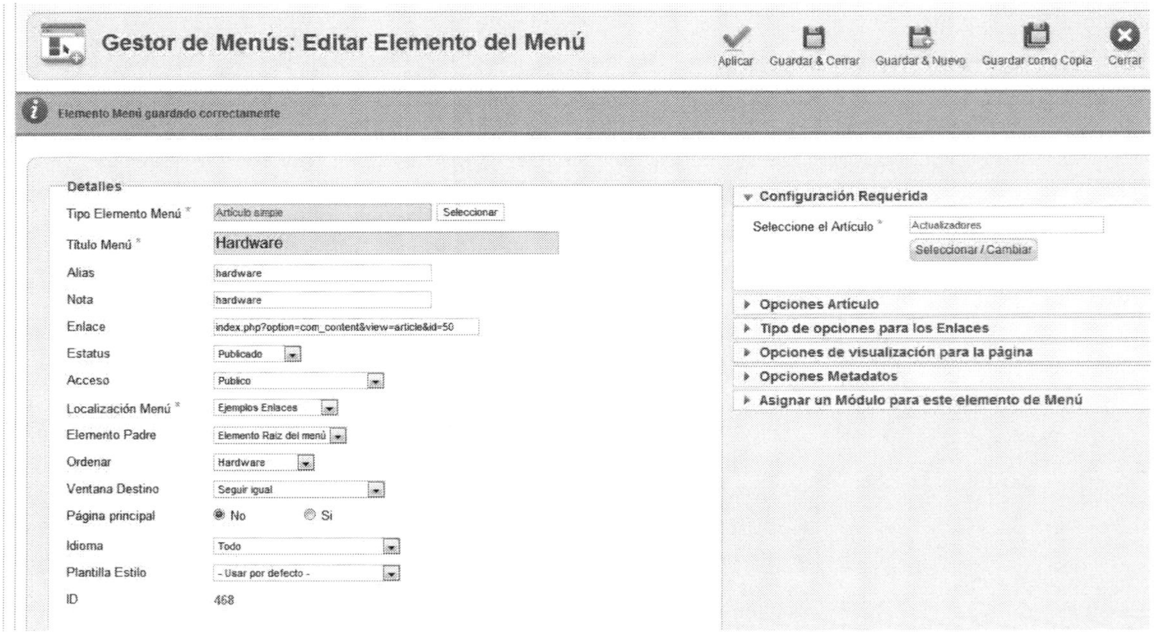

Figura 6.28. *Menús*

Ya tenemos el nuevo enlace (Figura 6.29).

Figura 6.29. *Enlace nuevo*

ACTIVIDADES 6.5

- Cree 2 menús nuevos, uno que sea de tipo *menú de enlace* (como el que hemos visto en el apartado) y el otro que sea de tipo *mainmenu.*

6.2.4 MECANISMOS DE SEGURIDAD

El mejor mecanismo de seguridad son las **copias de seguridad**, realizadas de forma **frecuente** tanto de **ficheros** como de la **base de datos**. También es importante mantener **actualizado Joomla** a su última versión, como hemos visto en este mismo capítulo.

Si queremos que nuestro Joomla sea seguro, debemos cumplir ciertos requisitos, empezamos por los requisitos que debe cumplir el servidor web:

- MySQL 5 o la última versión que exista.
- *Apache mod security* personalizado.
  - *.htaccess* personalizado.
- PHP5 con *Suhosin Match*.
  - *Magic_quotes_gpc ON*.
  - Deshabilitar las siguientes funciones: *show_source*, *system*, *shell_exec*. *Passthru*, *exec*, *phpinfo*, *popen*, *proc_open*.
  - *Safe_mode OFF*.
  - *Register_globals OFF*.
  - *Allow_url_fopen OFF*.

Si bien la instalación base de Joomla es segura si se ha instalado de forma correcta, hay que tener cuidado con las **extensiones de terceros**, ya que pueden contener problemas de seguridad. Antes de instalar una extensión, lea las opiniones de otros usuarios y asegúrese de que la extensión se ha ido actualizando periódicamente y que está descargando la última versión.

Si tiene conocimientos de programación, puede revisar el código y asegurarse de que cumple los requisitos de seguridad.

Hay unos lugares de referencia para el seguimiento de vulnerabilidades y actualizaciones de Joomla:

http://developer.joomla.org/security.html

http://feeds.joomla.org/JoomlaSecurityNews

Las extensiones y complementos de terceros suponen el porcentaje más importante de fallos de seguridad de Joomla. Es muy importante tener en cuenta este *feed*:

http://feeds.joomla.org/JoomlaSecurityVulnerableExtensions

6.2.5 RENDIMIENTO

Son muchos los consejos o *tips* que se pueden aplicar para mejorar el rendimiento de Joomla. Es importante tener en cuenta que si nuestro sitio tiene un buen rendimiento esto mejorará sin lugar a duda las experiencias de navegación de todos los usuarios que nos visitan.

- **Imágenes**: es muy importante tener en cuenta que las imágenes generan algo de retraso en la carga de los sitios, es por esto que se aconseja no usar imágenes demasiado grandes.

- **Galerías de imágenes**: no se debe saturar la página con grandes cantidades de fotos, es recomendable tratar de escoger un componente para manejo de galerías de fotos que permita hacer paginación, un promedio de 10 fotos por página estará bien.

- **Extensiones**: la instalación de extensiones de todo tipo en un sitio Joomla puede ayudar mucho para mejorar la apariencia, pero es importante tener en cuenta que cada extensión instalada conllevará un tiempo de carga, por lo que es recomendable utilizar solo las extensiones que realmente se necesitan para el funcionamiento del sitio. También es muy recomendable mantener al día estas extensiones (componentes, módulos). Casi siempre los desarrolladores de extensiones sacan nuevas versiones con mejoras en rendimiento y seguridad.
- **Experiencia**: la experiencia habla por sí sola, se recomienda utilizar componentes de comprobado funcionamiento y usabilidad. Esto es posible gracias a que se pueden revisar en los comentarios del directorio de extensiones donde cada usuario describe su experiencia con cada extensión.
- **Caché**: se debe habilitar el sistema de Caché de Joomla. También se deben buscar extensiones que usen caché en su interior.
- **Vídeos**: si se van a utilizar vídeos en el sitio, se recomienda usar YouTube u otro servicio relacionado para no cargar al servidor ni comprometer el ancho de banda.
- **Estadísticas**: apagar la recolección de estadísticas es otra buena forma de mejorar en parte el rendimiento de los sitios, en la configuración general de Joomla se encuentra la opción para hacerlo. Es mejor usar mejor el servicio de Google Analytics.
- **Bases de datos**: se debe asegurar de estar utilizando la última versión de MySQL y Joomla, ya que ha habido grandes mejoras y habrá mejoras aún mayores.
- **Hosting**: es importante escoger un buen servicio de hospedaje web para el sitio Joomla, ya que de esto dependerá en gran parte el rendimiento del sitio.
- **Errores PHP**: otra de las recomendaciones que se hacen es la de activar el aviso de errores en PHP y configurarlo en el nivel más alto. Es probable que con esta activación se tengan que corregir algunos errores en el código para deshacerse de ellos.

6.2.6 SINDICACIÓN EXTERNA

Joomla ya lleva por defecto una herramienta de sindicación instalada, para acceder a ella debemos ir a **Componentes → Noticias externas** (Figura 6.30).

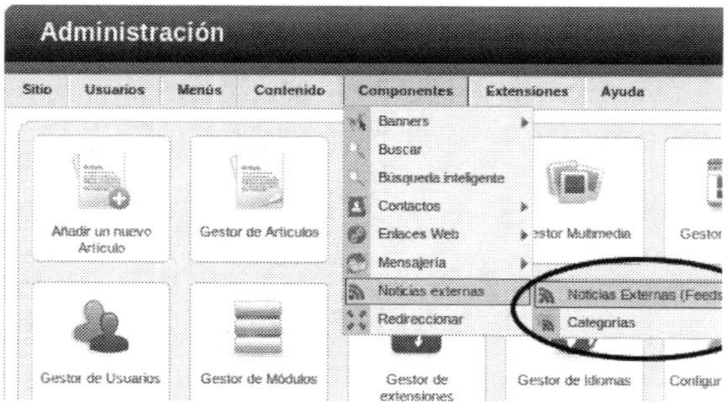

Figura 6.30. *Componentes → Noticias externas*

Nos aparecerá el Gestor de Noticias Externas, en este apartado aparecen las páginas sobre las que se han sindicado contenidos, es decir, que serán "sindicables" mediante un software agregador (Figura 6.31).

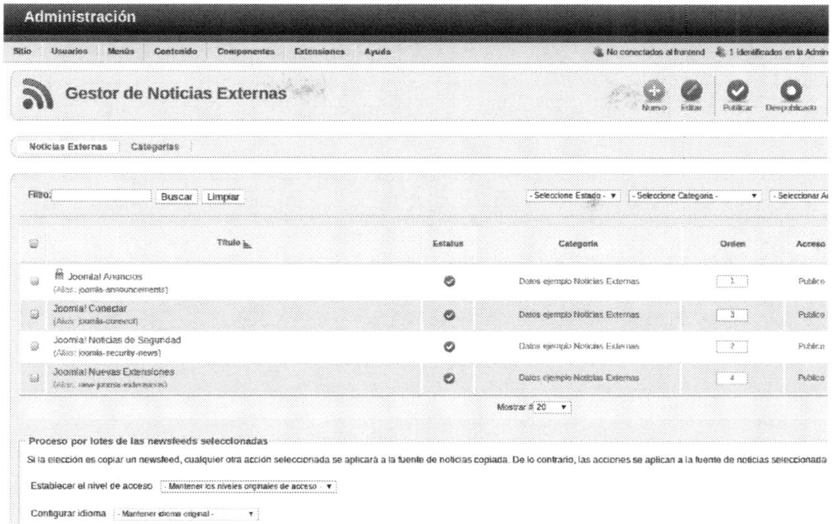

Figura 6.31. Gestor de Noticias Externas

Podemos ver cómo quedarán estas noticias externas en nuestro sitio (Figura 6.32).

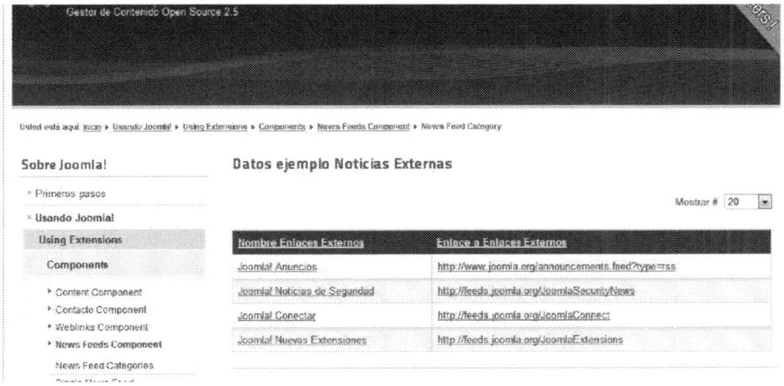

Figura 6.32. Noticias Externas

ACTIVIDADES 6.6

- Dentro del Gestor de Noticias Externas, añada un nuevo *feed* a esta sección. El nombre será *Indiepodcast* y el enlace que debe añadir es *http://feeds.feedburner.com/indiepodcastfeed*.

6.2.7 SINDICACIÓN INTERNA

Joomla por defecto habilita la sindicación de todo contenido generado, por tanto no habrá que hacer nada especial para sindicar los contenidos publicados en nuestro sitio. Podemos ver en una página de ejemplo Joomla (Figura 6.33) como todo artículo publicado en dicha página, es directamente “sindicable” mediante un agregador (Figura 6.34).

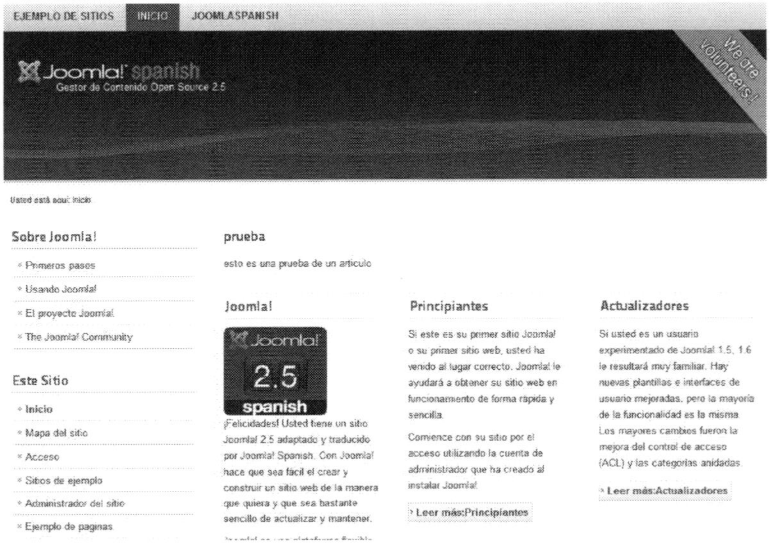

Figura 6.33. Ejemplo de página Joomla

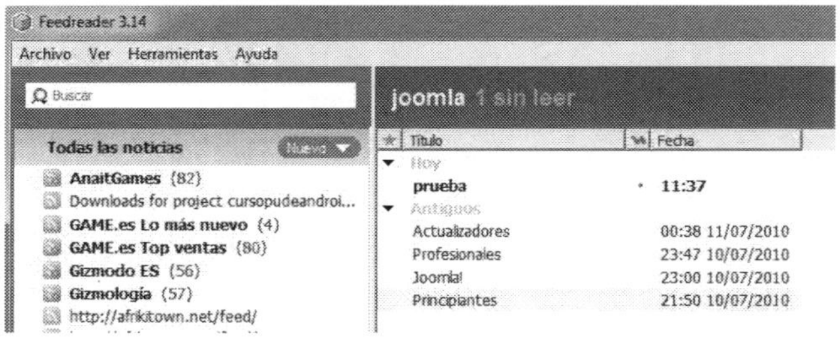

Figura 6.34. Página Joomla en agregador

ACTIVIDADES 6.7

- Sobre el agregador que se instaló en la Práctica 2.1 del Capítulo 2, añada la dirección de nuestra web Joomla para que aparezcan los artículos de nuestra web en dicho agregador.

6.2.8 COPIAS DE SEGURIDAD

Para las copias de seguridad vamos a utilizar otra extensión de Joomla llamada *LazyDbBackup*. Esta extensión, además de ser gratuita y tener licencia GPL, realiza *backups* automáticos con la periodicidad que le indiquemos, además, si configuramos el correo, nos enviará un *email* con dicha copia de seguridad.

Partimos de *http://extensions.joomla.org/*. Nos dirigimos a la sección *Site Security* y, dentro de ésta, a *Backup* (copia de seguridad) (Figura 6.35).

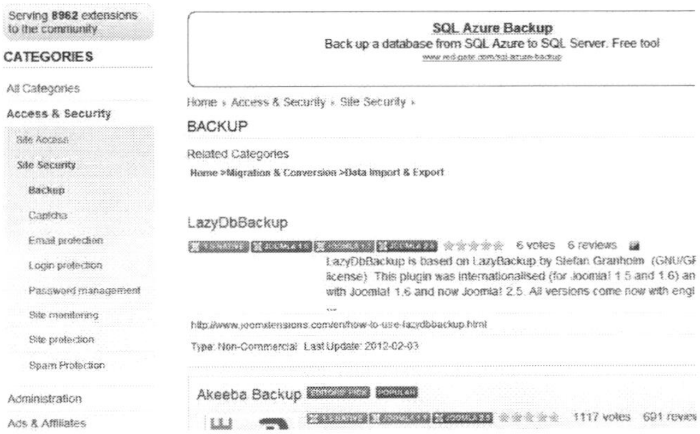

Figura 6.35. *extensions.joomla.org*

Seleccionamos **LazyDbBackup** (o el que más nos guste), lo descargamos y lo instalamos desde el Gestor de Extensiones (Figura 6.36).

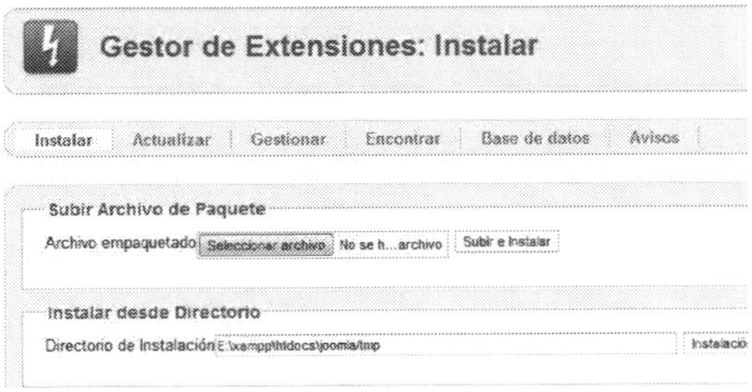

Figura 6.36. *Gestor de extensiones*

Una vez instalado nos vamos al **Gestor de Plugins** (Figura 6.37).

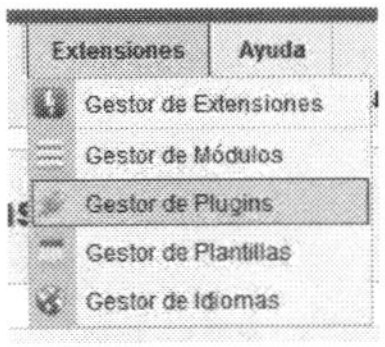

Figura 6.37. *Gestor de Plugins*

Dentro del **Gestor de Plugins** buscamos la extensión instalada **LazyDbBackup** (Figura 6.38).

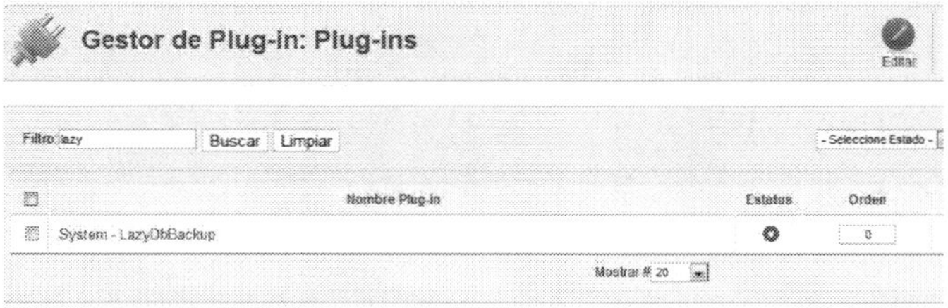

Figura 6.38. *LazyDbBackup*

Lo primero que debemos hacer es activarlo, ya que si no está activado no se realizará la copia de seguridad (Figura 6.39).

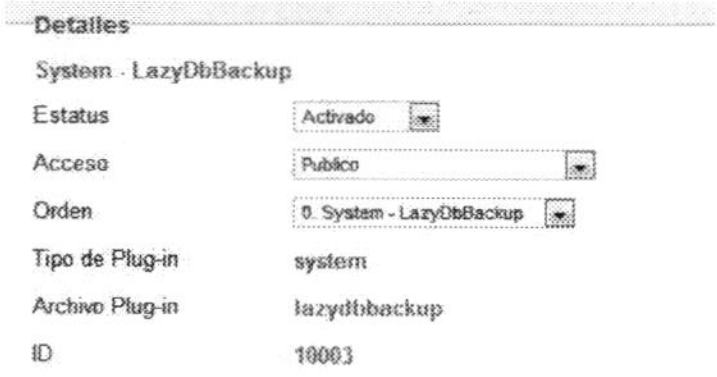

Figura 6.39. *Activar LazyDbBackup*

En la parte derecha aparece la configuración. En este apartado podemos configurar las tablas que hacer *backup*, la periodicidad de la copia, el *email* donde será enviada, etc. (Figura 6.40).

Figura 6.40. *Configuración de LazyDbBackup*

ACTIVIDADES 6.8

- Instale la extensión para copias de seguridad *LazyDbBackup* en su sistema. Programe las copias para que se hagan cada dos días y que se envíe un correo con la copia a su dirección de *email*.

6.2.9 IDIOMAS

Los paquetes de idiomas que tenemos instalados en nuestro Joomla aparecen en **Extensiones → Gestor de Idiomas** (Figura 6.41), en esta pantalla nos aparecerán los paquetes de idiomas que tenemos instalados en Joomla (Figura 6.42).

Figura 6.41. Extensiones → Gestor de Idiomas

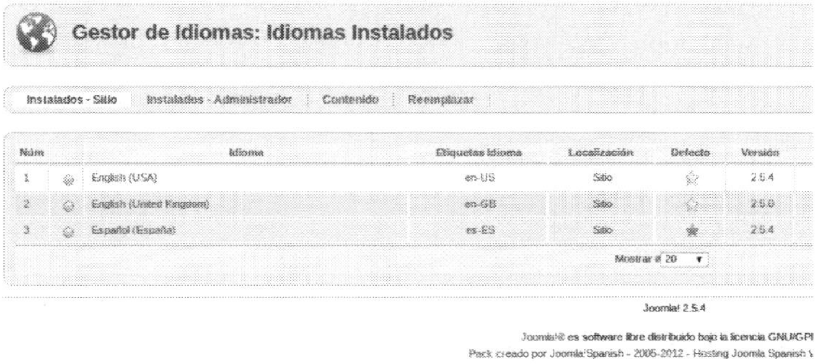

Figura 6.42. Gestor de Idiomas

Podemos instalar nuevos paquetes de idiomas desde la web *http://community.joomla.org/translations/joomla-16-translations.html* (Figura 6.43). En esta web nos aparecen los paquetes de idiomas, tan solo debemos seleccionar el paquete de idioma y la versión de nuestro Joomla (Figura 6.44).

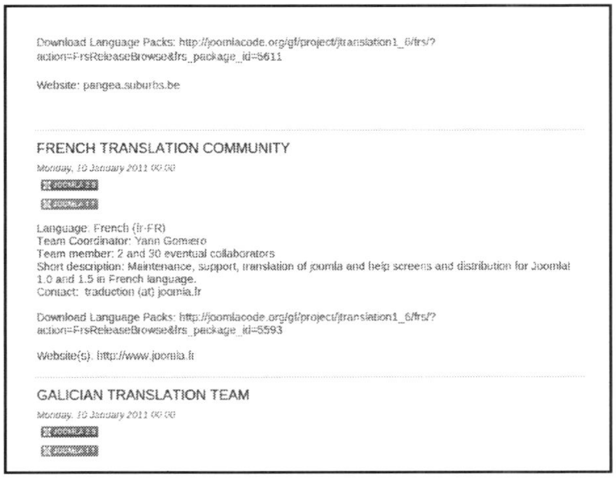

Figura 6.43. community.joomla.org/translations/joomla-16-translations.html

Figura 6.44. Seleccionamos archivo para descargar

Descargamos el fichero. Ahora nos vamos al **Gestor de Extensiones** (Figuras 6.45 y 6.46), seleccionamos el fichero de idioma descargado (Figura 6.47) y hacemos clic en **Subir e instalar**. El paquete de idioma se ha instalado correctamente (Figura 6.48). Ahora si nos vamos al **Gestor de Extensiones**, nos aparecerá el nuevo idioma instalado (Figura 6.49). Para cambiar el idioma actual por el nuevo, tan solo debemos marcar el nuevo idioma y hacer clic en **Defecto** (Figura 6.50).

Figura 6.45. Gestor de extensiones

Figura 6.46. Instalar extensión

Figura 6.47. Instalar paquete idioma

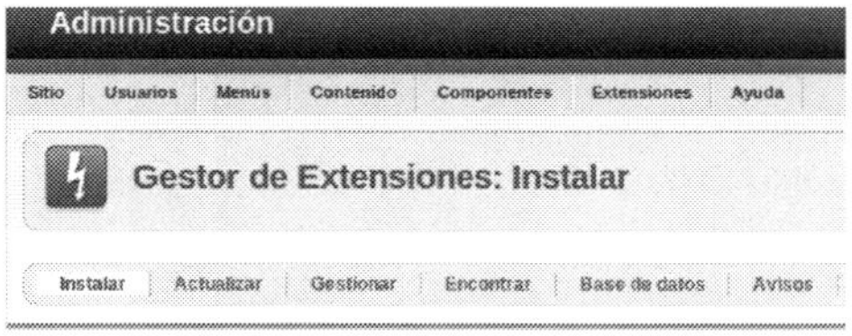

Figura 6.48. Paquete de idioma instalado

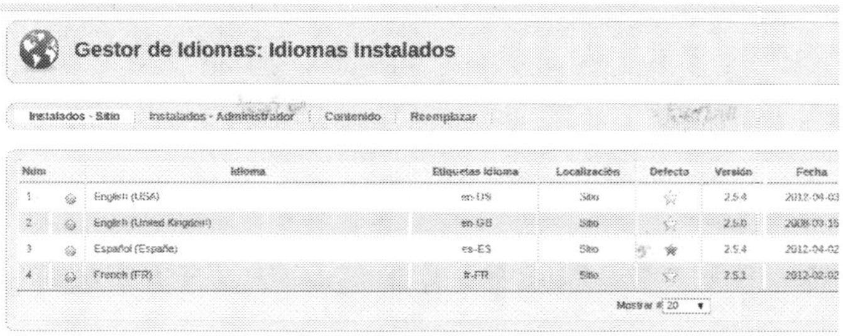

Figura 6.49. *Gestor de idiomas*

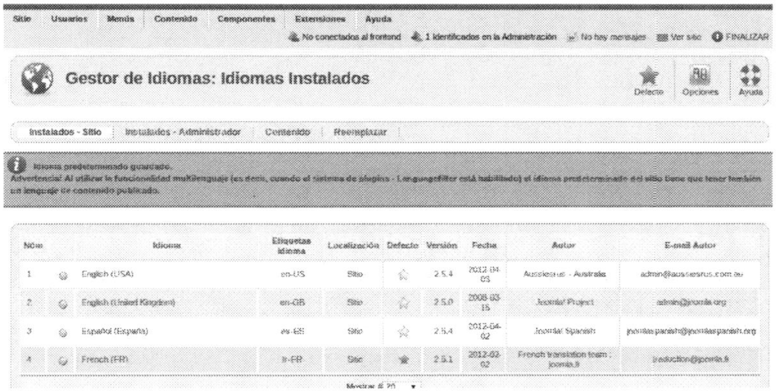

Figura 6.50. *Idioma por defecto*

RESUMEN DEL CAPÍTULO

En este segundo capítulo dedicado a Joomla nos hemos centrado en el funcionamiento del gestor de contenidos, en la creación de contenidos, es decir, en la creación de categorías y subcategorías, y en la creación y edición de artículos de contenido. La segunda parte de este capítulo se ha centrado sobre la administración: en primer lugar, nos centramos en tener actualizado nuestro Joomla para evitar problemas de seguridad y fallos detectados. En segundo lugar, la configuración de módulos. En tercer lugar, la configuración de menús. En cuarto lugar, los mecanismos de seguridad.

En la parte final del capítulo aparecen unos consejos para mejorar el rendimiento de nuestro sitio, se trata la sindicación de contenidos en Joomla, para terminar con las copias de seguridad y el soporte de idiomas.

EJERCICIOS PROPUESTOS

- **1.** ¿Por qué cree que es importante para la seguridad del sitio mantener actualizado Joomla?
- **2.** En la página web de extensiones de Joomla, *http://extensions.joomla.org/*, hay multitud de ellas, indique al menos tres que puedan ser de utilidad y para qué servirían.
- **3.** Busque en Internet algún complemento que se pueda instalar/agregar un foro a nuestro Joomla.
- **4.** ¿Es importante hacer copias de seguridad del contenido de Joomla? ¿Por qué?
- **5.** Hay otros gestores de contenidos similares a Joomla en funcionamiento y popularidad. Localizar al menos uno de ellos y comentar sus principales cualidades.

TEST DE CONOCIMIENTOS

1 Podemos publicar y despublicar artículos desde el gestor de:

a) Categorías.
b) Extensiones.
c) Artículos.
d) Menús.
e) Todas son ciertas.
f) Todas son falsas.

2 Podemos crear y eliminar categorías desde el gestor de:

a) Categorías.
b) Extensiones.
c) Artículos.
d) Menús.
e) Todas son ciertas.
f) Todas son falsas.

3 Podemos crear y eliminar menús desde el gestor de:

a) Categorías.
b) Extensiones.
c) Artículos.
d) Menús.
e) Todas son ciertas.
f) Todas son falsas.

4 Podemos crear y eliminar categorías desde el gestor de:

a) Categorías.
b) Extensiones.
c) Artículos.
d) Menús.
e) Todas son ciertas.
f) Todas son falsas.

5 Podemos instalar y desinstalar extensiones desde el gestor de:

a) Categorías.
b) Extensiones.
c) Artículos.
d) Menús.
e) Todas son ciertas.
f) Todas son falsas.

7 Gestores de aprendizaje a distancia: Moodle

OBJETIVOS DEL CAPÍTULO

- ✓ Definir qué es un Gestor de Aprendizaje a Distancia.
- ✓ Definir qué es Moodle y sus licencias de uso.
- ✓ Diferenciar los componentes de Moodle.
- ✓ Dar de alta cursos y conocer los elementos que pueden utilizarse para dotar de contenido a los mismos.
- ✓ Conocer los principales usuarios y papeles desarrollados.
- ✓ Conocer medidas de seguridad en Moodle.
- ✓ Realizar copias de seguridad de los datos.

7.1 DEFINICIÓN

Cadenas hoteleras, compañías aéreas, agencias de viajes e instituciones están incorporando de forma progresiva el uso del *e-learning* (podría traducirse por formación electrónica) como complemento a sus estrategias y procesos de formación presencial. La evolución y desarrollo del gestor de aprendizaje a distancia ha ido creciendo al mismo paso que Internet, ayudada por herramientas como el correo electrónico, foros, listas de distribución, etc.

Moodle es el más importante Gestor de Aprendizaje a distancia. Moodle es un Ambiente Educativo Virtual, sistema de gestión de cursos, de distribución libre, que ayuda a los educadores a crear comunidades de aprendizaje en línea. Este tipo de plataformas tecnológicas también se conocen como LMS (*Learning Management System*).

Moodle fue creado por Martin Dougiamas, quien fue administrador de WebCT en la Universidad Tecnológica de Curtin. Basó su diseño en las ideas del constructivismo en pedagogía que afirman que el conocimiento se construye en la mente del estudiante en lugar de ser transmitido sin cambios a partir de libros o enseñanzas y en el aprendizaje colaborativo. Un profesor que opera desde este punto de vista crea un ambiente centrado en el estudiante que le ayuda a construir ese conocimiento con base en sus habilidades y conocimientos propios, en lugar de simplemente publicar y transmitir la información que se considera que los estudiantes deben conocer.

La primera versión de la herramienta apareció el 13 de marzo de 1987. A partir de ahí han aparecido nuevas versiones de forma regular. Hasta julio de 2008, la base de usuarios registrados incluye más 21 millones, distribuidos en 46.000 sitios en todo el mundo y está traducido a, más o menos, 91 idiomas.

La palabra MOODLE son las iniciales de *Module Object-Oriented Dynamic Learning Environment* (Entorno Modular de Aprendizaje Dinámico Orientado a Objetos).

En términos de arquitectura, Moodle es una aplicación web que se ejecuta sin modificaciones en Unix, GNU/Linux, OpenSolaris, FreeBSD, Windows, Mac OS X, NetWare y otros sistemas que soportan PHP, incluyendo la mayoría de proveedores de alojamiento web.

Los datos se almacenan en una sola base de datos SQL. En Moodle 1.6 las únicas opciones eran MySQL y PostgreSQL. Desde la versión 1.7, publicada en noviembre de 2006, los instaladores pueden elegir entre diversos motores de bases de datos donde se incluyen los soportados por la versión 1.6, además de Oracle y Microsoft SQL Server.

7.2 LICENCIAS DE USO

El paquete de software Moodle está distribuido bajo los términos de la licencia GPL. Este programa es software libre; puede ser redistribuido y/o modificado bajo los términos de la Licencia Pública General GNU (*GNU General Public License*, o GPL).

La documentación de Moodle se proporciona bajo los mismos términos de la GPL que el software Moodle.

Moodle y la Documentación de Moodle son distribuidos con la esperanza de que sean útiles, pero **sin ninguna garantía**, es decir, el creador no garantiza el producto frente a fallos o problemas que pudieran derivarse del uso del mismo.

7.3 REQUERIMIENTOS DE FUNCIONAMIENTO

Moodle está desarrollado principalmente en GNU/Linux usando Apache, MySQL y PHP, aunque funciona con PostgreSQL y, en los sistemas operativos Windows (a partir del XP), MacOS X y Netware 6.

Los requerimientos de Moodle son los siguientes:

- **Un servidor web**. La mayoría de los usuarios usan Apache, pero Moodle debe funcionar bien en cualquier servidor web que soporte PHP, como el IIS (*Internet Information Server*) de las plataformas Windows.
- **Una instalación de PHP en funcionamiento** (versión 4.3.0 o posterior). PHP 5 está soportado a partir de Moodle 1 (tenga cuidado con PHP-Accelerator ya que se han detectado problemas con él). Moodle 2 necesita como mínimo la versión 5.2.8. Si se usa PHP 5.3 hay que asegurarse de que la versión es superior a la 5.3.2.
- **Una base de datos**. MySQL o PostgreSQL, que están completamente soportadas y recomendadas para su uso con Moodle.

La mayoría de los servicios de alojamiento web (*hosting*) soportan todo esto por defecto. Si ha contratado los servicios de alguno de los pocos de alojamiento web que no soportan estas características, pregúnteles por qué no lo hacen y considere la posibilidad de trasladar su sistema a otro sitio.

7.4 INSTALACIÓN

Existen dos formas de obtener Moodle: como un paquete comprimido y a través de CVS. Tras descargar y descomprimir el archivo, o actualizar los archivos vía CVS, tendrá un directorio llamado **moodle** que contiene varios archivos y carpetas.

Puede colocar la carpeta completa en el directorio de documentos de su servidor web, en cuyo caso el sitio estará localizado en: *http://servidor/moodle.*

Moodle detectará la configuración necesaria y le guiará a través de algunas pantallas para ayudarle a crear el archivo de configuración llamado **config.php**. Al final del proceso, Moodle intentará escribir el archivo en el lugar apropiado, pero si esto no fuera posible puede presionar un enlace que nos aparece para descargarlo en nuestro ordenador desde el instalador y después subirlo al directorio principal de Moodle en el servidor.

Al mismo tiempo, el instalador comprobará las características de su servidor y le sugerirá cómo resolver cualquier problema.

PRÁCTICA 7.1

Descarga de Moodle

Nos dirigimos a la página web de Moodle: *http://moodle.org/?lang=es_es*. Dentro de esta página web nos vamos a la sección **Descargas** (Figura 7.2).

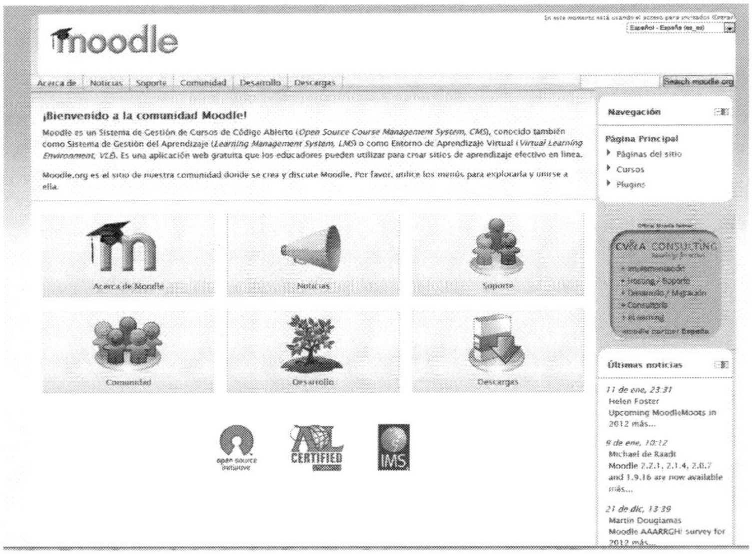

Figura 7.1. *Web de Moodle*

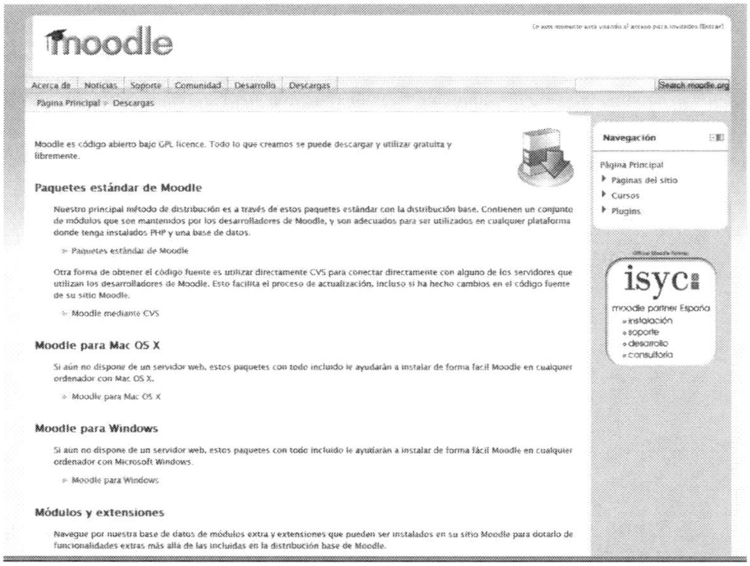

Figura 7.2. *Descargas*

Descargaremos el paquete estándar de Moodle (Figura 7.3). Dentro de la última versión estable, podemos elegir en formato *.tgz* o *.zip* (dependiendo del sistema operativo donde vayamos a instalarlo). En nuestro caso hemos elegido *.zip* pues lo vamos a instalar en Windows (Figura 7.4).

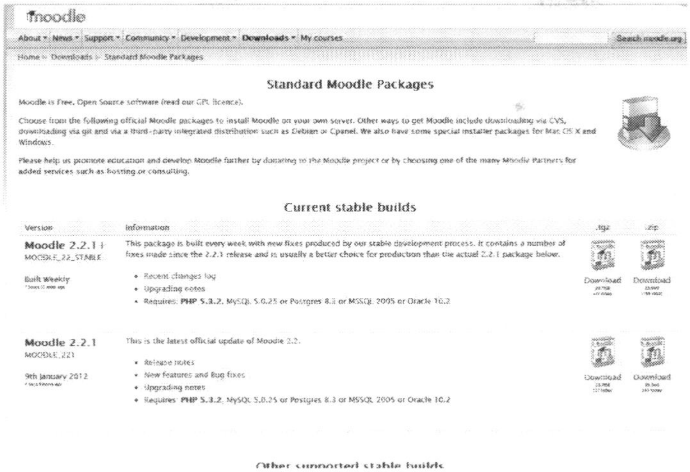

Figura 7.3. *Standard Module Packages*

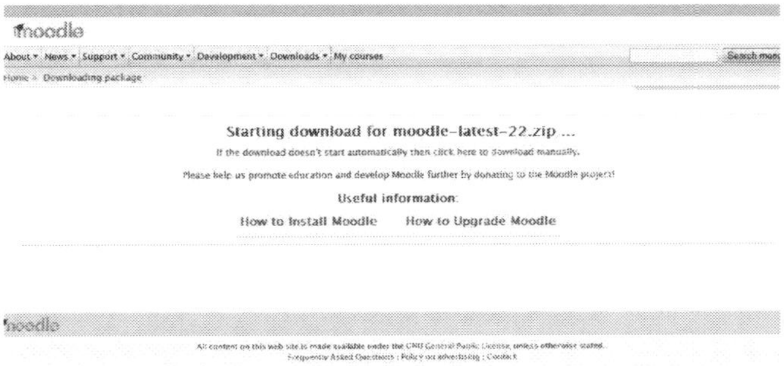

Figura 7.4. *Starting download*

Esperamos a que aparezca el diálogo de descarga y descargamos el archivo. Una vez descargado, descomprimimos el contenido del archivo descargado en la raíz de nuestro servidor web, en nuestro caso, en la carpeta **htdocs** de **xampp**.

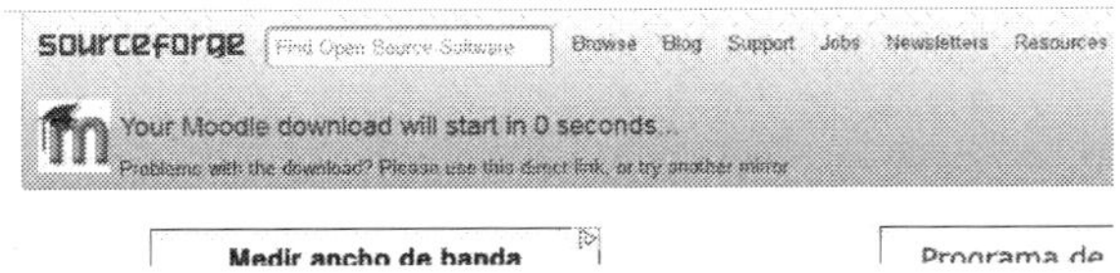

Figura 7.5. *Descarga*

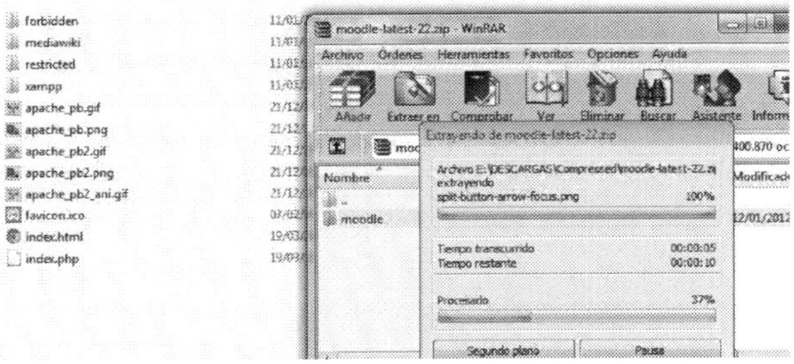

Figura 7.6. *Descomprimir en htdocs*

ACTIVIDADES 7.1

- Descargue, descomprima, en una carpeta llamada *Moodle*, y copie en su servidor la última versión de Moodle que encuentre en la Web. Realice capturas de todo el proceso.

PRÁCTICA 7.2

Instalación de Moodle en nuestro servidor. Partimos de: *http://miservidor/moodle*

En primer lugar debemos elegir el idioma, tanto de instalación como de uso de nuestro sitio Moodle (Figura 7.7).

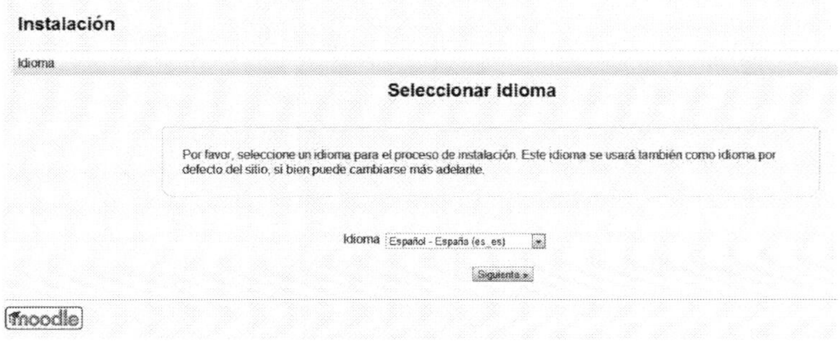

Figura 7.7. Seleccionar idioma

En la siguiente pantalla debemos confirmar los directorios de instalación, tanto la dirección web a utilizar como el directorio de Moodle y el de datos.

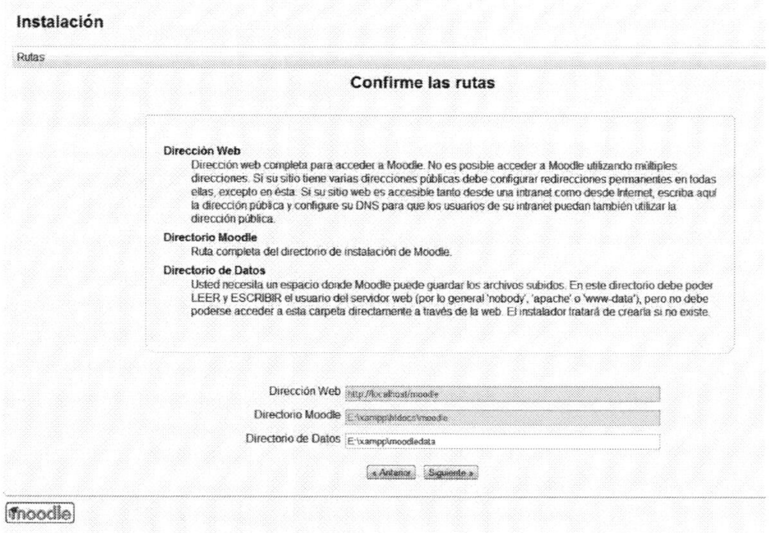

Figura 7.8. Confirme las rutas

En la siguiente pantalla debemos seleccionar el controlador de la base de datos, por defecto el sistema utilizará MySQLi (que es un MySQL mejorado) (Figura 7.9).

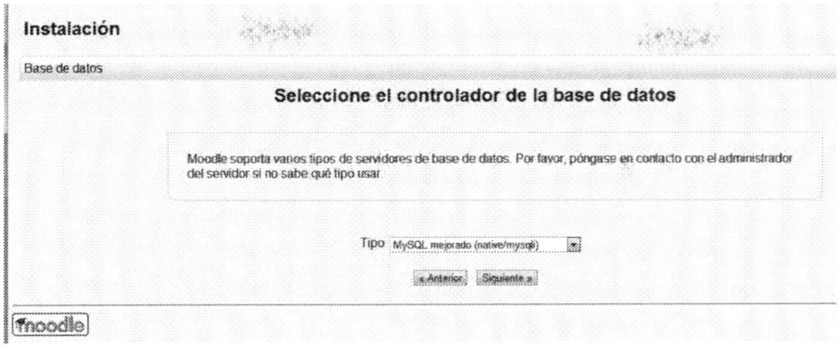

Figura 7.9. *Controlador de la BD*

Después de hacer clics en **Siguiente** nos aparecerán los ajustes de la base de datos, aquí debemos introducir la dirección del servidor, nombre de usuario, contraseña y demás datos para configurar nuestra base de datos (Figura 7.10).

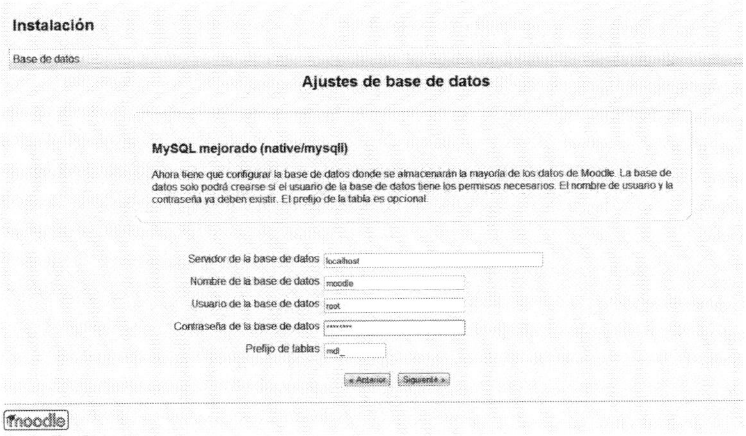

Figura 7.10. *Ajustes del servidor BD*

Tras esto nos aparecerá la pantalla con la licencia de Moodle. Una vez hemos leído y comprendido los términos de la licencia hacemos clic sobre **Continuar** (Figura 7.11).

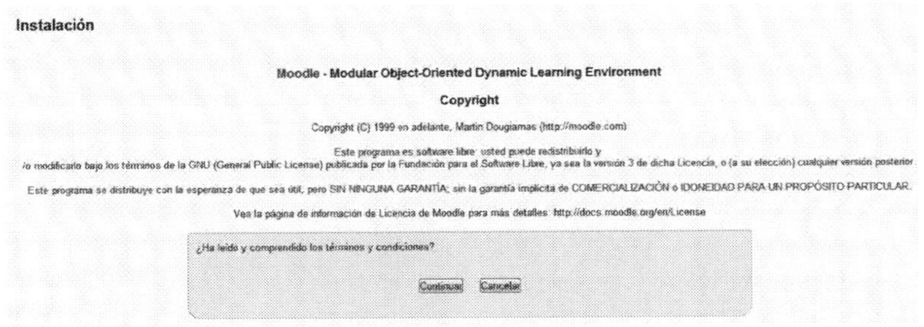

Figura 7.11. *Licencia*

En la siguiente pantalla se realizarán las comprobaciones del servidor donde vamos a instalar Moodle (Figura 7.12).

Figura 7.12. Comprobación del servidor

Si el paso anterior se ha efectuado con éxito se inicia la instalación de archivos de Moodle en nuestro servidor. Este proceso puede tardar un tiempo, tenga paciencia (Figuras 7.13 y 7.14).

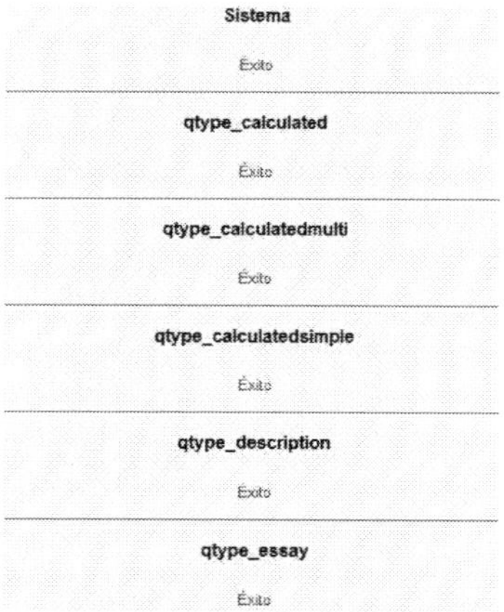

Figura 7.13. Instalación de archivos

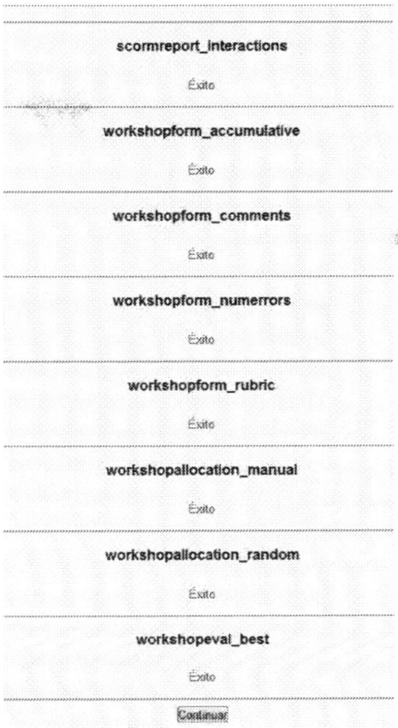

Figura 7.14. *Instalación de archivos*

Llegamos a la página de creación del usuario administrador del sitio Moodle, en la que debemos rellenar una serie de datos relacionados con este usuario (Figuras 7.15 y 7.16).

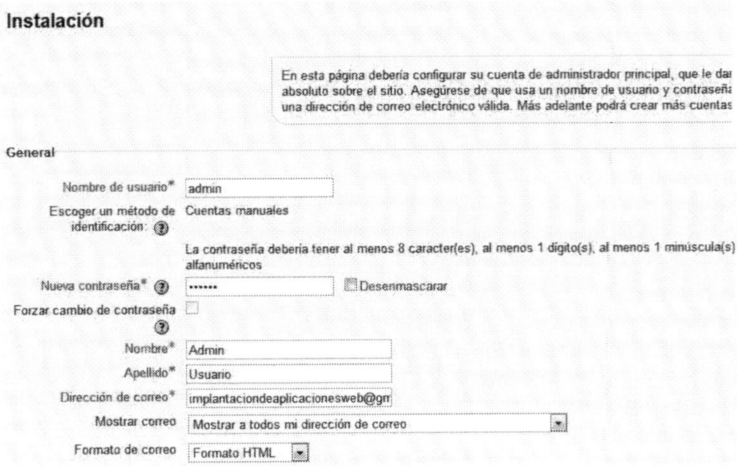

Figura 7.15. *Cuenta administrador*

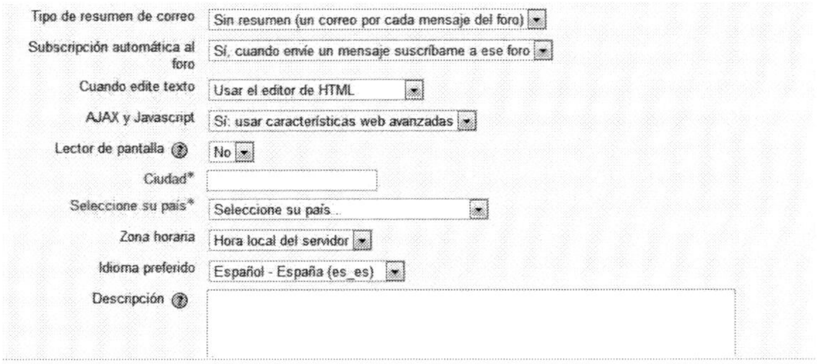

Figura 7.16. Cuenta administrador

Una vez hemos completado los datos del administrador, debemos rellenar los ajustes de la página principal del sitio (Figura 7.17).

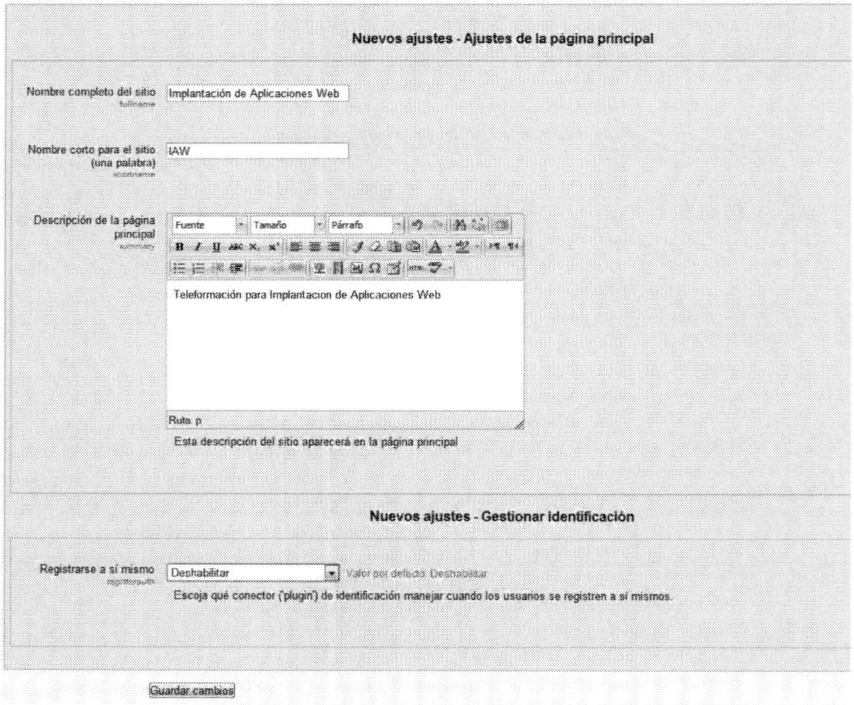

Figura 7.17. Página principal de Moodle

Después de haber insertado estos datos y haciendo clic sobre **Guardar cambios** nos aparecerá una pantalla donde podemos crear cursos nuevos para nuestro gestor (Figura 7.18).

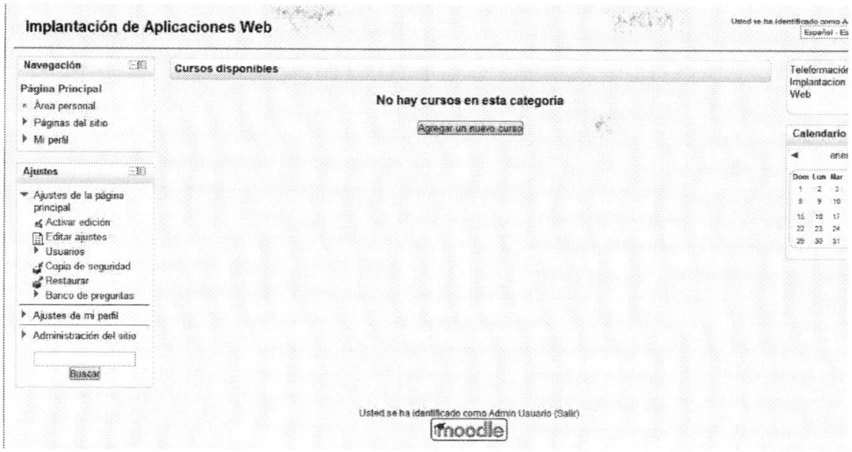

Figura 7.18. Crear cursos de Moodle

Si hacemos clic sobre el botón **Agregar un curso nuevo** nos aparecerá una nueva pantalla donde tendremos que rellenar los datos oportunos del nuevo curso (Figura 7.19).

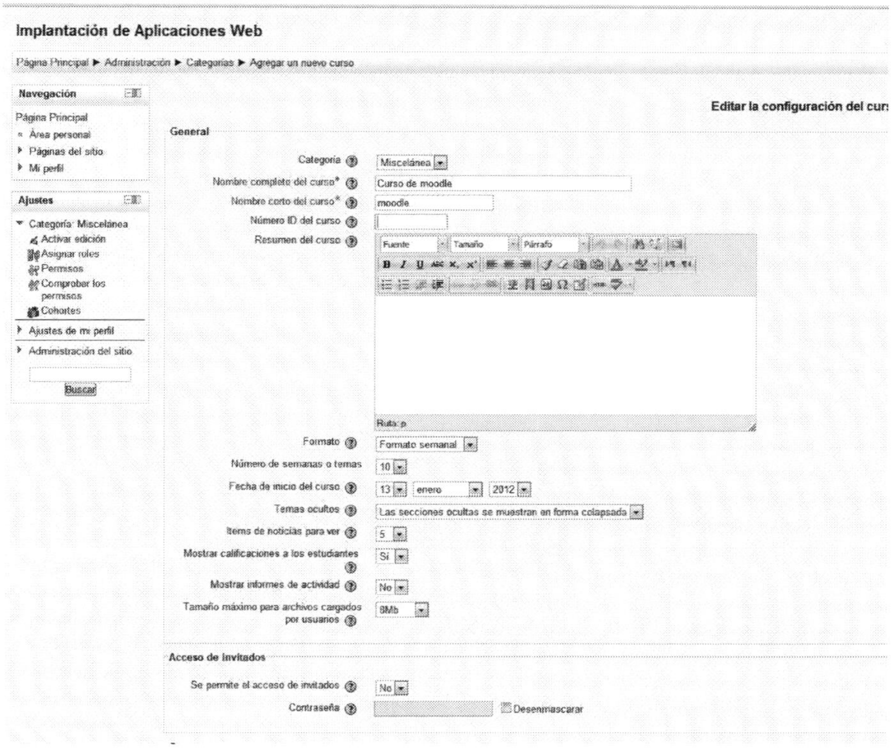

Figura 7.19. Instalación de Moodle

Una vez completados estos datos, ya tenemos nuestro curso creado, automáticamente nos llevará dentro del curso a la sección **Usuarios** para que procedamos al alta de usuarios en este nuevo curso (Figura 7.20).

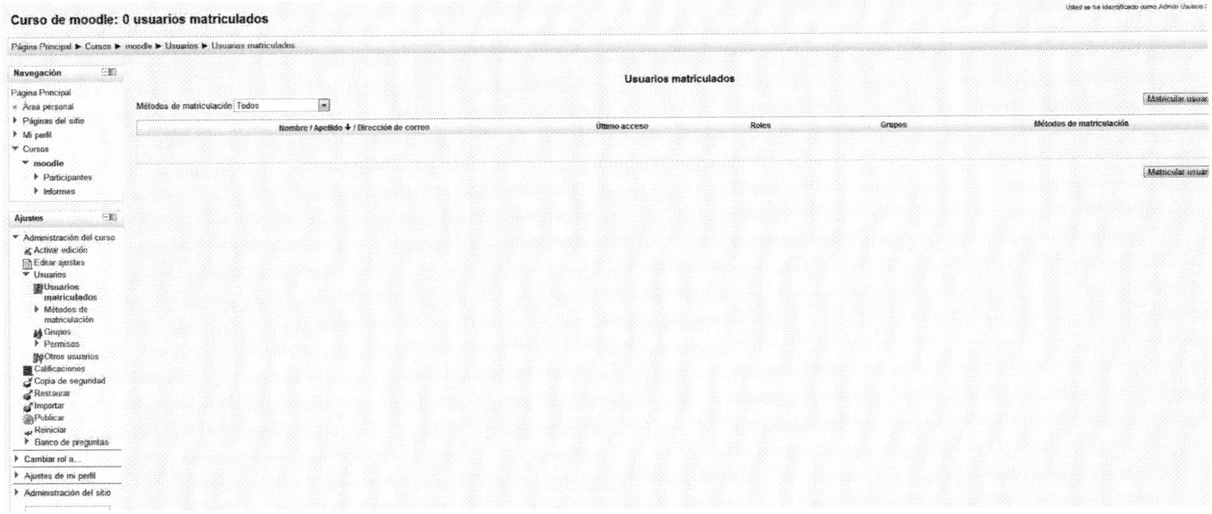

Figura 7.20. *Curso en Moodle*

En nuestro caso, como solo disponemos de un usuario (el administrador), lo matriculamos con privilegios de administrador (valga la redundancia) del curso recién creado (Figura 7.21).

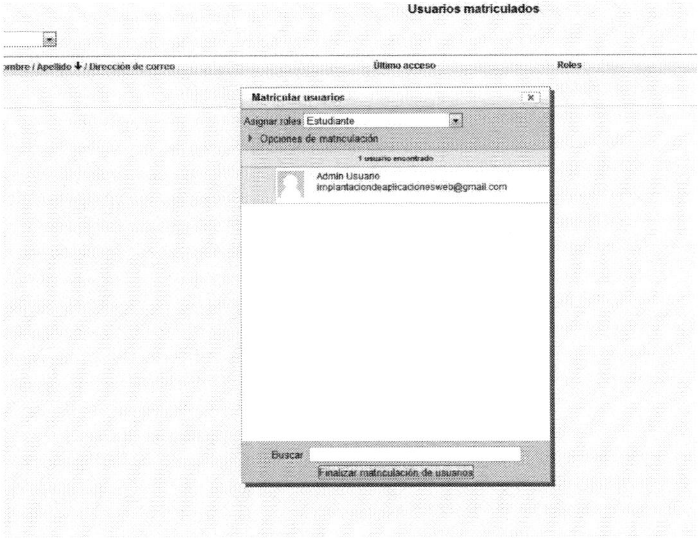

Figura 7.21. *Matriculación en Moodle*

Finalizamos la matriculación de alumnos. Después podremos matricular a los usuarios que queramos, y entraremos dentro del curso creado anteriormente (Figura 7.22).

Figura 7.22. Matriculación de alumnos

ACTIVIDADES 7.2

- Instale en su servidor web la versión de Moodle que ha descargado en las Actividades 7.1. Durante la instalación, cuando pida el nombre del sitio, ponerle el nombre del alumno/a. Hacer capturas de todo el proceso.

7.5 CÓMO CREAR UN CURSO

Para poder crear un curso debemos estar identificados como un usuario con condición de creador de cursos o administrador, ir a la página principal del sitio.

- Hacer clic en **Cursos** desde el menú **Administración** del sitio (Figura 7.23).

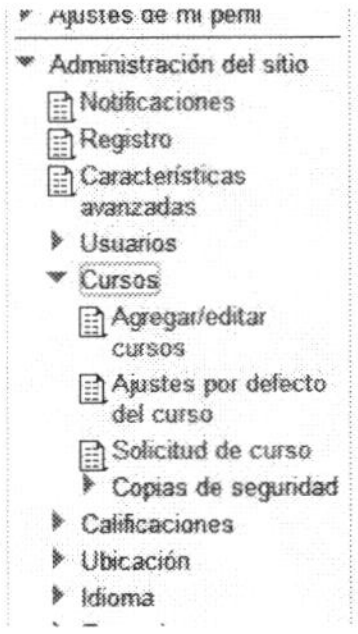

Figura 7.23. Administración del sitio, Cursos

- Hacer clic en el botón **Agregar/editar cursos** y, a continuación, **Agregar un nuevo curso** (Figura 7.24).

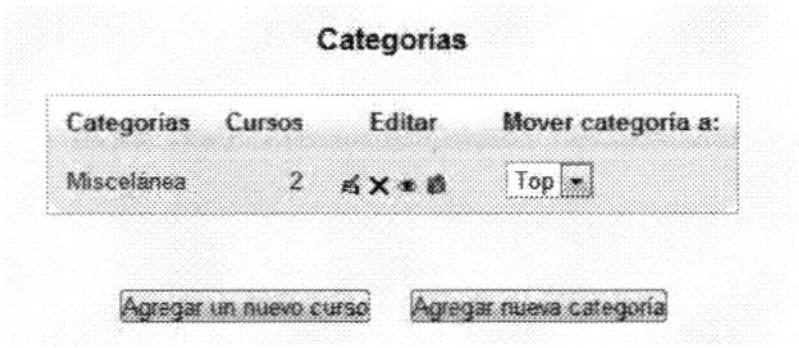

Figura 7.24. *Agregar un nuevo curso*

- Nos mostrará un formulario bastante extenso. Rellene los diferentes campos y use los botones de ayuda si los necesita. Recuerde que siempre puede volver a editarlo y que las opciones por defecto suelen servir para la mayoría de los casos (Figura 7.25).

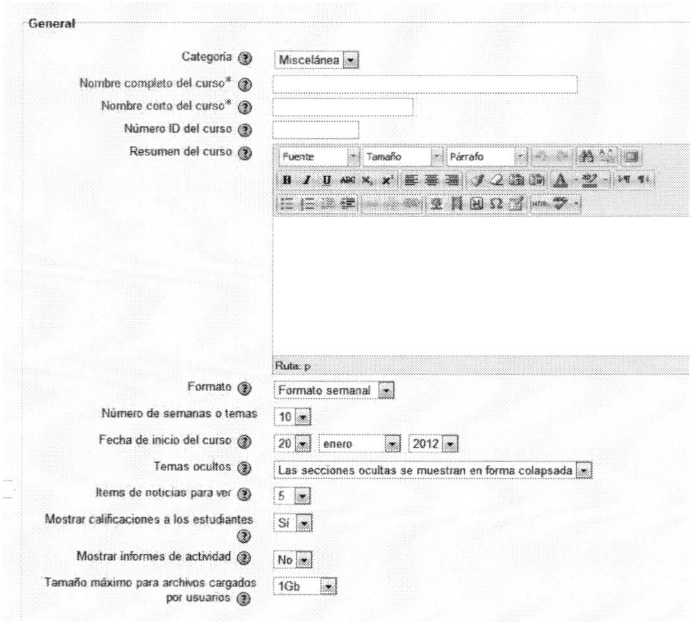

Figura 7.25. *Nuevo curso*

- Pulsar en **Guardar cambios** y aparecerá el nuevo curso en la página del sitio (Figura 7.26).

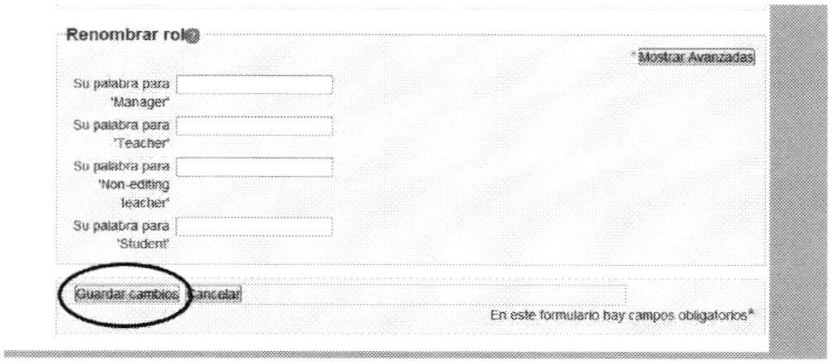

Figura 7.26. *Guardar cambios*

Sugerencias:

- Debe conocer la opción **Grupos** si desea crear varios cursos con contenidos semejantes, pero con grupos de alumnos diferentes. Dicha opción hace más fácil mantener un único curso actualizado.
- El nombre corto del curso se envía en el asunto de cada mensaje automático y debe ser identificativo si los alumnos suelen estar inscritos en más de un curso.

ACTIVIDADES 7.3

- Crear un curso llamado *Implantación de Aplicaciones Web*. Hacer capturas de todo el proceso.

7.6 ESTRUCTURA

Los cursos en Moodle se estructuran mediante un bloque central, que suele contener la lista de temas del curso (o una lista de semanas), y dos columnas laterales que contienen otros bloques opcionales. Para cada tema o semana se especifican una serie de actividades y recursos. Los tipos disponibles son los siguientes:

7.6.1 FOROS

Los foros en Moodle tienen una importancia particular, ya que su filosofía se basa en la teoría del constructivismo social y es ahí donde se desarrolla ese concepto, en el seno Moodle. Para ello y por ello, se tienen varios tipos de foros, cada uno con un objetivo bien definido. Así tenemos:

- **Foros de debate sencillo**: simplemente un intercambio de ideas sobre un solo tema, todo en una página, respondiendo a un único planteamiento inicial. Útil para debates cortos y muy concretos.
- **Foro Normal**, **para uso general**: foro abierto donde cualquiera puede empezar un nuevo tema de debate cuando quiera. Este es el foro más adecuado para uso general.
- **Foro Un debate por persona**: cada persona puede plantear un nuevo tema de debate (y todos pueden responder). Esta modalidad es útil cuando quiera que cada alumno o miembro del grupo empiece una discusión sobre, digamos, sus conclusiones sobre el tema de la semana, y que todos los demás le respondan.

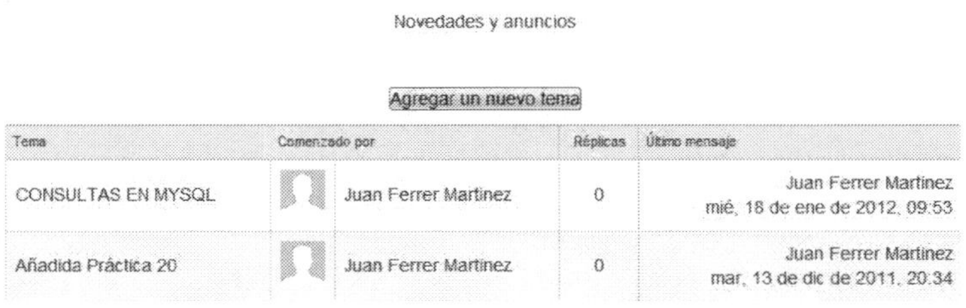
Novedades y anuncios

Agregar un nuevo tema

Tema	Comenzado por	Réplicas	Último mensaje
CONSULTAS EN MYSQL	Juan Ferrer Martinez	0	Juan Ferrer Martinez mié, 18 de ene de 2012, 09:53
Añadida Práctica 20	Juan Ferrer Martinez	0	Juan Ferrer Martinez mar, 13 de dic de 2011, 20:34

Figura 7.27. *Foros*

En cualquiera de los casos, el enviar nuevos temas o respuestas podría estar restringido por la configuración del foro, aunque no es lo común. Al acceder a cualquier foro, si ya han sido creados temas, podrá ver y revisar incluso las posibles respuestas que ya se hayan añadido, justo debajo de la descripción del foro, en la parte superior de la página.

Si el foro es de tipo *Normal* o del tipo *Un debate por persona* y aún no ha sido inaugurado, encontrará el enlace Añadir un nuevo tema de debate, mediante el cual podrá agregar un nuevo mensaje en el foro.

Si el foro ya tiene temas abiertos y entra en alguno de ellos, podrá ver el enlace *Responder* dentro de las entradas de los que ya han participado en el foro (incluyendo las suyas).

Ambos enlaces, al hacer clic sobre ellos, le llevarán a una nueva pantalla donde se le pedirá que introduzca un título (automático si está respondiendo a un tema) y el mensaje. Así mismo, debajo del mensaje que piensa agregar al foro, encontrará una serie de botones que le ayudarán a configurar su mensaje.

- **Suscripción**: desde aquí indicará al sistema si desea o no hacerle seguimiento a esa discusión. Hacerle seguimiento quiere decir recibir un correo cada vez que un mensaje sea agregado a ese tema. Esto puede ser de gran utilidad, pues si planteamos alguna cuestión en el foro, no tendremos que asomarnos periódicamente para comprobar si hemos sido respondidos, pues recibiremos un mensaje de correo electrónico en el momento en el que se produzca esta circunstancia.

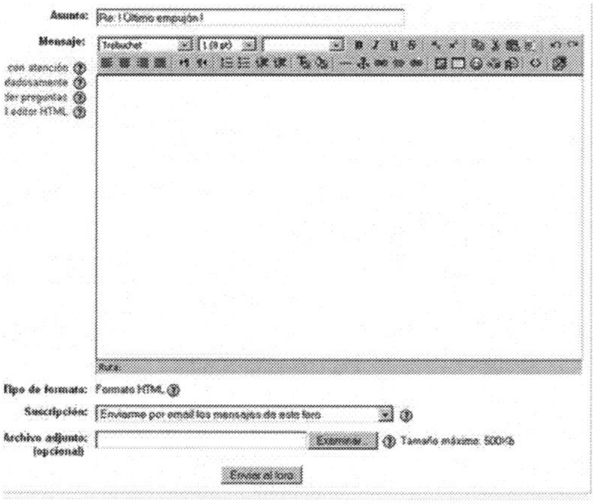

Figura 7.28. *Suscripción*

- **Archivo adjunto**: opcionalmente tiene la posibilidad de subir al servidor un archivo local de su disco duro, adjuntado a su mensaje para que los demás puedan verlo. Solo debe presionar el botón **Examinar**, buscarlo en su disco duro y listo.

A continuación de que haya escrito y configurado su mensaje solo debe hacer clic sobre el botón **Enviar al Foro** (Figura 7.28), con lo que el mensaje será agregado como respuesta o como tema al foro.

A partir de ese momento, tendrá un período de tiempo determinado, configurado por el administrador de Moodle, para hacer cualquier cambio a su mensaje. Pasado este tiempo no podrá modificarlo y el sistema enviará un correo a todos los estudiantes que están haciéndole seguimiento al tema en cuestión.

De igual forma, en cualquier momento puede eliminar sus propias entradas al foro haciendo clic sobre el botón Borrar que aparece en todos los mensajes que haya colocado.

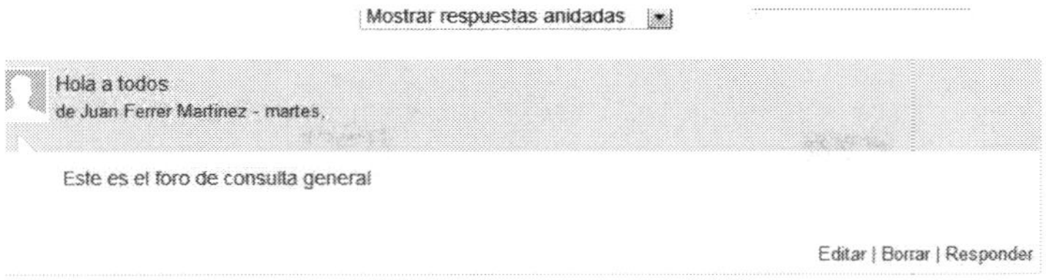

Figura 7.29. *Editar, Borrar entrada en el foro*

Los foros son evaluables, en efecto, dependiendo de la configuración del foro, los mensajes que se dejen en él podrían estar siendo evaluados por el tutor del curso. Así mismo, según la configuración, el alumno/a podría o no ver sus notas o las calificaciones de los demás. La escala de evaluación también puede variar de un curso a otro.

ACTIVIDADES 7.4

- Acceda al foro *Novedades* de su curso creado en las Actividades 7.3 y deje un mensaje en dicho foro. Haga capturas de todo el proceso.

7.6.2 DIARIOS

Este módulo es muy importante para la actividad reflexiva. El profesor propone a los alumnos/as reflexionar sobre diferentes temas y los estudiantes pueden responder y modificar sus respuestas a través del tiempo. La respuesta es privada y solo puede ser vista por el profesor, quien puede responder y calificar cada vez que quiera.

7.6.3 APUNTES, MATERIALES O RECURSOS

Los recursos son elementos que contienen información que puede ser leída, vista, bajada de la Red o usada de alguna forma para extraer información de ella.

Las actividades son elementos que te piden que hagas algún trabajo basado en los recursos que has utilizado. Algunos recursos son:

- Páginas de texto plano.
- Fragmentos HTML.
- Archivos cargados en el servidor.
- Enlaces web.
- Páginas web.

ACTIVIDADES 7.5

- Añada tres apuntes a su curso. El primero será un documento PDF que subiremos a la plataforma, el segundo será un enlace web y el tercero será una página de texto. Haga capturas de todo el proceso.

7.6.4 TAREAS

Las tareas permiten a los profesores asignar actividades a los estudiantes, que consisten en preparar contenidos digitales (de cualquier tipo) que el alumno podrá subir al curso. Las tareas típicas son ensayos, monografías, redacciones, etc. El profesor puede calificar estas tareas y usarlas como parte de la calificación del curso.

Un profesor/a puede, mediante Moodle, solicitar a un alumno/a la realización de una tarea que tendrá que desarrollar. El resultado de la misma, normalmente, consistirá en la creación de un archivo en formato digital (documento de procesador, imagen, sonido, etc.) que el alumno/a podrá "subir" al curso mediante un formulario para su corrección.

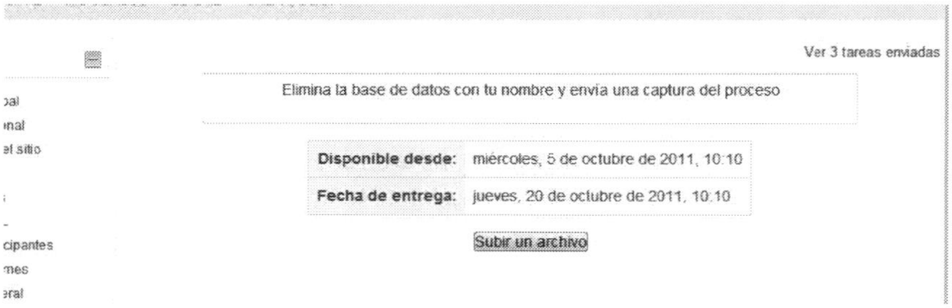

Figura 7.30. *Tareas*

También es posible proponer a los alumnos/as una tarea que no implique la subida de un archivo, pero que sí lleve asociada una calificación.

Se ha incorporado la posibilidad de que el trabajo que tenga que escribir el alumno/a lo haga en una ventana que se habilite al efecto.

En todos los casos el profesor o tutor podrá, además de calificar la tarea, realizar algún comentario al respecto.

Una vez enviado el trabajo, aparece una pantalla como la de la Figura 7.31, en la cual puede reenviar la tarea sustituyendo la versión anterior, siempre y cuando se haya configurado para ello.

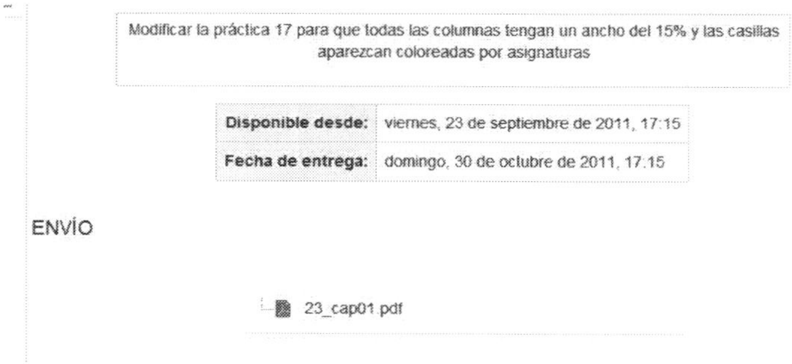

Figura 7.31. *Envío de tarea*

Una vez que el profesor haya evaluado la tarea, podrá ver la calificación, como puede verse en la Figura 7.32.

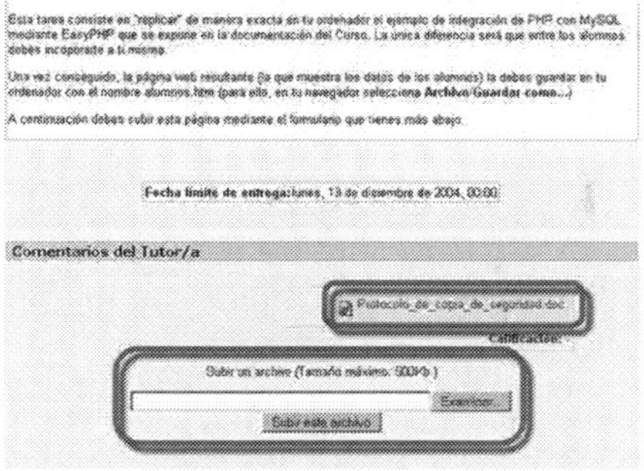

Figura 7.32. *Calificación*

ACTIVIDADES 7.6

- Añada dos tareas a su curso. La primera consistirá en subir un solo archivo a la plataforma, la segunda será una tarea de texto en línea.

7.6.5 CUESTIONARIOS

Este módulo permite que el profesor diseñe y plantee cuestionarios. Estos cuestionarios pueden ser: opción múltiple, falso/verdadero y respuestas cortas. Los cuestionarios pueden permitir múltiples intentos. Cada intento se corrige automáticamente y cuando vuelvas a entrar en el cuestionario verás cómo han ido cambiando tus resultados en los sucesivos intentos. El profesor puede decidir si mostrar la calificación y/o las respuestas correctas a los alumnos una vez concluido el cuestionario. Además, tiene la posibilidad de usarse como parte de la calificación del curso.

Una vez pulsado sobre el enlace correspondiente, el sistema nos mostrará la siguiente pantalla (Figura 7.33):

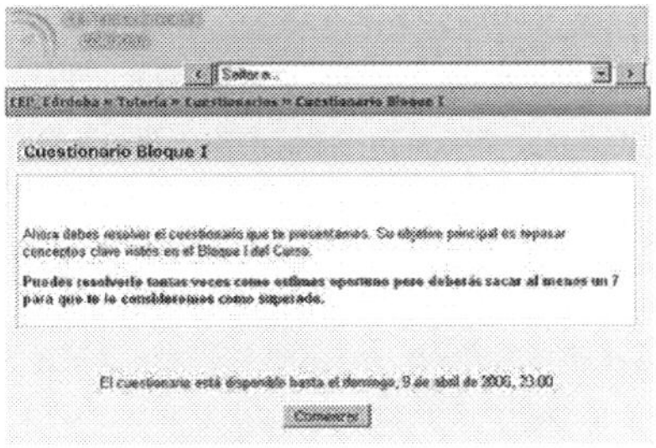

Figura 7.33. *Cuestionarios*

Si existieran intentos anteriores, estos figuran en la pantalla con el tiempo consumido y la fecha de realización.

Para comenzar a responder el cuestionario debemos presionar el botón **Comenzar**. Los tipos de preguntas que se pueden presentar en un cuestionario son los siguientes:

- **Opción múltiple**: Moodle ofrece una gran flexibilidad al crear este tipo de pregunta común. Puede crear preguntas de respuesta simple y múltiple, presentar imágenes en la pregunta y ponderar respuestas individuales. Hay dos tipos de preguntas de elección múltiple: de una respuesta y de múltiples respuestas.
- **Preguntas de respuesta única**: estas preguntas permiten una y solo una respuesta proporcionando botones de elección al lado de las respuestas. Detallará puntuaciones no negativas para cada respuesta, generalmente una puntuación de cero para las respuestas erróneas, puntuaciones máximas para las respuestas correctas y puntuaciones parciales para respuestas parcialmente correctas.
- **Preguntas de respuesta múltiple**: estas preguntas permiten seleccionar una o más respuestas por medio de casillas de verificación. Cada contestación puede tener una puntuación positiva o negativa, lo que implica que seleccionar todas las opciones no necesariamente supone una buena puntuación. Si la puntuación total es negativa, entonces la puntuación resultante para esta pregunta será cero. Atención: es posible crear preguntas que tengan una puntuación mayor que el 100%.
- **Respuesta corta**: en respuesta a una pregunta (la cual puede incluir una imagen) el alumno/a escribe una palabra o frase corta. Puede haber varias respuestas correctas posibles, cada una con una puntuación diferente. Si selecciona la opción **Sensible a las mayúsculas**, podrá tener puntuaciones diferentes para "Palabra" o "palabra". Las respuestas se comparan exactamente, así que hay que tener cuidado con la ortografía.
- **Numérica**: desde el punto de vista de un alumno/a, una pregunta numérica es muy semejante a una pregunta de respuesta corta. La diferencia es que la pregunta numérica es un número y permite un margen de error. Esto permite habilitar un rango continuo de posibles respuestas acertadas. Por ejemplo, si la respuesta es 30 con un error de 5, entonces cualquier número entre 25 y 35 se aceptará como correcto.
- **Emparejamiento**: después de una introducción (opcional), se presenta una lista de preguntas junto con una lista de respuestas. El alumno/a debe seleccionar la respuesta correcta que corresponda a cada pregunta de la lista. El alumno/a debe seleccionar una respuesta que corresponda a cada subpregunta. Cada subpregunta es ponderada por igual para conseguir la puntuación total de la pregunta completa. Nota: las preguntas de emparejamiento no permiten comentarios (*feedback*).
- **Preguntas incrustadas** (Cloze): las preguntas incrustadas (Cloze) consisten en un texto que puede integrar (en formato Moodle) varias preguntas incrustadas de tipo opción múltiple, preguntas cortas y numéricas. Actualmente no disponemos de una interfaz gráfica para crear este tipo de preguntas, de modo que es preciso especificar el formato de la pregunta usando la caja de texto, o bien importarlas desde archivos externos.
- **Preguntas tipo ensayo**: en contestación a una pregunta (que puede incluir una imagen) el alumno/a escribe una respuesta en formato ensayo. Pueden editarse tres campos cuando se crea una pregunta de ensayo: el título de la pregunta, el cuerpo de la pregunta, y el comentario (*feedback*) que puede mostrarse en un momento elegido por el facilitador. Las preguntas tipo ensayo no son calificadas en tanto no hayan sido revisadas por un profesor o facilitador por medio del uso de la opción Calificación Manual. Cuando se califica manualmente una pregunta de ensayo, el calificador podrá escribir un comentario personalizado en respuesta al ensayo del alumno y podrá así mismo asignar una puntuación al ensayo.
- **Aleatoria**: nos permite seleccionar un número de preguntas que serán aleatoriamente seleccionadas cada vez que un estudiante intenta responder el examen.
- **Emparejamiento de respuesta corta aleatoria**: desde la perspectiva del alumno/a, equivale a una pregunta de emparejamiento. La diferencia es que las subpreguntas se extraen aleatoriamente del conjunto de preguntas de respuesta corta en la categoría actual. Después de una introducción opcional, se le presentan al alumno/a

varias subpreguntas y varias respuestas mezcladas. Hay una respuesta correcta para cada pregunta. El alumno/a debe seleccionar una respuesta que corresponda con cada subpregunta. Cada sub-pregunta es ponderada por igual para conseguir la puntuación total de la pregunta completa. Las preguntas y respuestas se extraen aleatoriamente de la pila de Preguntas Cortas en la categoría actual. Cada intento de resolver un cuestionario tendrá diferentes preguntas y respuestas.

- **Descripción**: este formato no es una pregunta en sentido estricto. Se limita a mostrar un texto (y si lo desea algún gráfico) sin necesidad de responder. Puede ser útil, por ejemplo, para dar información previa antes de un grupo de preguntas.
- **Calculadas**: las preguntas calculadas ofrecen una forma de crear preguntas numéricas individuales por medio del uso de tarjetas que son sustituidas por los valores individuales cuando se responde el cuestionario.
- **Tipos de preguntas no estándar**: además de los tipos de preguntas descritas arriba que forman parte de la distribución esencial de Moodle, se pueden añadir, como *plugins*, otros tipos de preguntas desarrolladas por la comunidad.
- **Rendered Matching** (rellene los blancos): es el popular formato donde se le presenta al estudiante un texto donde faltan algunas palabras las cuales debe rellenar. En Moodle, dichos "espacios en blanco" pueden requerir que introduzca una respuesta corta, una numérica o que realice una selección múltiple.

ACTIVIDADES 7.7

- Añada un cuestionario a su curso, como mínimo el cuestionario deberá tener cinco preguntas y ser de tipos diferentes (numéricas, respuesta corta, etc.). Hacer capturas de todo el proceso.

7.6.6 CONSULTAS

Las consultas son muy sencillas: el profesor hace una pregunta y determina ciertas opciones, de las cuales los alumnos/as elegirán una. Es útil para conocer rápidamente el sentimiento del grupo sobre algún tema, para permitir algún tipo de elecciones del grupo o para efectos de investigación.

Para participar haga clic sobre la actividad y será llevado a una página de consulta. En la parte superior tiene la descripción colocada por el profesor mientras que en la parte inferior tiene las opciones que puede elegir.

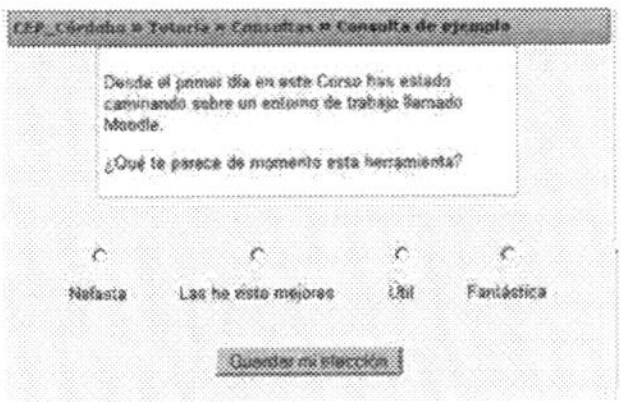

Figura 7.34. *Consulta de ejemplo*

Simplemente seleccione la opción que crea pertinente y presione el botón **Guardar mi elección**, con lo que su voto será guardado. La próxima vez que entre, dependiendo de la configuración de la consulta, es posible que vea un gráfico de barras mostrando las votaciones hasta ese momento (con la posibilidad de ver a quién pertenece cada voto también según configuración) o bien podrá ver cuál fue su respuesta.

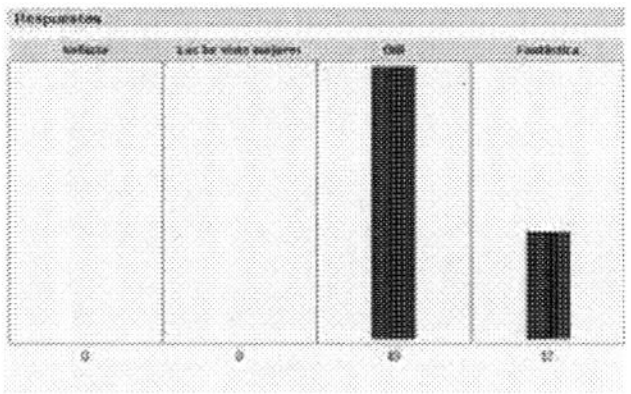

Figura 7.35. Resultado de la consulta

ACTIVIDADES 7.8

- Añada una consulta a su curso, como mínimo la consulta deberá tener cuatro posibilidades. Hacer capturas de todo el proceso.

7.6.7 ENCUESTAS

El módulo de encuestas provee una serie de instrumentos probados para estimular el aprendizaje en Internet. Los profesores pueden utilizar este módulo para aprender sobre sus alumnos/as y reflexionar sobre su práctica educativa.

Moodle tiene 2 tipos de encuestas las cuales se enumeran a continuación. Están incluidas por ser particularmente útiles para la evaluación de la educación en línea, así como para identificar ciertas tendencias que pueden estar dándose entre sus participantes.

COLLES: *Constructivist On-Line Learning Environment Survey* (Encuesta sobre Ambiente Constructivista Educativo en Línea)

El COLLES comprende 24 premisas agrupadas en seis escalas, cada una de las cuales nos ayuda a formular una pregunta clave sobre la calidad del ambiente educativo en línea. Esta encuesta se puede realizar desde distintos puntos de vista: Ambiente Ideal, Ambiente Real y Ambiente Ideal vs. Real. En todos, las escalas que se determinan son:

- **Relevancia**: ¿cómo de importante es la educación en línea para la práctica profesional de los estudiantes?
- **Reflexión**: ¿la educación en línea estimula el pensamiento crítico reflexivo en los estudiantes?
- **Interactividad**: ¿cuánto se integran los estudiantes en el diálogo educativo en línea?
- **Soporte de profesores**: ¿cómo capacitan los profesores a sus alumnos/as para participar en la educación en línea?
- **Soporte de los colegas**: el soporte proveído por los otros estudiantes, ¿es sensible y estimulante?
- **Interpretación**: los estudiantes y los profesores, ¿tienen un apreciación correcta del otro a través de la comunicación en línea?

Independientemente de la visión dinámica del aprendizaje, es una nueva teoría del conocimiento: el constructivismo social, que asume al estudiante como un conceptualizador activo dentro del ambiente de aprendizaje social interactivo. Constructivismo social es una epistemología, o una forma de conocer, en la cual los estudiantes colaboran reflexivamente para construir nuevo entendimiento, especialmente dentro del contexto de la interrogación mutua basada en su propia experiencia.

Para que se dé esta colaboración es vital el desarrollo de la capacidad de comunicación, es decir, la habilidad de integrarse en diálogo abierto y crítico con sus compañeros y profesores. Este diálogo se caracteriza por una enfática orientación a construir entendimiento recíproco, y por una actitud crítica frente a los supuestos que subyacen bajo los exámenes.

El COLLES se ha diseñado para monitorear la capacidad de explotar la capacidad interactiva de Internet y para integrar estudiantes en un ambiente de prácticas educativas dinámicas.

(Esta información se ha adaptado de la página del COLLES. Si lo desea, puede encontrar más información en: *http://surveylearning.com/colles/.*).

ATTLS: *Attitudes to Thinking and Learning Survey* (Encuesta sobre Actitudes hacia el Pensamiento y el Aprendizaje)

La teoría de las "formas de conocer", originaria del campo de la investigación de género (Belenky et al., 1986), nos ofrece una herramienta para examinar la calidad del discurso dentro de un ambiente de colaboración.

La Encuesta de Actitud sobre el Pensar y Aprender (ATTLS) es un instrumento desarrollado por Galiotti et al. (1999) para medir cuándo una persona es un "conocedor conectado" (CK, por sus siglas en inglés) o un "conocedor desconectado" (SK).

Las personas con un CK más alto tienden a disfrutar más el aprendizaje, y a menudo cooperan más, son congeniables, y tienen más libertad para construir sobre ideas ajenas, mientras que aquellos con SK más altos tienden a tomar una actitud de aprendizaje más crítica y argumentativa.

ACTIVIDADES 7.9

- Añada dos encuestas a su curso, una de ellas será de tipo COLLES y la otra de tipo ATTLS. Hacer capturas de todo el proceso.

7.6.8 CHAT

El módulo de *chat* permite que los participantes discutan en tiempo real (sincrónico) a través de Internet. Esta es una manera útil de tener una comprensión de los otros y del tema en debate, usar una sala de *chat* es bastante diferente a utilizar los foros (diacrónicos). El módulo de *chat* contiene varias utilidades para administrar y revisar las conversaciones anteriores.

ACTIVIDADES 7.10

- Añada una sala de *chat* a su curso. Hacer capturas de todo el proceso.

7.6.9 GLOSARIO

Un glosario es una lista de definiciones, como un diccionario. Las entradas pueden buscarse o navegarse de diferentes maneras. El profesor puede utilizar glosarios cerrados, preparados por él, o glosarios abiertos en los que los estudiantes pueden contribuir con sus definiciones. Estas definiciones pueden también ser calificadas por el profesor.

ACTIVIDADES 7.11

- Cree un nuevo glosario y añada al menos tres entradas a dicho glosario de nuestro curso Moodle. Hacer capturas de todo el proceso.

7.6.10 LECCIÓN

Una lección proporciona contenidos de forma interesante y flexible. Consiste en una serie de páginas. Cada una de ellas normalmente termina con una pregunta y un número de respuestas posibles. Dependiendo de cuál sea la elección del estudiante, progresará a la próxima página o volverá a una página anterior. La navegación a través de la lección puede ser simple o compleja, dependiendo en gran medida de la estructura del material que se está presentando.

ACTIVIDADES 7.12

- Añada una nueva lección a su curso Moodle, vea las posibilidades que nos ofrece la lección y experimente con alguna de ellas. Haga capturas de todo el proceso seguido.

7.6.11 TALLER

El taller es una actividad para el trabajo en grupo con un vasto número de opciones. Básicamente, en un taller el profesor plantea una pregunta y los estudiantes preparan un pequeño trabajo en el que la responden. Entonces estos trabajos son distribuidos entre los participantes en el taller, para su evaluación crítica. Este módulo permite a los participantes diversas formas de evaluar los proyectos de los demás. El profesor puede dar también proyectos-prototipo. Se puede coordinar la recopilación y distribución de esas evaluaciones de varias formas. Finalmente, el profesor puede calificar la actuación de cada estudiante, tanto su propio proyecto como en cuanto a cómo ha evaluado los proyectos de los demás. Recuerde que no todos los cursos utilizarán todos estos tipos de actividades. Eso depende del autor del curso, quien también podrá decidir cómo configurar exactamente cada una de las que utilice.

ACTIVIDADES 7.13

- Añada una actividad de tipo taller a su curso Moodle, vea las posibilidades que nos ofrece el taller y haga capturas de todo el proceso.

7.7 CREACIÓN DE CONTENIDOS

Algunos consejos importantes para los autores de cursos:

- Mientras un curso está aún en desarrollo, debe permanecer “invisible”. Esto se controla en la sección de Configuración del curso. Además, debe crearse dentro de la sección **Cursos en pruebas**. Una vez esté listo para su uso por los alumnos se le mudará a la sección que le corresponda.
- Se debe elegir un nombre de curso que lo identifique claramente. Si hay más de un profesor en el mismo curso y se van a impartir programas diferentes, lo mejor es que cada uno genere un curso distinto. El nombre del curso debe permitir a los alumnos saber exactamente a qué se están inscribiendo.
- Se debe utilizar un código de curso que sea identificativo, p.ej., usando las iniciales del nombre largo.
- En la descripción del curso que aparece junto con el nombre, es recomendable ser breves y concisos.

7.8 PERSONALIZACIÓN DE LA INTERFAZ

Los temas son paquetes que contienen archivos de configuración e imágenes. Moodle lee el paquete elegido y esto se traduce en un cambio de aspecto de la plataforma. Por suerte, cuando instalamos Moodle, tenemos varios temas disponibles. Claro que si ninguno nos convence, podemos descargar más temas desde Internet o crear nuestro propio tema (esto último puede llegar a ser bastante complejo, dependiendo de lo que queramos).

Para empezar, desde el bloque **Administración** del sitio vamos a **Apariencia** y luego escogemos la opción **Temas**. Veremos dos ítems:

- **Ajustes de temas**. Permite establecer los parámetros de los temas, los que aparecen en la lista, si cada usuario puede elegir su propio tema, etc.
- **Selector de temas**. Es la lista de todos los temas disponibles en ese momento. Esa lista puede aumentar o disminuir si nosotros añadimos o quitamos temas de la carpeta correspondiente.

7.8.1 AJUSTES DE TEMAS

Ajustes de temas en Moodle (**Administración del sitio → Apariencia → Temas → Ajustes de temas**).

- **Lista de temas**. Podemos escribir los temas que queremos que se muestren en el selector y así ocultar el resto.
- **Permitir estilos al usuario**. Activar está opción le permitirá a cada usuario tener un menú para cambiar la apariencia de Moodle (esa nueva apariencia será visible solo para él).
- **Permitir estilos en el curso**. Permite que cada curso tenga un tema (diseño) independiente. Aunque representa un gran trabajo crear un diseño por curso, la apariencia final es excelente. Por ejemplo, dentro del mismo sitio, si un alumno/a entra al curso de Historia verá un diseño alusivo al área, de forma similar en cursos como Biología, Literatura, entre otros.

- **Permitir temas por categorías**. Similar al caso anterior, pero ahora con categorías. Las categorías son grupos que contienen cursos. Ejemplos de categorías serían niveles, como categoría cursos de primaria, o categoría cursos de secundaria. O áreas como categoría área de ciencias, categoría área de comunicación, etc. La documentación de Moodle advierte que activar esta opción puede afectar al rendimiento del sistema.
- **Permitir a los usuarios ocultar bloques**. Los bloques laterales pueden ocultarse presionando un botón. Esta opción permite decidir si los usuarios tendrán o no esa opción.
- **Mostrar bloques en páginas de módulos**. Los módulos son funciones adicionales que permiten añadir actividades a Moodle. Esta opción permite decidir si a dichos módulos se les puede añadir o no bloques laterales.
- **Ocultar navegación de tipo de actividad**. Permite decidir si los usuarios verán los enlaces a las actividades.

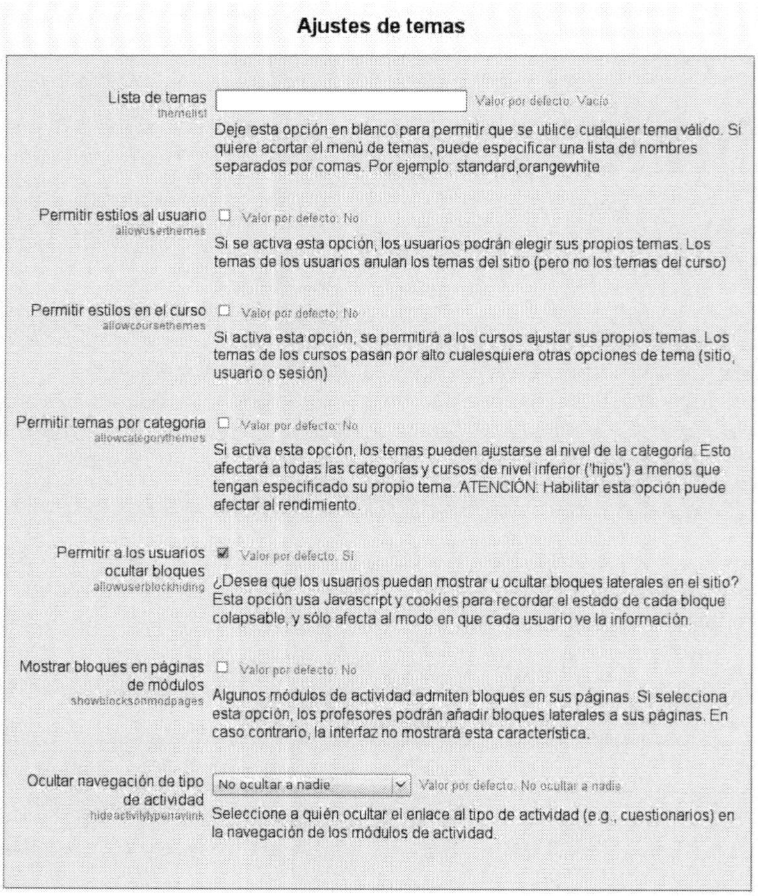

Figura 7.36. *Temas*

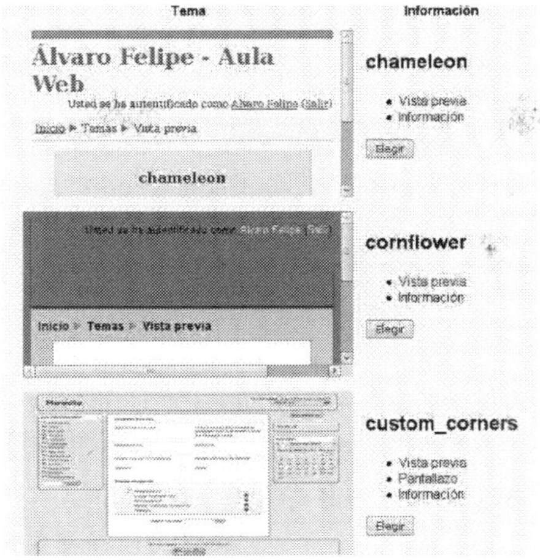

Figura 7.37. *Temas*

7.8.2 SELECTOR DE TEMAS

Esta es la opción que nos interesa, aquí podemos elegir un tema para nuestro sitio Moodle.

No hay nada que explicar aquí. Escoja el tema que le agrade, haga clic en **Elegir** y listo, ya tiene un nuevo diseño para Moodle.

ACTIVIDADES 7.14

- Personalice la interfaz de su curso Moodle. Realice capturas de todo el proceso seguido.

7.9 USUARIOS Y GRUPOS

La ubicación en Moodle de los roles de usuarios está en: **Administración del Sitio → Usuarios → Permisos → Definir roles**. Los privilegios de usuario permiten restringir ciertas características o funcionalidades a un usuario en función de su nivel. Existen las siguientes categorías de usuarios, ordenadas de mayor a menor, en función del nivel de privilegios: administrador principal, administrador, creador de curso, profesor editor, profesor no editor, alumno e invitado.

7.9.1 ADMINISTRADOR

Un administrador en Moodle gestiona todo el sitio. Normalmente, el administrador supervisa la apariencia y la sensación que produce el Moodle de su organización y que lo hacen único.

El rol o categoría de administrador ocupa el nivel más alto en Moodle, en lo que a privilegios de usuario se refiere.

7.9.2 CREADOR DE CURSOS

La creación de nuevos cursos solo puede ser realizada por un usuario que tenga asignado ese privilegio. Un usuario que tenga asignado un rol de creador de cursos tiene un nivel de privilegios Moodle que le permite, además, asignar profesores y actuar como profesor con privilegios de edición. Un administrador tiene todos esos privilegios y más.

El creador del curso puede ser el profesor principal, el jefe de departamento o el coordinador del programa.

7.9.3 PROFESOR

Tiene control sobre un curso específico dentro de Moodle y la actividad de los alumnos/as que están inscritos a él.

7.9.4 ESTUDIANTE

El rol de Estudiante es el tipo de usuario más básico de Moodle. Los estudiantes generalmente se matriculan en uno o varios cursos y acceden a Moodle. Los administradores y profesores deciden cómo se matriculan los estudiantes, así como lo que estos pueden ver y hacer dentro de Moodle. Esto puede variar en cada curso o en cada una de las muchas actividades de Moodle.

7.9.5 INVITADO

La gente puede acceder como invitado utilizando el botón Entrar como invitado en la pantalla de acceso. (Este botón puede ser habilitado o deshabilitado por el administrador.) Para un curso dado, el profesor puede escoger si permite o no el acceso a invitados. Los invitados tienen siempre acceso de "solo lectura" lo que significa que no pueden enviar mensajes o entorpecer el curso a los verdaderos alumnos/as. Los invitados no pueden:

- Enviar mensajes a discusiones.
- Editar páginas wiki.
- Contestar cuestionarios.
- Enviar tareas.
- Contribuir al contenido o comentarios de los glosarios.
- Ver el contenido de los paquetes SCORM (porque se realiza un seguimiento).

ACTIVIDADES 7.15

- Añada al menos cinco usuarios a nuestro curso. Uno de ellos debe tener perfil de profesor, al resto les asignaremos perfil de estudiante. Realice capturas de todo el proceso.

7.10 CONTROL DE ACCESOS. RED MOODLE

La Red Moodle es una característica nueva que se puede encontrar a partir de la versión 1.8 de Moodle. Esta característica permite a un administrador de Moodle establecer un enlace con otro Moodle, y compartir algunos recursos de ese otro Moodle.

La publicación inicial de la Red Moodle se acompaña de un nuevo plugin de autenticación que hace que sea posible el inicio de sesión único (*single sign on*) entre sitios Moodle. Un usuario con el nombre de usuario *jody* inicia la sesión en su servidor Moodle como de costumbre y pulsa en un enlace que le lleva a una página en otro servidor Moodle. En el caso habitual, *jody* debería tener solo los privilegios del usuario invitado en el servidor Moodle remoto, pero entre bastidores la validación única ha establecido una sesión de autenticación completa en el sitio remoto.

La característica de Red Moodle es que necesita que su servidor tenga las extensiones Curl y OpenSSL de PHP instaladas. Cuando instale o actualice a Moodle 1.8, su sistema creará un nuevo certificado OpenSSL para cifrar las comunicaciones con otros Moodle, y rotará las claves de cifrado una vez al mes (aproximadamente) a partir de ese momento.

La comunicación se lleva a cabo por medio de un transporte XML-RPC, y los documentos XML-RPC se envuelven primero en un sobre XMLDSIG (*XML Digital SIGnature*) y, posteriormente, en un sobre XMLENC (*XML ENCryption*). El cifrado se realiza completamente dentro de PHP y no se necesita un servidor https (Apache SSL).

Se puede habilitar un modo especial que permite a una máquina con una dirección IP específica hacer llamadas a la capa XML-RPC sin usar sobres ni de cifrado ni de firma. Se proporciona este modo para permitir a Moodle comunicar con otros sistemas software en los que la integración de las firmas y el cifrado pudiera ser excepcionalmente difícil. Sin embargo, no se prevé que nunca se llegue a habilitar la comunicación no cifrada entre sitios Moodle.

7.11 INTEGRACIÓN DE MÓDULOS

7.11.1 MÓDULO DE TAREAS

- Puede especificarse la fecha final de entrega de una tarea y la calificación máxima que se le podrá asignar.
- Los estudiantes pueden subir sus tareas (en cualquier formato de archivo) al servidor. Se registra la fecha en que se han subido.
- Se permite enviar tareas fuera de tiempo, pero el profesor puede ver claramente el tiempo de retraso.
- Para cada tarea en particular, puede evaluarse a la clase entera (calificaciones y comentarios) en una única página con un único formulario.
- Las observaciones del profesor se adjuntan a la página de la tarea de cada estudiante y se le envía un mensaje de notificación.
- El profesor tiene la posibilidad de permitir el reenvío de una tarea tras su calificación.

7.11.2 MÓDULO DE CONSULTA

Es como una votación. Puede usarse para votar sobre algo o para recibir una respuesta de cada estudiante (por ejemplo, para pedir su consentimiento para algo).

- El profesor puede ver una tabla que presenta de forma intuitiva la información sobre quién ha elegido qué.
- Se puede permitir que los estudiantes vean un gráfico actualizado de los resultados.

7.11.3 MÓDULO FORO

Hay diferentes tipos de foros disponibles: exclusivos para los profesores, de noticias del curso y abiertos a todos.

- Todos los mensajes llevan adjunta la foto del autor.
- Las discusiones pueden verse anidadas, por rama, o presentar los mensajes más antiguos o los más nuevos primeros.
- El profesor puede obligar la suscripción de todos a un foro o permitir que cada persona elija a qué foros suscribirse de manera que se le envíe una copia de los mensajes por correo electrónico.
- El profesor puede elegir que no se permitan respuestas en un foro (por ejemplo, para crear un foro dedicado a anuncios).
- El profesor puede mover fácilmente los temas de discusión entre distintos foros.

7.11.4 MÓDULO DIARIO

Los diarios constituyen información privada entre el estudiante y el profesor.

- Cada entrada en el diario puede estar motivada por una pregunta abierta.
- La clase entera puede ser evaluada en una página con un único formulario, por cada entrada particular del diario.
- Los comentarios del profesor se adjuntan a la página de entrada del diario y se envía por correo la notificación.

7.11.5 MÓDULO CUESTIONARIO

- Los profesores pueden definir una base de datos de preguntas que podrán ser reutilizadas en diferentes cuestionarios.
  - Las preguntas pueden ser almacenadas en categorías de fácil acceso, y estas categorías pueden ser "publicadas" para hacerlas accesibles desde cualquier curso del sitio.
  - Los cuestionarios se califican automáticamente, y pueden ser recalificados si se modifican las preguntas.
  - Los cuestionarios pueden tener un límite de tiempo a partir del cual no estarán disponibles.
  - El profesor puede determinar si los cuestionarios pueden ser resueltos varias veces y si se mostrarán o no las respuestas correctas y los comentarios.

- Las preguntas y las respuestas de los cuestionarios pueden ser mezcladas (aleatoriamente) para disminuir las copias entre los alumnos.
- Las preguntas pueden crearse en HTML y con imágenes.
- Las preguntas pueden importarse desde archivos de texto externos.
- Las preguntas pueden tener diferentes métricas y tipos de captura.

7.11.6 MÓDULO RECURSO

- Admite la presentación de un importante número de contenido digital, Word, PowerPoint, Flash, vídeo, sonidos, etc.
- Los archivos pueden subirse y manejarse en el servidor, o pueden ser creados sobre la marcha usando formularios web (de texto o HTML).
- Pueden enlazarse aplicaciones web para transferir datos.

7.11.7 MÓDULO ENCUESTA

- Se proporcionan encuestas ya preparadas (COLLES, ATTLS) y contrastadas como instrumentos para el análisis de las clases en línea.
- Se pueden generar informes de las encuestas los cuales incluyen gráficos. Los datos pueden descargarse con formato de hoja de cálculo Excel o como archivo de texto CSV.
- La interfaz de las encuestas impide la posibilidad de que sean respondidas solo parcialmente.
- A cada estudiante se le informa sobre sus resultados comparados con la media de la clase.

7.11.8 MÓDULO WIKI

- El profesor puede crear este módulo para que los alumnos trabajen en grupo en un mismo documento.
- Todos los alumnos podrán modificar el contenido incluido por el resto de compañeros.
- De este modo cada alumno puede modificar la wiki del grupo al que pertenece, pero podrá consultar todas las wikis.

7.12 COPIAS DE SEGURIDAD

Las copias de seguridad están dentro de **Administración del curso → Copia de seguridad** (Figura 7.38).

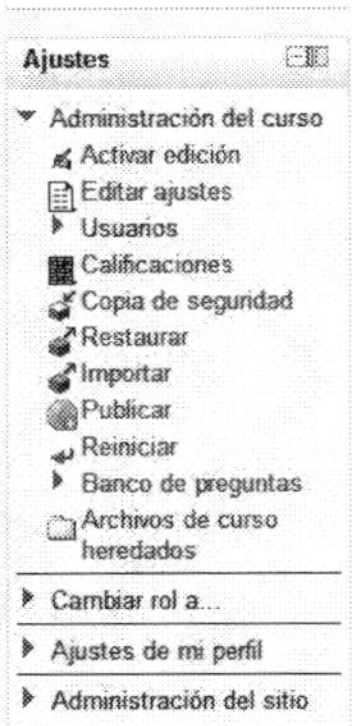

Figura 7.38. *Copia de seguridad*

Debemos marcar aquello sobre lo que queremos hacer la copia de seguridad (Figura 7.39), una vez seleccionado hacemos clic sobre **Siguiente**.

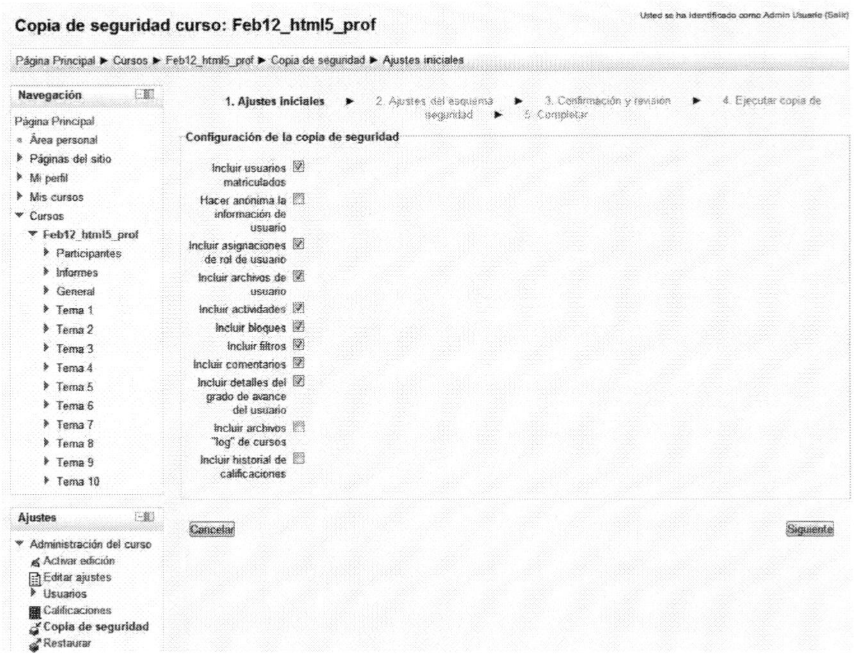

Figura 7.39. *Marcamos datos*

En la siguiente ventana podemos personalizar sobre qué material vamos a realizar la copia de seguridad (Figura 7.40).

Figura 7.40. *Datos*

A continuación pondremos nombre al archivo de la copia de seguridad (Figura 7.41).

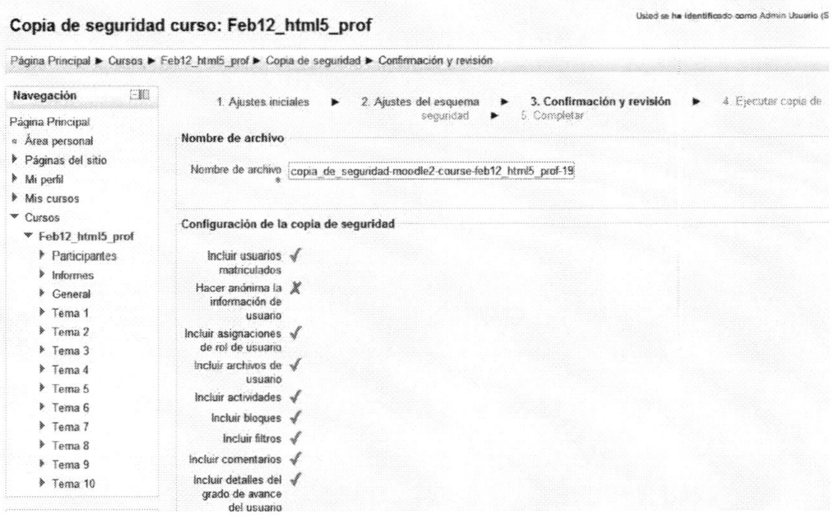

Figura 7.41. *Nombre de la copia*

Ya podemos pulsar sobre **Ejecutar copia de seguridad** (Figura 7.42) y se realizará la copia seleccionada.

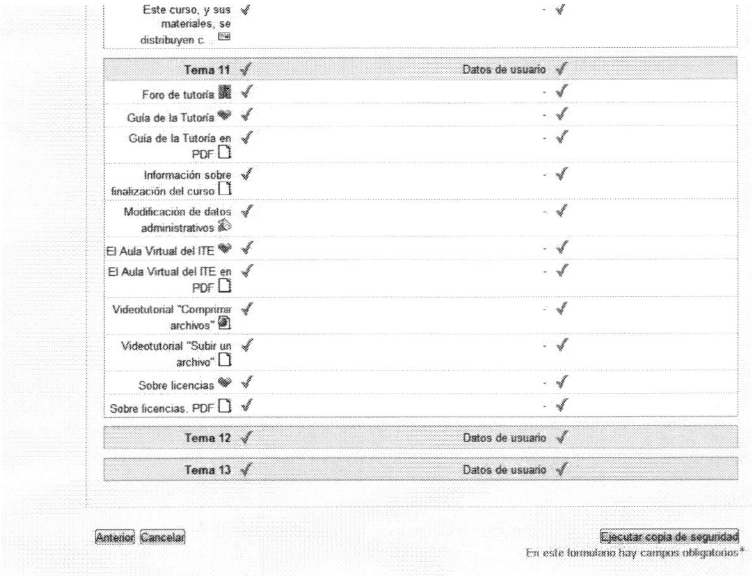

Figura 7.42. *Ejecutar copia de seguridad*

Una vez finalizada, nos aparecerá un mensaje indicando su fin (Figura 7.43).

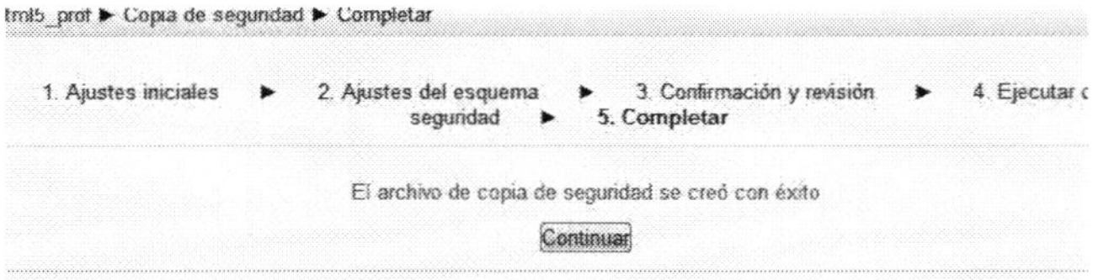

Figura 7.43. *Copia completada*

La copia de seguridad se efectúa en el propio servidor, si queremos podemos descargarla a nuestro equipo (Figura 7.44).

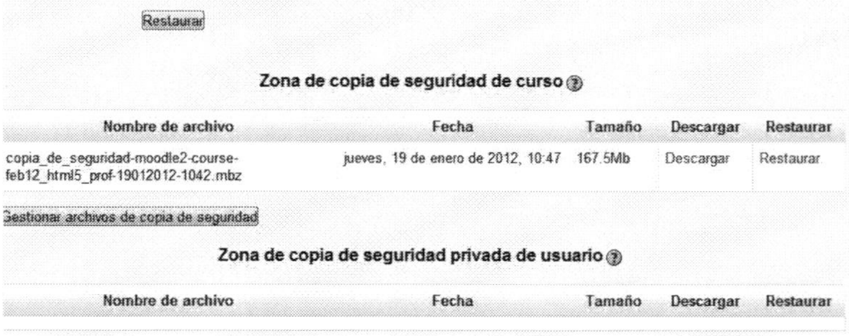

Figura 7.44. *Descarga de la copia de seguridad*

Mediante la copia se seguridad vamos a poder exportar los datos de un curso para llevárnoslo a otro sitio (por ejemplo, preparar los datos en un servidor local y una vez estén terminados los exportamos a un servidor web).

ACTIVIDADES 7.16

- Realice una copia de seguridad de su curso Moodle y, al finalizar, descargue el fichero en su equipo. Hacer capturas de todo el proceso seguido.

RESUMEN DEL CAPÍTULO

En este capítulo tratamos con una de las herramientas más utilizadas para la formación *on line*. Principalmente por docentes de informática, y poco a poco va tomando mucha repercusión sobre el resto de docentes.

Moodle es una potentísima herramienta de teleformación que nos permite crear cursos de manera muy sencilla y con muy pocos conocimientos de informática. Esto ha hecho que, como se comentaba en el anterior párrafo, gran parte del profesorado utilice esta herramienta para complementar y ampliar el uso de libros de texto gracias a la posibilidad de introducir elementos multimedia, espacio para que los alumnos puedan subir las actividades encomendadas, cuestionarios, etc.

EJERCICIOS PROPUESTOS

1. Defina con sus palabras qué es Moodle y para qué sirve.

2. La inmensa mayoría de páginas web con teleformación o formación a distancia están implementadas en Moodle. ¿A qué es debido esto?

3. Localice en Internet páginas con teleformación en Moodle. Ponga al menos tres ejemplos de páginas de este tipo.

4. De todas las actividades, ¿cuál de ellas le ha gustado más? ¿Por qué?

5. ¿Hay otros gestores de contenidos para *e-learning* que no sean Moodle? Si la respuesta es sí, indique algún ejemplo.

TEST DE CONOCIMIENTOS

1 Moodle aparece en su versión 1.0 en el año:

a) 1980.
b) 1987.
c) 1995.
d) 2006.
e) 2011.
f) Todas son ciertas.
g) Todas son falsas.

2 Moodle es:

a) Gratuito.
b) Gratis los 3 primeros cursos, a partir del cuarto es de pago.
c) De pago.
d) De pago solo para empresas, para los usuarios comunes es gratis.
e) Todas son falsas.

3 Para instalar Moodle necesito tener:

a) El mejor equipo que haya en el mercado con la conexión más rápida existente.
b) Un servidor web con soporte PHP y MySQL.
c) Un equipo con Windows.
d) Un equipo con Linux.
e) Todas son ciertas.
f) Todas son falsas.

4 Para utilizar Moodle necesito tener:

a) El mejor equipo que haya en el mercado con la conexión más rápida existente.
b) Un equipo normal con una conexión normal.
c) Un equipo con Windows.
d) Un equipo con Linux.
e) Todas son ciertas.
f) Todas son falsas.

5 Cualquier persona puede acceder a un curso de Moodle creado:

a) Por supuesto, ya que tiene licencia GPL, cualquier persona en la Red podrá acceder a nuestro curso.
b) Si no está matriculado en el curso, nunca podrá acceder al mismo.
c) Si se permite el acceso a invitados podrá entrar pero no podrá participar en el mismo.
d) Las respuestas *a* y *b* son ciertas.
e) Las respuestas *b* y *c* son ciertas.
f) Todas son falsas.

8 Instalación de Servicios de Gestión de Archivos Web

OBJETIVOS DEL CAPÍTULO

- ✓ Definir qué es un Servicio de Gestión de Archivos Web.
- ✓ Conocer ventajas e inconvenientes de un Servicio de Gestión de Archivos Web.
- ✓ Presentar algunas aplicaciones de Gestión de Archivos Web.
- ✓ Instalar y/o explotar algunas de las herramientas más importantes de Gestión de Archivos Web.
- ✓ Conocer y realizar operaciones básicas con archivos y carpetas en Servicios de Gestión de Archivos Web.
- ✓ Crear y compartir archivos y carpetas web con otros usuarios.
- ✓ Conocer los usuarios y permisos de estos sobre recursos compartidos.

8.1 INTRODUCCIÓN

Un servicio de gestión de archivos web es aquel que nos permite guardar en un sistema de archivos *on line* los archivos de forma similar a como los guardaríamos en nuestro ordenador. Es decir, estos servicios nos brindan la posibilidad de tener nuestros ficheros en la nube.

Estos servicios de gestión de archivos web permiten almacenar cualquier tipo de archivo (fotos, documentos, películas, música, etc.), a su vez también permiten compartir y descargar dichos contenidos. Este sistema tiene algunas ventajas y algunos inconvenientes:

8.1.1 VENTAJAS

- Podemos acceder a nuestra información desde cualquier lugar donde nos encontremos. Tan solo necesitamos tener una máquina (ordenador, portátil, *tablet*, *smartphone*, etc.) y una conexión a Internet.
- Podemos compartir de una forma sencilla dichos archivos con otras personas.
- Podemos utilizarlos como copia de seguridad de nuestros datos.

8.1.2 INCONVENIENTES

- Si no tenemos conexión a Internet o es de baja calidad, no podremos acceder a nuestra información.
- En caso de pérdida o robo de cuentas de usuario en dichos servicios, terceras personas podrán acceder a nuestra información.
- Si el encargado de proporcionar el servicio de almacenamiento cerrase, o fuese obligado a cerrar (como ocurrió con *megaupload*), perderemos toda la información que teníamos almacenada en dichos servidores y de la que no tuviésemos copia en nuestro equipo o en otros servidores.

8.1.3 ALGUNAS APLICACIONES DE GESTIÓN DE ARCHIVOS EN LÍNEA

Actualmente existen multitud de aplicaciones de gestión de archivos en línea, algunas gratuitas, otras de pago y otras de tipo mixto. Para poder utilizar estas aplicaciones generalmente nos valdremos del navegador, aunque puede haber aplicaciones que necesiten instalar ciertos componentes de las mismas en nuestra máquina. Cabe descartar que la máquina no tiene por qué ser un ordenador sobremesa, también puede ser un portátil, *tablet*, *smartphone*, etc.

ACTIVIDADES 8.1

- Crear un fichero de texto con el nombre del alumno/a, este fichero lo utilizaremos para subirlo a la nube en cada una de las aplicaciones que vamos a ver a continuación.

Dropbox

Es un servicio de alojamiento de archivos multiplataforma en la nube, operado por la compañía Dropbox. El servicio permite a los usuarios almacenar y sincronizar archivos en línea y entre computadoras y compartir archivos y carpetas con otros. Dropbox permite elegir entre tres tipos de cuentas: la primera llamada Basic de 2 GB que es gratuita; la segunda, llamada Pro50 que cuesta 9,99 $ al mes y nos proporciona 50 GB, y la tercera, llamada Pro100 es de 100 GB y cuesta 19,99 $ al mes.

Figura 8.1. *Dropbox*

ACTIVIDADES 8.2

- Crear una cuenta en Dropbox y subir el fichero que hemos creado en las Actividades 8.1. Hacer capturas de todo el proceso, tanto del alta como de la subida del fichero a dicho servidor.

Bitcasa

El servicio de Bitcasa promete ofrecernos almacenamiento ilimitado en la nube para mantener nuestros archivos. De momento se encuentra en fase beta, y si queremos probarlo deberemos solicitar una invitación; para ello nada más fácil que dirigirnos a su web e indicar nuestro *email*. Como es lógico, de momento no se habla de precios y el servicio es totalmente gratuito, pero es de esperar que en el futuro existan diferentes tipos de suscripción.

Figura 8.2. *Bitcasa*

ACTIVIDADES 8.3

- Crear una cuenta en Bitcasa y subir el fichero que hemos creado en las Actividades 8.1. Hacer capturas de todo el proceso, tanto del alta como de la subida del fichero a dicho servidor.

Box

Box es una web de uso compartido de archivos en la nube y de gestión de contenidos para empresas. La compañía ofrece 5 GB de almacenamiento gratuito.

El núcleo del servicio se basa en compartir, colaborar y trabajar con archivos que se suben a la caja. Box ofrece 3 tipos de cuenta: Enterprise, Business y Personal. Según el tipo de cuenta, Box tiene una serie de características tales como capacidad ilimitada de almacenamiento, personalización de marca, los controles administrativos e integraciones con aplicaciones como Google Apps, Gmail, NetSuite y Salesforce.

Figura 8.3. *Box*

ACTIVIDADES 8.4

- Crear una cuenta en *box.com* y subir el fichero que hemos creado en las Actividades 8.1. Hacer capturas de todo el proceso, tanto del alta como de la subida del fichero a dicho servidor.

File Dropper

Es un sitio de compartición de archivos, por el estilo de los vistos anteriormente, tiene muy poca publicidad estratégicamente posicionada para que no estorbe ni al subir un archivo ni al descargar uno, no pide que esperes para descargar un archivo; solo hay que poner el código de seguridad para comprobar que es humano y su descarga empezará. Podemos subir archivos hasta 5 GB y esto en su versión gratuita, si elige la de pago puede subir archivos hasta 250 GB.

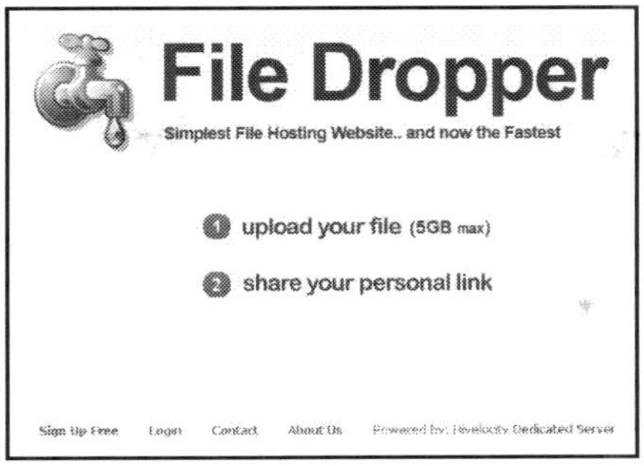

Figura 8.4. *File Dropper*

ACTIVIDADES 8.5

- Crear una cuenta en File Dropper y subir el fichero que hemos creado en las Actividades 8.1. Hacer capturas de todo el proceso, tanto del alta como de la subida del fichero a dicho servidor.

4shared

Es un servicio de *hosting* y compartición de archivos. La suscripción básica permite a los usuarios subir 10 GB. Los usuarios Premium reciben 100 GB de espacio para almacenar archivos. El límite de tamaño de un fichero es de 2 GB. 4shared proporciona una característica especial de subida múltiple que te permite subir varios archivos a la vez.

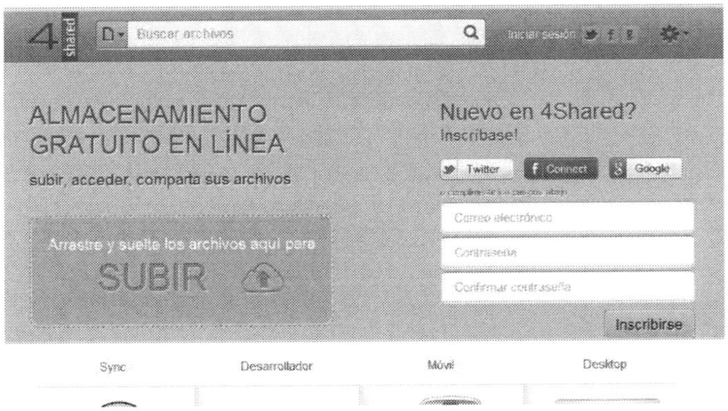

Figura 8.5. *4shared*

ACTIVIDADES 8.6

- Crear una cuenta en 4shared y subir el fichero que hemos creado en las Actividades 8.1. Hacer capturas de todo el proceso, tanto del alta como de la subida del fichero a dicho servidor.

GMail Drive

GMail Drive es una aplicación extraoficial para Microsoft Windows basada en el uso de una cuenta de correo Gmail como unidad de almacenamiento virtual en Internet. Internamente realiza la operación de enviar mensajes de correo con datos adjuntos desde y hacia la cuenta de correo del usuario. De esa manera, se consigue que esos datos adjuntos queden almacenados en la misma cuenta. Sin embargo, lo que se puede ver de la aplicación es simplemente un sistema de carpetas similar al del sistema operativo del usuario, en el que se puede hacer todas las funciones básicas: crear carpetas, copiar, pegar, arrastrar, eliminar, etc.

Al no ser oficial, esta aplicación debe actualizarse según Gmail cambia el modo de acceso a la cuenta de correo (cifrado, codificación, etc.).

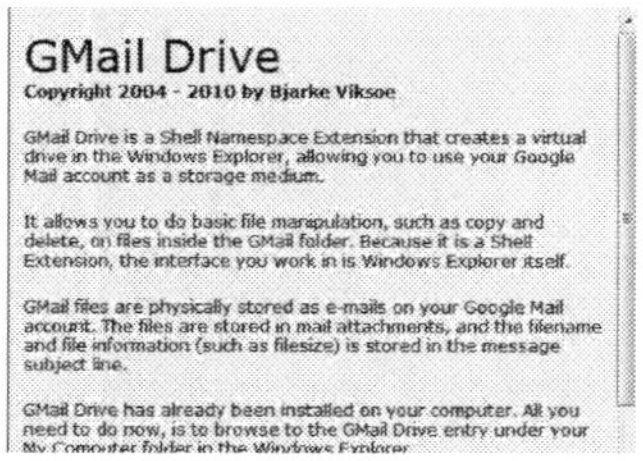

Figura 8.6. *GMail Drive*

Windows Live Skydrive

Windows Live Skydrive es un almacenamiento *on line* gratuito de 25 GB. Puede utilizar el almacenamiento de Skydrive para hacer la copia de seguridad de sus archivos gratis *on line* o compartir archivos que son demasiado pesados para enviarlos. Puede establecer permisos y determinar que las carpetas sean privadas, públicas o compartidas con las personas que decida.

Figura 8.7. *Skydrive*

ACTIVIDADES 8.7

- Crear una cuenta en Skydrive y subir el fichero que hemos creado en las Actividades 8.1. Hacer capturas de todo el proceso, tanto del alta como de la subida del fichero a dicho servidor.

8.2 INSTALAR GMAIL DRIVE

Para instalar GMail Drive partimos de la dirección web *http://www.viksoe.dk/code/gmail.htm* (Figura 8.8).

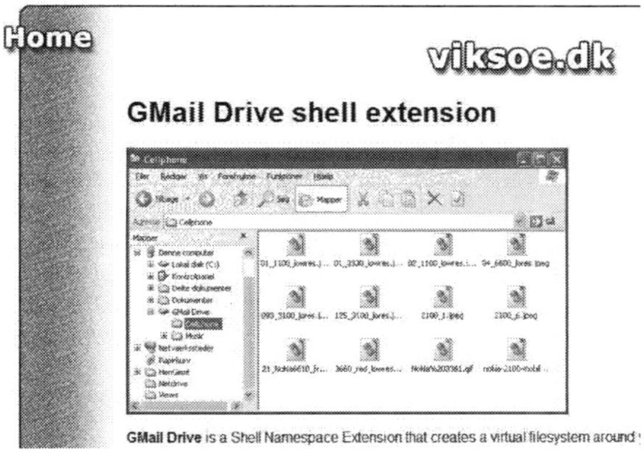

Figura 8.8. *http:/ viksoe.dk/code/gmail.htm*

Al final de la página está el *link* de descarga, hacemos clic sobre él (Figura 8.9).

Figura 8.9. *Download Files*

Nos aparecen varios sitios donde podemos descargar esta aplicación, hacemos clic sobre uno de ellos y descargamos la aplicación (Figura 8.10).

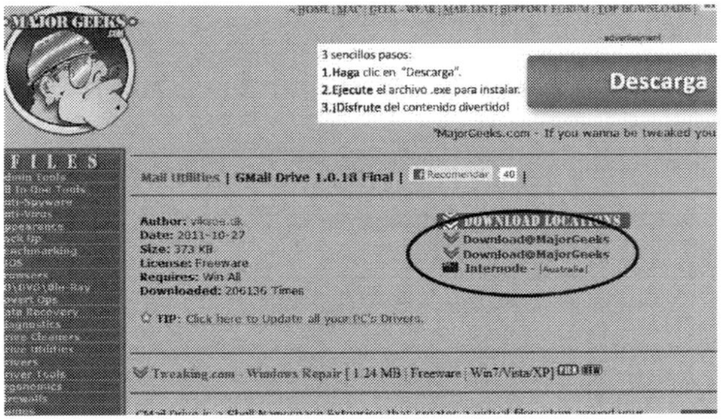

Figura 8.10. *Enlaces para la descarga*

Descomprimimos los archivos descargados en una carpeta (Figuras 8.11 y 8.12).

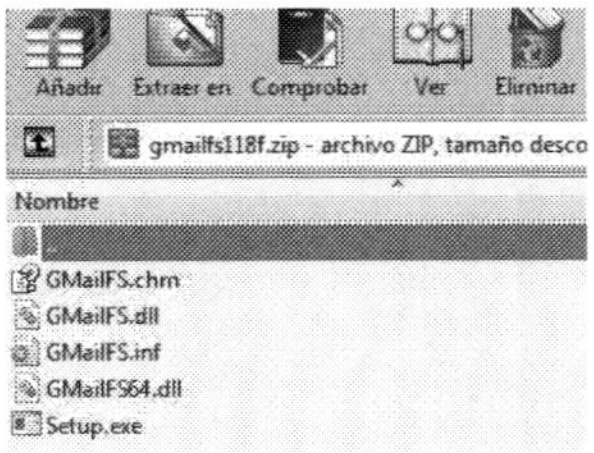

Figura 8.11. Contenido archivo comprimido

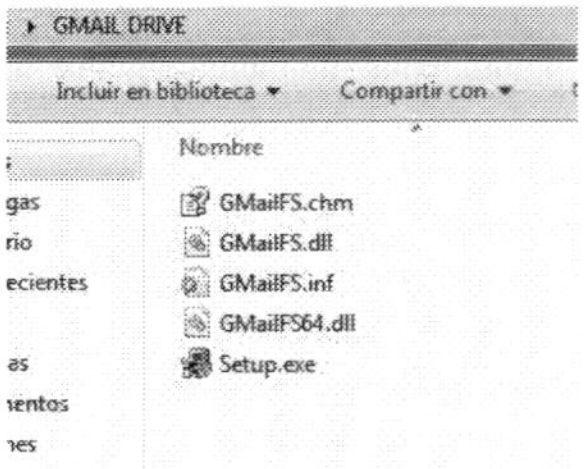

Figura 8.12. Archivo descomprimido

Ejecutamos el archivo de instalación (*Setup.exe*) e instala una unidad nueva en nuestro sistema (Figuras 8.13 y 8.14).

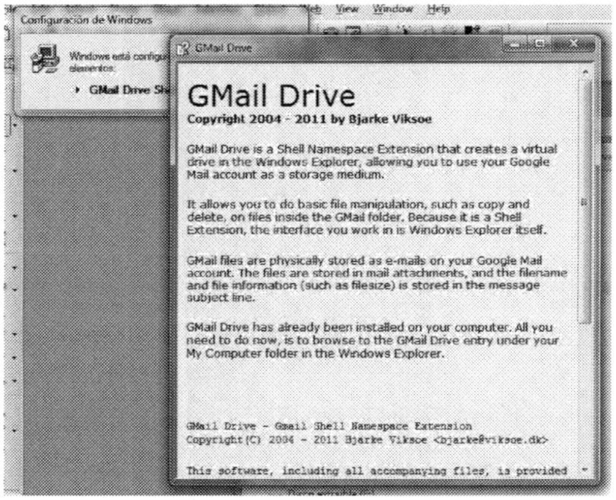

Figura 8.13. Instalación de GMail Drive

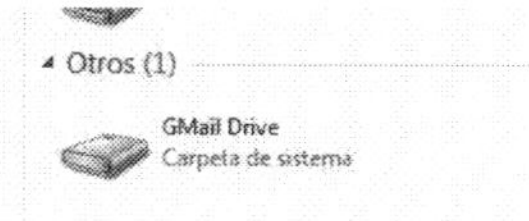

Figura 8.14. Unidad de disco GMail Drive

Si hacemos doble clic sobre esta nueva unidad, nos pedirá los datos de nuestra cuenta Gmail (Figura 8.15).

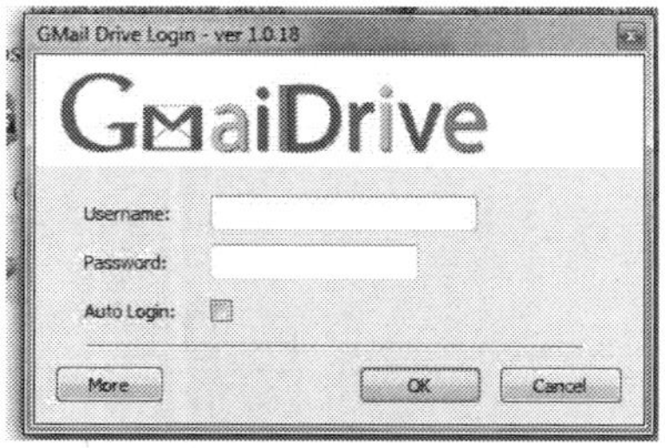

Figura 8.15. Datos de nuestra cuenta Gmail

Rellenamos usuario y contraseña de nuestra cuenta Gmail, incluso podemos marcar la casilla *Autologin*, para no tener que volver a introducirlos y que se conecte automáticamente cada vez que iniciemos la máquina (Figura 8.16).

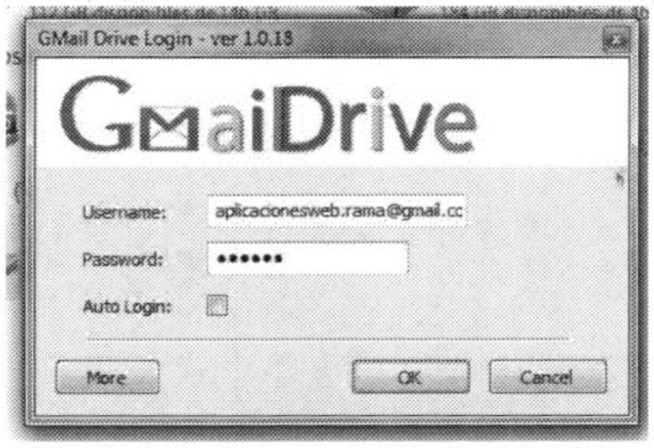

Figura 8.16. *Completamos datos pedidos*

La aplicación comprueba en el sistema Gmail los datos de usuario y contraseña anteriores (Figura 8.17), y si todo está correcto, tendremos la nueva unidad de disco virtual (Figuras 8.18 y 8.19).

Figura 8.17. *Comprobando datos usuario*

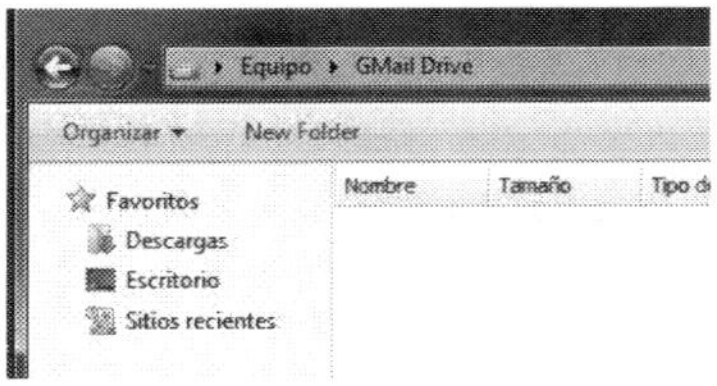

Figura 8.18. *Unidad de disco Gmail*

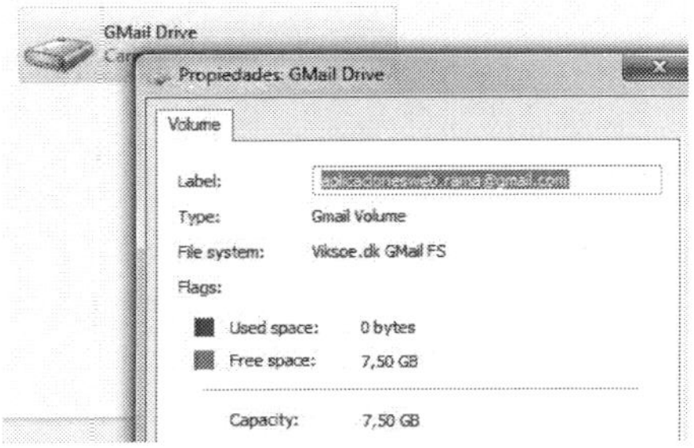

Figura 8.19. *Tamaño unidad de disco nueva*

ACTIVIDADES 8.8

- Descargar e instalar GMail Drive en nuestro ordenador, si no tenemos cuenta en Gmail deberemos crearnos una.

8.3 ALTA EN BOX

Partimos de la web del servicio *http://www.box.com/*. Debemos hacer clic en **Sign Up** (Figura 8.20).

Figura 8.20. *www.box.com, Sign Up*

Nos aparecen los planes disponibles, en nuestro caso seleccionamos el **Personal**, que es gratuito (*Free*).

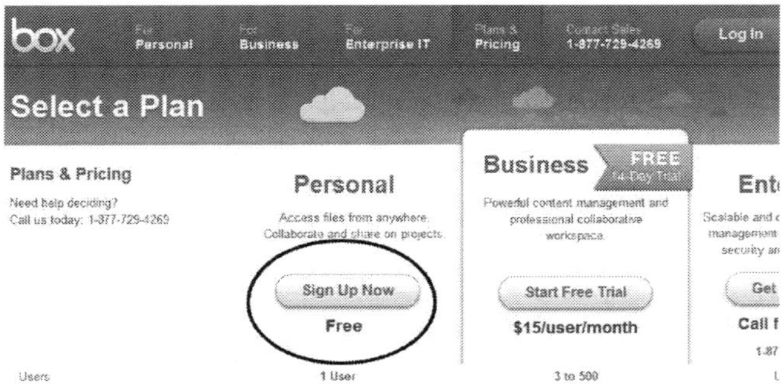

Figura 8.21. *Plan Personal*

Rellenamos los datos de la cuenta con nuestros datos (Figuras 8.22 y 8.23), una vez completados estos pasos nos aparece una ventana indicando que debemos haber recibido un correo en la cuenta con la que nos registramos para confirmar el alta (Figura 8.24).

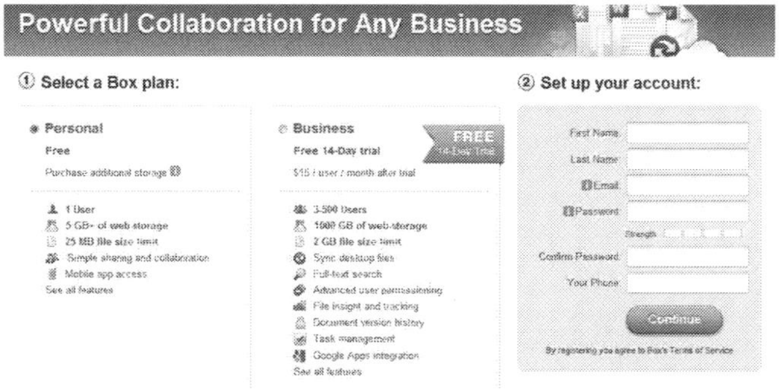

Figura 8.22. *Set up your account*

Figura 8.23. *Rellenamos datos de nuestra cuenta*

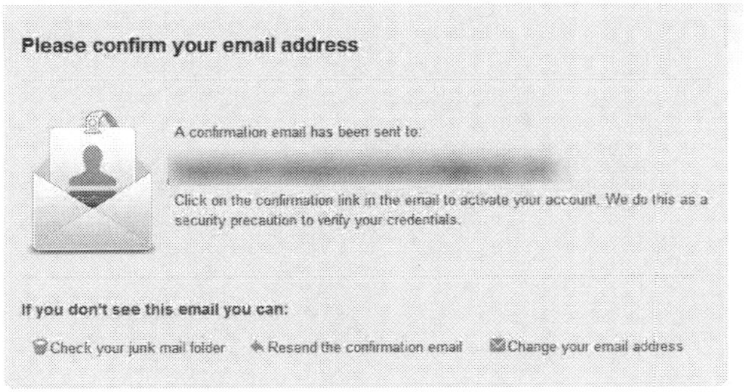

Figura 8.24. *Por favor, confirme su dirección de correo*

Ahora en nuestro correo debemos tener un mensaje de *box.com* para completar el registro, si no apareciese puede ser que nuestro servidor de correo lo haya marcado como **spam**, en caso de que no llegase el correo revisar también esta carpeta (Figura 8.25).

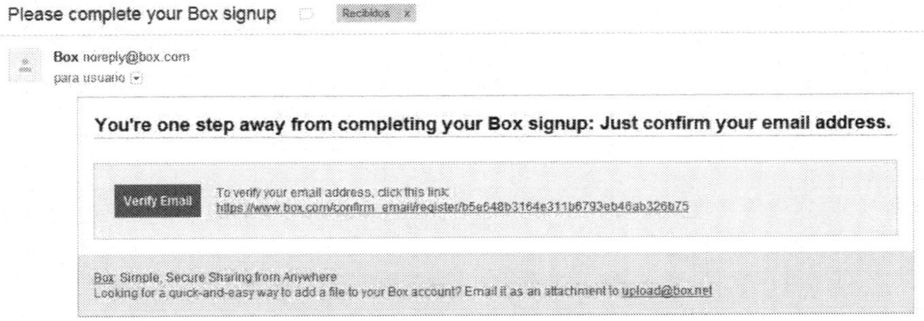

Figura 8.25. *Correo confirmación de alta*

Si hacemos clic en el enlace que nos aparece en el correo recibido habremos activado nuestra cuenta en *box.com* (Figura 8.26), ya podemos disfrutar de este servicio (Figura 8.27).

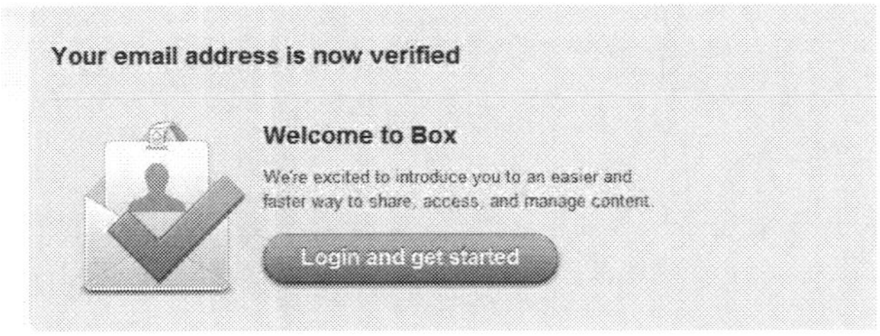

Figura 8.26. *Dirección verificada*

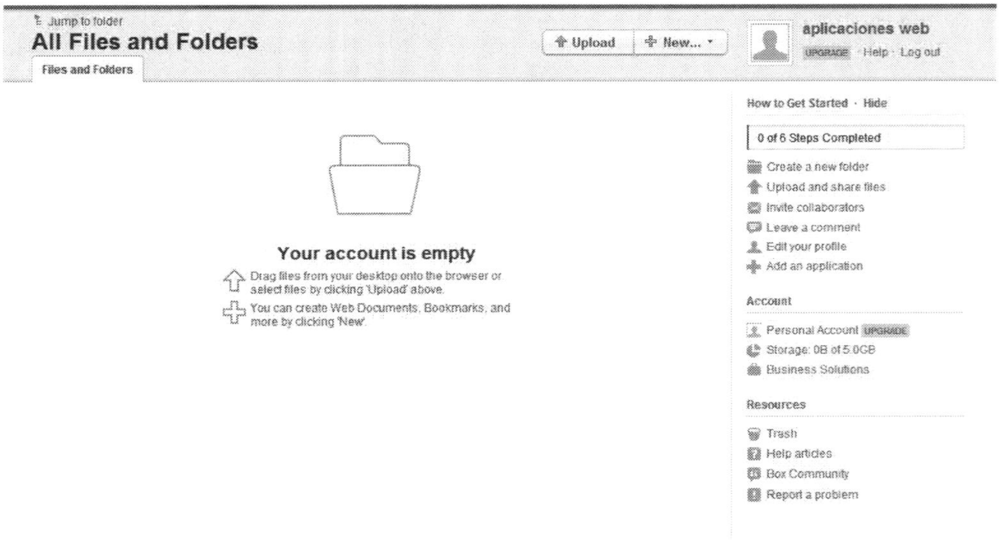

Figura 8.27. *www.box.com*

ACTIVIDADES 8.9

- Darnos de alta en Box y hacer capturas de todo el proceso.

8.4 NAVEGACIÓN Y OPERACIONES BÁSICAS CON GMAIL DRIVE

8.4.1 CREAR CARPETAS

Crear carpeta en GMail Drive se hace de igual forma que se haría en Microsoft Windows (Figuras 8.28, 8.29, 8.30 y 8.31).

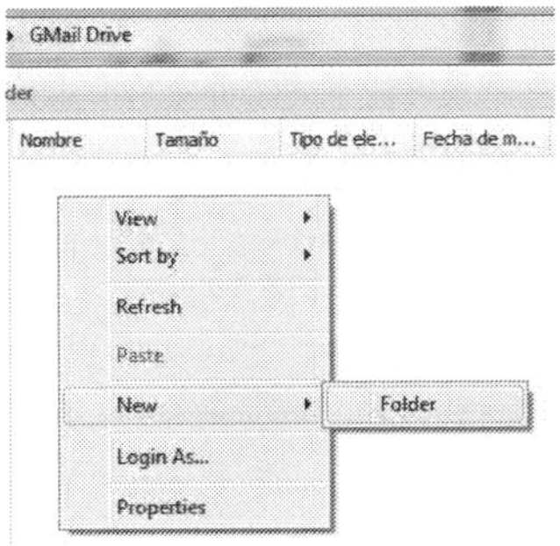

Figura 8.28. Nueva, Carpeta

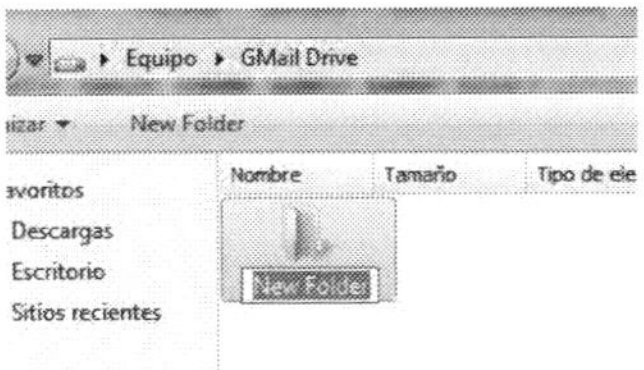

Figura 8.29. Cambiamos nombre

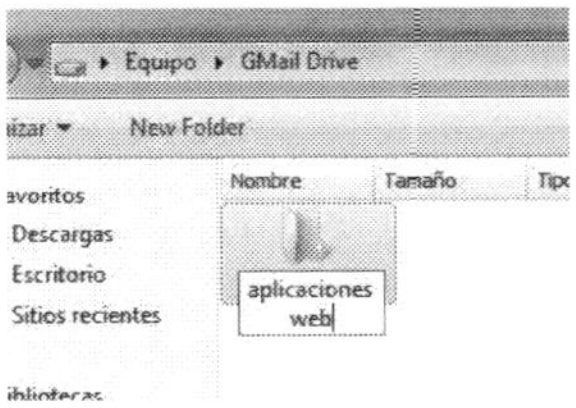

Figura 8.30. Nuevo nombre

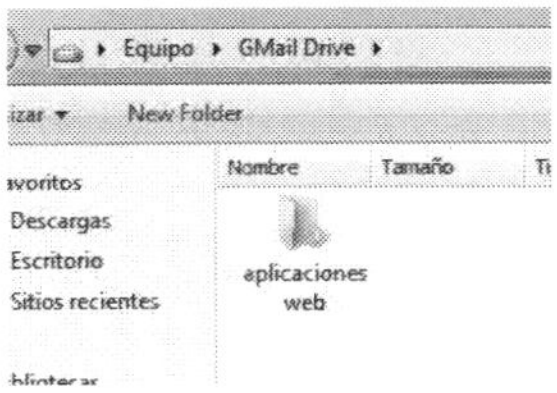

Figura 8.31. Carpeta creada

ACTIVIDADES 8.10

» Cree una o varias carpetas en su unidad GMail Drive.

8.4.2 COPIAR ARCHIVOS Y CARPETAS

De igual forma podemos copiar archivos y carpetas en GMail Drive (Figuras 8.32, 8.33, 8.34 y 8.35).

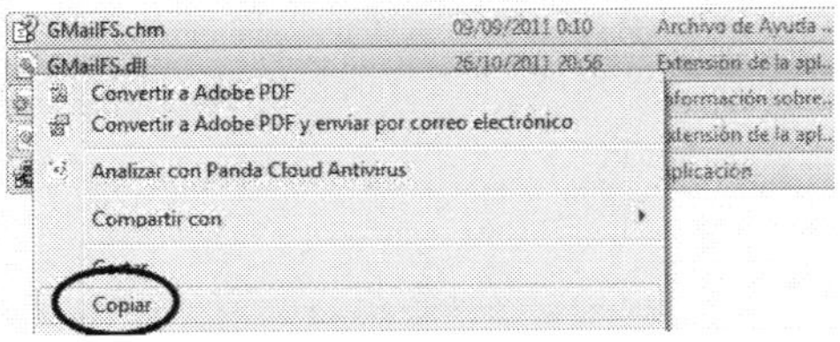

Figura 8.32. Copiar

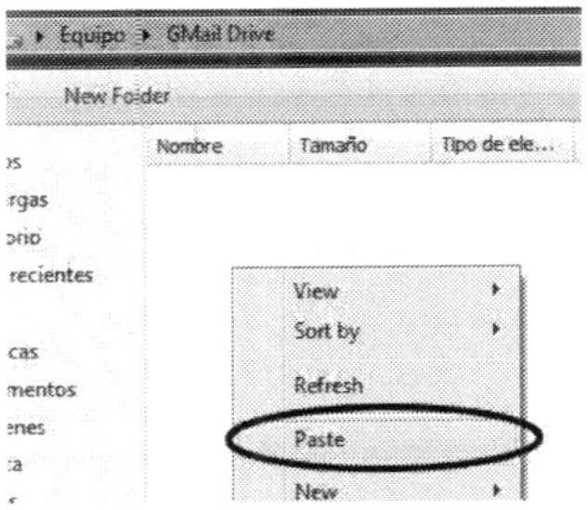

Figura 8.33. Pegar

Figura 8.34. Copiando...

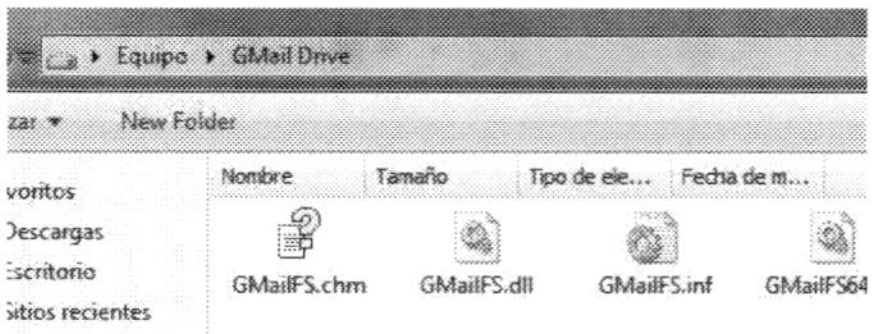

Figura 8.35. Copia completa

ACTIVIDADES 8.11

- Copie varios archivos sobre las carpetas que hemos creado en las prácticas anteriores en su unidad GMail Drive.

8.4.3 ELIMINAR ARCHIVOS Y CARPETAS

También podemos eliminar archivos y carpetas como lo haríamos en Windows (Figuras 8.36 y 8.37).

Figura 8.36. Eliminar

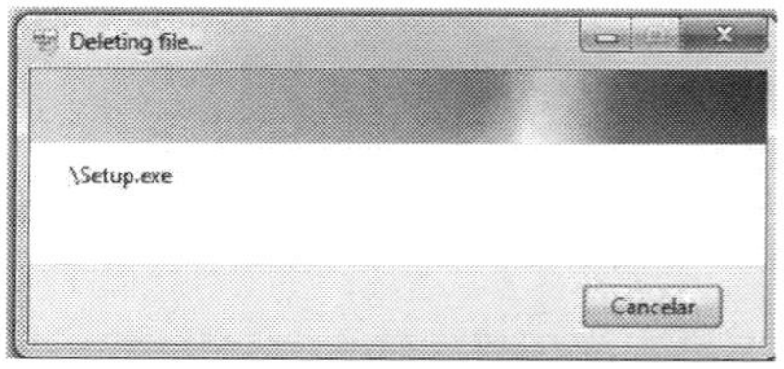

Figura 8.37. Eliminando

ACTIVIDADES 8.12

- Elimine uno o varios archivos y carpetas en su unidad GMail Drive.

8.5 NAVEGACIÓN Y OPERACIONES BÁSICAS CON BOX

8.5.1 CREAR CARPETAS

Para crear carpetas en Box, en primer lugar debemos estar identificados en dicha web. Hacemos clic en **New** (Figura 8.38) → **New Folder** (Figura 8.39). Estableceremos un nombre para dicha carpeta (Figura 8.40) y a partir de ese momento podremos utilizar dicha carpeta en la aplicación (Figura 8.41).

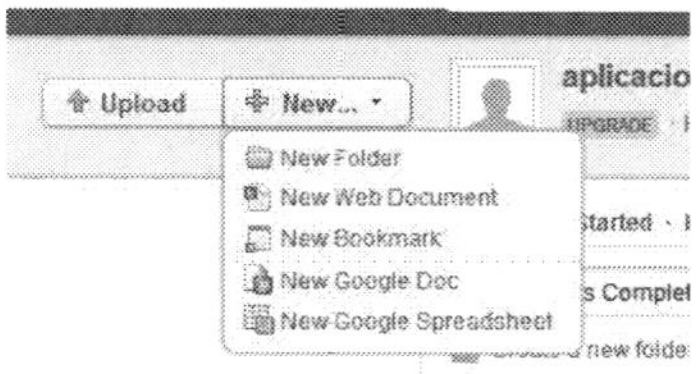

Figura 8.38. *New*

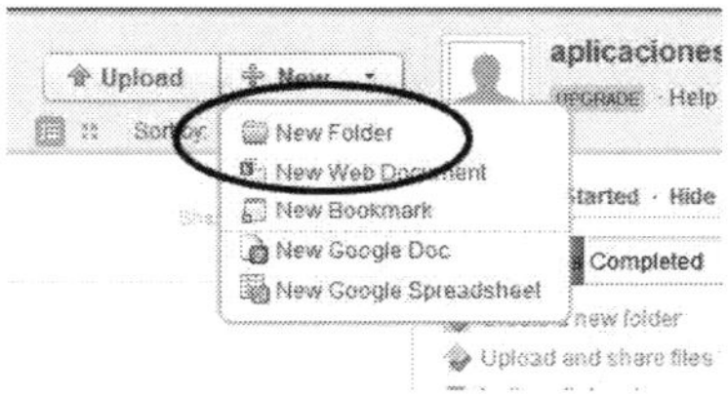

Figura 8.39. *New Folder*

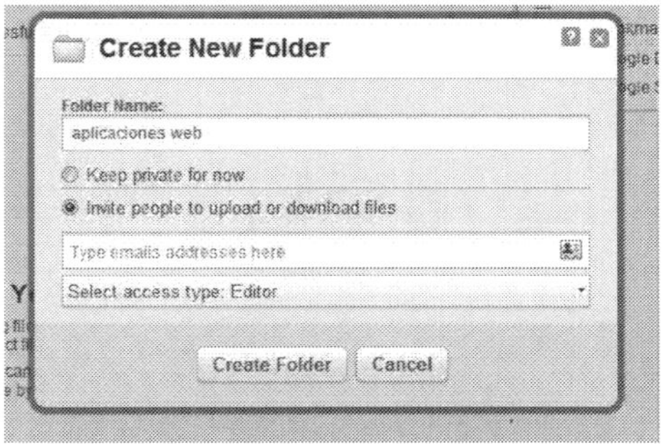

Figura 8.40. *Folder name*

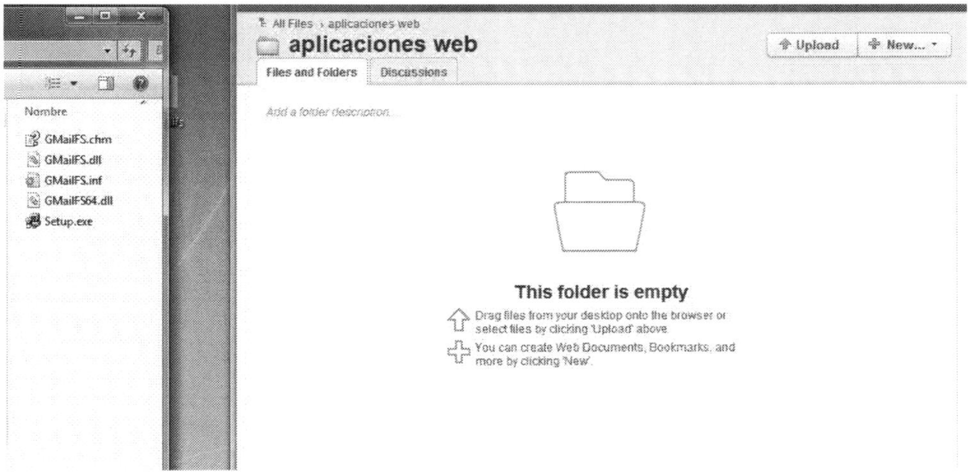

Figura 8.41. *Carpeta creada*

ACTIVIDADES 8.13

- Cree una o varias carpetas en su cuenta Box.

8.5.2 COPIAR ARCHIVOS

Para copiar archivos de nuestra máquina a Box, tan solo hay que arrastrar los ficheros hacia el interior de la ventana del navegador web (Figuras 8.42 y 8.43).

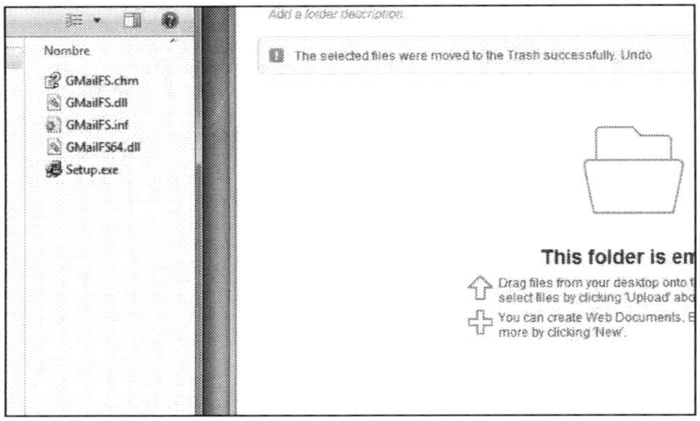

Figura 8.42. *Preparados para copiar*

Figura 8.43. *Arrastramos los ficheros*

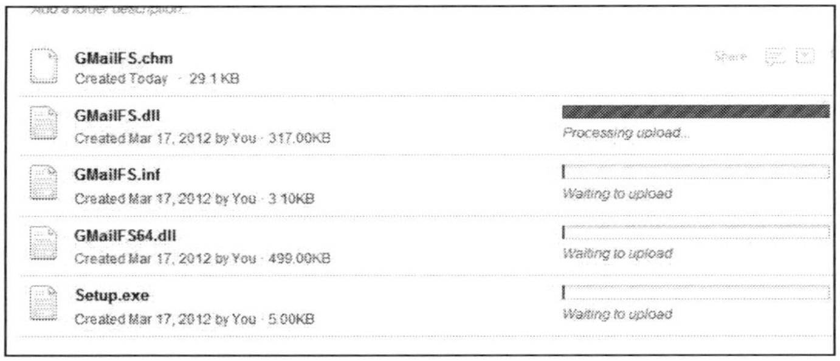

Figura 8.44. *Subida de ficheros*

Figura 8.45. *Ficheros subidos*

Para descargar los ficheros subidos, sobre el fichero nos aparece un icono con una flecha azul. Si hacemos clic sobre esa flecha nos da la posibilidad de descargar el fichero (Figura 8.46). También nos aparecerá el mismo menú haciendo clic con el botón derecho encima del fichero.

Figura 8.46. *Descargar ficheros de box.com*

ACTIVIDADES 8.14

- Copie varios archivos sobre las carpetas que hemos creado en la práctica anterior en su cuenta Box.

8.5.3 ELIMINAR ARCHIVOS Y CARPETAS

Para eliminar un fichero, lo hacemos de forma similar a como hacemos para descargarlo, en este caso seleccionamos **Delete** (borrar) (Figuras 8.47 y 8.48). De igual forma podemos eliminar carpetas (Figuras 8.49 y 8.50).

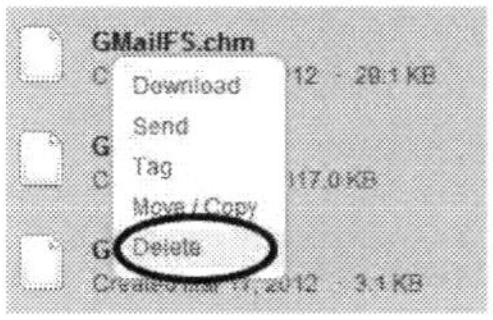

Figura 8.47. *Eliminar*

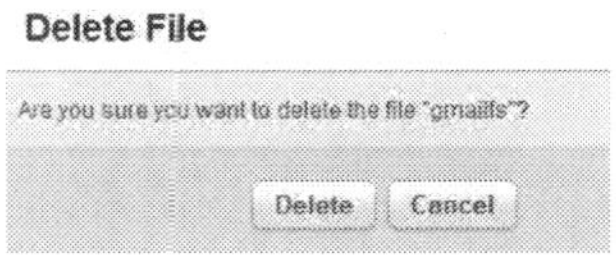

Figura 8.48. *Confirmar eliminar*

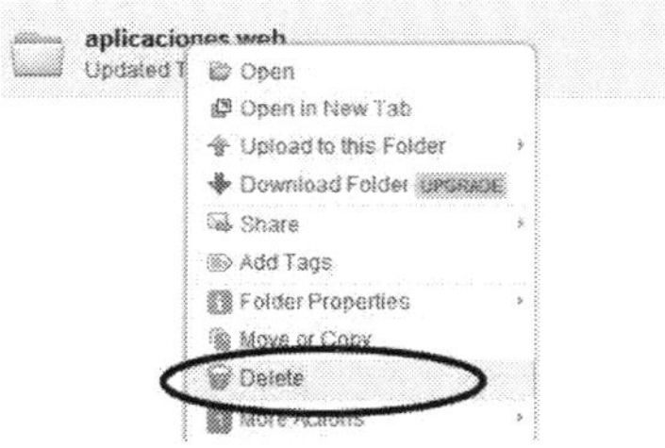

Figura 8.49. *Eliminar carpeta*

Figura 8.50. *Confirmar eliminar*

ACTIVIDADES 8.15

- Elimine varios archivos y carpetas que hemos creado en las prácticas anteriores en su cuenta Box.

8.6 ADMINISTRACIÓN DE BOX

Podemos administrar Box desde cualquier lugar, en cualquier momento y en cualquier dispositivo: de escritorio, portátiles, iPhone, iPad, teléfonos y *tablets* con Android.

Por defecto, Box aparecerá en inglés, si queremos cambiarlo a español debemos realizar los siguientes pasos, nos vamos a **My Account** → **Account Settings** (Figura 8.51), pestaña *General* (Figura 8.52), en la opción **Time and Language** establecemos **Time Zone** → **GMT Europe Madrid** y **Language** → **Español** (Figura 8.53). A partir de ese momento tendremos Box en español.

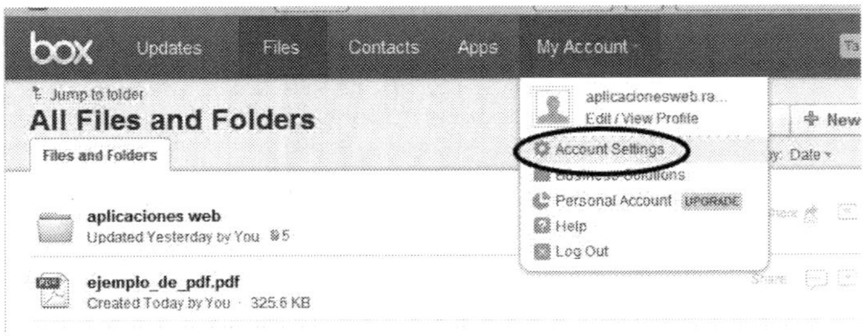

Figura 8.51. *My Account → Account Settings*

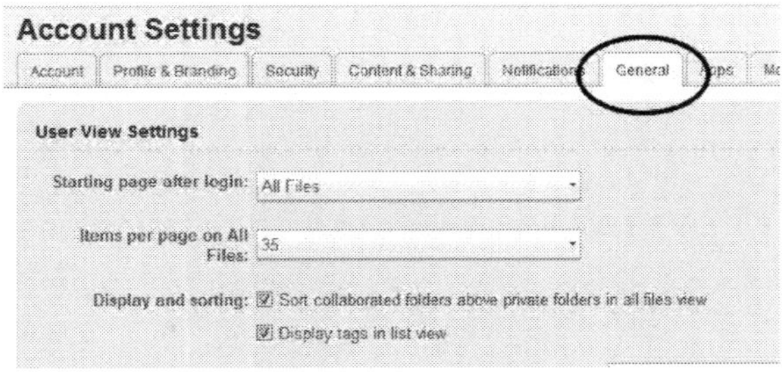

Figura 8.52. *Account Settings → General*

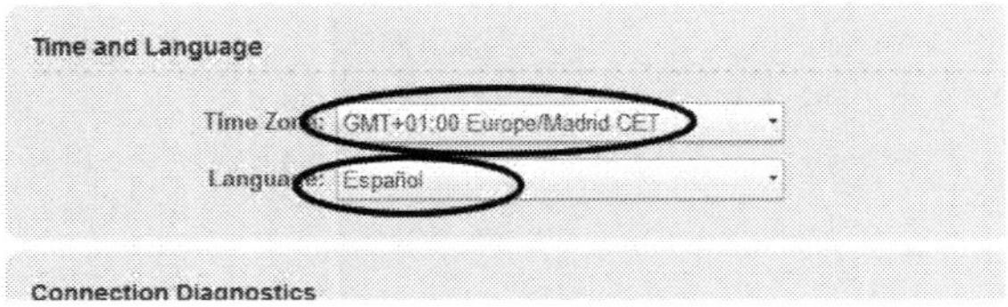

Figura 8.53. *Time and Language*

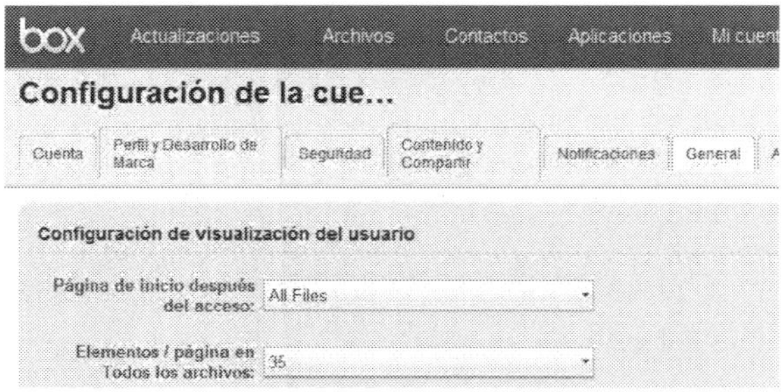

Figura 8.54. *Aplicación en español*

ACTIVIDADES 8.16

- Cambie la configuración de su Box y ponga el idioma en español.

Box nos da la posibilidad de importar nuestros contactos para poder enviar archivos rápidamente en el futuro. Para realizar esto debemos hacer lo siguiente: en la parte derecha de la ventana nos aparece la opción **Editar tu perfil** (Figura 8.55), aquí nos aparece la opción **Importar contactos** (Figura 8.56).

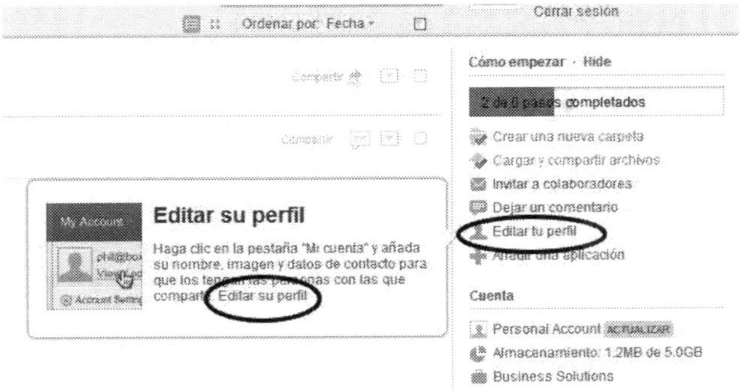

Figura 8.55. *Editar tu perfil*

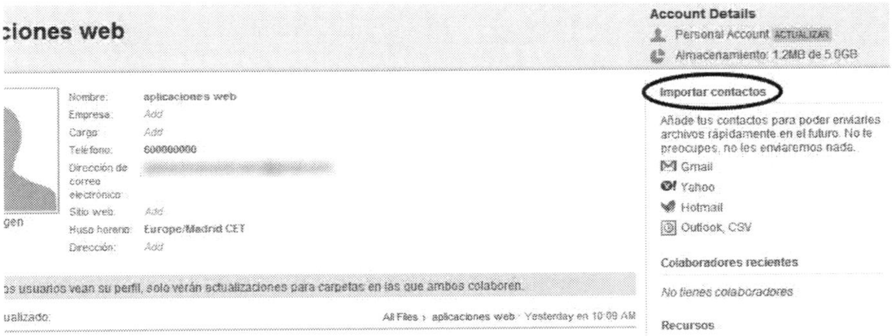

Figura 8.56. *Importar contactos*

Debemos introducir los datos de la cuenta (Gmail, Yahoo, Hotmail u Outlook) (Figura 8.57). Una vez introducimos los datos de la cuenta nos aparecen todos los contactos (Figura 8.58). Podemos incorporar los que queramos (o incluso todos) (Figura 8.59).

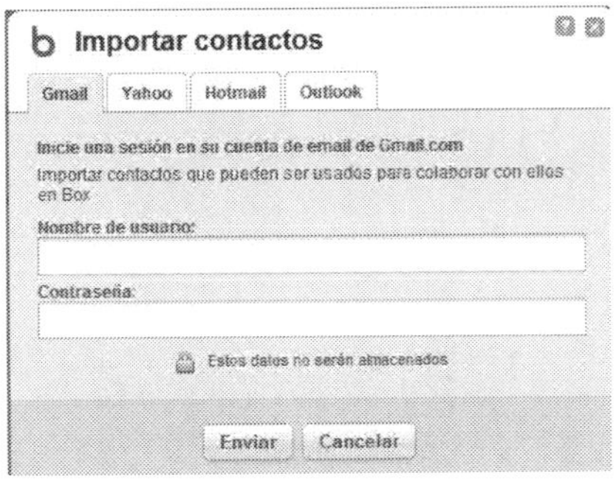

Figura 8.57. *Importar contactos*

Figura 8.58. *Importar contactos a Box*

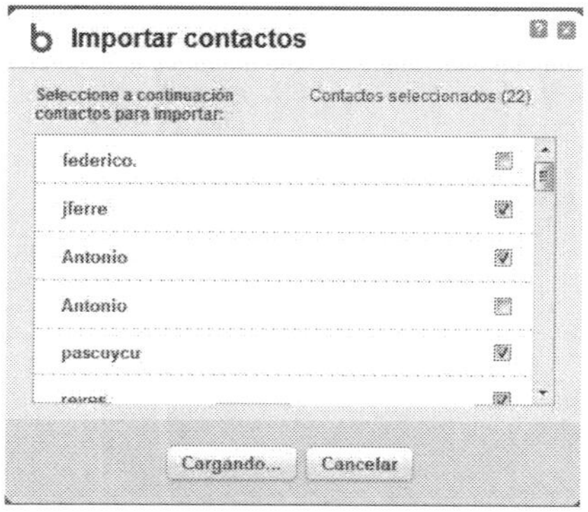

Figura 8.59. *Seleccionar contactos*

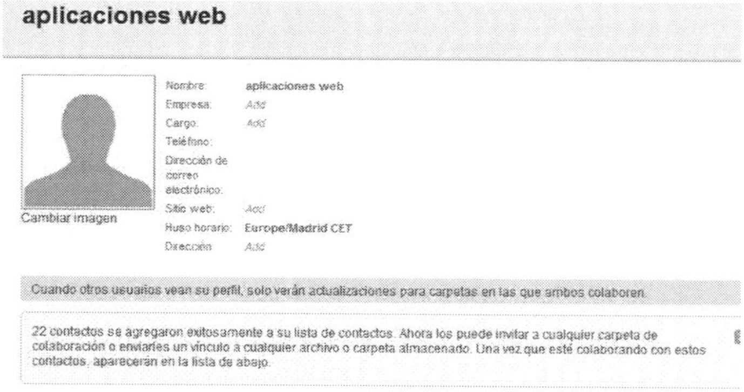

Figura 8.60. *Contactos importados*

ACTIVIDADES 8.17

- Importe sus contactos desde su cuenta de correo a nuestra cuenta Box.

8.7 CREACIÓN DE RECURSOS COMPARTIDOS EN BOX

Crear recursos compartidos es muy sencillo en Box. Hay dos maneras de compartir información: mediante enlace seguro y mediante colaboradores.

8.7.1 COMPARTIR MEDIANTE ENLACE SEGURO

Con este método nos genera un enlace web, desde el cual, a la persona que se lo enviemos podrá acceder a nuestros archivos/carpetas compartidos. Podemos aprovechar incluso Box para enviar dicho enlace a los contactos que deseemos.

Figura 8.61. *Recursos compartidos*

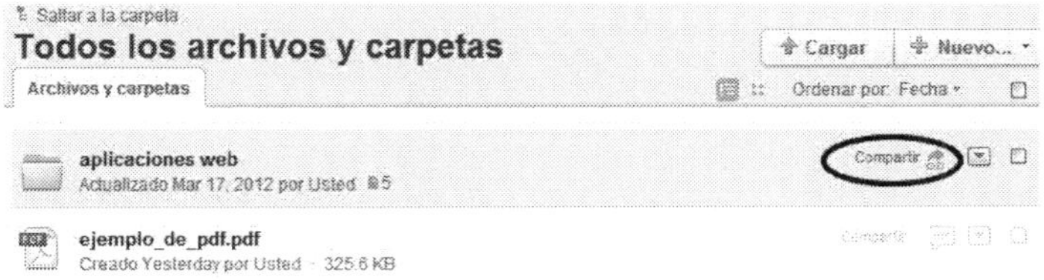

Figura 8.62. *Compartir*

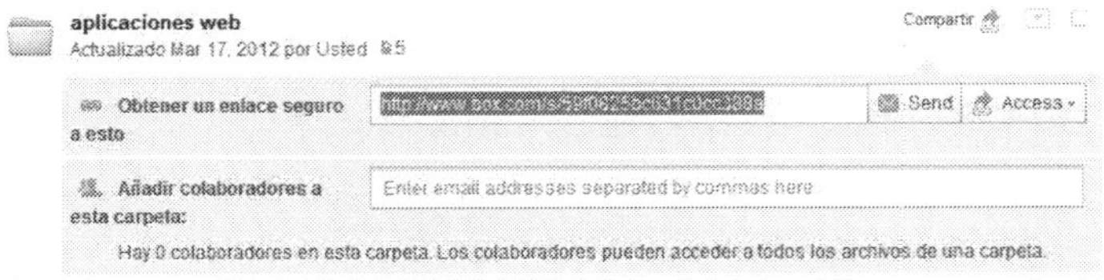

Figura 8.63. *Enlace para compartir*

ACTIVIDADES 8.18

- Obtener el enlace seguro para enviar por correo electrónico de carpetas creadas en actividades anteriores.

8.7.2 COMPARTIR MEDIANTE COLABORADORES

Al hacer clic en **Compartir** podemos añadir colaboradores al archivo compartido (Figuras 8.64, 8.65, 8.66 y 8.67).

Figura 8.64. *Compartir*

Figura 8.65. *Colaboradores de una carpeta*

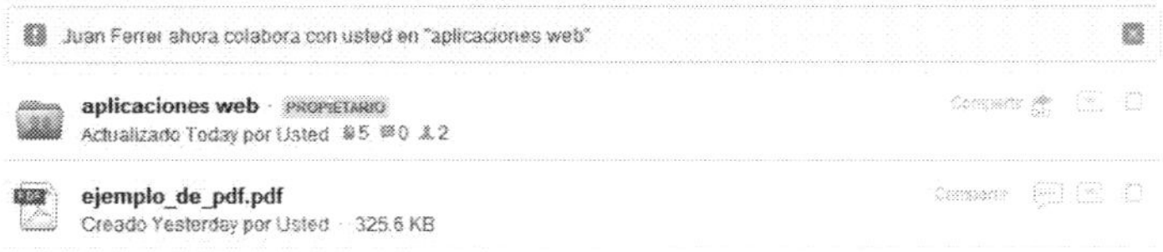

Figura 8.66. *Colaborador añadido*

Figura 8.67. *Colaboradores de un archivo*

La persona colaboradora recibirá un correo por parte de Box y a partir de ese momento podrá acceder al archivo/carpeta que hemos compartido con él. Hay que tener en cuenta que esta persona debe tener cuenta en Box, si no tuviese deberá crearse una utilizando el correo sobre el que hemos compartido dicho archivo o carpeta (Figuras 8.68, 8.69, 8.70 y 8.71).

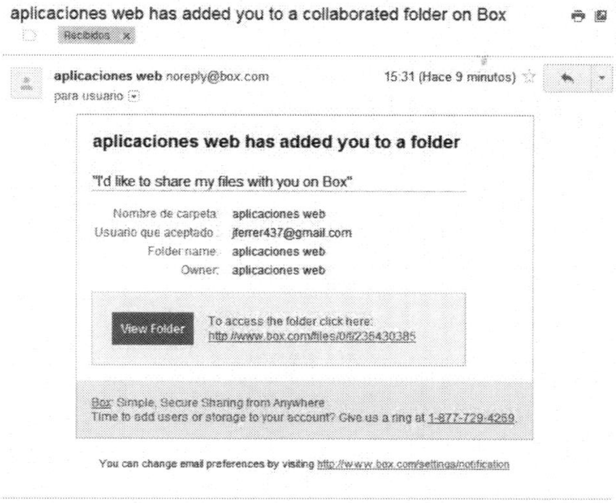

Figura 8.68. Correo recibido por el colaborador

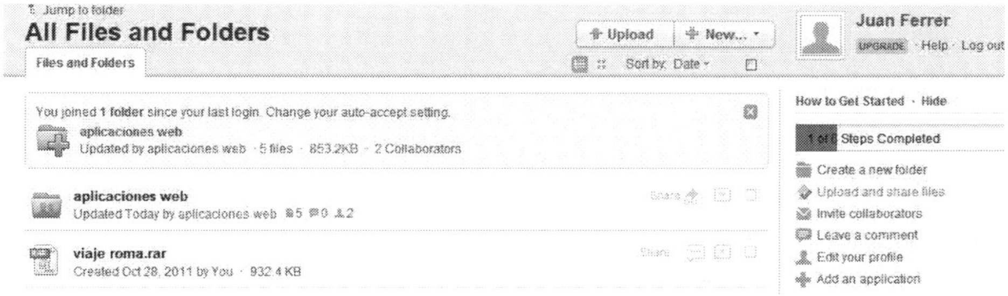

Figura 8.69. Box del colaborador

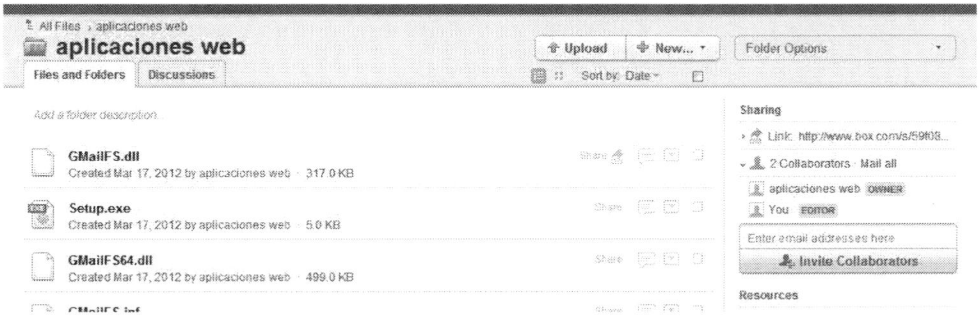

Figura 8.70. Recursos compartidos

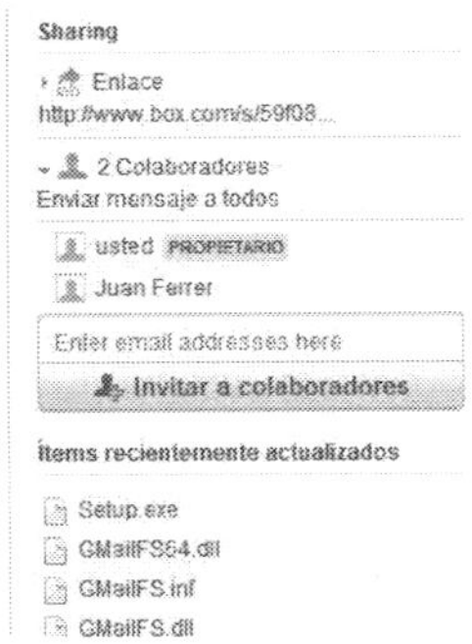

Figura 8.71. Recursos compartidos

ACTIVIDADES 8.19

- Compartir una carpeta mediante colaboradores. La carpeta será una de las creadas en actividades anteriores.

Si el tipo de fichero es reconocido por Box, podremos ver una vista previa de dicho fichero (documento, imagen, etc.).

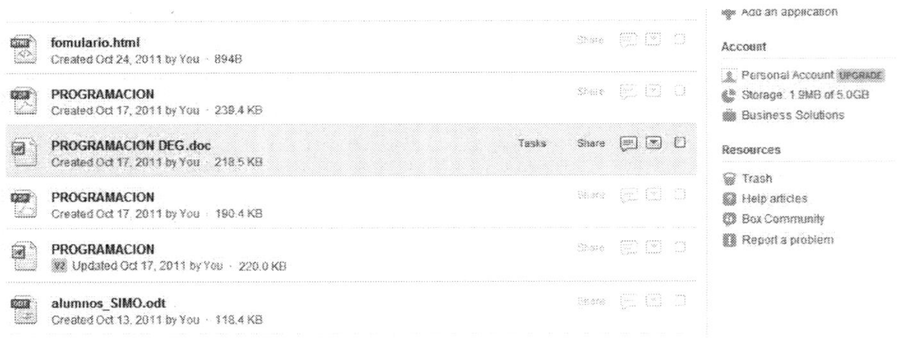

Figura 8.72. Archivos conocidos

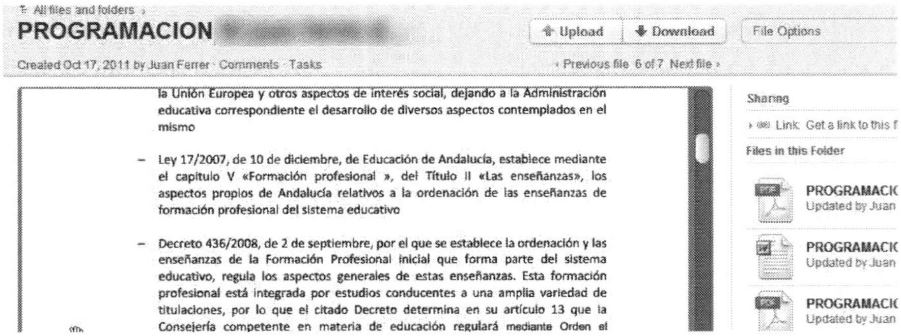

la Unión Europea y otros aspectos de interés social, dejando a la Administración educativa correspondiente el desarrollo de diversos aspectos contemplados en el mismo

- Ley 17/2007, de 10 de diciembre, de Educación de Andalucía, establece mediante el capítulo V «Formación profesional », del Título II «Las enseñanzas», los aspectos propios de Andalucía relativos a la ordenación de las enseñanzas de formación profesional del sistema educativo

- Decreto 436/2008, de 2 de septiembre, por el que se establece la ordenación y las enseñanzas de la Formación Profesional inicial que forma parte del sistema educativo, regula los aspectos generales de estas enseñanzas. Esta formación profesional está integrada por estudios conducentes a una amplia variedad de titulaciones, por lo que el citado Decreto determina en su artículo 13 que la Consejería competente en materia de educación regulará mediante Orden el

Figura 8.73. Vista previa de archivos

ACTIVIDADES 8.20

- Abrir alguno de los ficheros subidos utilizando el visor que lleva incorporado Box. Si no hemos subido ningún fichero conocido (documento texto, hoja de cálculo, imagen, etc.), antes de abrirlo habrá que subirlo.

Si hemos modificado algún archivo y lo volvemos a subir a Box, nos aparecerá una marca con la versión del fichero por la que vamos, esto es muy útil si hay varias personas trabajando con un documento común.

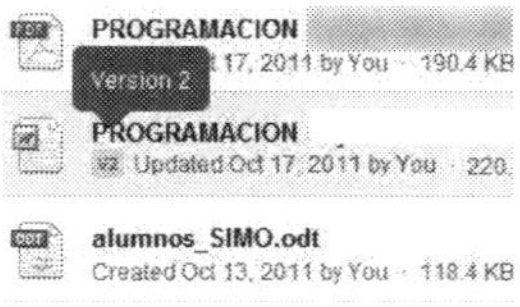

Figura 8.74. *Versión del archivo*

8.8 USUARIOS Y PERMISOS. TIPOS DE USUARIO EN BOX

En Box hay dos tipos de usuarios. El propietario, que es la persona que ha subido a su espacio el fichero y los colaboradores, que son los usuarios a los que hemos "invitado" a nuestros archivos.

En la versión gratuita hay dos tipos de colaboradores distintos: **Editor** y **Visualizador**, en función de lo que permitamos que pueda hacer el colaborador (Figura 8.75).

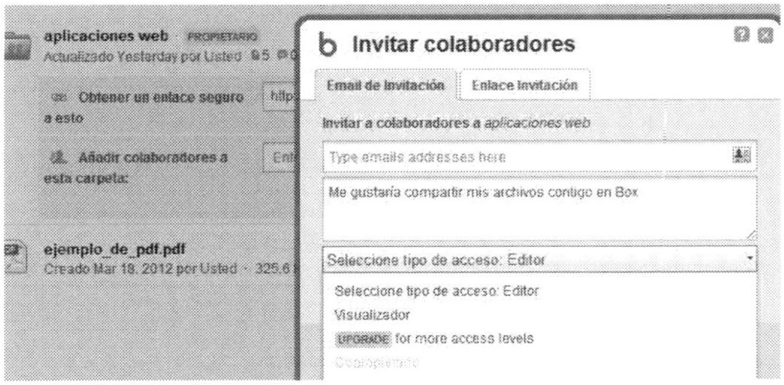

Figura 8.75. *Invitar colaboradores*

El tema del usuario colaborador se ciñe a carpetas compartidas, para ficheros solamente podremos compartir el enlace y especificar algunas restricciones como poner contraseña, solo permitir a colaboradores acceder, etc. (Figura 8.76).

Figura 8.76. *Compartir archivos*

ACTIVIDADES 8.21

- Compartir varios recursos utilizando colaboradores distintos (editor y visualizador), proteger ficheros compartidos con contraseña. Generar el enlace para descargar algunos de los ficheros, etc. Hacer capturas de todo el proceso.

RESUMEN DEL CAPÍTULO

En este capítulo hemos tratado los servicios de gestión de archivos web. Se han visto una serie de ventajas e inconvenientes de dichos servicios. Hemos introducido algunos de los servicios que existen en la actualidad, y se ha visto una pequeña parte pues existen decenas e incluso centenas de sitios web que ofrecen este servicio.

Aquí nos hemos centrado en dos, por un lado GMail Drive, que es una aplicación no oficial de Google que permite aprovechar el espacio libre de nuestra cuenta de correo Gmail para utilizarla como unidad de almacenamiento. El uso de esta aplicación debe realizarse conociendo que no es una aplicación oficial, y por tanto, si Google modificara el acceso a la cuenta de Gmail podríamos perder el acceso a esta unidad en la nube. Por tanto, hay que utilizarlo conociendo este detalle. De hecho, Google oferta este servicio, llamado *Google Drive*, con 5 GB de almacenamiento en la nube, a partir de abril de 2012.

Por otro lado hemos visto un sitio web para la gestión de nuestros archivos en la nube: *box.com*. La mayor característica de Box es su rapidez y sencillez de manejo. Nos ofrece en su versión gratuita 5 GB de almacenamiento, y podemos subir archivos y carpetas, compartirlos con otros usuarios, eliminar dichos archivos y carpetas, ver vistas previas de los documentos reconocidos, etc.

EJERCICIOS PROPUESTOS

1. Busque qué ocurrió con uno de los servicios de compartición de ficheros más utilizados en la Red: *Megaupload*.

2. Localice alguna aplicación de gestión de archivos web distinta de las que se han presentado en el capítulo.

3. Existe una aplicación similar a GMail Drive para Linux. Localícela y exponga sus principales características.

4. Muchas de las aplicaciones que hemos visto en el tema tienen versiones gratuitas y de pago. ¿Por qué cree que estas empresas ofrecen espacio de forma gratuita?

5. Al principio del capítulo se expusieron una serie de ventajas e inconvenientes de los servicios de archivos web. Ahora que ha finalizado el capítulo, ¿qué ventajas e inconvenientes encuentra usted en dichos servicios?

TEST DE CONOCIMIENTOS

1 Una ventaja de tener los archivos en un Servicio de Gestión de Archivos Web es:
- a) Poder acceder a la información en cualquier momento y desde cualquier sitio.
- b) Poder compartir información con nuestros contactos.
- c) Nos sirve como medio de *backup* (copia de seguridad) de la información.
- d) Todas son ciertas.

2 El servicio de Gestión de Archivos en línea de Microsoft se llama:
- a) Dropbox.
- b) Bitcasa.
- c) Skydrive.
- d) GMail Drive.
- e) File Dropper.
- f) Microsoft no dispone de ese servicio.

3 El servicio de Gestión de Archivos en línea de Google se llama:
- a) Dropbox.
- b) Bitcasa.
- c) Skydrive.
- d) GMail Drive.
- e) File Dropper.
- f) Google aún no dispone de ese servicio.

4 Box dispone de una cuenta gratuita con:
- a) 1 GB de almacenamiento en la nube.
- b) 2 GB de almacenamiento en la nube.
- c) 5 GB de almacenamiento en la nube.
- d) 25 GB de almacenamiento en la nube.
- e) Todas son falsas.

5 En Box podemos importar contactos de nuestras cuentas de correo en:
- a) Gmail.
- b) Yahoo.
- c) Hotmail.
- d) Otras cuentas.
- e) Todas son ciertas.
- f) No podemos importar contactos en Box.

9 Instalación de aplicaciones de ofimática web

OBJETIVOS DEL CAPÍTULO

- ✓ Definir qué es un Aplicación de ofimática web.
- ✓ Conocer ventajas e inconvenientes de las Aplicaciones de ofimática web.
- ✓ Presentar algunas aplicaciones de Gestión de Archivos Web.

9.1 INTRODUCCIÓN

Las aplicaciones web ofimáticas son una alternativa gratuita para editar textos, crear hojas de cálculo o realizar presentaciones sin necesidad de instalar uno de los programas tradicionales de escritorio como el Office de Microsoft. Se manejan a través de un navegador y solo requieren una conexión a Internet. Reúnen además numerosas ventajas para colaborar con otros usuarios en la edición simultánea de documentos, algo impensable hasta la fecha, ya que habilitan numerosas y variadas opciones para desarrollar los más diversos trabajos en equipo.

Las aplicaciones web son populares debido a lo práctico del navegador web como cliente ligero, a la independencia del sistema operativo, así como a la facilidad para actualizar y mantener aplicaciones web sin distribuir e instalar software a muchos usuarios.

Es importante mencionar que una página web puede contener elementos que permiten una comunicación activa entre el usuario y la información. Esto permite que el usuario acceda a los datos de modo interactivo, gracias a que la página responderá a cada una de sus acciones.

9.1.1 VENTAJAS

- **Ahorra tiempo**: se pueden realizar tareas sencillas sin necesidad de descargar ni instalar ningún programa.
- **No hay problemas de compatibilidad**: basta tener un navegador actualizado para poder utilizarlas.
- **No ocupan espacio en nuestro disco duro**.
- **Actualizaciones inmediatas**: como el software lo gestiona el propio desarrollador, cuando nos conectamos estamos usando siempre la última versión que haya lanzado.
- **Consumo de recursos bajo**: dado que toda (o gran parte) de la aplicación no se encuentra en nuestro ordenador, muchas de las tareas que realiza el software no consumen recursos nuestros porque se realizan desde otro ordenador.
- **Multiplataforma**: se pueden usar desde cualquier sistema operativo porque solo es necesario tener un navegador.
- **Portables**: son independientes del ordenador donde se utilicen (un PC de sobremesa, un portátil...) porque se accede a través de una página web (solo es necesario disponer de acceso a Internet). La reciente tendencia al acceso a las aplicaciones web a través de teléfonos móviles requiere sin embargo un diseño específico de los ficheros CSS para no dificultar el acceso de estos usuarios.
- **Disponibilidad**: suele ser alta porque el servicio se ofrece desde múltiples localizaciones para asegurar la continuidad del mismo.
- **Virus**: no dañan los datos porque estos están guardados en el servidor de la aplicación.
- **Colaboración**: gracias a que el acceso al servicio se realiza desde una única ubicación, son sencillos el acceso y la compartición de datos por parte de varios usuarios. Tiene mucho sentido, por ejemplo, en aplicaciones *on line* de calendarios u oficina.
- **Navegadores**: ofrecen cada vez más y mejores funcionalidades para crear aplicaciones web ricas.

9.1.2 INCONVENIENTES

- Habitualmente ofrecen menos **funcionalidades** que las aplicaciones de escritorio. Se debe a que las funcionalidades que se pueden realizar desde un navegador son más limitadas que las que se pueden realizar desde el sistema operativo. Pero cada vez los navegadores están más preparados para mejorar en este aspecto. La aparición de HTML5 representa un hito en este sentido.
- La **disponibilidad** depende de un tercero, el proveedor de la conexión a Internet o el que provee el enlace entre el servidor de la aplicación y el cliente. Así que la disponibilidad del servicio está supeditada al proveedor.
- Debido a que el medio de transporte es Internet, puede conllevar una **inseguridad** de que cualquier *hacker* pueda acceder a sus datos, aunque la seguridad y la protección de datos suelen ser altas en estas aplicaciones.

9.1.3 ALGUNAS APLICACIONES DE OFIMÁTICA WEB

Los tres servicios más populares, todos ellos gratuitos para el usuario son *Google Docs*, *Zoho* y *Thinkfree Online*.

Los tres se caracterizan por su sencillez de uso, sobre todo Google Docs que, como de costumbre en los productos del famoso buscador, apuesta por potenciar la usabilidad y por un diseño muy limpio. La curva de aprendizaje respecto a las aplicaciones que se instalan en el escritorio es mínima. Thinkfree es muy similar al Microsoft Office tradicional (el anterior a la versión de 2007) y los botones cumplen las mismas funciones.

Los tres servicios coinciden en ofrecer tres aplicaciones básicas: el procesador de textos, la hoja de cálculo y el software de presentaciones. Google añade la posibilidad de enviar formularios, útiles para realizar invitaciones y confirmaciones de asistencia, mientras que Thinkfree dispone del extra de un editor WYSWYG que permite insertar en sus documentos diferentes contenidos de Internet, como fotos de Flickr o vídeos de YouTube. Sin embargo, Zoho sobresale en este aspecto con sus 12 aplicaciones distintas, entre ellas una wiki, un programa de correo electrónico, un calendario o un software para controlar otros ordenadores a distancia, con vistas a realizar un soporte técnico.

Estos programas no resultan tan completos como los que se instalan en el ordenador. Thinkfree proporciona más opciones de edición que el resto, aunque presenta un "pequeño" problema: necesita la máquina virtual de Java para ejecutarse, eso hace que a veces funcione con cierta lentitud.

Google Docs destaca por su mayor flexibilidad en este aspecto y hasta 10 personas pueden editar a la vez un texto, incluso dentro de un mismo párrafo. Sin embargo, Zoho ofrece un sistema menos ágil que bloquea el párrafo modificado para que no se solapen los cambios. Thinkfree se desmarca de sus dos rivales porque no contempla la edición simultánea y solo se puede trabajar en los contenidos de forma individual.

En general, mientras los procesadores de texto trabajan con una agilidad similar a la de las aplicaciones de escritorio, las hojas de cálculo son más lentas y los programas de presentaciones proporcionan menos opciones (con Thinkfree y Zoho como los mejores) respecto al software correspondiente que se instala en el ordenador.

9.1.4 GOOGLE DOCS

El gran punto a favor de Google Docs se halla en su diseño minimalista y su usabilidad. Es sencillo acostumbrarse a esta aplicación y un gran número de sus acciones se hacen intuitivas para quienes manejan de manera habitual programas ofimáticos. Además, está traducido al español.

Esta aplicación permite trabajar con los archivos ofimáticos más extendidos, como los de Microsoft Office y los estándares libres de OpenDocument. Exporta a HTML, RTF, CSV y a PDF. Igual que Zoho y Thinkfree, Google Docs permite compartir las tareas de creación en dos niveles, uno para invitar a colaboradores y otro solo a lectores. Hasta 200 personas pueden tener permiso para editar los documentos de texto y las presentaciones, aunque de ellas solo 10 pueden trabajar en un mismo documento a la vez. En el caso de las hojas de cálculo, el límite de editores asciende hasta 50 de forma simultánea.

Google posibilita la publicación de los contenidos en modo página web con añadidos como un RSS para que otras personas puedan informarse de las novedades. Destaca la opción de traspasar la propiedad de un documento para que, a partir de ese momento, otra persona se convierta en el dueño del mismo. Así mismo, integra un programa para enviar por correo electrónico formularios con distintos tipos de respuestas. Por medio de éste se pueden idear invitaciones, encuestas o confirmar la asistencia a un acto, por ejemplo.

En la página de inicio de Google Docs, los contenidos se clasifican por carpetas gracias a la utilización de Ajax. Destaca el cuadro de búsqueda que rastrea los propios archivos guardados en el servidor con el fin de encontrar los términos deseados. Por otro lado, ofrece plantillas para diferentes documentos de texto, hojas de cálculo y presentaciones. Una prestación de gran utilidad para crear tarjetas de visita, listas de invitados o llevar la contabilidad doméstica, entre otras tareas.

A continuación se presenta lo que podemos hacer con sus principales herramientas:

Documento

- Crear o subir documentos ya creados de Word, Open Office, RTF, HTML o texto, así como guardarlos en nuestro ordenador con estos mismos formatos (además del formato PDF o ZIP).
- Aplicar formato a los documentos, utilizando para ello un sencillo editor del tipo WYSIWYG (*What You See Is What You Get*, es decir, lo que ves es lo que obtienes).
- Enviar por correo electrónico los documentos como archivos adjuntos.
- Trabajar de forma colaborativa y en tiempo real con otras personas, pudiendo invitarles mediante su dirección de correo electrónico para que puedan editar o solamente ver nuestros documentos y hojas de cálculo.
- Edición del historial de revisiones de nuestros documentos y hojas de cálculo, incluyendo la posibilidad de restaurar cualquier versión anterior.
- Publicar documentos *on line* para que estén disponibles para todo el mundo, como páginas web (mediante una URL creada de forma automática) o como documentos publicados en nuestro *blog*.

Hoja de cálculo

- Importar y exportar datos con los formatos XLS, CSV y ODS (y exportar funciones para PDF y HTML).
- Aplicar formatos y fórmulas en las hojas de cálculo.
- *Chatear* en tiempo real con otros usuarios que estén editando nuestra hoja de cálculo.

- Insertar una hoja de cálculo, o una sección de una hoja de cálculo, en nuestro *blog* o página web.
- Crear de una forma muy sencilla gráficos de diversos tipos, a partir de los datos introducidos en las hojas de cálculo.

Presentación

- Importar presentaciones que tengamos creadas en los formatos de archivo PPT y PPS.
- Guardar las presentaciones que realicemos en formato PPT o PDF.
- Editar y aplicar formato a las presentaciones, utilizando para ello un sencillo editor del tipo WYSIWYG.
- Posibilidad de insertar imágenes y autoformas previamente creadas.
- Aplicar a las diapositivas diferentes tipos de temas para que se ajusten a nuestras preferencias.
- Compartir y editar presentaciones con otras personas (tanto con colaboradores con permisos de edición, como con lectores (sin permisos de edición).
- Visualizar las presentaciones en tiempo real con otras personas, pudiendo interactuar con ellas mediante una herramienta de *chat*.
- Publicar las presentaciones en la Web.

9.2 INSTALACIÓN

Más que instalación, lo que vamos a proceder es al alta de Google Docs.

Si ya disponemos de una cuenta en Google (por ejemplo, si tenemos una dirección de correo electrónico en Gmail), entonces no será necesario darnos de alta de nuevo para acceder al servicio de Google Docs, bastará ir a la página *http://www.google.es* y hacer clic sobre el enlace **Más**, que aparece en la parte superior de la pantalla (Figura 9.1), y seleccionar **Docs**.

Figura 9.1. *Google Docs*

En la ventana que nos aparece, tendremos que introducir nuestra dirección de correo y, a continuación, la contraseña. Seleccionaremos **Recordarme en este equipo** si estamos utilizando un ordenador personal para no tener que introducir nuevamente la dirección de correo y la contraseña. Finalmente, tendríamos que pulsar sobre el botón **Iniciar sesión** (Figura 9.2).

Figura 9.2. *Iniciar sesión*

Si aún no tenemos cuenta Google en el siguiente apartado vamos a ver cómo crear una.

9.2.1 CREACIÓN DE UNA CUENTA GOOGLE

Podemos partir de la pantalla anterior (Figura 9.2), si hacemos clic en **REGÍSTRESE** nos llevará a la creación de la cuenta. Otra opción es dirigirnos a la dirección *http://www.gmail.com*, pulsar sobre el botón **CREAR UNA CUENTA** (Figura 9.3) y rellenar todos los datos solicitados (Figura 9.4).

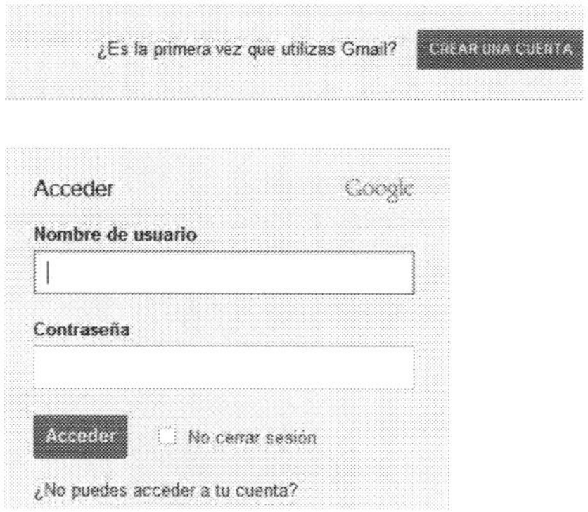

Figura 9.3. *www.gmail.com*

Figura 9.4. *Crear una cuenta*

Una vez completados todos los datos debemos marcar la casilla **Acepto las Condiciones del servicio y la Política de privacidad de Google** (Figura 9.5). Hacemos clic sobre **Siguiente paso** y ya nos aparecerá una pantalla de bienvenida a nuestro correo (Figura 9.6).

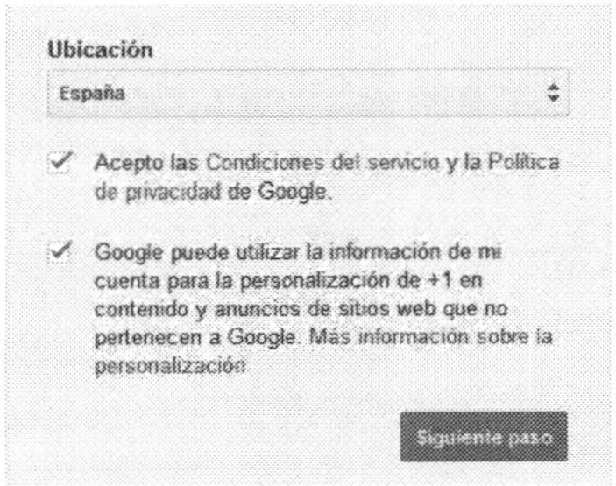

Figura 9.5. *Acepto las condiciones*

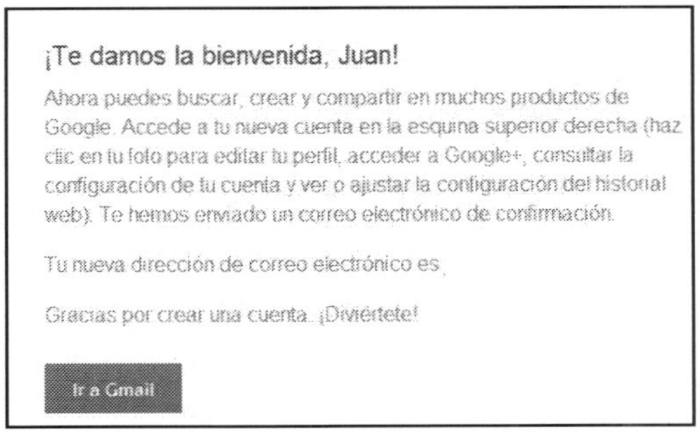

Figura 9.6. *Cuenta creada*

Ya podemos disfrutar de nuestra nueva cuenta de correo electrónico. Además, de regalo tenemos una **Cuenta Google**, la cual nos permitirá acceder a todos los contenidos ofertados por Google, como Blogger y Google Docs, por poner unos ejemplos.

9.3 UTILIZACIÓN DE LAS APLICACIONES INSTALADAS: CREACIÓN DE DOCUMENTOS

9.3.1 LA PANTALLA DE INICIO

Al iniciar Google Docs nos aparece la pantalla de Inicio. Aquí podremos ver todos nuestros documentos.

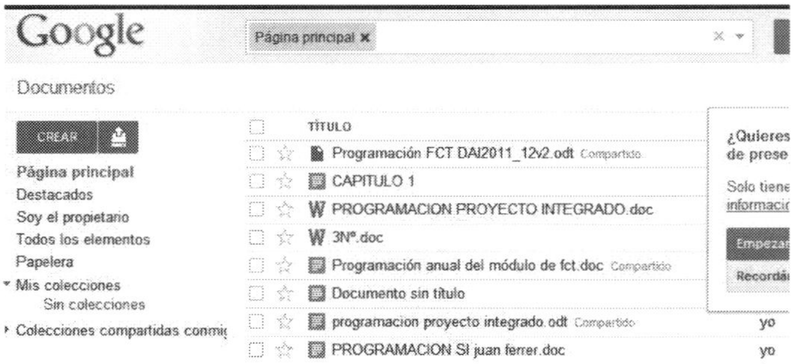

Figura 9.7. *Documentos de nuestro usuario*

9.3.2 NUEVO DOCUMENTO

Vamos a ver cómo crear un nuevo documento, por ejemplo, un documento de texto. Para ello, haremos clic en el desplegable **Crear**. Google Docs nos permite la creación de seis elementos:

- Documento, un documento de texto.
- Presentación, basada en diapositivas.
- Hoja de cálculo.
- Formulario, con el que podemos recoger información de otros usuarios.
- Dibujo, donde podremos dibujar gráficos y diagramas.
- Colección, para organizar nuestros elementos.

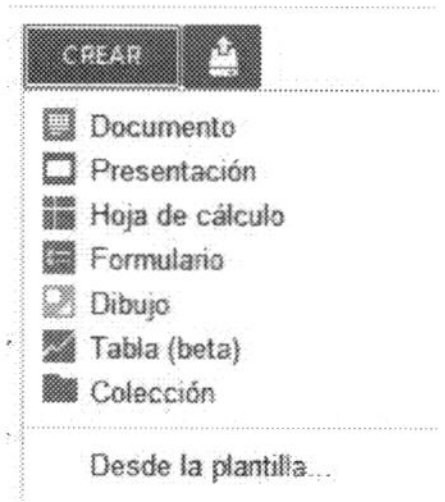

Figura 9.8. *Nuevo*

Como queremos crear un nuevo documento de texto, pulsamos en **Documento**. Se abrirá una nueva ventana o pestaña del navegador en la que nos aparece una pantalla como ésta (en el caso de documentos de texto) (Figura 9.9).

Figura 9.9. *Nuevo documento*

Dentro de la ventana del navegador, en la parte superior izquierda, nos aparece el título del documento (el nombre con el que se guardará).

Al crear un documento nuevo, en el título aparece *Sin título*. La primera vez que se guarde, el título tomará el valor de la primera frase escrita. Para cambiarlo haga clic sobre el título. Nos aparecerá una ventana pidiéndonos el nuevo nombre. Teclee "Primero", que es el nombre que le vamos a dar a nuestro primer documento.

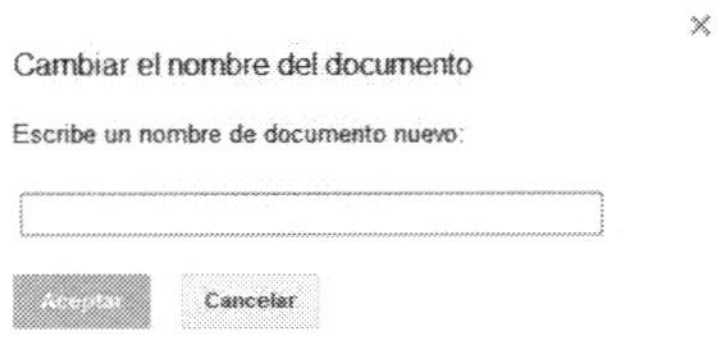

Figura 9.10. *Cambiar el nombre al documento*

9.3.3 GUARDAR UN DOCUMENTO

Google Docs va guardando automáticamente su documento (Figura 9.11). Si ahora cerrásemos el navegador accidentalmente o apagásemos el ordenador, nuestro documento no se perdería y lo tendríamos disponible al iniciar una nueva sesión. De hecho va guardando automáticamente cada vez que añadimos o eliminamos algo de un documento (Figura 9.12).

Figura 9.11. *Guardando*

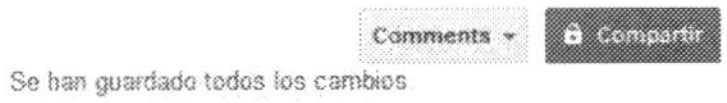

Figura 9.12. *Cambios guardados*

Por lo tanto, no deberemos preocuparnos de guardar el documento.

ACTIVIDADES 9.1

- Iniciar Google Docs, acceder a través de nuestra cuenta Google. Una vez iniciado Google Docs entrará en la pantalla de Inicio. Haga clic sobre el botón **Crear nuevo** y pulse **Documento**; le aparecerá un documento de texto en blanco.
- Ahora copie el texto que ve a continuación:

  "El proyecto GNU, que se inició en 1983 por Richard Stallman;8 tiene como objetivo el desarrollo de un sistema operativo Unix completo y compuesto enteramente de software libre. La historia del núcleo Linux está fuertemente vinculada a la del proyecto GNU. En 1991 Linus Torvalds empezó a trabajar en un reemplazo no comercial para MINIX que más adelante acabaría siendo Linux.

  Cuando Torvalds liberó la primera versión de Linux, el proyecto GNU ya había producido varias de las herramientas fundamentales para el manejo del sistema operativo, incluyendo un intérprete de comandos, una biblioteca C y un compilador, pero como el proyecto contaba con una infraestructura para crear su propio núcleo (o kernel), el llamado Hurd, y este aún no era lo suficiente maduro para usarse, comenzaron a usar a Linux a modo de continuar desarrollando el proyecto GNU, siguiendo la tradicional filosofía de mantener cooperatividad entre desarrolladores. El día en que se estime que Hurd es suficiente maduro y estable, será llamado a reemplazar a Linux.

  Entonces, el núcleo creado por Linus Torvalds, quien se encontraba por entonces estudiando en la Universidad de Helsinki, llenó el "espacio" final que había en el sistema operativo de GNU.".
- Guarde el documento como "apellido1_apellido2_nombre_practica1".

ACTIVIDADES 9.2

- Abra una nueva hoja de cálculo de Google Docs.
  a. Sitúese en la celda A1 y escriba 1995. Pulse la tecla **Intro**.
  b. Se encuentra en la celda A2, escriba 1995 y pulse la tecla **Intro**.
  c. Sitúese en la celda A3 y escriba 1995,12. Pulse **Flecha abajo**.
  d. Escriba 1234567890123456789,1 en la celda A4. Pulse **Flecha abajo**.
  e. Escriba -2950 en la celda A5. Pulse **Intro**.
  f. Sitúese en la celda A6 y escriba (2950). Pulse **Intro**.
  g. Sitúese en la celda A7 y escriba 12%. Pulse **Intro**.
  h. Sitúese en la celda A8 y escriba 12,7%. Pulse **Intro**.
  i. Sitúese en la celda A9 y escriba 1200 €. Pulse **Intro**.
- Guarde el documento como "apellido1_apellido2_nombre_practica2".

9.4 COMPROBACIÓN DE LA SEGURIDAD. GESTIÓN DE USUARIOS Y PERMISOS ASOCIADOS

Sin duda, uno de los mayores atractivos que nos ofrece Google Docs es poder compartir nuestros documentos con otros usuarios. Podemos desde colaborar en su creación y edición con otros usuarios, hasta publicarlos con una dirección propia, como si de una página web se tratase.

Lo primero, y como nos referiremos a ello con frecuencia, vamos a definir los tipos de participantes a la hora de compartir:

- **Propietario**: es el creador del documento. Puede editar el documento y eliminarlo, invitar a lectores y colaboradores, y cambiar algunos de sus derechos sobre el documento. Ningún colaborador puede eliminar la participación del propietario en el documento.
- **Colaboradores o Para editar**: son invitados por el propietario, aunque a su vez pueden invitar a otros colaboradores y lectores. Tienen derecho a leer, modificar, guardar e imprimir el documento.
- **Lectores o Para ver**: pueden leer el documento, guardárselo e imprimirlo, pero no editarlo.

9.4.1 COMPARTIR UN ELEMENTO

Podemos compartir cualquiera de nuestros elementos de Google Docs, incluso las carpetas. De hecho, al compartir una carpeta, se comparte todo su contenido. Por eso, si tenemos un grupo de personas con el que siempre compartimos documentos, nos será más cómodo compartir una carpeta, e ir asignando los documentos a dicha carpeta, que ir compartiéndolos cada vez.

Los pasos a seguir para compartir un elemento son los siguientes:

1. Podemos compartir varios documentos a la vez desde el listado de la pantalla de inicio. Primero los seleccionamos y, después, pulsamos el botón **Compartir** (Figura 9.13).

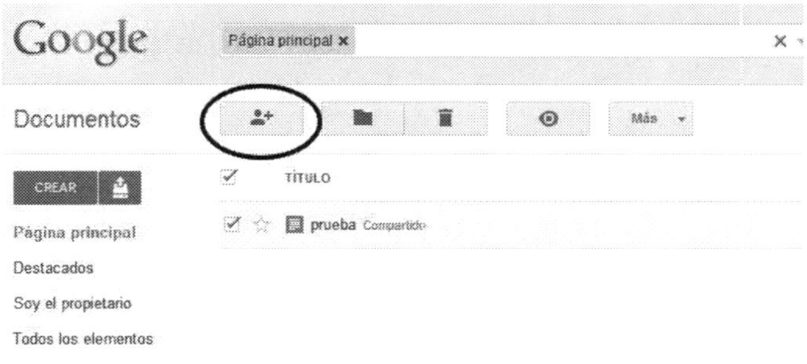

Figura 9.13. *Compartir*

2 Para compartir el documento que estamos editando, seleccionamos el botón **Compartir** (Figura 9.14), que mostrará las mismas opciones que para compartir desde la pantalla de inicio. En cualquier caso llegamos a la pantalla **Configuración para compartir** (Figura 9.15).

Figura 9.14. *Compartir*

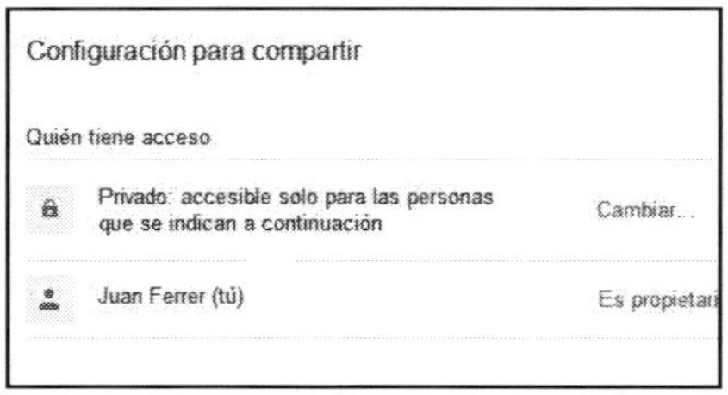

Figura 9.15. *Configuración para compartir*

3 Por defecto, el archivo es privado (Figura 9.15), esto implicará que solo será accesible por el propietario y por los usuarios con los que se ha compartido el documento de forma explícita, por nadie más. Podemos cambiar la seguridad de la compartición haciendo clic en **Cambiar** (Figura 9.16).

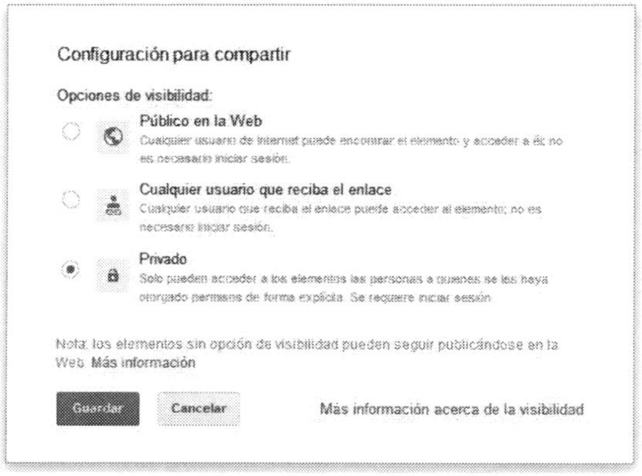

Figura 9.16. *Cambiar el acceso a un archivo*

9.4.2 INVITAR A COLABORADORES Y LECTORES

Podemos invitar a nuevos colaboradores y lectores desde la pantalla **Configuración para compartir**, usando la pestaña **Añadir a personas** (Figura 9.17).

En la caja de texto, escribiremos las direcciones de correo de todos los usuarios, separadas por comas si hay más de una. Pulsando el enlace **Elegir de los contactos**, accedemos a una lista con nuestros contactos de Gmail, para poder añadir esas direcciones con un clic (Figura 9.17).

Lo normal es avisar al contacto de que hemos compartido con él un documento, en este caso marcaremos la opción **Notificar a las personas por correo electrónico**. Podemos personalizar este mensaje haciendo clic en el enlace **Añadir Mensaje**.

Figura 9.17. *Compartir con los contactos*

Por defecto nuestros contactos pueden editar el documento compartido. Existen dos tipos de compartición extras (puede comentar o puede ver). Dependiendo del nivel de participación que queramos mantener con la/s persona/s con la/s que compartimos el documento, utilizaremos una opción u otra (Figura 9.18).

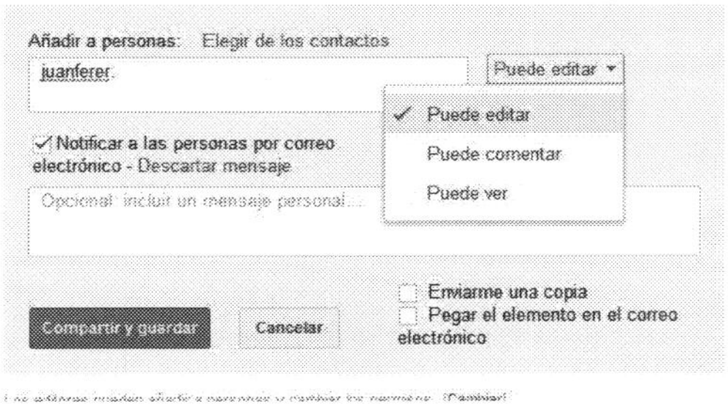

Figura 9.18. *El contacto Puede*

Si marcamos **Pegar el elemento en el correo electrónico**, el documento se enviará en el cuerpo del mensaje, como si lo hubiésemos escrito dentro del *Mensaje*. Enviarme una copia: envía una copia a nuestro correo del mensaje. Pulsando **Compartir y guardar**, el documento ahora ha sido compartido con el/los contacto/s que hayamos introducido en la caja de texto, a su vez, los elementos compartidos aparecerán en el listado de documentos de nuestro colaborador.

Podemos compartir un documento con un máximo de 100 usuarios, pero solo 10 podrán editarlo de forma simultánea.

ACTIVIDADES 9.3

- Compartir con el profesor/a los documentos creados en las Actividades 9.1 y 9.2.

9.4.3 GESTIONAR EL USO COMPARTIDO

Partimos de **Configuración para compartir** (Figura 9.19), como hemos comentado antes, la configuración por defecto es **Privado**, es decir, accesible solo para las personas que se indican en la lista que aparece a continuación.

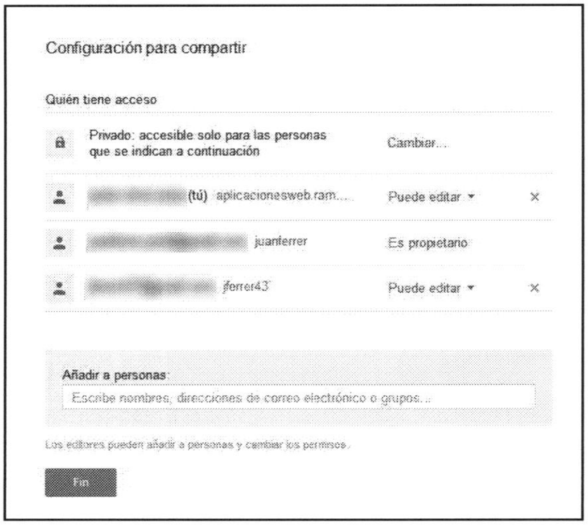

Figura 9.19. *Configuración para compartir*

Podemos cambiar la configuración haciendo clic sobre **Cambiar** (Figura 9.20).

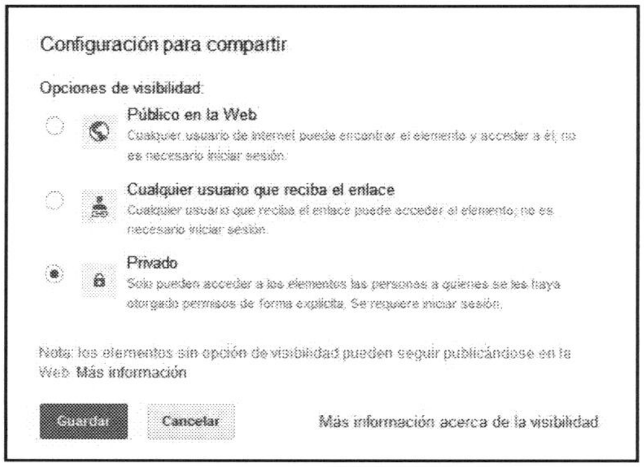

Figura 9.20. *Opciones de visibilidad*

En nuestro caso vamos a seleccionar **Cualquier usuario que reciba el enlace**, lo cual implicará que cualquier usuario, aunque no se haya identificado, que reciba el enlace podrá acceder a dicho elemento (Figura 9.21). Al igual que antes, podemos asignar ciertos permisos sobre los documentos compartidos (modificar, ver, comentar).

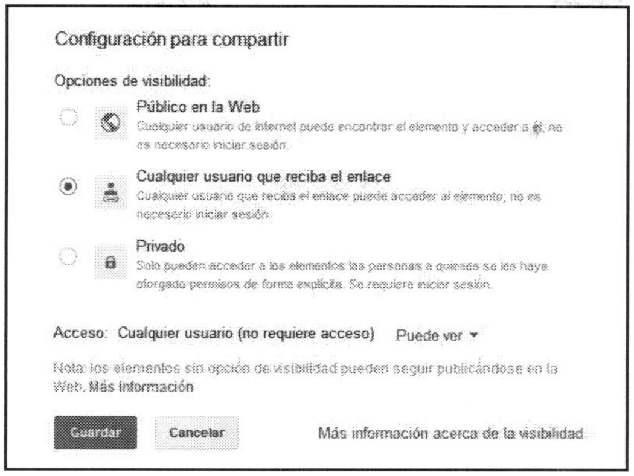

***Figura 9.21.** Cualquier usuario que reciba el enlace*

Generará un enlace que podremos distribuir para que los contactos puedan acceder a dicho contenido (Figura 9.22).

***Figura 9.22.** Enlace para compartir*

Podremos obtener el enlace siempre que queramos accediendo a **Compartir** desde el documento o desde la pantalla principal.

ACTIVIDADES 9.4

- Compartir con cualquiera que reciba el enlace los documentos creados en las Actividades 9.1 y 9.2. Enviar al profesor/a el enlace generado por Google tras compartir dichos elementos.

9.4.4 PÚBLICO EN LA WEB

Esta opción es parecida a la anterior, con la diferencia de que en este caso cualquier usuario de Internet puede acceder al recurso compartido, no es necesario que inicie sesión, tan solo que conozca el enlace de dicho documento, de la misma manera podemos compartir el recurso de varias formas: editar, comentar y ver.

Los pasos a seguir son los mismos que en el caso anterior, tan solo cambiando las opciones de visibilidad por **Público** en la web.

ACTIVIDADES 9.5

- Hacer públicos en la web los documentos creados en las Actividades 9.1 y 9.2. Enviar al profesor/a el enlace generado por Google tras compartir dichos elementos.

9.4.5 PUBLICAR UN DOCUMENTO

Publicar un documento en Google Docs es, como se dice coloquialmente, colgarlo en Internet. Para ello, dentro del documento, hacemos clic en **Archivo**, **Publicar en la Web** (Figura 9.23).

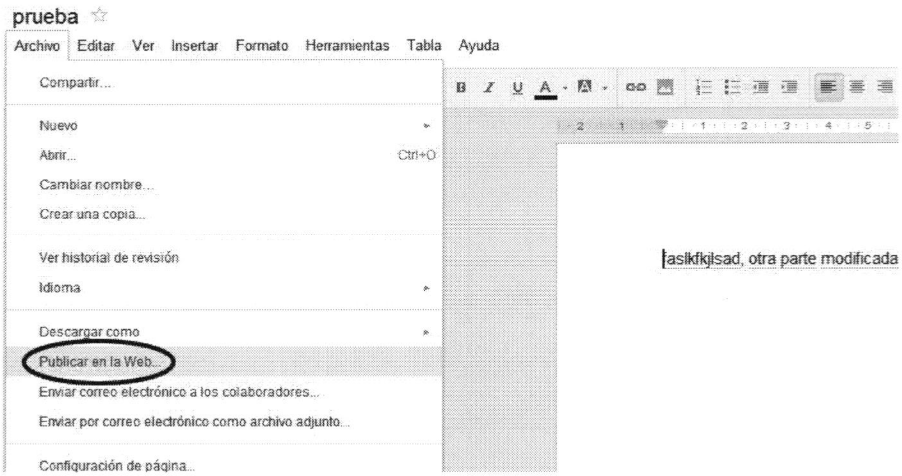

Figura 9.23. *Archivo, Publicar en la Web*

La opción **Volver a publicar automáticamente cuando se realicen cambios** (Figura 9.24) sincroniza la versión publicada de nuestro documento con el documento que editamos. Así, los cambios realizados se irán actualizando en la versión publicada (solo para documentos de texto).

Figura 9.24. *Opciones de para publicar en la web*

Google Docs también nos permite publicar nuestro documento de texto a través de un *blog* o una web. Mediante el enlace **Insertar código** podemos insertar este código en nuestro *blog* de la misma forma que insertamos música o presentaciones.

La principal diferencia entre publicar y el enlace para compartir es que con el enlace muestra el documento actual, mientras que al publicar, publicamos una versión. Si no la actualizamos, será distinta al documento original.

En el caso de los documentos de texto, podemos consultar las estadísticas de visitas de tus documentos publicados si configuramos Google Analytics.

En las hojas de cálculo podemos decidir qué hoja publicar y en qué formato se visualiza (Figura 9.25). En las presentaciones, encontraremos un código HTML. Si lo copiamos en una página web se verá un marco con los controles necesarios para reproducir la presentación (Figura 9.26).

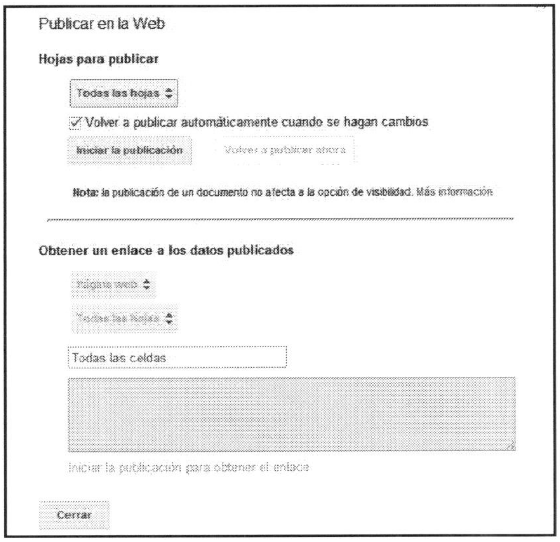

Figura 9.25. *Publicar Hoja Cálculo*

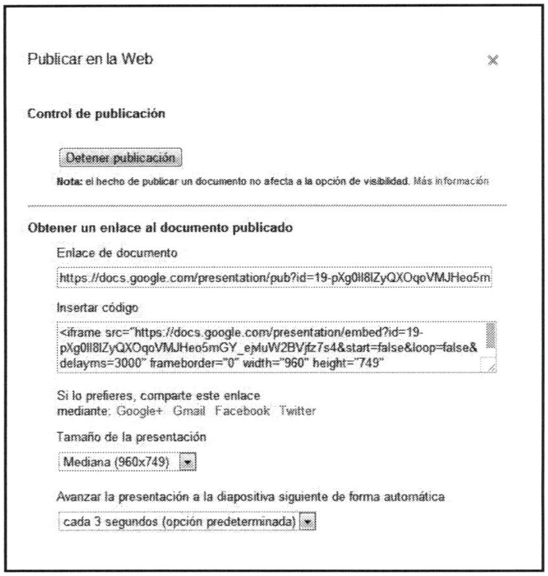

Figura 9.26. *Publicar Presentación*

ACTIVIDADES 9.6

- En este ejercicio, deberá publicar en Internet la Actividad 9.2. Recuerde: aunque publique el documento, no será accesible por nadie que no conozca su dirección, por tanto, deberá enviar la dirección del documento al profesor/a.

RESUMEN DEL CAPÍTULO

En este capítulo hemos tratado el futuro hecho presente, las aplicaciones de ofimática web, que tienen poco que envidiar a sus hermanas mayores, las aplicaciones ofimáticas tradicionales y, además, presentan una serie de ventajas sobre ellas. En primer lugar, la mayoría son gratuitas, aunque no es el factor diferenciador ya que existen aplicaciones de ofimática de escritorio también gratuitas. En segundo lugar, los documentos están alojados en la nube, por tanto, para acceder a ellos no es necesario llevar ninguna memoria *flash* u ordenador. Tan solo necesitamos un navegador y una conexión a Internet. Este hecho determina que puede haber varios usuarios a la vez trabajando sobre el mismo documento, cosa impensable en las aplicaciones ofimáticas de escritorio. En tercer lugar, debido a que solo necesitamos un navegador y una conexión a Internet, podremos utilizarlo desde cualquier dispositivo que cumpla estos requisitos: ordenadores, *smartphones*, *tablets*, *netbooks*, televisiones, etc. No todo son ventajas, si perdemos la conexión, perderemos también el acceso a los documentos que hemos creado, aunque estas aplicaciones tienen la opción de guardar una copia del documento en local. A su vez, al funcionar desde el navegador tampoco pueden implementar por completo las funcionalidades de las aplicaciones ofimáticas de escritorio.

EJERCICIOS PROPUESTOS

1. ¿Qué diferencias principales encuentras entre las aplicaciones ofimáticas de escritorio (Office, Libre Office) y las aplicaciones ofimáticas web?

2. Vista la tendencia actual con los *smartphones*, *tablets*, *netbooks*, etc., ¿cree que el futuro de la ofimática serán las aplicaciones ofimáticas web?

3. Regístrese y pruebe tanto Zoho como ThinkFree, ¿qué le parecen? ¿Cree que alguna de ellas desbancará a la todopoderosa Google? ¿Por qué?

4. En las aplicaciones ofimáticas web varios usuarios pueden editar a la misma vez un documento. ¿Qué ventajas e inconvenientes encuentra en esto?

5. Localice en Internet otra aplicación de ofimática web, aparte de las que hemos visto en el capítulo.

TEST DE CONOCIMIENTOS

1 La aplicación ofimática web más utilizada hoy en día es:
a) Zoho.
b) Microsoft Office.
c) Libre Office.
d) ThinkFree.
e) Gmail.
f) Todas son ciertas.
g) Todas son falsas.

2 La aplicación ofimática web en la que necesitamos tener la máquina virtual de Java en nuestro sistema para poder utilizarla es:
a) Zoho.
b) Microsoft Office.
c) Libre Office.
d) ThinkFree.
e) Gmail.
f) Todas son ciertas.
g) Todas son falsas.

3 Ventajas de las aplicaciones de ofimática web con respecto a las aplicaciones de ofimática de escritorio:
a) Multiplataforma.
b) Varios usuarios a la misma vez en un mismo documento.
c) No necesitamos gastar espacio de almacenamiento en nuestro dispositivo para guardar los documentos.
d) Tenemos siempre la última versión del programa.
e) Todas son falsas.

4 Ventajas de las aplicaciones ofimáticas de escritorio frente a las aplicaciones ofimáticas web:
a) Son mucho más potentes y con más funcionalidades.
b) Podemos utilizarlas sin conexión a Internet.
c) Podemos hacer archivos mucho más grandes.
d) Todas son ciertas.
e) Todas son falsas.

5 Con Google Docs podemos exportar documentos que hemos creado a formato:
a) PDF.
b) Office.
c) Open Document.
d) Todas son ciertas.
e) Todas son falsas.

10 Instalación de aplicaciones web de escritorio

OBJETIVOS DEL CAPÍTULO

- ✓ Definir qué son las aplicaciones web de escritorio.
- ✓ Conocer las diferencias entre aplicaciones web frente aplicaciones tradicionales.
- ✓ Conocer algunas de las aplicaciones web más importantes.
- ✓ Conocer qué son las aplicaciones de correo web.
- ✓ Instalar y gestionar usuarios en las aplicaciones de correo web.

10.1 ESCRITORIO WEB

Un escritorio web, también llamado web desktop o *webtop*, es un entorno de escritorio desarrollado a partir de un navegador web o una aplicación similar de tipo cliente. Un *webtop* integra las aplicaciones web, los servicios web, las aplicaciones cliente-servidor, los servidores de aplicaciones y aplicaciones en el cliente local en un entorno de escritorio virtual.

Estos escritorios web proporcionan un ambiente similar al de los sistemas operativos Windows, Mac, o una interfaz gráfica de usuario en sistemas Unix y Linux. Se trata de un escritorio virtual que se ejecuta en un navegador web. En una aplicación web de escritorio, datos, archivos, configuración, los ajustes y los privilegios de acceso residen en la red de forma remota. Gran parte de la computación se lleva a cabo de forma remota. El navegador se utiliza principalmente para fines de visualización y de entrada.

Los términos *escritorio web* y *webtop* son distintos de los del sistema operativo web (los veremos detalladamente en el Capítulo 15). Habitualmente, los escritorios web son denominados incorrectamente como sistemas operativos web.

10.1.1 HISTORIA

El origen del termino *webtop* se remota al año 1993, cuando la empresa SCO (*Santa Cruz Operation*) diseña una interfaz web basada en su sistema operativo Unix. El concepto inicial se llamó Tarantella WebTop. Pueden considerarse padres del concepto a Andy y Ronald Bovingdon.

10.1.2 ESCRITORIO WEB VS. ESCRITORIO TRADICIONAL

Ventajas

- **Comodidad**: acceda a su escritorio en cualquier lugar, tan solo con utilizar un dispositivo de cliente compatible y una conexión a Internet.
- **Actualización**: manténgase siempre actualizado, puesto que no requiere de mantenimiento de actualización, siempre estará al día. Además las actualizaciones y los parches solo deben aplicarse en el servidor, sin necesidad de actualizar todos los clientes.
- **Compatibilidad**: el uso del *webtop* nos garantiza que todos los usuarios están ejecutando las mismas versiones actuales de todas las aplicaciones.
- **Potencia**: no requiere de una máquina potente para ejecutar las aplicaciones.
- **Seguridad frente a ataques**: menos propenso a los ataques típicos, virus, gusanos, clientes sin parches, vulnerabilidades.

- **Seguridad de los datos**: los datos sensibles almacenados están almacenados en servidores seguros y no dispersos a través de múltiples clientes potencialmente desprotegidos y vulnerables. Transmisión encriptada de los datos entre el servidor y los clientes (por ejemplo, HTTPS).
- **Seguridad a nivel de usuario**: el administrador del *webtop* puede controlar a qué aplicaciones y a qué datos pueden acceder los usuarios.
- **Tolerancia frente a fallos**: si un dispositivo cliente falla por cualquier razón, simplemente basta reemplazarlo con cualquier otro dispositivo cliente sin que se produzca pérdida de datos, las preferencias de configuración, o acceso a las aplicaciones.

Inconvenientes

- **Seguridad**: debido a que su transporte es Internet, eso conlleva una inseguridad de que cualquier *hacker* pueda acceder a tus datos, aunque la seguridad y la protección de datos es alta.
- **Conexión**: para poder acceder necesita una conexión de banda ancha a fin de realizar las tareas con total comodidad.
- **Características de las aplicaciones**: algunas aplicaciones *webtop* no pueden contener el conjunto completo de características que sí poseen las aplicaciones de escritorio tradicionales.
- **Actualización de aplicaciones**: el usuario normal de *webtop* no puede instalar aplicaciones adicionales o actualizar las aplicaciones existentes, tareas que, generalmente, son realizadas por un administrador en el servidor. Mientras que en un entorno de escritorio tradicional, el usuario puede alterar el sistema mediante la instalación de nuevo software o actualizaciones. En muchas ocasiones, esta desventaja también puede ser vista como una ventaja de los *webtop*.

10.1.3 APLICACIONES DE ESCRITORIO WEB

ZeroPC

Es una aplicación web que nos permite acceder y gestionar los archivos que tenemos en un escritorio web desde una misma interfaz. Lo hace simulando el escritorio de cualquier sistema operativo, donde tenemos una serie de carpetas, aplicaciones, ventanas, y donde además podemos conectar con otras aplicaciones web como Dropbox, Flickr, Evernote, Instagram, Sugar Sync, etc., junto con el espacio de almacenamiento que también nos ofrece la propia ZeroPC, que variará en función del plan de tarificación elegido, el gratuito o el de pago.

De esta manera, ZeroPC actúa como un sistema de escritorio tradicional, con aplicaciones propias y aplicaciones vinculadas mediante OAuth, donde los usuarios podemos gestionar los archivos accediendo al propio explorador de archivos de ZeroPC, pudiendo gestionar nuestros archivos como deseemos. Un detalle curioso es que entre las aplicaciones disponibles en ZeroPC hay una aplicación de mensajería, que podemos configurar y usar nuestras redes de mensajería principales, como Google Talk, el Messenger de MSN o el de Facebook, entre otros.

Figura 10.1. *ZeroPC*

ACTIVIDADES 10.1

- Dese de alta en ZeroPC y examine brevemente el comportamiento de este escritorio virtual. Realice capturas de todo el proceso.

CloudMe

CloudMe (antes iCloud) es un sistema de escritorio web basado en AJAX. El servicio CloudMe es propiedad y está desarrollado por una empresa sueca llama Xcerion. Es accesible desde sistemas operativos de escritorio y sistemas operativos móviles utilizando WebDAV. CloudMe es compatible con una variedad de navegadores web como Internet Explorer, Firefox y Google Chrome.

En junio de 2010 fue lanzada una versión móvil para los navegadores web para el iPhone y Android, la ampliación del acceso móvil más allá de WebDAV. El escritorio y sus aplicaciones están traducidos a 30 idiomas.

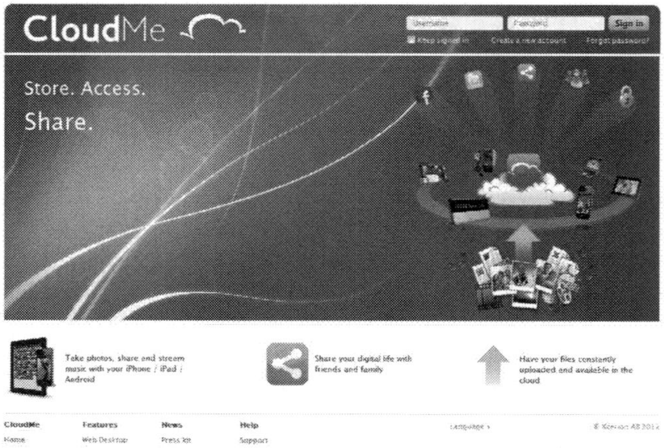

Figura 10.2. *CloudMe*

ACTIVIDADES 10.2

- Dese de alta en CloudMe y examine brevemente el comportamiento de este escritorio virtual. Realice capturas de todo el proceso.

Nivio

Para los que aún tengan necesidad del mundo Windows, incluidos sus programas más populares como el Office, la empresa Nivio ha diseñado un sistema para que el escritorio de Microsoft pueda usarse en cualquier dispositivo, ya sea Mac, Linux, iPad o tabletas y móviles Android. El servicio no es gratuito pero puede resultar interesante, en especial para los clientes corporativos.

Lanzado en febrero de 2011, el servicio de Nivio funciona con un sistema de suscripción que va desde una cuenta gratuita, con una licencia de 30 días de uso y 10 GB de espacio, la versión estudiante, 2 euros al mes, 10 GB de espacio y 10 horas de uso en total, hasta los 15 euros de la versión profesional y sin limitación de uso en tiempo con 10 GB de espacio (igual que las anteriores).

El escritorio de Windows se ejecuta *on line* y las aplicaciones también. Si se compra o descarga alguna, aunque sea gratuita, no van en realidad al dispositivo, sino a los servidores de Nivio y desde allí se ejecutan. Nivio se ha servido y mucho de las posibilidades que ofrece el nuevo HTML5 para este trabajo en red.

Otra de las ventajas que ofrece este servicio es que es 100% portable. Con la misma cuenta se puede tener el escritorio Windows virtual en todos los dispositivos que tengamos. Ofrece 10 GB de almacenamiento ampliable y siempre sincronizado, al estilo de Dropbox o Google Docs.

Figura 10.3. *Nivio*

ACTIVIDADES 10.3

- Dese de alta en Nivio (versión gratuita de 30 días) y examine brevemente el comportamiento de este escritorio virtual. Realice capturas de todo el proceso.

10.2 APLICACIONES DE CORREO WEB

La mayoría de la gente utiliza varias cuentas de correo a la vez. Una para cuestiones de trabajo o estudio, otra para alta en alguna que otra web o para recibir publicidad, otra personal, etc.

Cuando sucede esto, lo tradicional ha sido utilizar un cliente de correo de escritorio, que nos descargue el correo electrónico en nuestro ordenador y desde ahí poder gestionar múltiples cuentas. Pero, desde hace un tiempo, también tenemos la posibilidad de gestionar varias cuentas de correo a la vez de forma *on line*, centralizando la gestión en una de ellas.

En la gestión *on line* la alternativa más sólida la representa Gmail: nos permite configurar y gestionar otras cuentas de correo (incluidas las de otros proveedores).

Dentro de los gestores de correo de escritorio existen múltiples opciones: Microsoft Outlook, Lotus o Mozilla Thunderbird, entre otros.

10.3 INSTALACIÓN

En este caso vamos a ver la instalación y configuración de uno de los clientes de correo de escritorio más famosos y utilizados del momento: Mozilla Thunderbird.

Mozilla Thunderbird (anteriormente Minotaur) es un cliente de correo electrónico libre y de código abierto de la Fundación Mozilla. Su objetivo es desarrollar un Mozilla más liviano y rápido mediante la extracción y rediseño del gestor de correo del Mozilla oficial. La primera versión de Mozilla Thunderbird apareció en julio de 2003.

Sus características principales son: cuentas IMAP y POP, envío y recepción de correo HTML, gestión de Noticias (News), RSS, corrector ortográfico incorporado, soporte de extensiones y *skins*, cifrado PGP y filtro bayesiano de *spam*, entre otros. Existen versiones de Mozilla Thunderbird para Windows, Mac OS y Linux.

10.3.1 INSTALACIÓN EN WINDOWS

La instalación en Windows es muy sencilla. Partimos de la web del programa: *http://www.mozilla.org/es-ES/thunderbird/*. Esta página nos da la posibilidad de descargar esta aplicación para nuestra plataforma si hacemos clic en descarga gratuita (Figura 10.4).

Figura 10.4. *Mozilla Thunderbird*

Automáticamente se nos descarga el programa. Para la instalación hacemos doble clic sobre el fichero descargado y nos aparecerá el asistente de instalación del programa (Figura 10.5).

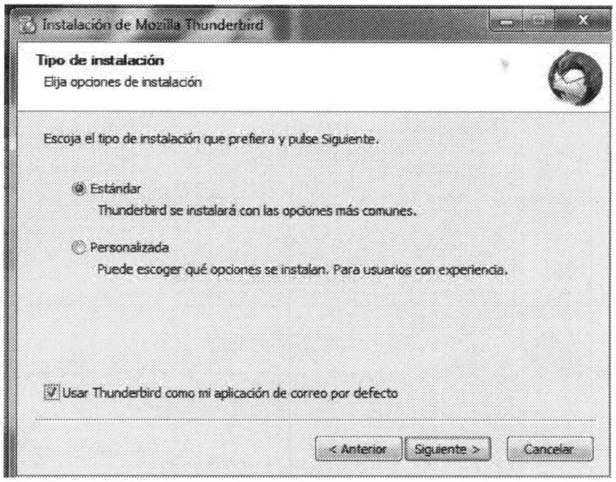

Figura 10.5. *Instalación de Thunderbird*

Hacemos clic sobre **Siguiente** y podremos escoger si queremos instalación estándar o personalizada, también podemos establecer Thunderbird como programa de correo predeterminado. La elección de instalación estándar o personalizada solo varía en la elección de la carpeta de la instalación y poco más, por tanto, podemos seleccionar la que queramos sin miedo. En nuestro caso hemos seleccionado la instalación estándar y hemos dejado seleccionado que Thunderbird sea el programa de correo electrónico por defecto (Figura 10.6).

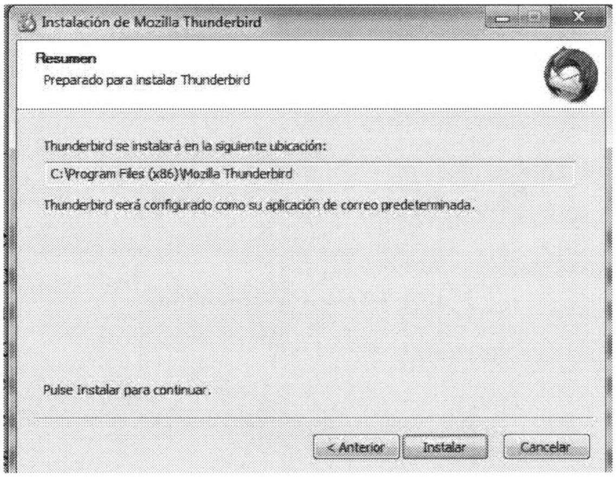

Figura 10.6. *Instalación estándar y correo por defecto*

Si hacemos clic en **Siguiente** nos mostrará la carpeta de instalación del programa y nos invita a hacer clic para instalar (Figura 10.7).

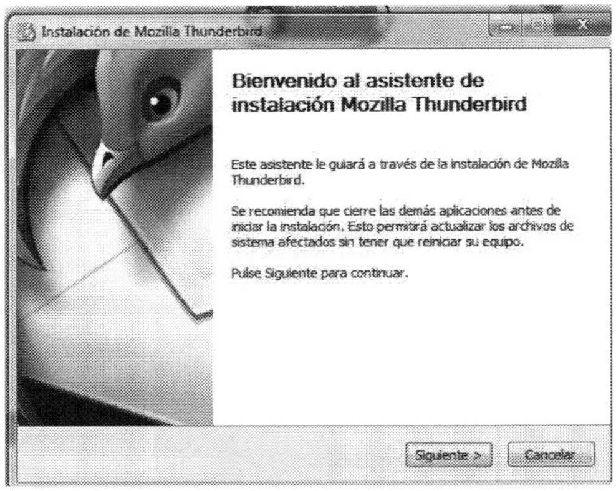

Figura 10.7. *Ubicación de programa e Instalar*

Tras unos segundos la aplicación se instala en el sistema. Una vez finalizada dicha instalación, nos da la posibilidad de ejecutar la aplicación en este momento (Figura 10.8).

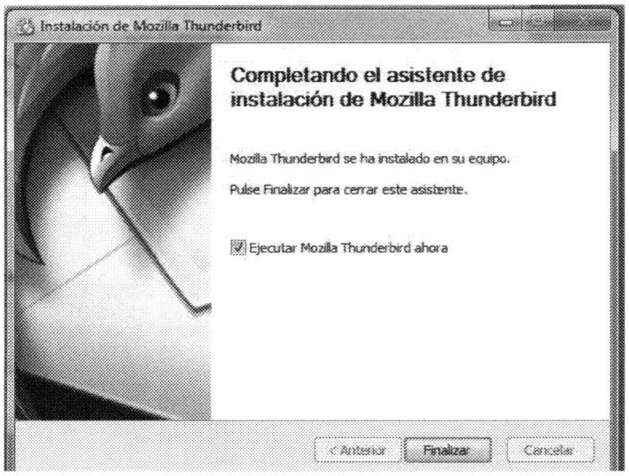

Figura 10.8. *Instalación finalizada*

ACTIVIDADES 10.4

- Descargue e instale Thunderbird en su equipo Windows. Realice capturas de todo el proceso.

10.3.2 INSTALACIÓN EN LINUX

Hay que comentar que muchas distribuciones Linux llevan ya incorporada esta aplicación de serie. Si este es su caso, podría pasar al siguiente apartado ya que este estaría completado. En nuestro caso, vamos a instalar Thunderbird en Ubuntu, aunque este proceso valdría para toda distribución basada en Debian (incluida la propia Debian).

Para instalar Thunderbird vamos a utilizar el terminal. Desde éste escribimos (Figura 10.9):

```
sudo apt-get install Thunderbird
```

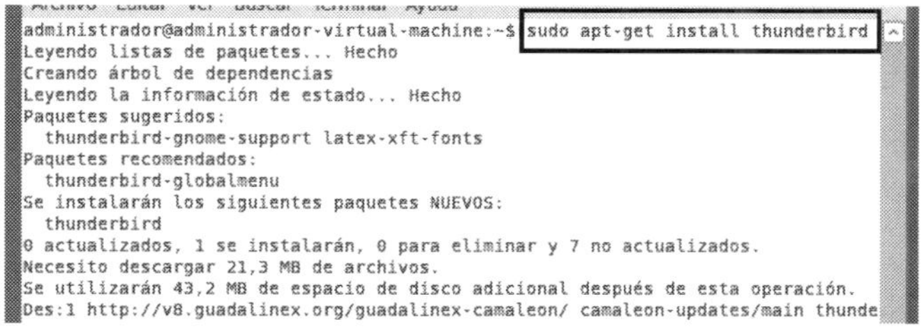

Figura 10.9. *Instalación de Thunderbird*

Si queremos instalar el paquete de idioma español a Thunderbird, debemos escribir a su vez desde el mismo terminal (Figura 10.10):

```
sudo apt-get install thunderbird-locale-es
```

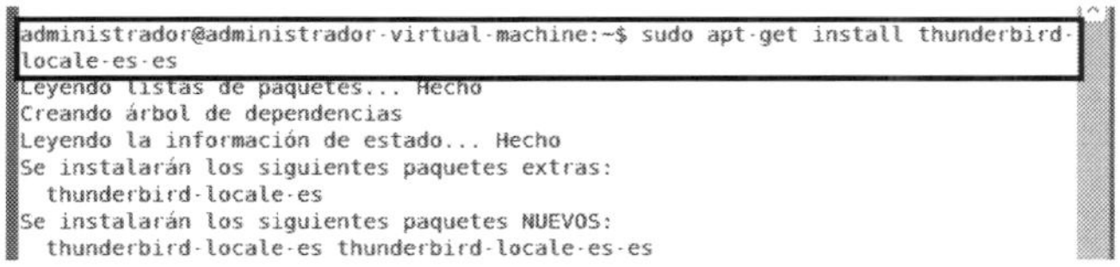

Figura 10.10. *Idioma español en Thunderbird*

Ya tenemos instalado nuestro Thunderbird en Ubuntu, para comprobarlo nos aparecerá en el grupo de programas Internet (en algunas distribuciones), en otras puede aparecer en la sección **Oficina** (Figura 10.11).

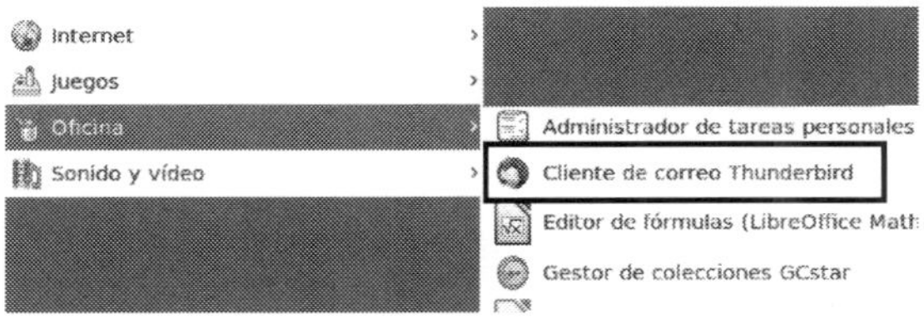

Figura 10.11. *Oficina, Cliente de correo Thunderbird*

ACTIVIDADES 10.5

- Descargue e instale Thunderbird en su equipo Linux. Realice capturas de todo el proceso.

10.4 GESTIÓN DE USUARIOS

La gestión de usuarios, o expresado de forma más correcta, la Gestión de Cuentas de Usuario, la vamos a estudiar mediante dos aplicaciones de correo. Una de tipo escritorio, como es Mozilla Thunderbird y otra de tipo web, como es Gmail.

10.4.1 GESTIÓN DE USUARIOS EN THUNDERBIRD

La gestión de usuarios se puede ver de dos formas: varias cuentas de usuario para un mismo usuario configuradas conjuntamente en el mismo Thunderbird, o varios usuarios distintos con varias cuentas distintas en el mismo Thunderbird (varios perfiles).

Configurar varias cuentas de usuario en Thunderbird

Podemos configurar tantas cuentas como deseemos en nuestro Mozilla Thunderbird. Además cuenta con multitud de servidores web preconfigurados para utilizarlos (Gmail, Yahoo, Hotmail, etc.). Tan solo tendremos que introducir los datos del usuario (usuario y contraseña) y Thunderbird hará el resto. Pues bien, comenzamos:

La primera vez que abrimos Thunderbird, nos va a pedir los datos de acceso a nuestra cuenta de correo electrónico, rellenamos estos datos con la configuración de nuestra cuenta (Figura 10.12), una vez hacemos clic en **Continuar** se conecta e intenta obtener automáticamente la configuración de dicha cuenta (Figura 10.13).

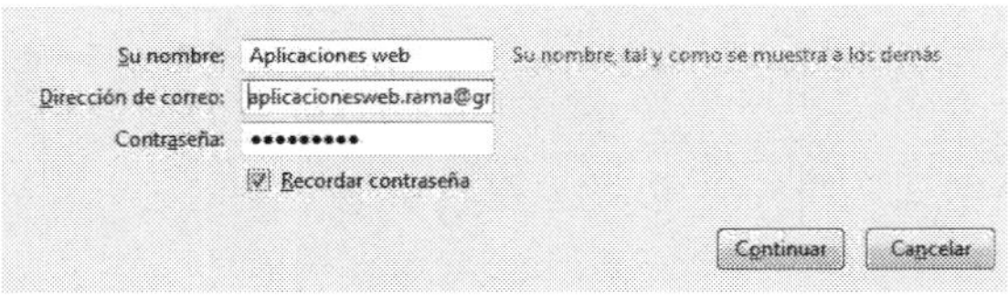

Figura 10.12. *Configuración de la cuenta*

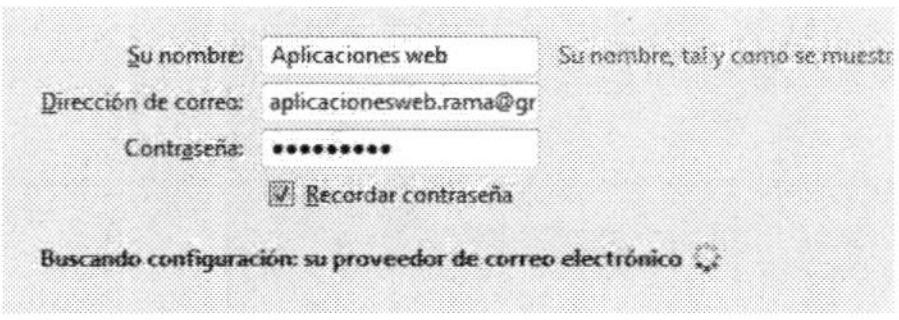

Figura 10.13. *Buscando configuración proveedor*

Una vez ha localizado los datos de conexión de nuestro proveedor de correo electrónico, debemos elegir entre correo IMAP o correo POP3 (Figura 10.14), la principal diferencia entre un método u otro reside en el lugar donde se guardan los correos, IMAP los guardará en el servidor y POP3 los guardará en nuestro equipo. Cada uno de los métodos tiene sus ventajas e inconvenientes. Por ejemplo, en POP3, al descargar los correos se borran del servidor, por tanto, nunca se llenará el buzón de correo. Por otro lado, si tengo varios equipos con la misma cuenta de correo, el primero que lo descargue ya no dará opción al resto a poder ver el correo (ya que lo borra del servidor). Dependiendo del caso en el que nos encontremos elegiremos una u otra opción. En nuestro caso esta cuenta está configurada en varios equipos (sobremesa, portátil y móvil con Android), por tanto, seleccionaremos **IMAP**.

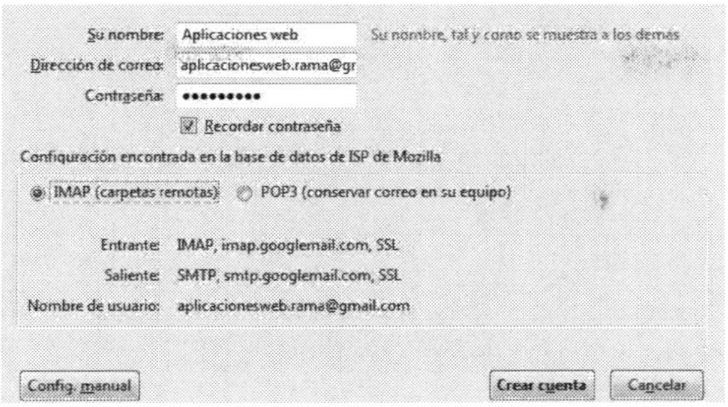

Figura 10.14. *¿IMAP o POP3?*

Acto seguido comprueba el usuario y la contraseña (Figura 10.15) y nos crea la cuenta en Thunderbird (Figura 10.16).

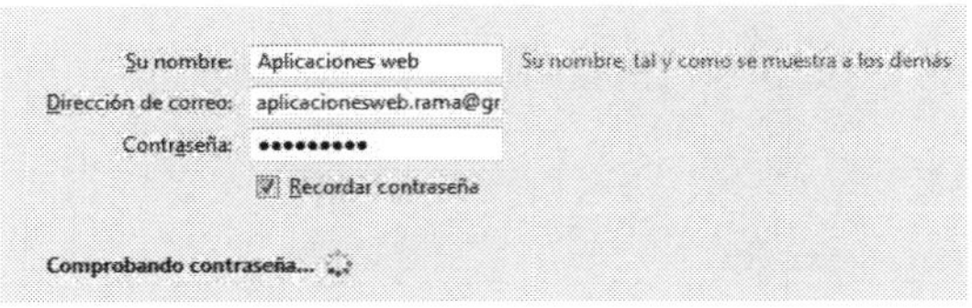

Figura 10.15. *Comprobando cuenta*

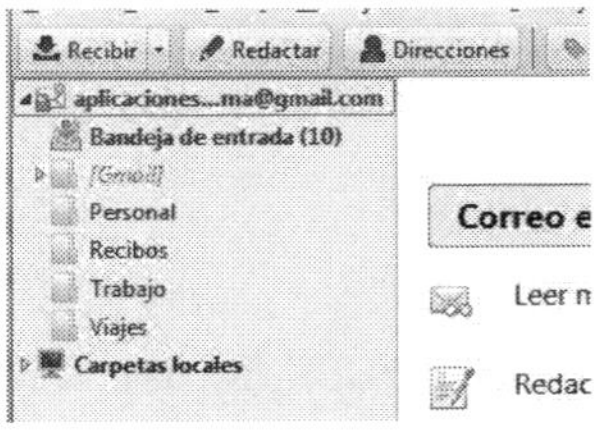

Figura 10.16. *Cuenta creada*

Podemos agregar tantas cuentas de correo como deseemos, tan solo debemos ir a **Herramientas → Configuración de las cuentas** (Figura 10.17). Una vez dentro de la configuración de las cuentas, nos vamos a **Operaciones sobre la cuenta** y hacemos clic en **Añadir cuenta de correo** (Figura 10.18). Cabe destacar que desde aquí (Operaciones sobre la cuenta) también podemos eliminar cuentas que ya no queramos utilizar en Thunderbird.

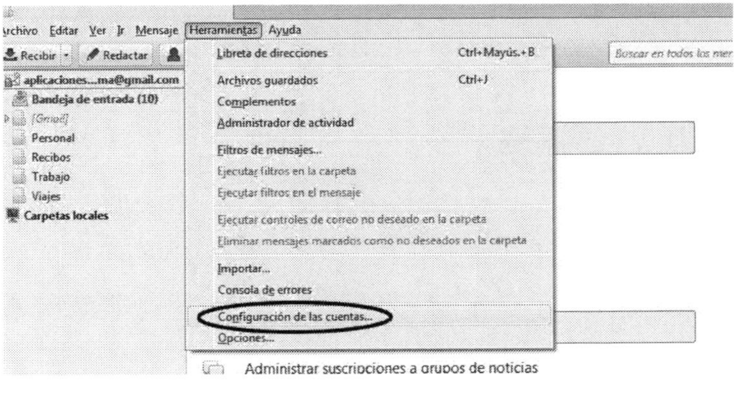

Figura 10.17. *Herramientas → Configuración de las cuentas*

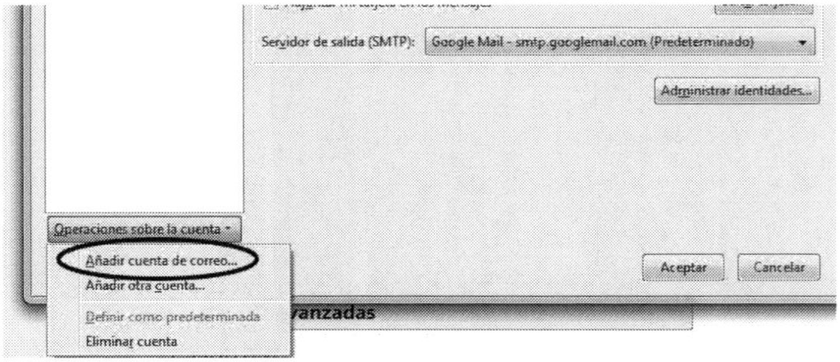

Figura 10.18. *Añadir una cuenta de correo*

ACTIVIDADES 10.6

- Configure al menos una cuenta de correo electrónico suya en Thunderbird. Realice capturas de todo el proceso.

Configurar varios perfiles de usuario en Thunderbird

El administrador de perfiles viene desactivado por defecto. Para activarlo, primero debemos cerrar Thunderbird. Debemos obtener la dirección del ejecutable de Thunderbird. Para ello, pulsamos sobre el icono con el botón derecho y hacemos clic en **Propiedades** (Figura 10.19). Dentro de la pestaña **Acceso directo** aparece **Destino**, se diferencia del resto pues aparece seleccionado. Dentro de este cuadro de texto pulsamos nuevamente botón derecho y, en este caso, seleccionamos **Copiar** (Figura 10.20).

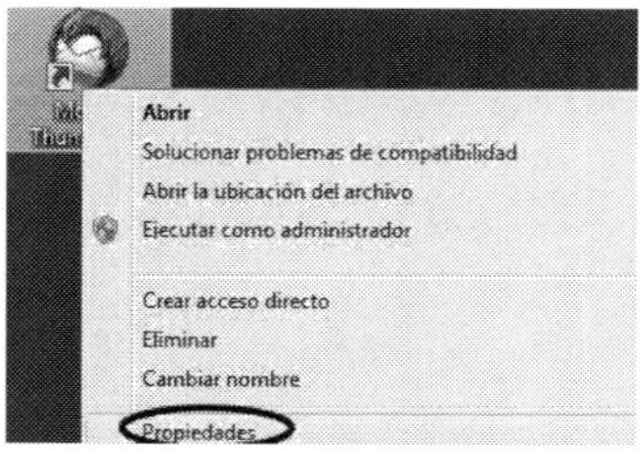

Figura 10.19. *Icono Thunderbird, botón derecho, Propiedades*

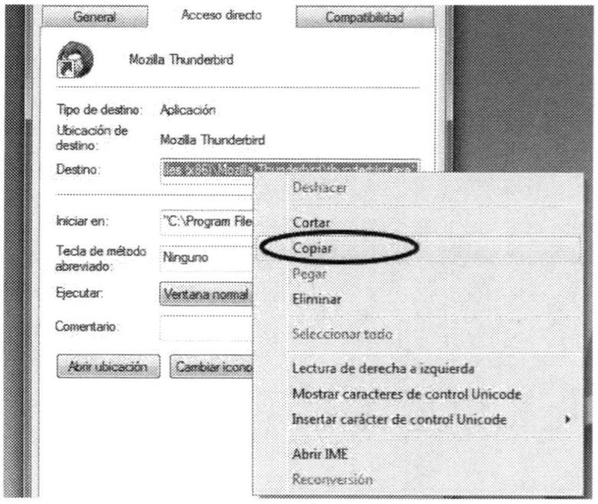

Figura 10.20. *Destino, botón derecho, Copiar*

Ahora abrimos el bloc de notas y pegamos lo que hemos copiado con anterioridad (Figura 10.21). Eliminamos las comillas (“”) del inicio y del fin y añadimos al final de la línea **–profilemanager** (Figura 10.22).

Figura 10.21. *Pegamos Destino en un archivo de bloc de notas*

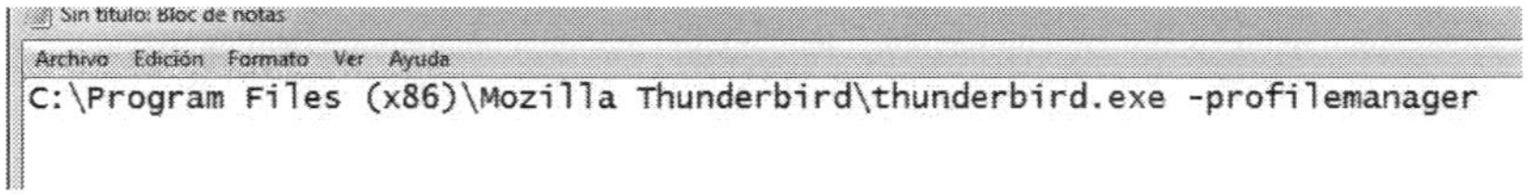

Figura 10.22. *Eliminamos comillas (“”) y añadimos al final -profilemanager*

Seleccionamos el texto modificado, copiamos y pegamos dicho texto sobre **Ejecutar** (Figura 10.23), acto seguido pulsamos **Intro** y nos aparece el administrador de perfiles de Thunderbird. Como puede verse tiene marcada la opción **No mostrar al inicio**. Desmarcamos esa casilla y después agregamos y/o modificamos los perfiles que creamos convenientes y listo.

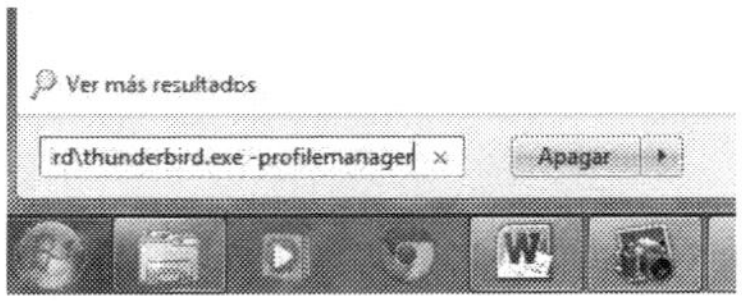

Figura 10.23. *Pegamos texto sobre la barra de inicio*

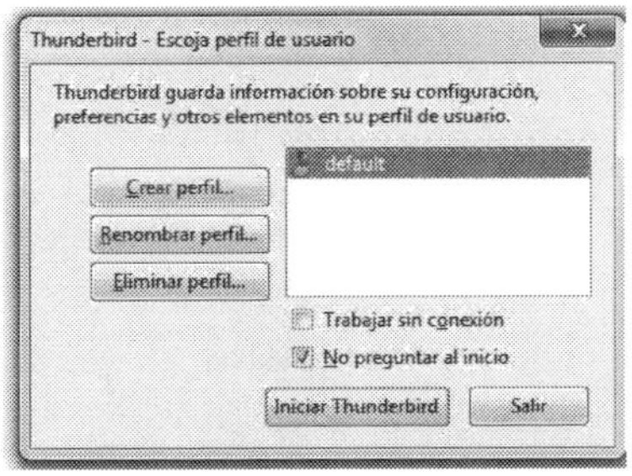

Figura 10.24. *Desmarcar la opción No preguntar al inicio, Crear perfiles*

ACTIVIDADES 10.7

- Active el administrador de perfiles de Thunderbird. Cree un nuevo perfil. Realice capturas de todo el proceso.

10.4.2 GESTIÓN DE USUARIOS EN GMAIL

Gmail es uno de los sistemas de gestión de correo más robustos, seguros, fiables y con una mayor capacidad de almacenamiento de correo. Una de las ventajas de utilizar el sistema Gmail es que permite controlar desde una única cuenta cualquier otra dirección de correo electrónico, ya sea de Gmail o de otro proveedor.

El punto de partida es haber iniciado sesión en nuestra cuenta de Gmail. Hacemos clic en el botón **Configuración** y sobre el menú desplegable elegimos también **Configuración** (Figura 10.25).

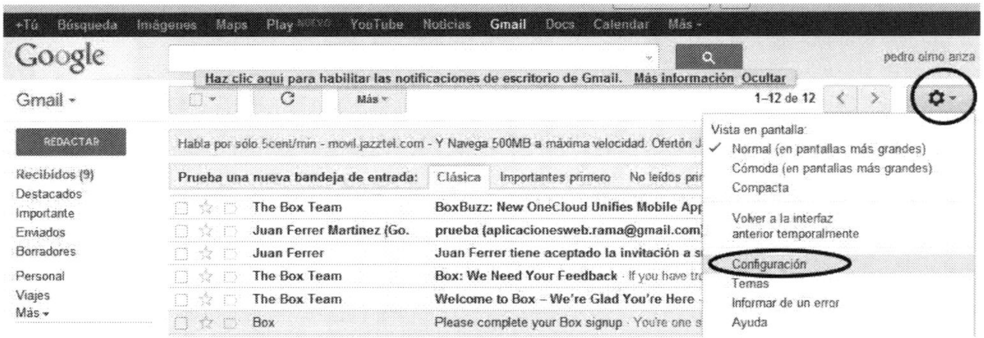

Figura 10.25. Gmail, Configuración, Configuración

Dentro de **Configuración** nos vamos a la pestaña **Cuentas**. Dentro de esta pestaña nos aparece **Comprobar correo mediante POP3**, pues bien, hacemos clic sobre **Añadir una cuenta de correo POP3 de tu propiedad** (Figura 10.26).

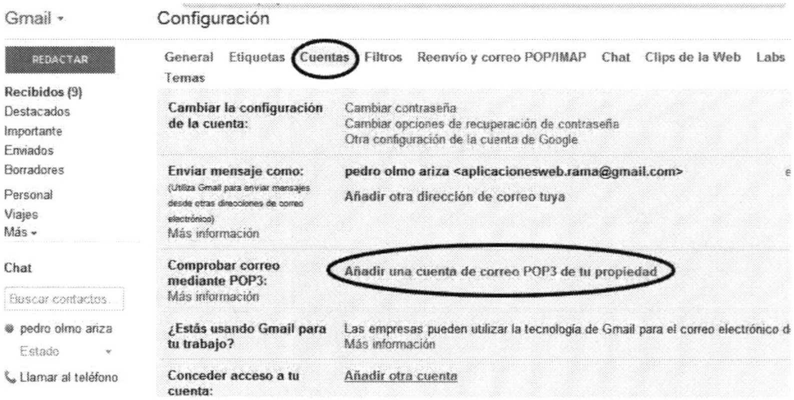

Figura 10.26. Añadir cuenta POP3 de tu propiedad

Introducimos la cuenta en el cuadro de texto pertinente (Figura 10.27), después de hacer clic en **Continuar** y nos aparecerá una pantalla para la configuración de la cuenta. En esta pantalla debemos introducir la contraseña y el comportamiento de la cuenta. En este caso puede ser interesante marcar **Etiquetar los mensajes entrantes**, ya que vamos a compartir la bandeja de entrada y podremos diferenciar a simple vista los correos que entren a través de esta cuenta (Figura 10.28).

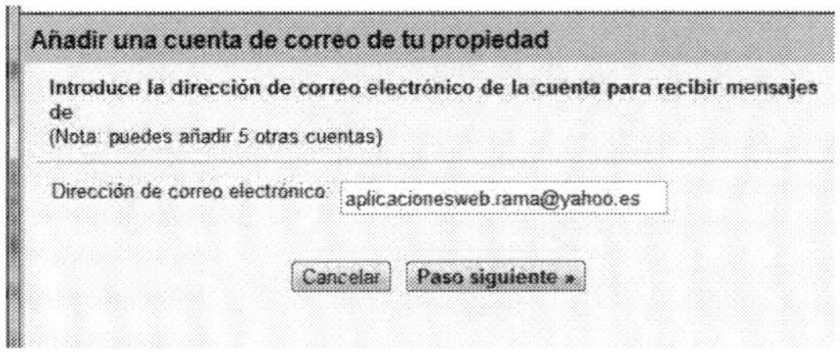

Figura 10.27. *Dirección de correo electrónico*

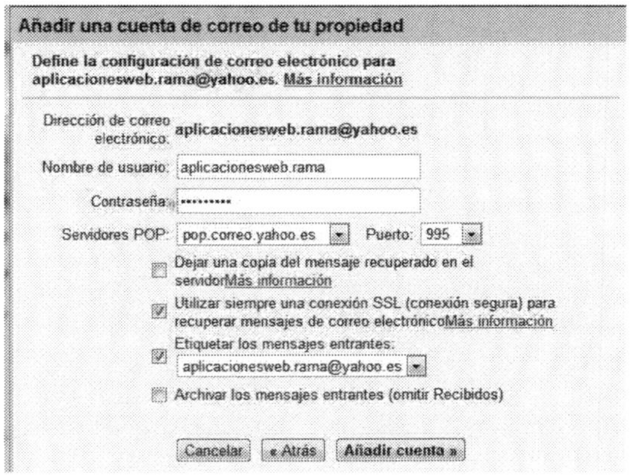

Figura 10.28. *Comportamiento de la cuenta*

Tras esta pantalla nos aparecerá otra preguntando si queremos enviar correos con la nueva cuenta importada o utilizaremos la de Gmail para ello (Figura 10.29). En esta pantalla hemos marcado **Sí**, por tanto en la siguiente nos pide el nombre que constará en los correos que enviemos con la nueva dirección creada (Figura 10.30).

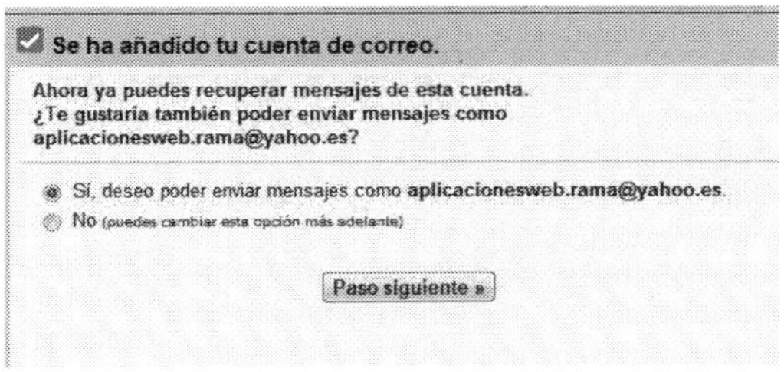

Figura 10.29. *Deseo poder enviar mensajes con la nueva cuenta*

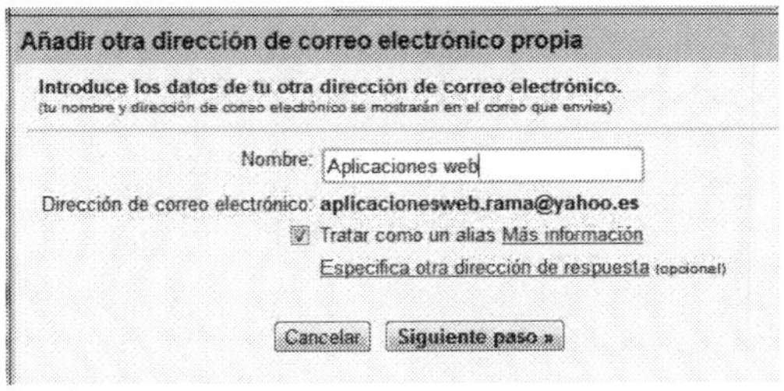

Figura 10.30. *Datos dirección correo*

En la siguiente pantalla nos preguntará si deseamos enviar los correos con la cuenta nueva a través del servidor de Gmail o configurando el servidor SMTP de la otra cuenta. En este caso, si elegimos la primera opción, los correos serán enviados con la nueva cuenta a través de los servidores de Gmail, es decir, utiliza su servidor interno para enviar el correo, pero con los datos de la nueva cuenta configurada (Figura 10.31).

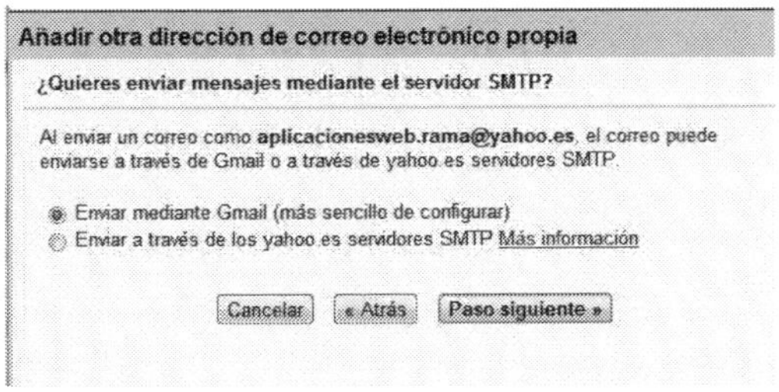

Figura 10.31. *Enviar mediante Gmail o configuración adicional*

Ahora hay que verificar que la cuenta que hemos configurado y los valores son correctos (Figura 10.32), para ello Gmail enviará un mensaje a nuestro buzón de correo recién configurado con un código para confirmar dicha dirección

(Figuras 10.33 y 10.34). Una vez introducimos el código recibido ya tenemos a nuestra disposición la nueva cuenta incorporada. Si hemos marcado la opción **Etiquetar los mensajes entrantes**, los mensajes de la nueva cuenta quedarán etiquetados (Figura 10.35).

Figura 10.32. *Verificación de correo*

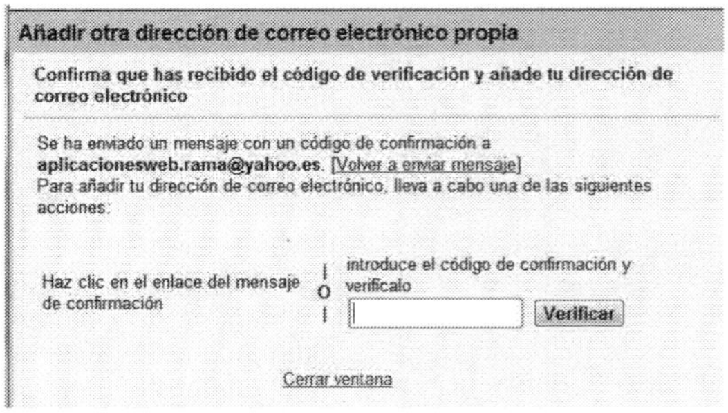

Figura 10.33. *Introducir código enviado*

Figura 10.34. *Email recibido con el código*

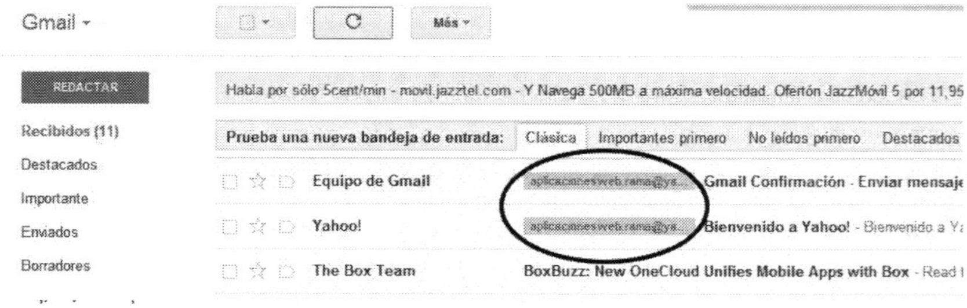

Figura 10.35. *Bandeja de entrada*

ACTIVIDADES 10.8

- Añada una nueva cuenta externa a Gmail a la suya. Si no dispusiera de otra cuenta, puede crear una nueva en servidores como Yahoo o Hotmail. Realice capturas de todo el proceso seguido.

RESUMEN DEL CAPÍTULO

Si en el anterior capítulo dábamos medio paso al futuro con las aplicaciones de ofimática web, en éste ya completamos el paso con las aplicaciones web de escritorio.

Estas aplicaciones tienen poco que envidiar a sus hermanas mayores, las aplicaciones tradicionales y, además, presentan una serie de ventajas sobre ellas. En primer lugar, resultan muy cómodas, ya que podemos acceder a nuestras aplicaciones desde cualquier sitio y con cualquier dispositivo que sea compatible con disponer tan solo de conexión a Internet. En segundo lugar, no tendremos los problemas de compatibilidad que surgen a veces al utilizar diversos equipos con software distinto. En tercer lugar, en caso de fallo de nuestra máquina, la reemplazamos por otra y seguimos trabajando, no perdemos nada, ya que los datos no están almacenados en nuestra máquina.

No todo son ventajas, si perdemos la conexión, perderemos también el acceso a las aplicaciones. A su vez, al funcionar desde el navegador tampoco pueden implementar por completo las funcionalidades de las aplicaciones web de escritorio.

EJERCICIOS PROPUESTOS

1. Una vez finalizado el capítulo, ¿qué ventajas e inconvenientes encuentra en las aplicaciones web de escritorio?

2. Vista la tendencia actual con los *smartphones*, *tablets*, *netbooks*, etc., ¿cree que el futuro de los sistemas operativos serán las aplicaciones web de escritorio?

3. Localice en Internet otra aplicación de correo web similar a Thunderbird, a ser posible que sea gratuita y multiplataforma. Plantee una memoria de instalación similar a la vista en el capítulo.

4. Existe una versión *portable* de Mozilla Thunderbird, es decir, una versión que funciona directamente desde una memoria *flash*. ¿Qué ventajas e inconvenientes puede tener esta versión de Thunderbird?

5. Cuando Gmail incorporó la gestión de cuentas de correo externas a su servidor, algunos servidores de la competencia reaccionaron ofreciendo servicios similares. Indicar al menos uno de ellos y realizar una pequeña memoria de cómo se haría la gestión de cuentas externas, de forma similar a lo visto en el capítulo con Gmail.

6. Existe una "versión" de escritorio web en la familia Server de Microsoft Windows, se llama Terminal Server. ¿En qué consiste? ¿Tiene alguna ventaja frente a sus competidores?

TEST DE CONOCIMIENTOS

1 Al escritorio web también se le conoce como:

a) WebOS.
b) Webtop.
c) Web desktop.
d) Las respuestas *a* y *b* son ciertas.
e) Las respuestas *a* y *c* son ciertas.
f) Las respuestas *b* y *c* son ciertas.

2 El escritorio web aparece en el año:

a) 1984.
b) 1993.
c) 2000.
d) 2003.
e) 2010.
f) Todas son falsas.

3 Que un usuario no pueda instalar aplicaciones ni actualizaciones en un sistema de escritorio web, puede considerarse como:

a) Bueno, ya que así no podrá estropear nada de lo que ya funciona.
b) Malo, ya que no podrá disfrutar de alguna aplicación o actualización hasta que el administrador lo permita.
c) Las respuestas *a* y *b* son ciertas.
d) Todas son falsas.

4 La primera versión de Mozilla Thunderbird aparece en el año:

a) 1984.
b) 1993.
c) 2000.
d) 2003.
e) 2010.
f) Todas son falsas.

5 Una característica de Mozilla Thunderbird es:

a) Permite gestionar cuentas de correo web de forma sencilla.
b) Permite gestionar perfiles de usuarios.
c) Es multiplataforma.
d) Tiene cientos de añadidos creados por los usuarios.
e) Todas son ciertas.
f) Todas son falsas.

11 Gestores de contenidos para *blogs*: Blogger

OBJETIVOS DEL CAPÍTULO

- ✓ Conocer qué es y qué partes tiene un *blog*.
- ✓ Conocer qué es Blogger y su historia.
- ✓ Crear un *blog* con Blogger dotándolo de contenido.

11.1 ¿QUÉ ES UN BLOG?

El término *log*, en inglés, se utiliza para hacer referencia a un archivo que contiene el registro de actividad de un servidor. Por extensión, en el ámbito de Internet, se utilizó el término *weblog*, para representar el diario de navegación por la Web de un internauta que, en la actualidad y de forma abreviada, se simplifica en *blog*.

También, en español, se utiliza la expresión *bitácora* (en su analogía a cuaderno de bitácora), haciendo referencia a estos elementos de navegación por mar.

La Wikipedia también escribe sobre qué es un *blog*: "Un *blog*, o en español también una bitácora, es un sitio web periódicamente actualizado que recopila cronológicamente textos o artículos de uno o varios autores, apareciendo primero el más reciente, donde el autor conserva siempre la libertad de dejar publicado lo que crea pertinente. El término *blog* proviene de las palabras web y *log* (*log,* en inglés = diario). El término bitácora, en referencia a los antiguos cuadernos de bitácora de los barcos, se utiliza preferentemente cuando el autor escribe sobre su vida propia como si fuese un diario, pero publicado en Internet en línea.

Habitualmente, en cada artículo de un *blog*, los lectores pueden escribir sus comentarios y el autor darles respuesta, de forma que es posible establecer un diálogo. No obstante es necesario precisar que ésta es una opción que depende de la decisión que tome al respecto el autor del *blog*, pues las herramientas permiten diseñar *blogs* en los cuales no todos los internautas (o incluso ninguno) puedan participar. El uso o tema de cada *blog* es particular, los hay de tipo personal, periodístico, empresarial o corporativo, tecnológico, educativo (*edublogs*), políticos, etc.".

Según Antonio Fumero, en Web 2.0, Fundación Orange, el fenómeno de los *blogs* ha supuesto una auténtica revolución: "El impacto de la aparición del *blog* (considerado como herramienta personal para la comunicación y la expresión individual en la Red) en la evolución histórica de la Web puede asimilarse con la popularización de los ordenadores personales a partir del lanzamiento del PC por parte de IBM (un hito que conmemoró su primer cuarto de siglo en agosto de 2006) que, no siendo la primera concepción comercial de aquellas máquinas informáticas pioneras de una era postindustrial, sí dio con la fórmula para difundir entre el usuario medio una herramienta de excepcional potencialidad, como la historia ha demostrado posteriormente".

11.2 ESTRUCTURA DE UN BLOG

Básicamente, en un *blog* podemos encontrar los siguientes elementos:

11.2.1 LA CABECERA

Es un texto o una imagen que identifican al *blog*. Forma parte del diseño que se ha elegido para el mismo.

Figura 11.1. *La cabecera*

11.2.2 EL POST O ENTRADA

Cada *post* o entrada también suele estar acompañado de la categoría o etiqueta en la que el autor lo ha incluido. Es una forma de organizar la información que se publica. Un *post* puede pertenecer a varias categorías o etiquetas. Estas servirán para realizar búsquedas en el *blog* por estos mismos términos. Es el elemento fundamental. En él el autor o autores escriben sus opiniones, artículos, etc., sobre la temática bajo la que se publica el *blog*.

Suele ir acompañado, cada vez con más frecuencia, de elementos multimedia, como fotos, vídeos o reproductores de sonido, que complementan la publicación, cuando no son el principal motivo.

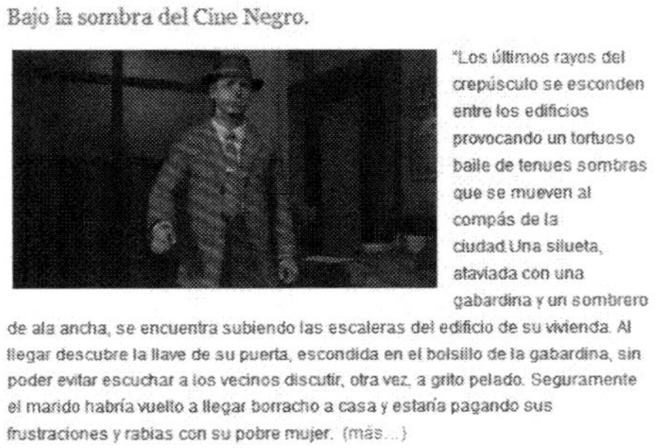

Figura 11.2. *Post o Entrada*

11.2.3 LOS COMENTARIOS

Cada *post* o entrada puede recibir comentarios de los usuarios que lo leen, creándose una verdadera conversación en torno al tema publicado. Así los lectores también son protagonistas en la publicación a través de sus comentarios.

El autor del *blog* tiene la posibilidad de permitir o no la entrada de comentarios mediante la configuración que ofrece la herramienta con la que se mantiene el *blog*. Recibir comentarios en un *blog* es una de las mayores satisfacciones de los *blogueros*.

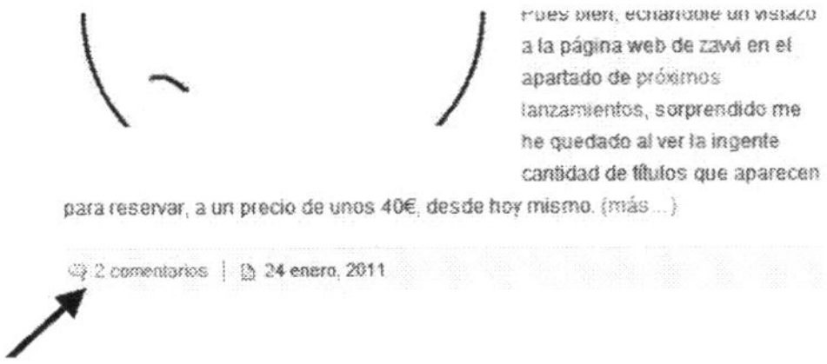

Figura 11.3. *Comentarios*

11.2.4 EL BLOGROLL

Es una colección de enlaces de *blogs* para encontrar más *blogs*. Los autores de *blogs* pueden definir diferentes criterios para incluir otros *blogs* en sus *blogroll*. Habitualmente, el listado se compone de webs que los propios autores visitan con asiduidad o a veces simplemente de *blogs* de amigos o cercanos.

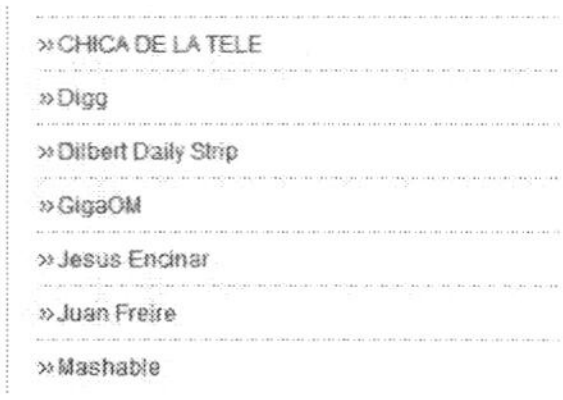

Figura 11.4. *Blogroll*

11.2.5 FECHA/HORA

Cada *post* o entrada suele estar acompañado de su fecha y hora de publicación.

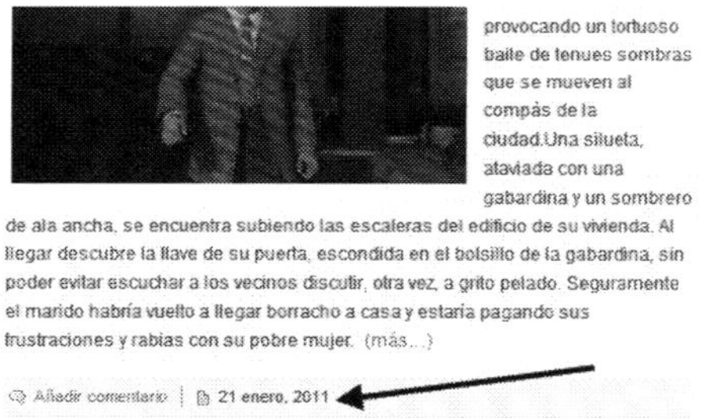

Figura 11.5. *Fecha / Hora*

11.2.6 CATEGORÍAS/ETIQUETAS

Cada *post* o entrada también suele estar acompañado de la categoría o etiqueta en la que el autor lo ha incluido. Es una forma de organizar la información que se publica. Un *post* puede pertenecer a varias categorías o etiquetas. Estas servirán para realizar búsquedas en el *blog* por estos mismos términos.

Figura 11.6. *Etiquetas*

11.2.7 ENLACE PERMANENTE O PERMALINK

Es una dirección URL fija que identifica al *post* individualmente, de manera que con ella es posible acceder a esa entrada sin presentar o visualizar otras anteriores o posteriores. Es útil para hacer referencia a un artículo concreto publicado en un *blog* desde otros *blogs* o páginas web.

11.2.8 SINDICACIÓN

Todos los *blogs* ofrecen sindicación de contenidos o RSS, es decir, publican mediante los canales o *feeds*, versiones de sus publicaciones para que otros usuarios, mediante los agregadores, puedan estar al corriente de las novedades que se produzcan en ellos.

11.2.9 WIDGETS O GADGETS

Son elementos que los autores de los *blogs* insertan en alguna columna de los mismos y que ofrecen algunas funcionalidades más. Por ejemplo, las últimas fotos subidas a Flickr, un reloj, los últimos comentarios publicados en Twitter, etc.

11.3 BLOGGER

Blogger es un servicio creado por Pyra Labs para crear y publicar una bitácora en línea. El usuario no tiene que escribir ningún código o instalar programas de servidor o de *scripting*. Blogger acepta para el alojamiento de las bitácoras su propio servidor (Blogspot) o el servidor que el usuario especifique (FTP o SFTP).

11.3.1 HISTORIA DE BLOGGER

Lanzado en agosto de 1999, es una de las primeras herramientas de publicación de bitácora en línea y es acreditado por haber ayudado a popularizar el uso de formularios. Más específicamente, en vez de escribir a mano el HTML y subir las nuevas publicaciones, el usuario puede publicar en su bitácora en línea llenando un formulario en el sitio web de Blogger. Esto puede ser realizado por cualquier navegador y los resultados son inmediatos.

En el 2003, Pyra Labs fue adquirido por la empresa Google; por ende, también Blogger. Google consiguió los recursos que Pyra requería. Más adelante, las Características Premium, que eran de pago, fueron habilitadas para el público gracias a la ayuda de Google.

En el 2004, Google compró Picasa y su utilidad de intercambio de fotografías Hello. Esto permitió a los usuarios de Blogger poner fotografías en sus bitácoras. Así el *photoblogging* (o la posibilidad de publicar fotografías en las bitácoras) se hacía realidad en Blogger con la integración de Hello. El 9 de mayo de 2004, Blogger fue relanzado añadiendo nuevas plantillas de diseño basadas en CSS, archivaje individual de publicaciones, comentarios y publicación por correo electrónico.

A finales de 2006, con el nuevo Blogger Beta, se hizo posible lo que tanta falta hacía en Blogger: el poder publicar artículos por categorías o etiquetas, (*labels*) como son llamados en Blogger, así como la posibilidad de poner bitácoras de acceso restringido o privadas para solo unos cuantos, entre otras funciones.

Inicialmente, el servicio de Blogger Beta no permitía hacer los cambios a la plantilla modificando el código HTML. Tiempo después se migraron las cuentas anteriores de Blogger al nuevo Blogger Beta sin que causara ninguna molestia a sus usuarios.

La actualización al nuevo Blogger requiere el registro de una cuenta de Google e incluye, entre otras mejoras, el servicio de etiquetado de artículos y una mejora en la interfaz de edición y publicación de artículos. La nueva versión no modifica en absoluto la apariencia de las bitácoras en línea creadas en la versión antigua, salvo en algunos pequeños problemas con tildes y caracteres especiales, como la letra *ñ*. Una vez actualizado un *blog*, puede decidirse dar un paso más y actualizar la plantilla, con lo que se perderían las modificaciones realizadas al HTML.

11.4 CREACIÓN DE NUESTRO BLOG CON BLOGGER

Nos dirigimos a la página web *http://www.blogger.com*. En esta página debemos identificarnos con nuestra cuenta Google para poder acceder a los servicios de Blogger.

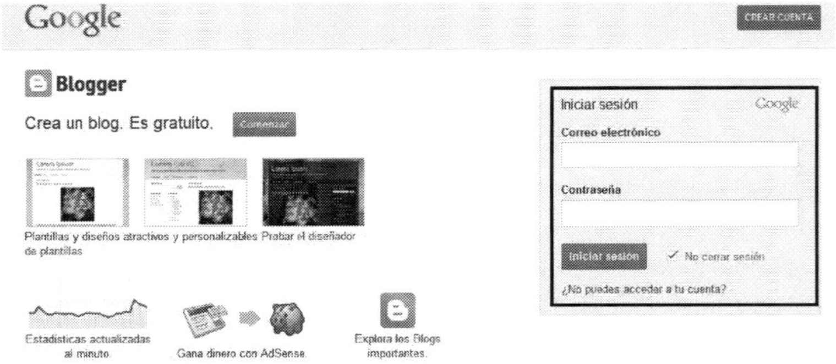

Figura 11.7. *www.blogger.com*

Una vez nos hemos identificado con nuestra **cuenta de Google**, procedemos a registrarnos en Blogger. Para ello debemos rellenar el nombre visible. No se nos olvide aceptar las condiciones de servicio para poder **Continuar**.

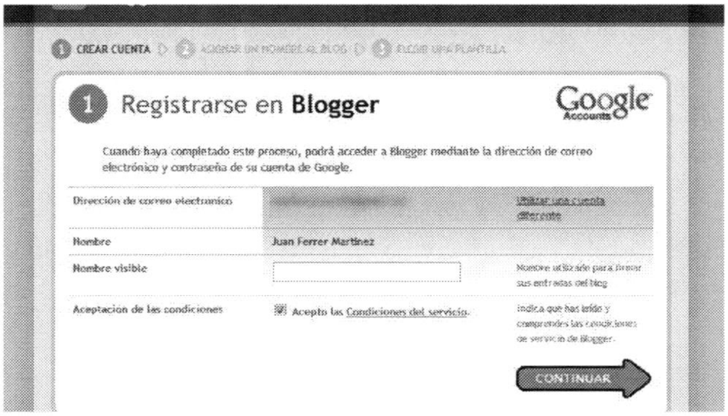

Figura 11.8. *Registrarse en Blogger*

En la siguiente pantalla debemos introducir un nombre para el *blog* (**Título del blog**) y la **Dirección** que asignaremos a nuestro *blog*, que será del tipo *minombre.blogspot.com*. Podemos comprobar si la dirección elegida está disponible pulsando sobre **Comprobar la disponibilidad**.

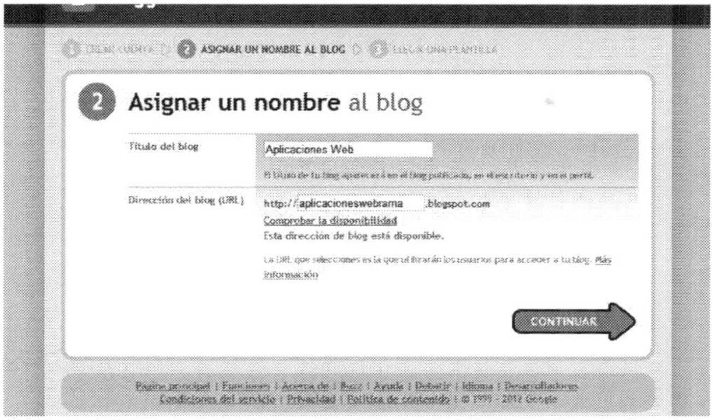

Figura 11.9. *Asignar nombre al blog*

Elegimos la plantilla de Inicio y clicamos sobre **Continuar**. Ya tenemos nuestro *blog* creado y listo para añadir entradas o personalizar la apariencia.

Figura 11.10. *Elegir una plantilla*

Figura 11.11..*Se ha creado tu blog*

ACTIVIDADES 11.1

- Cree un nuevo *blog* con Blogger. El nombre asignado para el nuevo *blog* será el nombre y apellidos del alumno/a. Hacer capturas de todo el proceso.

11.4.1 PERSONALIZAR APARIENCIA DE NUESTRO BLOG

Para cambiar la plantilla, debemos ir a **Diseño** y, de ahí, nos vamos al **Diseñador de plantillas**. En este sitio podemos elegir la plantilla que más nos guste para nuestro *blog*.

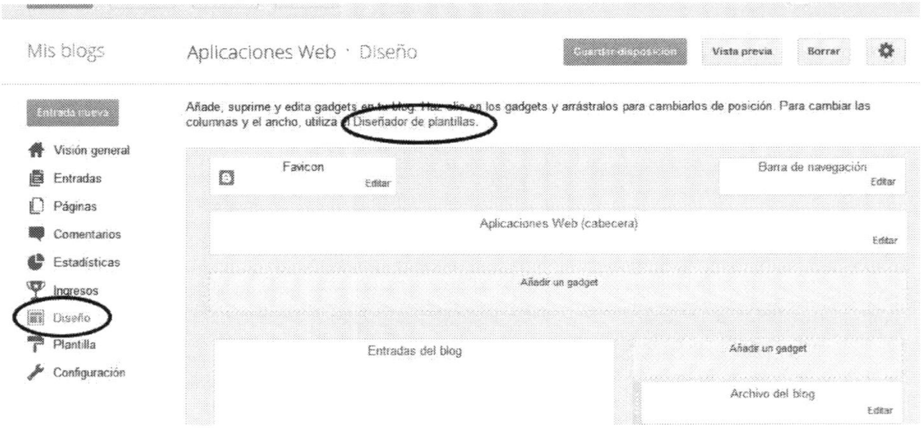

Figura 11.12. *Diseñador de plantillas*

Figura 11.13. *Plantillas*

Una vez hecha la personalización oportuna pulsamos en el botón **Aplicar al blog**. Después de esto hacemos clic sobre el enlace **Volver a Blogger**.

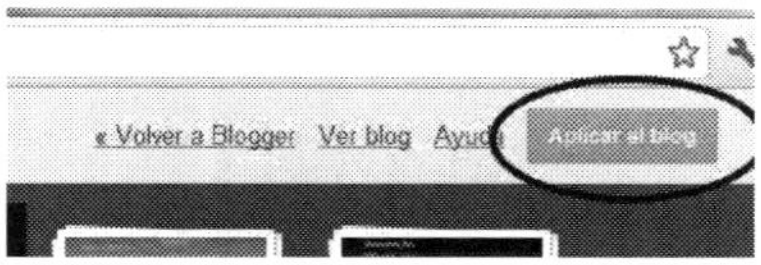

Figura 11.14. *Aplicar al blog*

11.4.2 CREACIÓN DE ENTRADAS EN NUESTRO BLOG

Ya podemos crear entradas en nuestro *blog* para que el resto del mundo pueda verlas. La forma más rápida es hacer clic sobre el botón **Crear entrada nueva** (como puede verse en la Figura 11.15).

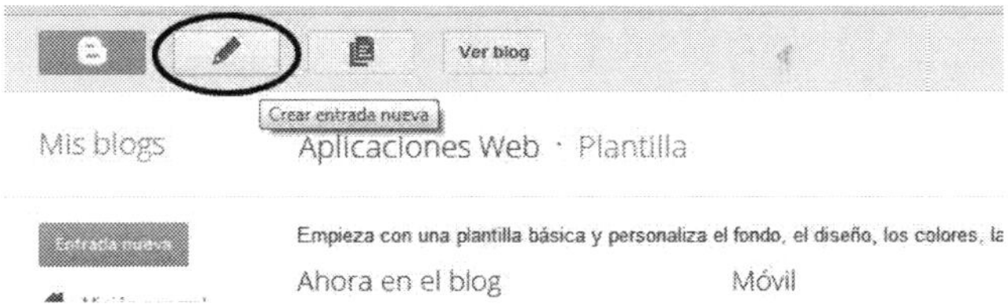

Figura 11.15. *Crear entrada nueva*

Escribimos la entrada que queramos publicar en nuestro *blog*. Una vez estemos conformes con lo que queremos publicar haremos clic sobre **Publicar** y dicha entrada formará parte de nuestro nuevo *blog*.

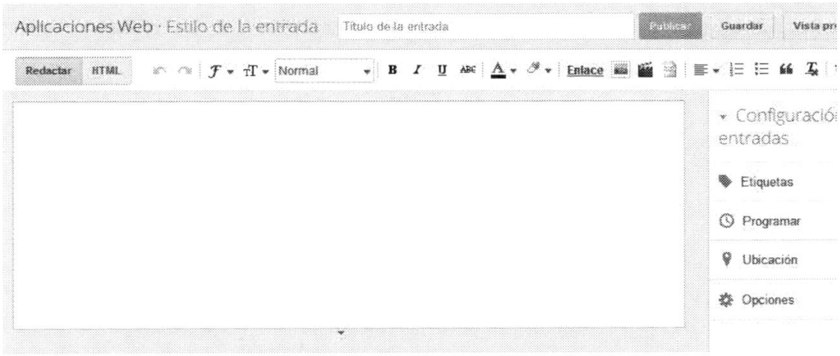

Figura 11.16. *Creación de entrada*

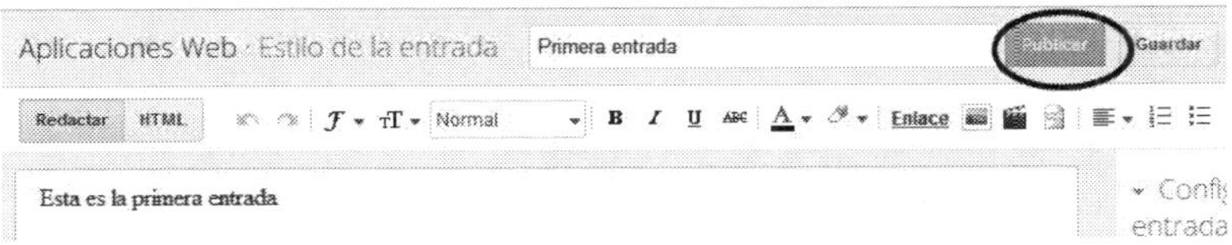

Figura 11.17. *Publicar entrada*

Figura 11.18. *Entrada publicada*

ACTIVIDADES 11.2

- Cree una entrada nueva en su *blog* y haga capturas de todo el proceso seguido.

PRÁCTICA 11.1

- Inserción de una entrada con texto con formato e imágenes. Hemos visto cómo publicar una entrada de texto en nuestro *blog*. En este caso práctico vamos a ver que además de texto plano, podemos darle formato a ese texto (negrita, cursiva, subrayada, cambiar el color, etc.) e insertar imágenes en las entradas de nuestro *blog*.

  Partimos de **Crear entrada nueva**, escribimos el título del *post* y el contenido de texto que tendrá la entrada. En esta entrada vamos a introducir un texto al que vamos a aplicar diversos formatos.

Figura 11.19. *Crear una nueva entrada*

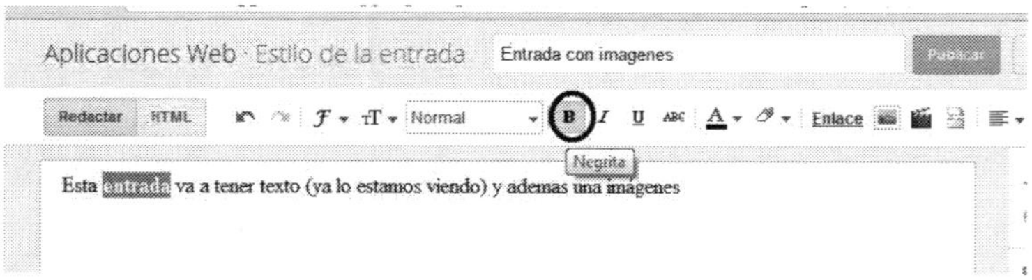

Figura 11.20. *Poner texto en negrita*

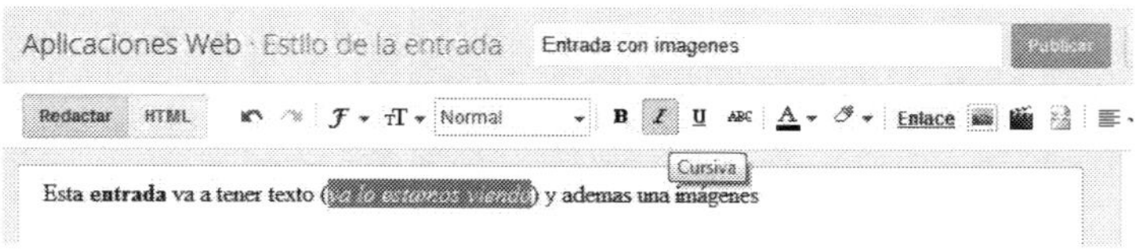

Figura 11.21. *Poner texto en cursiva*

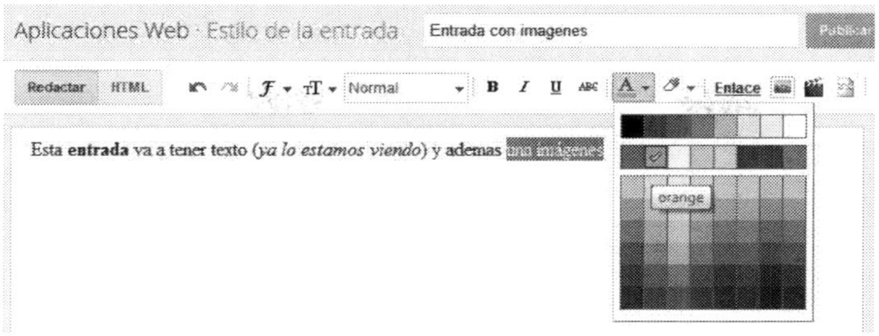

Figura 11.22. Cambiar color texto

Una vez tenemos el texto formateado, vamos a insertar una imagen. Para ello hacemos clic sobre el botón Inserta imagen que tiene aspecto de un paisaje (ver la Figura 11.23). Nos aparece la opción **Seleccionar un archivo**, podemos subirlo desde nuestro equipo, desde el *blog*, desde Picasa, desde su teléfono o desde otra web.

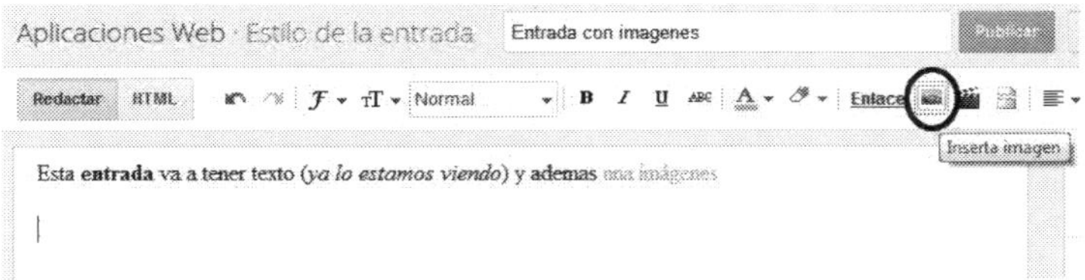

Figura 11.23. Inserta imagen

En nuestro caso vamos a elegir un archivo que tenemos guardado en nuestro ordenador, hacemos clic sobre **Elegir archivos** y seleccionamos el fichero a subir (Figura 11.24). Una vez seleccionada la imagen, será subida al servidor de Google.

Figura 11.24. Seleccionar un archivo

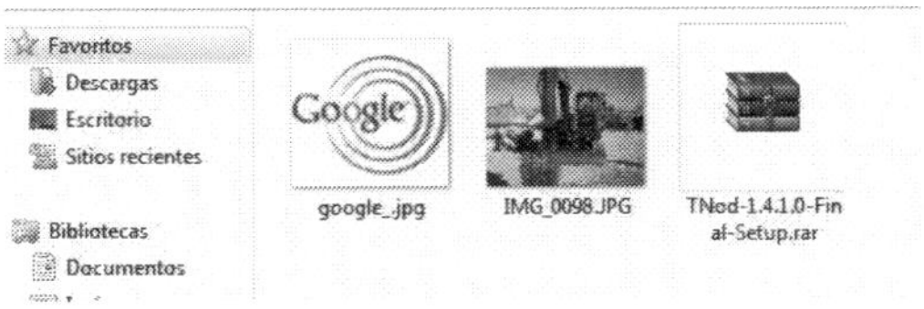

Figura 11.25. Elegimos el archivo a subir

Figura 11.26. *Carga del archivo*

Ya tenemos la imagen en nuestra entrada, tan solo debemos pulsar sobre **Publicar** una vez hayamos finalizado la introducción de información (podemos mezclar texto e imágenes al gusto) y tendremos disponible nuestra nueva entrada.

Figura 11.27. *Imagen en nuestra entrada*

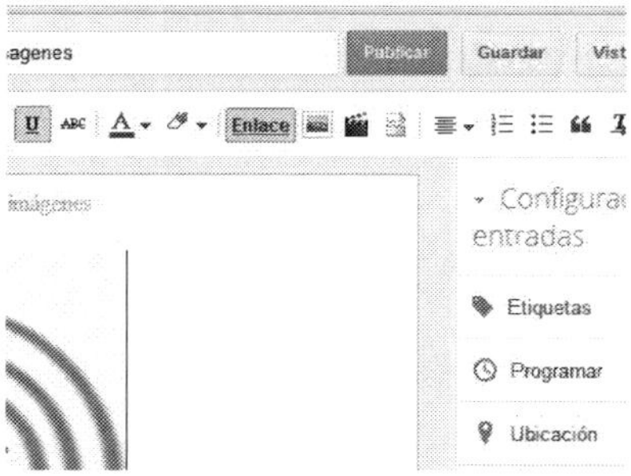

Figura 11.28. *Publicar entrada*

ACTIVIDADES 11.3

- Cree una nueva entrada en su *blog* incorporando una imagen con texto con formato, como lo visto en la Práctica 11.1.

PRÁCTICA 11.2

Inserción de una entrada con un vídeo alojado en YouTube

Para insertar vídeos partimos, al igual que en el caso anterior, desde **Crear entrada nueva** y hacemos clic sobre el icono **Insertar un vídeo**. Es un icono que tiene forma de claqueta (ver Figura 11.29). El comportamiento es similar a **Insertar imagen**. Nos aparecerá **Seleccionar un archivo** y, a su vez, varias posibilidades para subir estos vídeos. La primera opción, **Subir**, nos permitirá subir vídeos desde nuestro equipo. También podemos subirlos desde YouTube, o incluso desde el teléfono.

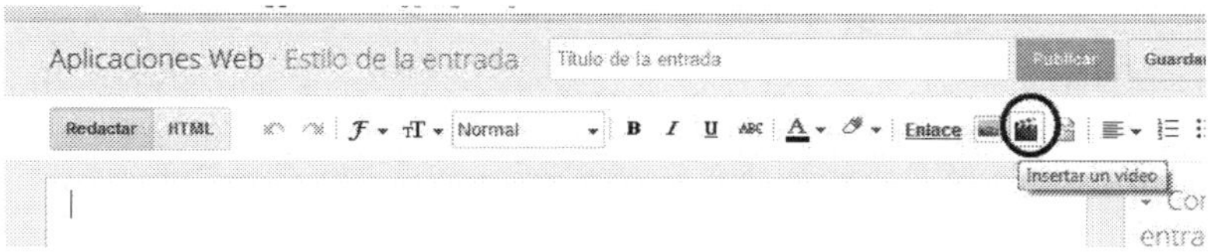

Figura 11.29. *Insertar un vídeo*

Figura 11.30. *Seleccionar un archivo*

En nuestro caso elegimos subirlo desde YouTube. En este caso nos aparecerá un cuadro de texto que nos permite buscar el vídeo deseado en YouTube.

Figura 11.31. *Archivo de YouTube*

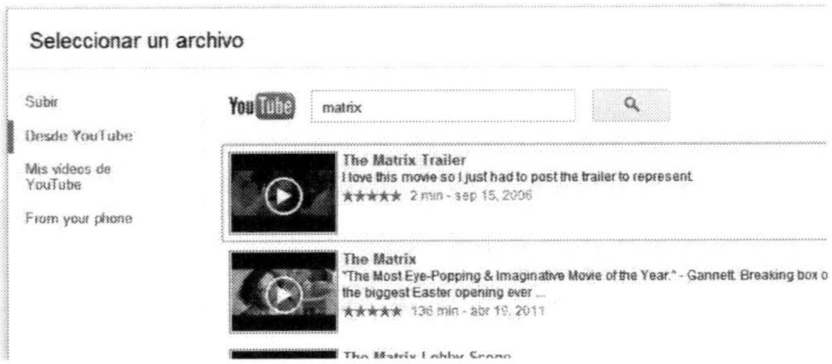

Figura 11.32. Búsqueda de vídeo

Una vez hemos encontrado el vídeo que estábamos buscando, hacemos clic en **Seleccionar** y el vídeo pasará a formar parte de la entrada de nuestro *blog*, siempre y cuando pulsemos sobre **Publicar**. Podemos añadir a nuestra entrada tantos vídeos como deseemos y mezclarlos con texto, fotos y demás.

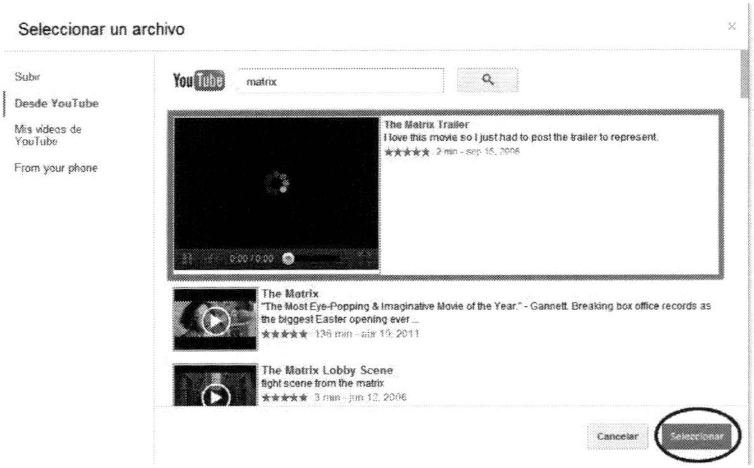

Figura 11.33. Seleccionar vídeo

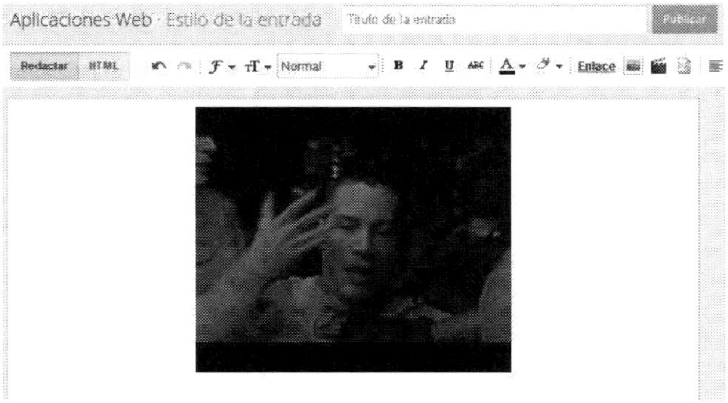

Figura 11.34. Publicar entrada

ACTIVIDADES 11.4

- Cree una nueva entrada en su *blog* incorporando un vídeo de YouTube con texto, como lo visto en la Práctica 11.2.

11.4.3 AÑADIR GADGETS A NUESTRO BLOG

Podemos añadir *gadgets* (añadidos) a nuestro *blog* de forma muy sencilla. En primer lugar, nos dirigimos a **Diseño** y se nos presentarán las zonas de nuestro *blog* en las que podemos añadir *gadgets* (podemos modificar estas zonas con el diseñador de plantillas).

Tan solo debemos pulsar sobre **Agregar un gadget** y nos aparecerá una ventana con los *gadgets* disponibles para que seleccionemos el que más se ajuste a nuestras necesidades. Vamos a añadir un *gadget* consistente en una **Barra de vídeo**.

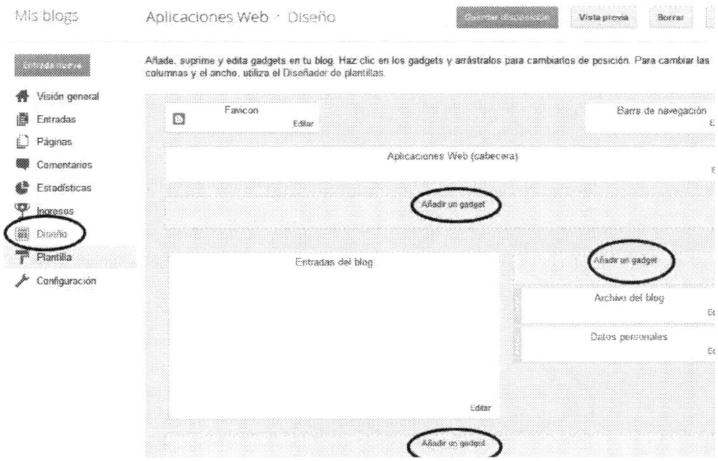

Figura 11.35. *Diseño, Añadir gadget*

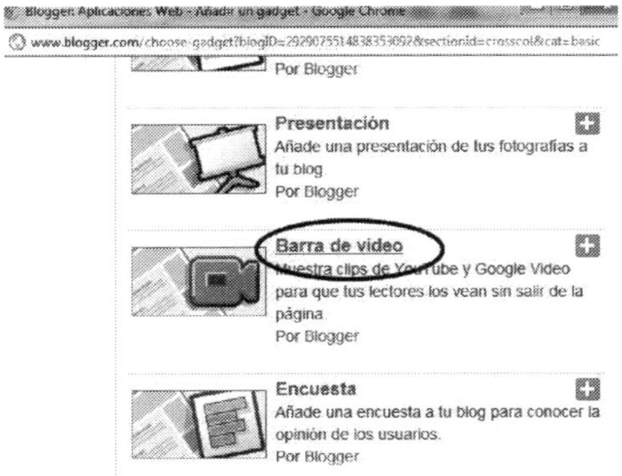

Figura 11.36. *Seleccionamos un gadget*

Podemos configurar la temática de los vídeos que serán mostrados, mostrará un fotograma del vídeo y si hacemos clic sobre él se reproducirá dentro de nuestro *blog*. En nuestro caso hemos utilizado palabras clave para que los vídeos mostrados sean de temática "aplicaciones web". Una vez hacemos clic sobre **Guardar**, nos aparecerá en nuestro *blog* dicha barra de vídeos. Si hacemos clic sobre uno de ellos nos reproducirá el vídeo dentro del *blog* (Figura 11.38).

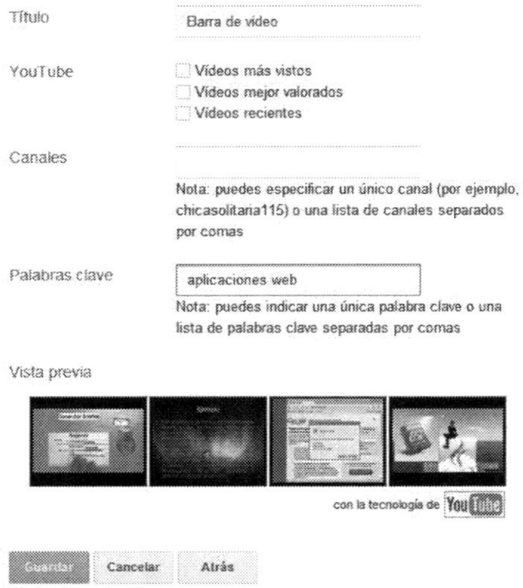

Figura 11.37. *Barra de vídeos*

Figura 11.38. *Vista previa gadget*

ACTIVIDADES 11.5

- Añada tantos *gadgets* como vea interesantes en su *blog* y haga capturas de todo el proceso.

11.4.4 CONFIGURACIÓN AVANZADA DE NUESTRO BLOG

Desde la pantalla principal de administración de nuestro *blog* nos vamos al enlace **Configuración**. Dentro de **Configuración** tenemos una serie de pestañas que vamos a comentar a continuación:

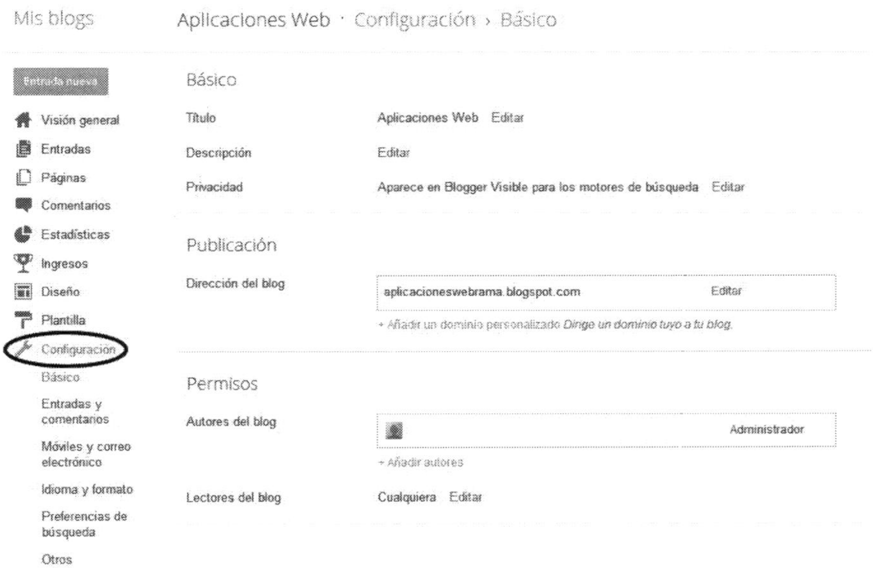

Figura 11.39. *Configuración*

- **Básico**: podemos cambiar el título al *blog*, añadir una descripción, permitir que el *blog* aparezca en las listas de Google, permitir ser encontrado por los motores de búsqueda, permitir la edición rápida de entradas en el *blog*, si el *blog* tiene contenido para adultos, etc.
- **Publicación**: podemos cambiar la dirección de nuestro *blog* (siempre y cuando la nueva esté disponible).
- **Permisos**: podemos añadir autores a nuestro *blog*, para que más usuarios puedan crear entradas en el mismo. También se puede limitar el acceso al *blog*, permitiendo solo a usuarios registrados y permitidos el acceso al mismo.
- **Entradas y comentarios**: en esta pestaña podemos cambiar el número de entradas a mostrar, el formato de la fecha y de la hora, etc. A su vez podemos permitir o no que se muestren los comentarios escritos, permitir qué usuarios pueden hacer comentarios en el *blog*, etc.
- **Móviles y correo electrónico**: direcciones que recibirán un email cuando se publique una nueva entrada en nuestro *blog*, dirección de correo para poder publicar entradas sin acceder directamente a Blogger y también dispositivos móviles que pueden crear entradas en el *blog* mediante SMS (mensajería móvil).

ACTIVIDADES 11.6

- Cambie la configuración del *blog* modificando varios de los aspectos que hemos visto en el apartado: aspectos básicos, de publicación, comentarios, etc. Hacer capturas de todo el proceso.

11.4.5 ESTADÍSTICAS DE NUESTRO BLOG

Al entrar a la configuración de nuestro *blog*, o cuando hagamos clic sobre **Visión General**, se nos muestran las estadísticas del mismo. Con esto podemos conocer las estadísticas de visita de nuestro *blog*, el número de personas que han accedido, las ubicaciones aproximadas, número máximo de visitas en una fecha concreta, etc.

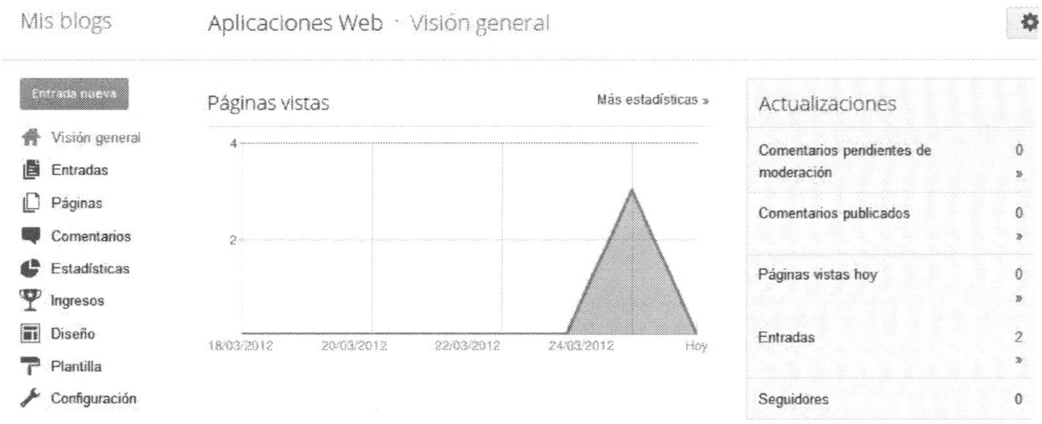

Figura 11.40. *Estadísticas de nuestro blog*

ACTIVIDADES 11.7

- Hacer capturas de las estadísticas de su *blog*.

11.5 CÓMO PONER MÚSICA EN NUESTRO BLOG: GOEAR.COM

¿Le gustaría que los visitantes de su web y/o *blog* pudiesen escuchar la música que quiera? Con GoEar es muy sencillo.

Lo primero sería entrar en *http://www.goear.com* y registrarse. El proceso es gratis. Para ello pulsamos en **Registrarme**, que está en la parte superior de la ventana (ver Figura 11.41). Una vez registrados en el sistema, nos identificamos y accedemos a la página (Figura 11.42).

Figura 11.41. *Registrarse en goear*

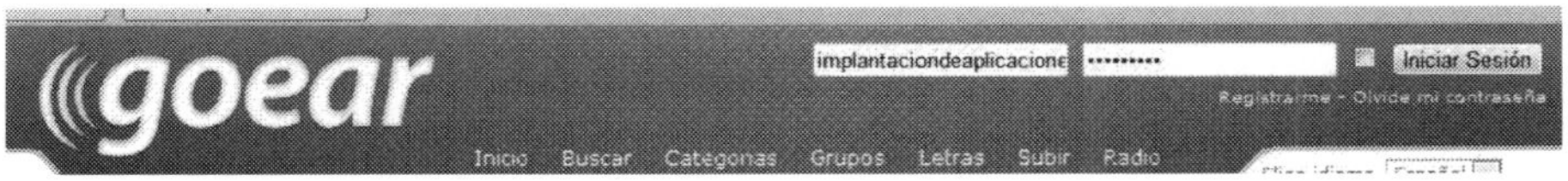

Figura 11.42. *Identificarse*

Si la música que quiere publicar en su *blog* es muy conocida probablemente no tenga que subirla usted mismo y ya lo haya hecho alguien con anterioridad. Puede probar en la barra de búsqueda (Figura 11.43). En caso de que no exista en la base de datos debemos usar la opción **Subir** (Figura 11.44) y subiremos la canción nosotros mismos. Simplemente escribimos el título de la canción, el nombre del artista, álbum, el género o estilo de música y una pequeña descripción de lo que está subiendo. Seleccionamos el archivo y pulsamos **Subir** (Figuras 11.45 y 11.46).

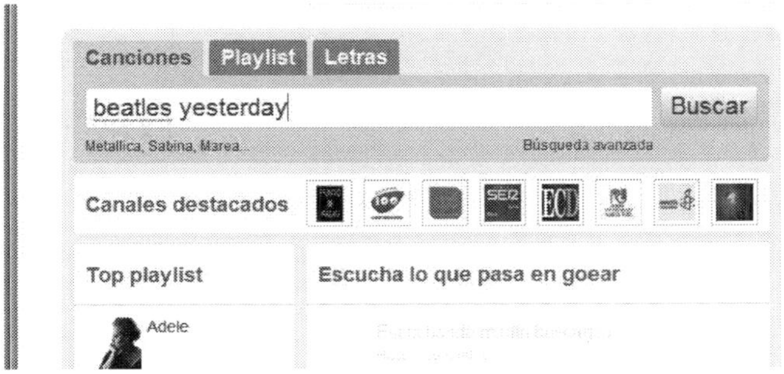

Figura 11.43. *Búsqueda de música*

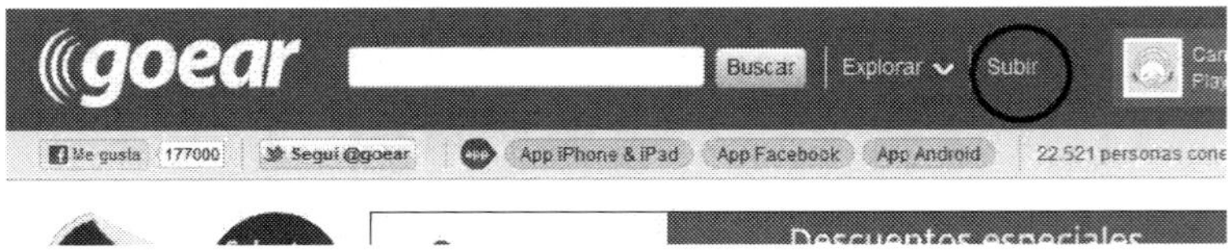

Figura 11.44. *Subir*

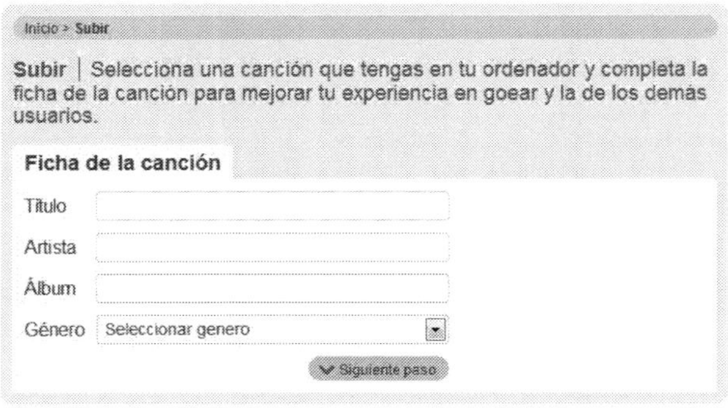

Figura 11.45. *Ficha de una canción*

Figura 11.46. *Subir una canción*

Una vez hemos encontrado el archivo deseado o subido el archivo a *goear.com*, simplemente nos vamos a **Inserta esta canción en tu web**, copiamos el código que se nos muestra en pantalla y lo pegamos en nuestro *blog* (Figura 11.47).

Para insertar el código que hemos obtenido de *goear.com* en nuestro *blog* debemos pulsar sobre **Edición de HTML** (muy importante) y pegar dicho código (Figura 11.48).

Figura 11.47. *Inserta esta canción en tu web*

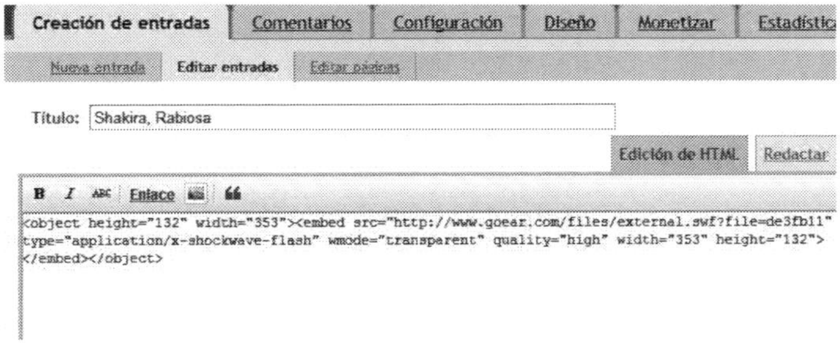

Figura 11.48. *Insertar canción en nuestro blog*

ACTIVIDADES 11.8

- Dese de alta en *goear.com* y publique una canción en su *blog* de la misma forma que se ha hecho en este apartado. Haga capturas de todo el proceso seguido.

11.6 CÓMO INSERTAR PRESENTACIONES A NUESTRO BLOG

La página web *http://issuu.com/* nos permite hacer algo parecido a *goear.com*, con presentaciones tipo *slideshare* (los usuarios pueden cargar archivos en los formatos de archivo: PowerPoint, PDF o OpenOffice Presentaciones). Se considera similar a YouTube, pero para presentaciones de diapositivas.

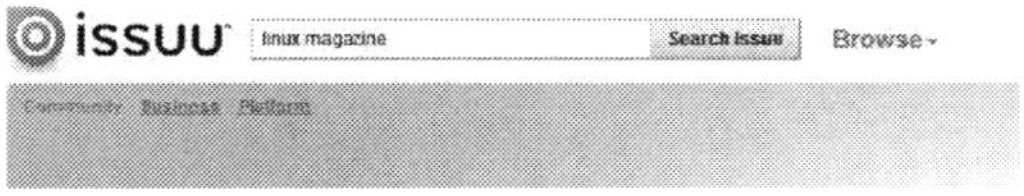

Figura 11.49. *issuu.com*

Figura 11.50. *Búsqueda de presentación*

Figura 11.51. *Seleccionamos una presentación*

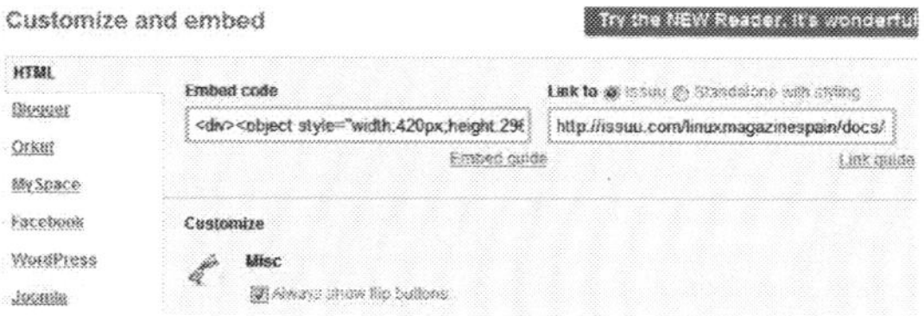

Figura 11.52. *Obtenemos el código para nuestro blog*

Figura 11.53. Insertar entrada como Edición HTML

Figura 11.54. Listo

RECORDATORIO

No se olvide que debemos entrar en modo Edición HTML.

ACTIVIDADES 11.9

- Añada una presentación en su *blog* de la misma forma que se ha hecho en este apartado. Haga capturas de todo el proceso seguido.

RESUMEN DEL CAPÍTULO

En este capítulo, hemos definido y establecido las partes de las que se compone un *blog*. Acto seguido hemos practicado con uno de los gestores de *blogs* más conocidos y utilizados en la actualidad: Blogger.

Hemos visto cómo crear una cuenta de correo electrónico y una cuenta Google, ya que ambas nos serán imprescindibles para poder elaborar nuestro *blog*.

Dentro de Blogger hemos visto cómo configurar la apariencia, cómo insertar entradas, fotos, vídeos e incluso cómo poner música en nuestro *blog* y presentaciones de tipo *slideshare*.

EJERCICIOS PROPUESTOS

- **1.** Defina con sus palabras qué es un *blog*.
- **2.** Enumere las diferentes partes de un *blog*.
- **3.** ¿Conoce algún *blog* famoso?, ¿cuál?
- **4.** ¿De qué herramientas dispone Google además de Blogger?
- **5.** ¿Por qué cree que los *blogs* tienen tanta popularidad en la actualidad?
- **6.** Haga una lista con 5 *blogs* que haya encontrado por la Red. Cada uno de los *blogs* debe ser de una temática distinta al resto, es decir, si el primero trata sobre la pesca, ya no se puede repetir el tema en los siguientes *blogs*.

TEST DE CONOCIMIENTOS

1 Un *blog* está formado principalmente por:

a) Cabecera.
b) *Posts*.
c) Comentarios.
d) Etiquetas.
e) *Widgets*.
f) Todas son ciertas.
g) Todas son falsas.

2 Blogger aparece en el año:

a) 1995.
b) 1997.
c) 1999.
d) 2003.
e) 2011.

3 Google se hace cargo de Blogger en el año:

a) 1995.
b) 1997.
c) 1999.
d) 2003.
e) 2011.

4 Las cuentas de correo de Gmail son:

a) Gratuitas.
b) Gratis las 3 primeras, a partir de la cuarta son de pago.
c) De pago.
d) De pago solo para empresas, para los usuarios comunes son gratis.
e) Todas son falsas.

5 En un *post* podemos insertar:

a) Textos.
b) Imágenes.
c) Sonidos.
d) Vídeos.
e) Presentaciones.
f) Todas son ciertas.
g) Todas son falsas.

12 Wikis: MediaWiki

OBJETIVOS DEL CAPÍTULO

- ✓ Definir el concepto de wiki.
- ✓ Diferenciar los componentes de una wiki.
- ✓ Conocer y utilizar una de las wikis más utilizadas: MediaWiki.

12.1 DEFINICIÓN

Wiki proviene del hawaiano wiki wiki, "rápido". Es un sitio web que puede ser editado por varios usuarios. Estos usuarios pueden crear, modificar y borrar el contenido de una página web, de forma fácil, rápida y sencilla. Hay un historial de recuperación, es decir, se puede volver a cualquier estado anterior de la página.

En 1995 se desarrolla la tecnología wiki para transmitir y compartir información en los grupos informáticos implicados en el desarrollo del software.

En 2001 nace la Wikipedia, la mayor enciclopedia colaborativa creada por Jimbo Wales y Larry Sanger.

12.2 COMPONENTES DE UNA WIKI

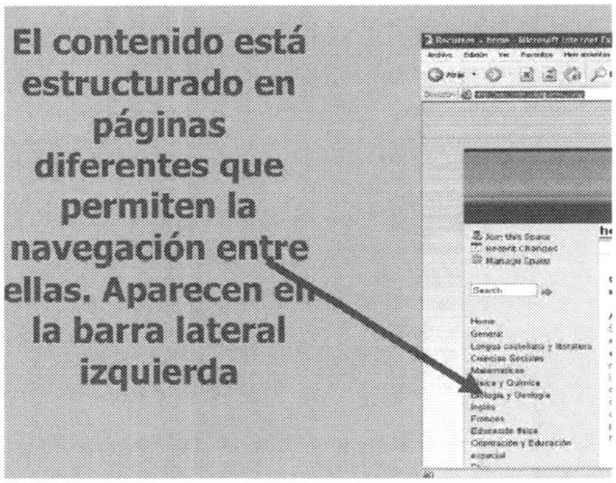

Figura 12.1. *Navegación por la wiki*

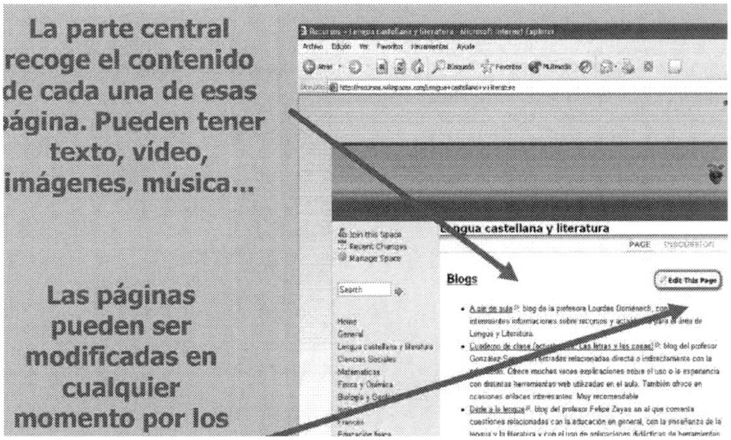

Figura 12.2. *Contenido*

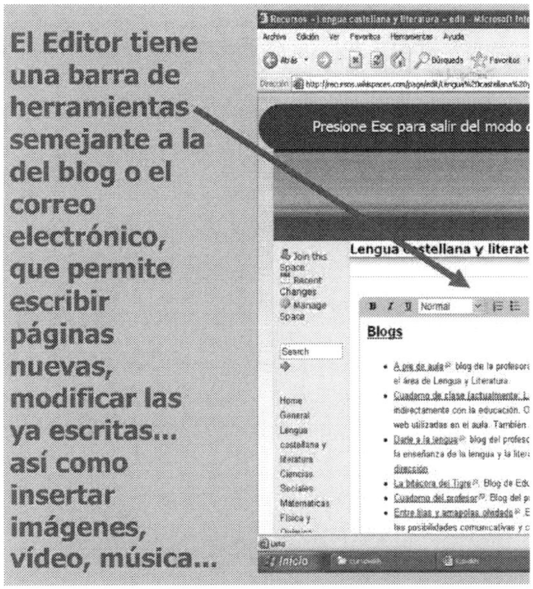

Figura 12.3. *Editor*

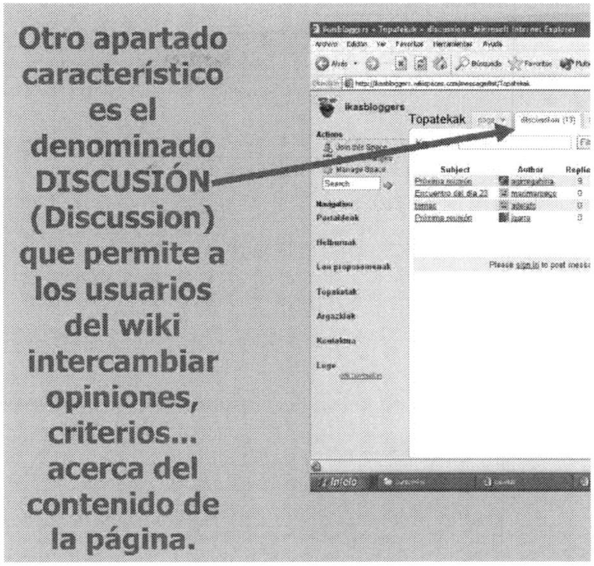

Figura 12.4. *Discusión*

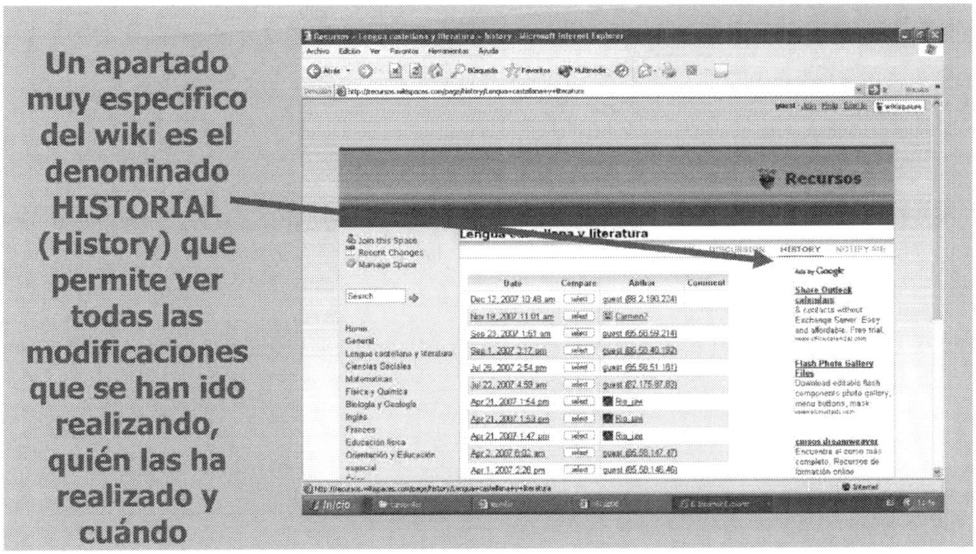

Figura 12.5. *Historial*

12.3 MEDIAWIKI

MediaWiki es un software para wikis libre programado en PHP. Es el software usado por Wikipedia y otros proyectos de la Fundación Wikimedia (Wikicionario, Wikilibros, etc.). Ha tenido una gran expansión desde el año 2005. Existen un gran número de wikis basados en este software que no mantienen relación con dicha fundación, aunque sí comparten la idea de la generación de contenidos de manera colaborativa.

MediaWiki puede ser instalado en los servidores web Apache e Internet Information Services y se puede usar como motor de base de datos MySQL o PostgreSQL.

Las características principales de MediaWiki son:

- A diferencia de las wikis clásicas, los nombres de las páginas no tienen por qué estar en CamelCase (mayúsculas mezcladas con minúsculas), lo que permite tener nombres más naturales.
- Espacios de nombres: permiten separar páginas de distintos tipos. Así, se puede tener un espacio de nombres para artículos, otro para plantillas, otro para debates, etc., que el software trata de distinta forma.
- Páginas de discusión: cada página de la wiki tiene una página de discusión propia.
- Soporte de TeX, para visualizar fórmulas matemáticas.
- Listas de seguimiento, de tal forma que cada usuario pueda seguir los cambios en los artículos de su interés.
- Sistema de *plugins*, que permite extender fácilmente el software.
- Capacidad de bloquear temporalmente usuarios o páginas.
- Soporte de plantillas personalizadas con parámetros.
- Creación de líneas de tiempos a través de código wiki.
- Sistema de categorías jerárquico, que permite crear listados de artículos o de *thumbnails* de imágenes.
- Admite varios niveles de usuario, así como la posibilidad de que solo los usuarios registrados puedan editar, o de impedir el registro de más usuarios.
- Soporte para almacenamiento de memoria virtual o caché, también conocidos como *memcached* y el sistema de caché *Squid*.
- Plantillas (*skins*) personalizables por cada usuario.

12.4 LICENCIAS DE USO DE MEDIAWIKI

MediaWiki es un software libre de código abierto escrito originalmente para su uso en Wikipedia. Además de por la Wikipedia, es utilizado por otros proyectos de la Fundación Wikimedia y por muchas otras wikis, incluyendo el sitio web MediaWiki.

12.5 REQUERIMIENTOS DE FUNCIONAMIENTO

Para poder crear, mantener y explotar una wiki lo único que necesitamos es un navegador web y una conexión a Internet, independientemente de la plataforma utilizada.

12.6 INSTALACIÓN

El software MediaWiki está escrito en lenguaje PHP y utiliza como sistema de almacenamiento una base de datos. Los prerrequisitos para la instalación de la versión actual 1.X son los siguientes:

- Servidor web como Apache o IIS.
- Versión de PHP 5.0 o superior.
- Servidor de base de datos MySQL (versión 4.0 o superior) o PostgreSQL (versión 8.1 o superior).
- Es recomendable un administrador de la base de datos; PHPMyADMIN para MySQL o phpPgAdmin para PostgreSQL.

Para descargar MediaWiki debemos dirigirnos a la web: *http://www.mediawiki.org/wiki/Download*. Descomprimimos la carpeta en el servidor web, en nuestro caso como es un servidor local, utilizaremos la carpeta **htdocs** de dicho servidor. Se recomienda cambiar el nombre de la carpeta descargada y descomprimida por MediaWiki, para mayor comodidad a la hora de la configuración y uso, ya que la dirección será del tipo: *http://servidor/mediawiki.*

Figura 12.6. *Descarga de MediaWiki*

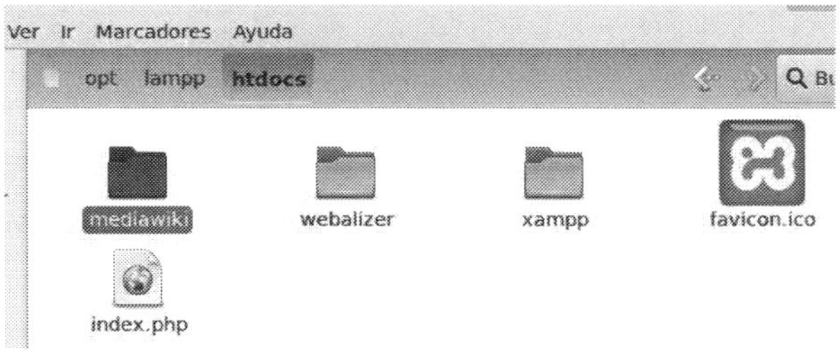

Figura 12.7. MediaWiki en htdocs

ACTIVIDADES 12.1

- Descargue MediaWiki de la web del creador. Haga capturas de todo el proceso realizado.

La instalación de MediaWiki tarda de 10 a 30 minutos. Se realiza mediante el *script* de instalación accesible a través del navegador web. Durante el proceso de instalación habrá que introducir diferente información relacionada con:

- Acceso a MediaWiki.
- Comprobación del entorno.
- Configuración del sitio.
- Configuración del email.
- Configuración de la base de datos.
- Completar la instalación.
- Problemas encontrados.

Los parámetros que se introduzcan durante la instalación pueden ser cambiados posteriormente en los ficheros de configuración.

12.6.1 ACCESO A MEDIAWIKI

Para acceder al *script* de instalación se escribe en el navegador web *http://miservidorweb/mediawiki*. Como se ha comentado anteriormente, al instalarlo en un servidor local la dirección de nuestra wiki será *http://localhost/mediawiki*.

Figura 12.8. Instalación de MediaWiki

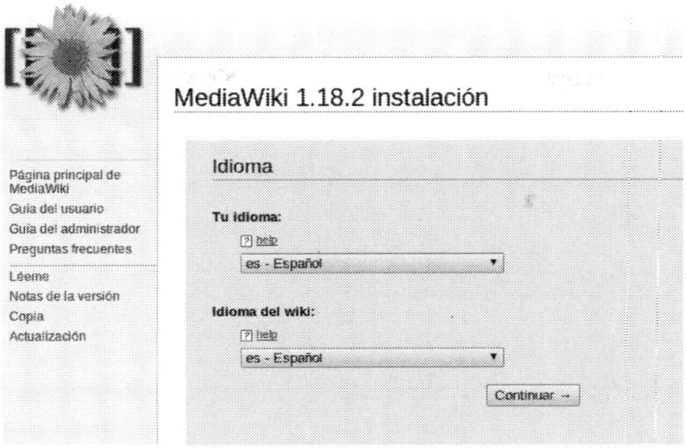

__Figura 12.9.__ Selección idioma

12.6.2 COMPROBACIÓN DEL ENTORNO

Siguiendo el enlace que se muestra, MediaWiki procede a la comprobación del entorno, donde chequea que están disponibles todos los requisitos para que pueda funcionar correctamente como, por ejemplo, las versiones de PHP y de la base de datos.

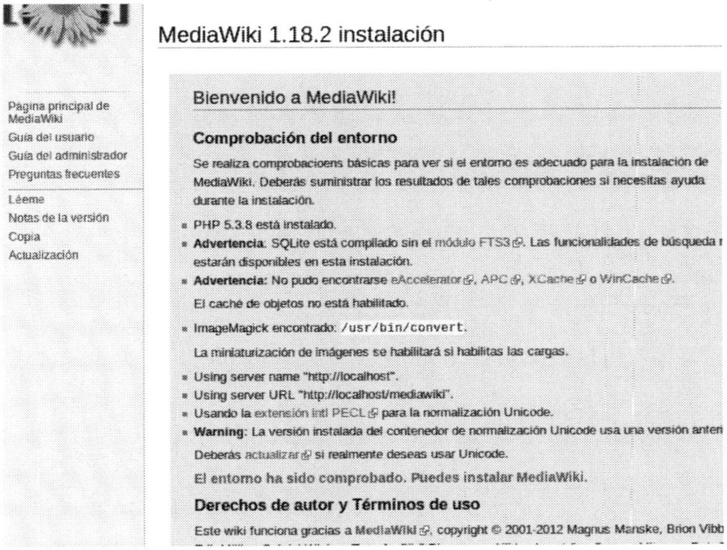

__Figura 12.10.__ Comprobación del entorno

12.6.3 CONFIGURACIÓN DE LA BASE DE DATOS

A continuación se muestran los parámetros a configurar relacionados con la base de datos:

- **Tipo base de datos**: elegiremos el Sistema Gestor donde se instalará MediaWiki. Por defecto MySQL.

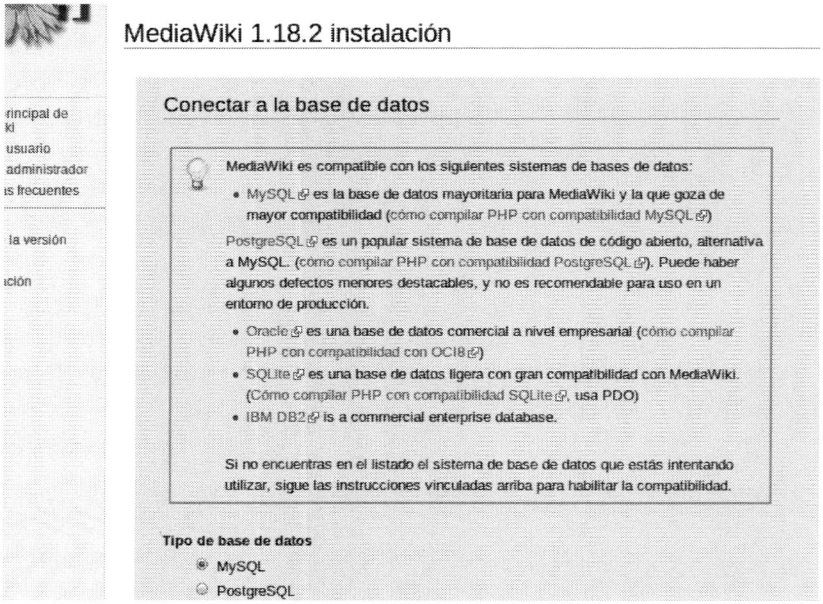

Figura 12.11. *Base de datos*

- **Servidor de la base de datos**: donde se encuentra la base de datos. En nuestro caso, como MediaWiki está instalada en modo local, será *localhost*.
- **Nombre de la base de datos**: nombre de la base de datos, por defecto es *my_wiki*.
- **Prefijo para las tablas de la base de datos**: prefijo si se precisa acceder a una base de datos compartida con otras wikis o con otra aplicación web, para evitar conflictos.
- **Nombre de usuario de bases de datos**: nombre de usuario que se utilizará para la creación y el acceso a la base de datos.
- **Contraseña BD**: contraseña para el acceso del usuario anterior.

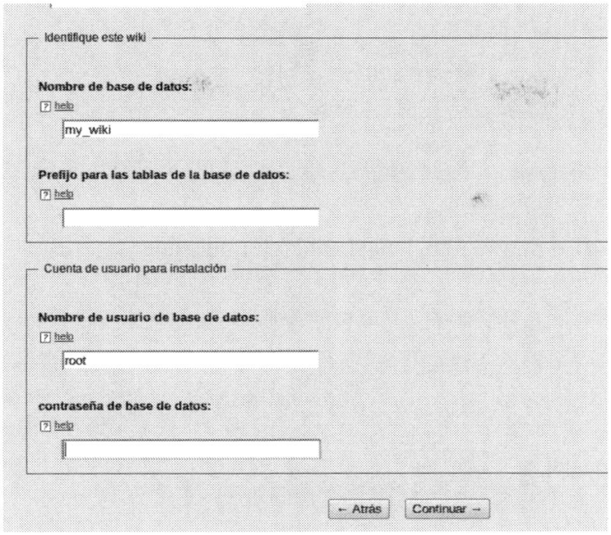

Figura 12.12. *Base de datos*

- **Cuenta de base de datos para acceso web**: podemos utilizar un usuario con menos privilegios para el desarrollo normal de nuestra wiki. Por defecto toma los datos del usuario anterior.
- **Motor de almacenamiento**: puede seleccionarse InnoDB o MyISAM. En nuestro caso elegiremos *InnoDB* dado que soporta bien los accesos simultáneos.
- **Conjunto de caracteres de la base de datos**: podemos elegir entre almacenamiento binario y UTF-8. Con el método de almacenamiento binario MediaWiki almacena texto UTF-8 en campos binarios. Es más eficiente el método binario que el UTF-8, por tanto, seleccionaremos éste.

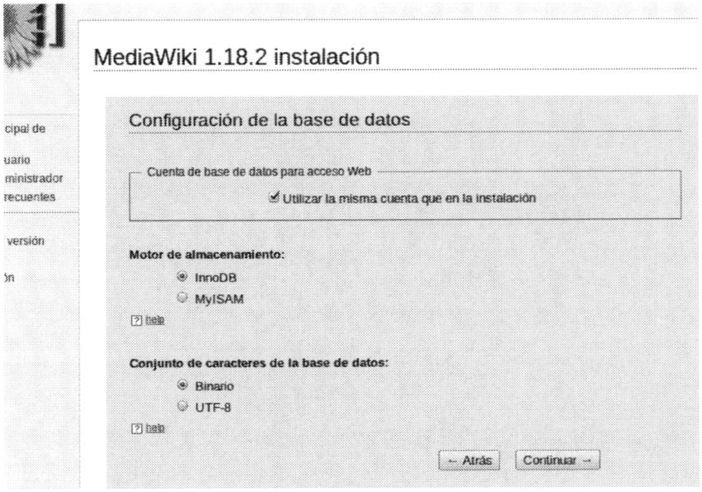

Figura 12.13. *Base de datos*

12.6.4 CONFIGURACIÓN DEL SITIO

Se introducirán parámetros relacionados con el sitio wiki:

- **Nombre del Wiki**: el nombre del sitio wiki.
- **Espacio de nombre de proyecto**: podemos indicar aquí un prefijo de espacio de nombre, así todos los títulos de las páginas contendrán ese prefijo.
- **Cuenta de administrador**: nombre de usuario del administrador.

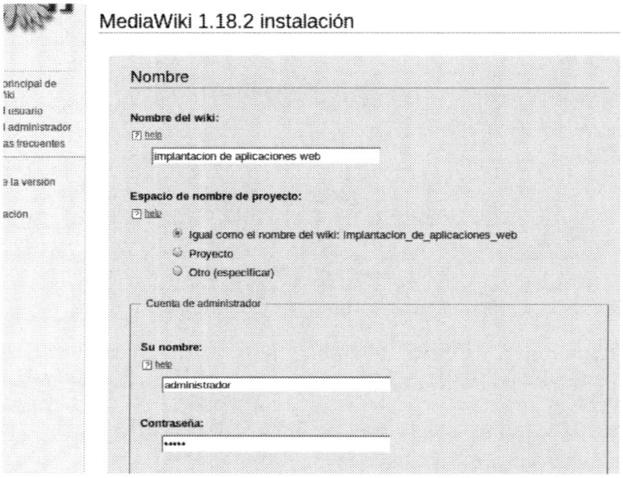

Figura 12.14. *Instalación*

- **Contraseña**: contraseña del administrador de la wiki.
- **Dirección de correo electrónico**: una dirección de correo electrónico que nos permita recibir mensajes del resto de usuarios de la wiki, también nos puede permitir recibir correos frente a modificaciones de páginas supervisadas. No obstante podemos dejar este campo vacío.

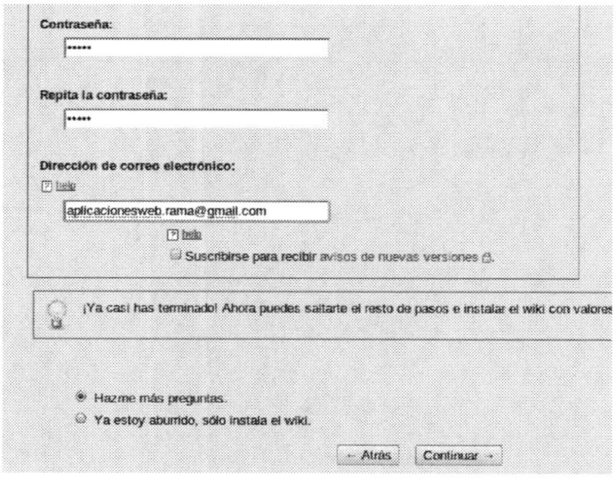

Figura 12.15. *Instalación*

12.6.5 OPCIONES DE INSTALACIÓN

- **Perfil de derechos de usuario**: aquí elegiremos el perfil de los usuarios de nuestra wiki. Podemos elegir entre *Wiki tradicional* (cualquier persona puede colaborar, aun sin registrar), *Creación de cuenta requerida*, *Solo editores autorizados* o *Wiki privado*.

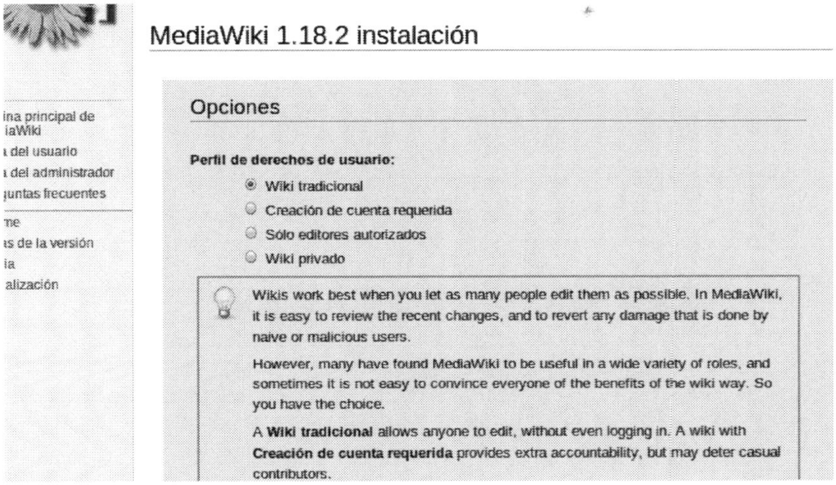

Figura 12.16. *Perfil del usuario*

- **Copyright and licencia**: el contenido de lo que se publique en la wiki estará basado en esta licencia. Hay varias opciones: *Sin licencia* (el texto y las imágenes no tienen *copyright*, cualquiera podrá copiar y usar estos contenidos); *GNU free documentation license* (licencia de documentación libre de GNU, es la usada por Wikipedia); *Licencia Creative Commons* o CC (de ésta hay varios tipos), y otras. Puede encontrar más información sobre *copyright* y licencias de MediaWiki en la siguiente página web *http://www.mediawiki.org/wiki/Project:Copyrights*.
- **Activar el envío de emails** (global): por defecto, las notificaciones generales están habilitadas, como el envío de recordatorio de una contraseña o permitir el envío de emails entre usuarios.
- **Habilitar correo electrónico de usuario a usuario**: para permitir el envío de *emails* entre usuarios sin que se publiquen sus direcciones.
- **Activar notificaciones de páginas de discusión de usuarios**: para que se envíe un *email* cuando el usuario lo especifique sobre cambios en una página, o solo para las discusiones de página.
- **Activar autenticación del correo electrónico**: para que sea necesario introducir un *email* cuando se registre el usuario, además se debe confirmar la cuenta mediante *email*.

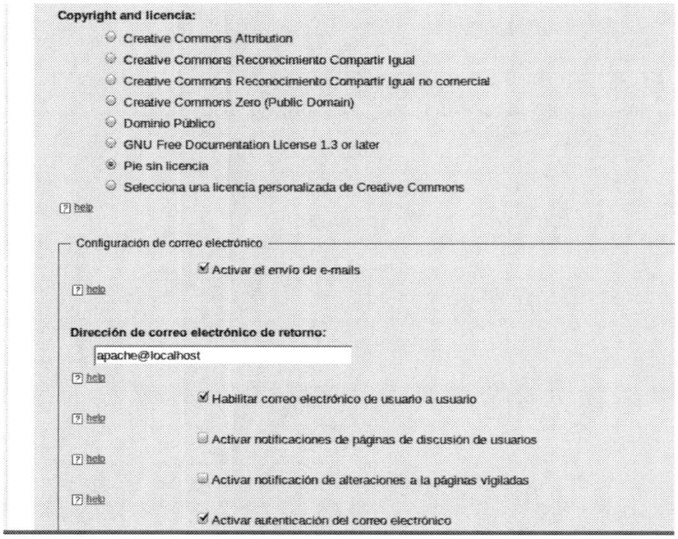

Figura 12.17. *Copyright y correo*

12.6.6 EXTENSIONES

La funcionalidad que ofrece por defecto MediaWiki se puede ampliar con un buen número de extensiones, las que nos aparecen en la Figura 12.18 vienen incluidas directamente al descargar MediaWiki. Podemos encontrar muchas extensiones más en *http://www.mediawiki.org/wiki/Category:Extensions/es.*

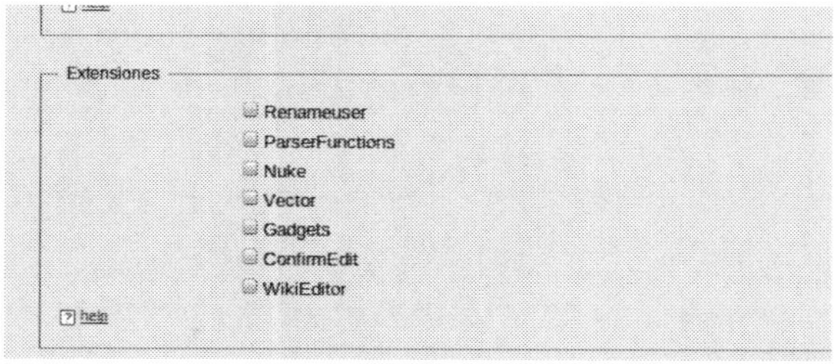

Figura 12.18. *Extensiones*

12.6.7 CARGA DE IMÁGENES Y ARCHIVOS. CONFIGURACIÓN AVANZADA

Si habilitamos esta opción podremos subir ficheros e imágenes a nuestra wiki, en caso de no habilitarla en esta ocasión podremos habilitarla después. Para ello debemos buscar en el fichero *Localsettings.php* la línea *$wgEnableUploads* y cambiar *false* por *true*.

En caso de habilitar esta opción podremos elegir el **Directorio para archivos eliminados** y la dirección **URL del logo**.

Con respecto a la configuración avanzada, utilizaremos **Sin almacenamiento en caché**, ya que no pretendemos realizar un sitio con millones de visitas concurrentes y **Utilizar Memcached** requeriría un esfuerzo extra que no es necesario en nuestro caso.

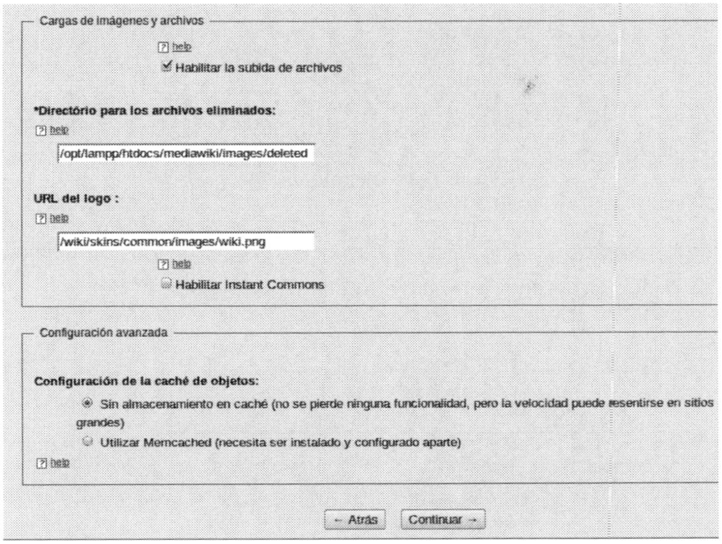

Figura 12.19. *Imágenes y configuración avanzada*

12.6.8 COMPLETAR LA INSTALACIÓN

Una vez se hayan introducido todos los parámetros requeridos se procederá a la instalación. Pulsamos sobre **Continuar** y, si algo ha fallado, muestra un error y vuelve a la misma pantalla para que se proceda a su corrección. Cuando está todo correcto, MediaWiki creará la base de datos, las tablas necesarias y el fichero de configuración.

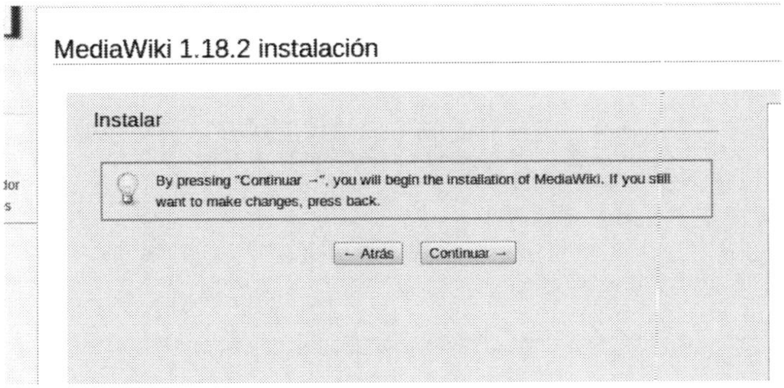

Figura 12.20. *Instalación*

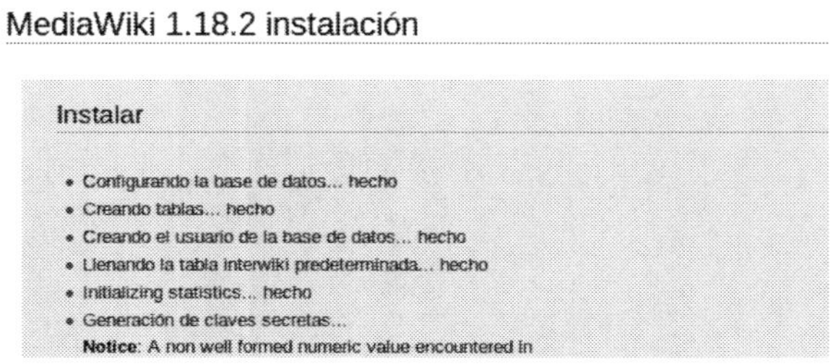

Figura 12.21. Finalizar instalación

Para completar la instalación, hay que copiar el archivo generado *localsettings.php* (Figura 12.22) al directorio raíz de la wiki (Figura 12.23). Ya podemos acceder a nuestra nueva wiki (Figura 12.24).

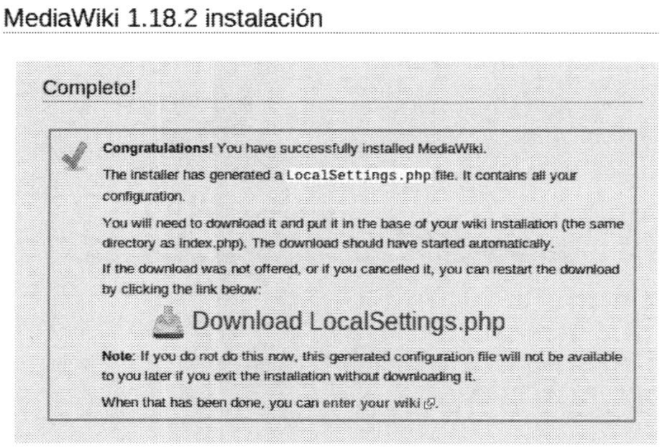

Figura 12.22. Descargar LocalSettings.php

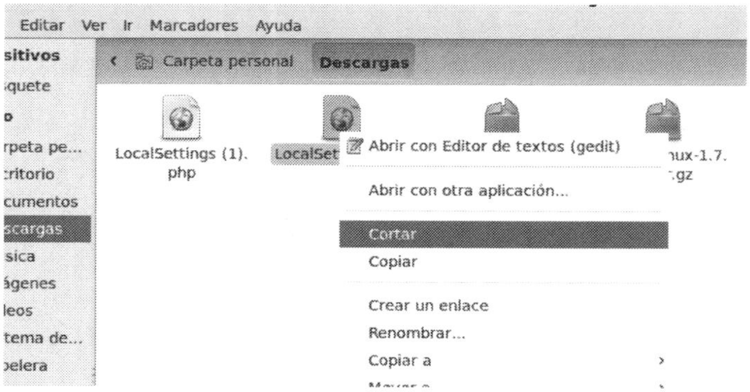

Figura 12.23. Copia fichero desde Descargas

Figura 12.24. Copiamos a MediaWiki

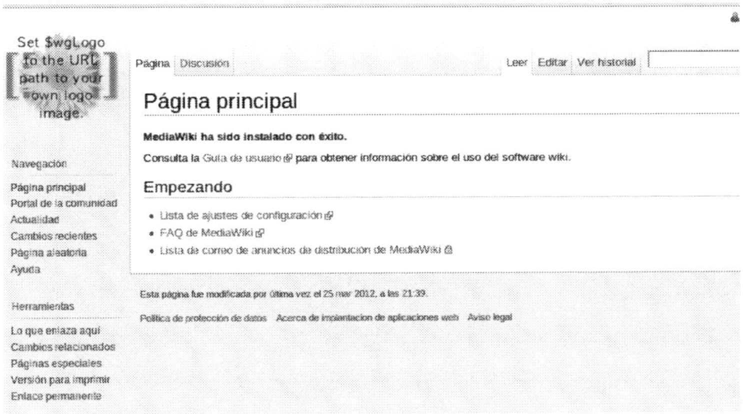

Figura 12.25. Nuestra nueva wiki

12.6.9 PROBLEMAS ENCONTRADOS

Cuando se introduce un parámetro que no es correcto, aparece un mensaje en rojo sobre el parámetro que causa problemas. Se debe corregir para continuar la instalación.

ACTIVIDADES 12.2

- Instale en su servidor local MediaWiki, tal y como se ha realizado en el capítulo, creando la base de datos para utilizarla con MediaWiki. Haga capturas de todo el proceso realizado.

12.7 USUARIOS Y GRUPOS

Las wikis son creadas para ser libres y editables abiertamente. Esto significa que cualquiera puede editar las páginas, a menudo sin ni siquiera registrarse/identificarse. Esto solo es posible porque las wikis ofrecen un tipo de seguridad llamada "seguridad blanda", por lo que es muy fácil controlar las ediciones y revertir los cambios para recuperar una versión anterior de una página.

En teoría no hay permisos. Todo el mundo es administrador. No se necesita ningún permiso para editar, de hecho, se anima a los usuarios a seguir adelante y participar. Por lo menos esa es la teoría. En la práctica, el software MediaWiki ofrece algunas opciones relacionadas con los permisos.

Para registrarnos en la wiki debemos pulsar sobre **Iniciar sesión/crear cuenta**, que está en la parte superior derecha de nuestro navegador (Figura 12.26). Después de esto nos mostrará una pantalla para iniciar sesión dando también la posibilidad de crear una cuenta nueva. Si pulsamos sobre **Crear una cuenta** nos pedirá una serie de datos: usuario, contraseña, correo y nombre real. Si rellenamos los datos correctamente estaremos registrados en la wiki y ya podremos acceder a las partes destinadas a **Usuarios registrados**.

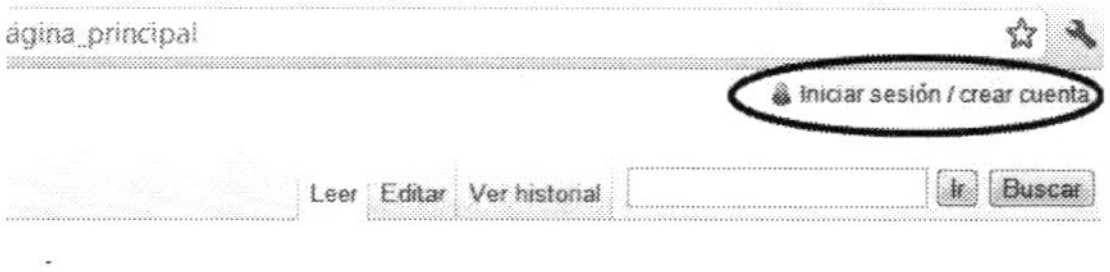

Figura 12.26. *Iniciar sesión / crear cuenta*

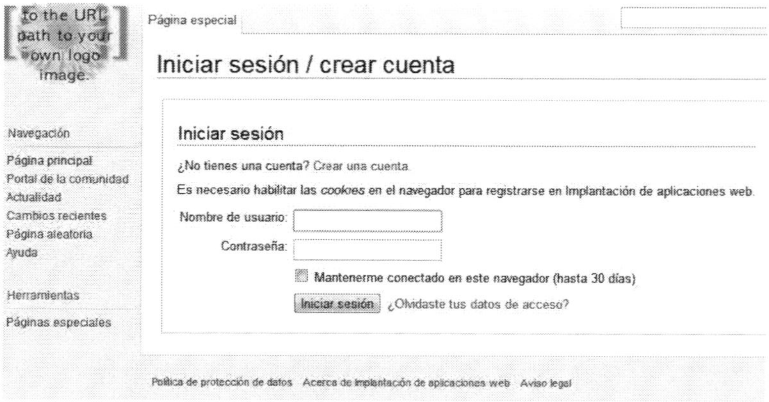

Figura 12.27. *Iniciar sesión*

Figura 12.28. *Crear cuenta*

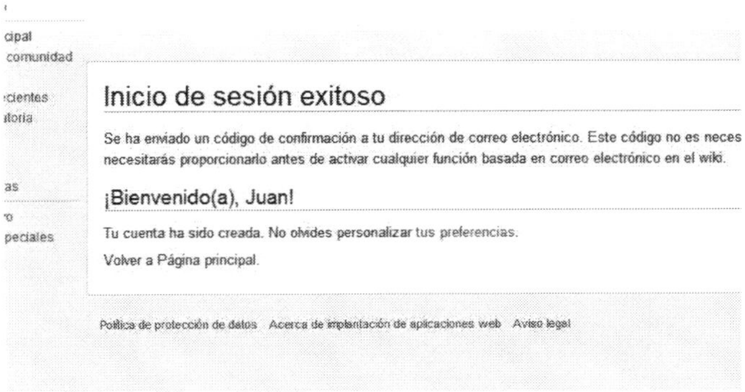

Figura 12.29. *Inicio de sesión*

12.7.1 SYSOPS O ADMINISTRADORES

MediaWiki ofrece una funcionalidad adicional para un grupo de usuarios de confianza llamados *sysops* (más conocidos generalmente como "administradores"). No debemos abusar de este tipo de usuarios en nuestra wiki, ya que un usuario normal puede participar en la edición de páginas e incluso realizar una reorganización drástica de la wiki. Los privilegios extra de un usuario *sysop* estarán destinados para su uso en la solución de conflictos y en la prevención de actos vandálicos.

Hay una serie de características adicionales disponibles para los operadores del sistema. Las más importantes son las siguientes:

- **Proteger páginas**, **desproteger páginas y editar páginas protegidas**. La "protección" de una página evita que los usuarios normales puedan editar la página.
- **Eliminación de páginas y restauración de versiones antiguas**. Un usuario normal no tiene este permiso.
- **Bloqueo de un usuario o la dirección IP y desbloqueo de bloqueados**. Los usuarios pueden ser bloqueados desde la wiki. Esta es una forma útil de mantener alejados a los vándalos.
- **Supervisar y ver ediciones supervisadas**. Deben coordinarse con el resto de administradores, para asegurarse de que cada edición de la wiki ha sido revisada por un usuario de confianza.

12.7.2 LOS BURÓCRATAS

Otro nivel de permisos dentro de MediaWiki es el "burócrata" del grupo. Lo que puede hacer un burócrata que un *sysop* no puede es cambiar permisos de usuarios básicos para hacerlos administradores del sistema y degradar el nivel de los operadores del sistema a usuarios normales.

Para cambiar los permisos a los usuarios, en la barra lateral aparece el cuadro **Herramientas**. Dentro debemos pulsar sobre **Páginas especiales** (Figura 12.30) y, dentro de esta opción, sobre **Usuarios y permisos** (Figura 12.31).

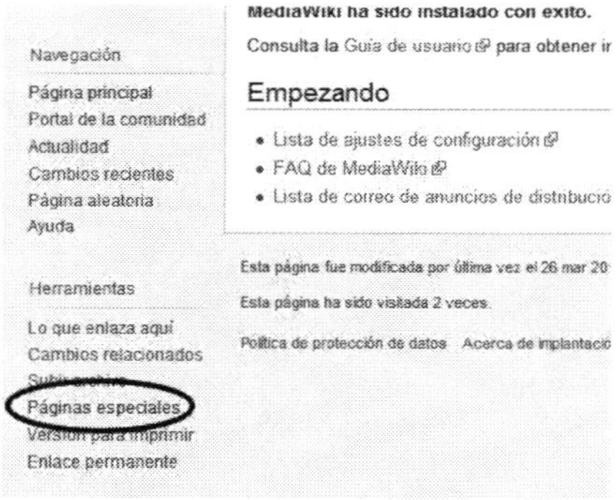

Figura 12.30. *Herramientas, Páginas especiales*

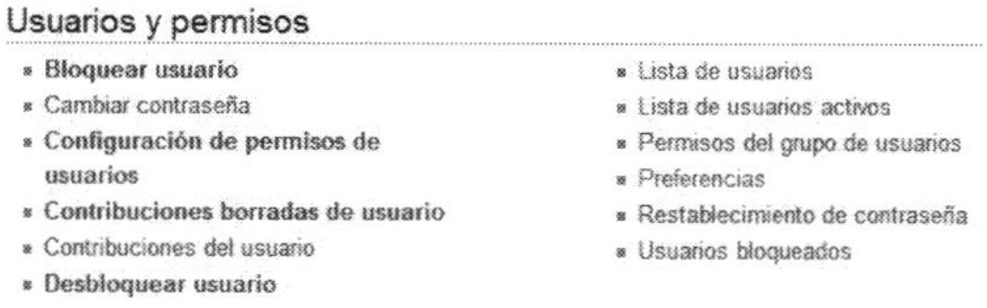

Figura 12.31. *Usuarios y permisos*

Ahora nos vamos a **Configuración de permisos de usuarios** y buscamos el usuario al que vamos a cambiar los permisos (Figura 12.33).

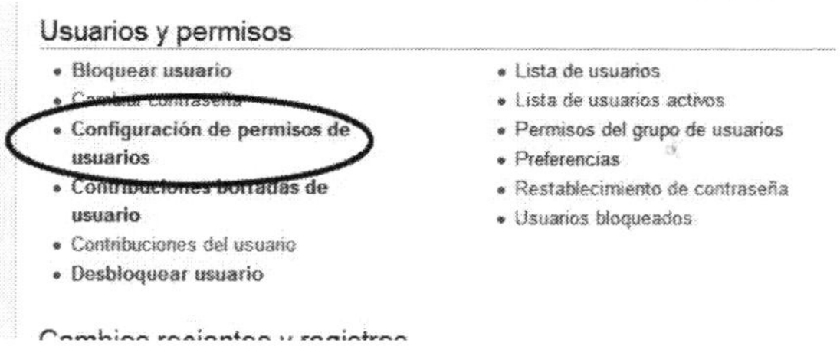

__Figura 12.32.__ Configuración de permisos de usuarios

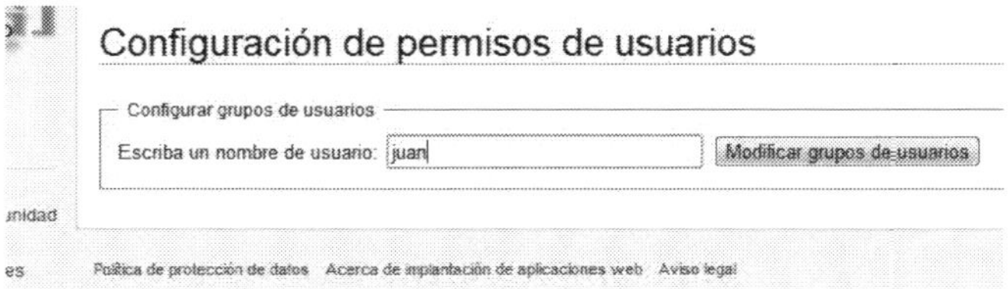

__Figura 12.33.__ Buscar usuarios

Nos aparecerá el usuario que tenga ese nombre de usuario (si es que hay alguno). En nuestro caso asignamos el permiso de **administrador** al usuario de la búsqueda (Figura 12.34) y hacemos clic sobre **Guardar grupos de usuarios**. A partir de este momento el usuario **juan** será del grupo de los **administradores** (Figura 12.35).

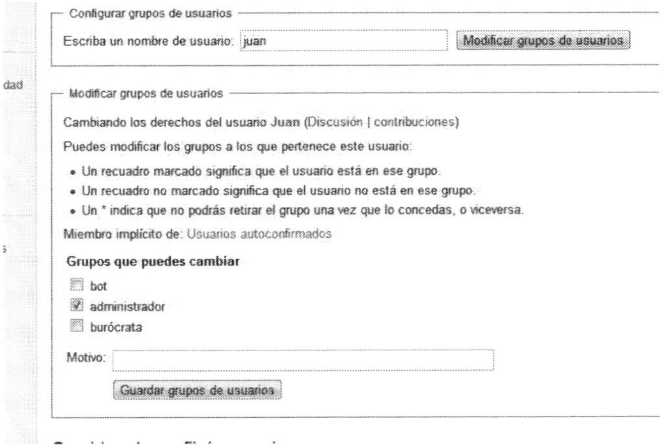

__Figura 12.34.__ Asignar privilegios de administrador

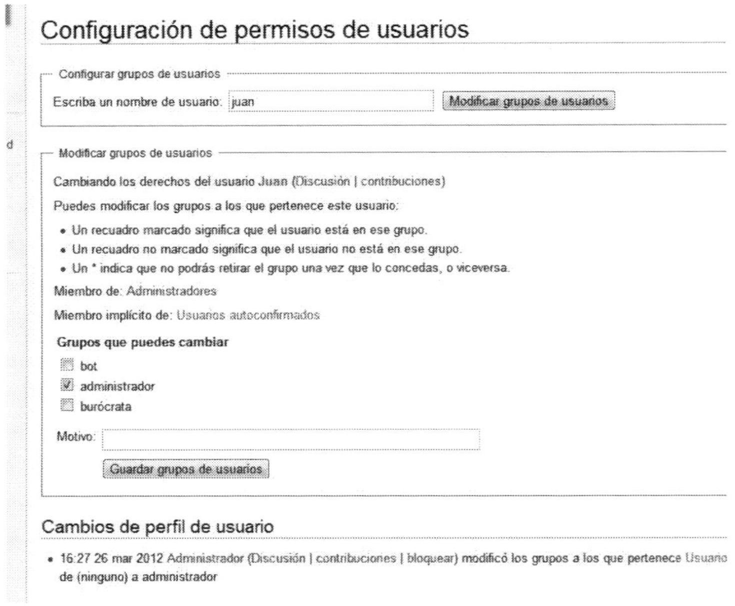

Figura 12.35. *Privilegios cambiados*

ACTIVIDADES 12.3

- Cree varios usuarios en su MediaWiki y después asígneles diversos roles (administrador, burócrata). Haga capturas de todo el proceso realizado.

12.8 CREACIÓN DE CONTENIDOS

Al ver cualquier página de MediaWiki vamos a encontrar tres principales elementos de navegación:

- La barra lateral le da acceso a páginas importantes en la wiki, como los cambios recientes o subir archivos. MediaWiki requiere que esté identificado en el sistema antes de ver todas las opciones de la barra lateral.
- Enlaces (a menudo llamados *tabs*) que se refieran a la página visualizada: su página de discusión, el historial de versiones y, sobre todo, el enlace.
- Enlaces de usuario, como un usuario anónimo. Verá un enlace para crear una cuenta o entrar como un usuario registrado. Usted tiene una colección de vínculos personales, incluyendo los de su página de usuario y preferencias.

12.8.1 SIDEBAR

La barra lateral se muestra en el borde izquierdo de la página, debajo del logo del sitio (si se utiliza la piel MonoBook por defecto). Esta barra lateral le da acceso a páginas importantes en la wiki, como los cambios recientes o subir archivos.

- **Navegación**. Al hacer clic en el logo volvemos a la página principal de la wiki. Los enlaces en la sección de navegación solo llevarán a páginas importantes de la wiki. Estos enlaces pueden ser configurados por los administradores del sitio.
- **Herramientas**. La caja de herramientas contiene una selección de enlaces que cambian en función del tipo de página que está viendo.

Hay unas herramientas que van a aparecer en las páginas, excepto en páginas especiales:

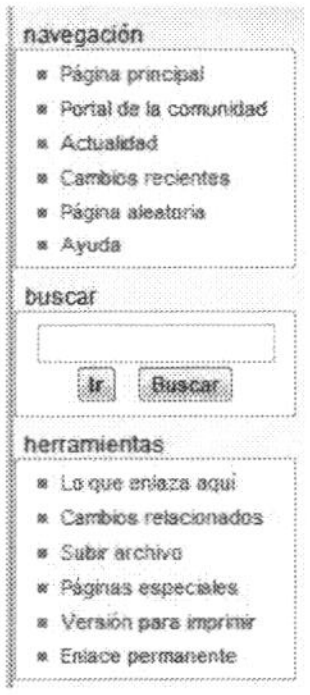

Figura 12.36. *Sidebar*

- **Lo que enlaza aquí**. Le lleva a una página especial que enumera las páginas de esta wiki y contienen un enlace a la página actual. Esto es útil cuando usted está buscando las páginas de información relacionada. La información también puede ser útil cuando se reestructuran páginas wiki y la necesidad de comprobar si los enlaces a esta página se mantienen después de los cambios en la página actual.
- **Cambios relacionados**. Muestra los últimos cambios en las páginas que enlazan con la página actual.

Hay una serie de herramientas que van a aparecer en todas las páginas, incluyendo páginas especiales:

- **Subir archivo**. Muestra una página especial que permite a los usuarios registrados subir imágenes y otros archivos en la wiki. Los archivos subidos pueden ser enlazados o incrustados en las páginas wiki. Esta opción está deshabilitada por defecto en MediaWiki. Para habilitarla debemos buscar en el fichero *Localsettings.php* la línea *$wgEnableUploads* y cambiar *false* por *true*.
- **Páginas especiales**. Contiene información sobre la wiki y/o permite el acceso a las actividades de administración de la wiki.
- **Versión para imprimir**. Nos mostrará la página optimizada para su impresión (normalmente sin imágenes).
- **Enlace permanente**. Se usa en los *blogs* para asignar una URL permanente a cada entrada de la wiki, para luego poder referenciarla, es decir, se facilita el acceso (y una referencia) directo a todos aquellos que puedan estar interesados en el contenido referenciado.

ACTIVIDADES 12.4

- Haga capturas del *Sidebar* de su wiki. Habilite **Subir archivo**. Haga capturas de todo el proceso.

12.8.2 PESTAÑAS

Las pestañas se muestran en la parte superior de la página, a la derecha del logo del sitio (depende del *skin* utilizado). Estas pestañas permiten realizar acciones o ver las páginas que están relacionadas con la actual. Las acciones por defecto disponibles incluyen: visualización, edición y discusión de la página actual. Las pestañas específicas mostradas en sus páginas dependerán de si está o no registrado a la wiki y si usted tiene privilegios de administrador en la wiki. Los administradores pueden añadir o eliminar pestañas usando JavaScript o la instalación de extensiones, por lo que las pestañas pueden ser diferentes en función de la wiki que esté usando.

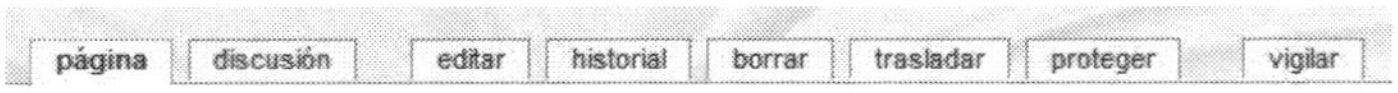

Figura 12.37. *Pestañas*

ACTIVIDADES 12.5

- Haga capturas de las pestañas de página de su wiki y vaya cambiando de usuario con distintos privilegios para ver las distintas pestañas.

12.8.3 ENLACES DEL USUARIO

Los enlaces se muestran en la parte superior derecha de la página (puede variar según el *skin* utilizado). Estas pestañas permiten al usuario registrado ver y editar su página de usuario y las preferencias wiki. Además, los enlaces de usuario también permiten que el usuario pueda acceder rápidamente a sus aportaciones de la wiki y cerrar la sesión. Para los usuarios anónimos los enlaces de usuario se sustituyen por un enlace a la página de inicio wiki o, si está activado, un enlace a su dirección IP y la página de su dirección IP.

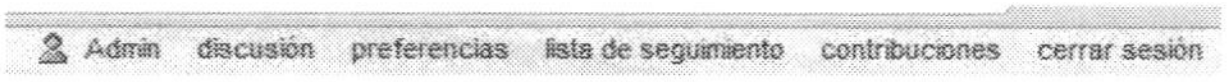

Figura 12.38. *Enlaces del usuario*

- **Nombre del usuario**. Enlaza con su página de usuario, donde puede mostrar información suya, información que desea recordar o cualquier cosa que le apetezca.

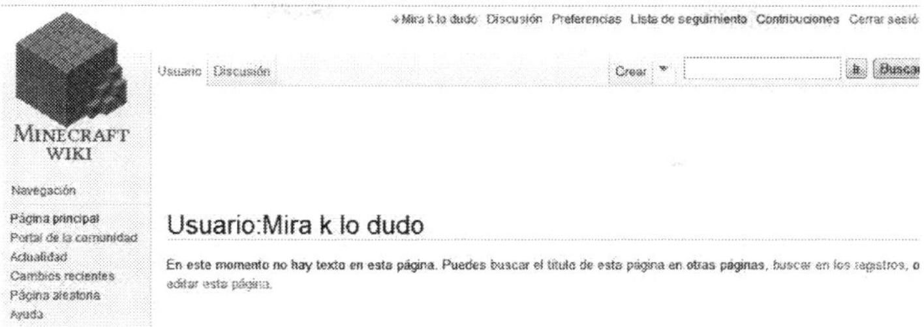

Figura 12.39. Nombre del usuario

- **Discusión**. Enlaza con su página de discusión, donde la gente puede dejarle mensajes.

Figura 12.40. Discusión

- **Preferencias**. Aquí podemos configurar las preferencias para nuestro usuario, podemos configurar una gran variedad de valores, como el *Perfil de usuario*, la *Apariencia*, *Fecha y hora*, *Edición* y muchos parámetros más.

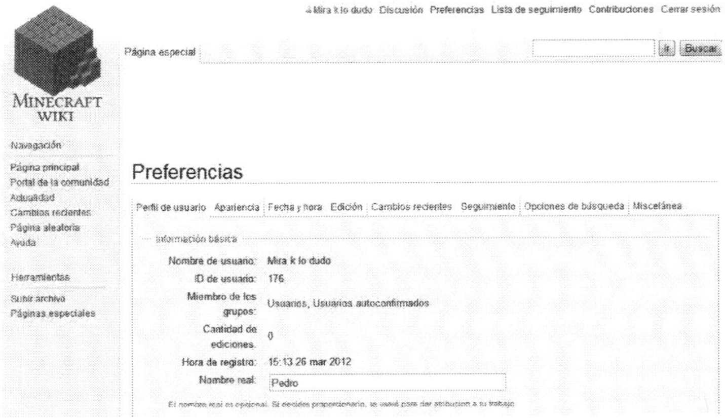

Figura 12.41. Preferencias

- **Lista de seguimiento**. Una lista de todas las páginas que está viendo.

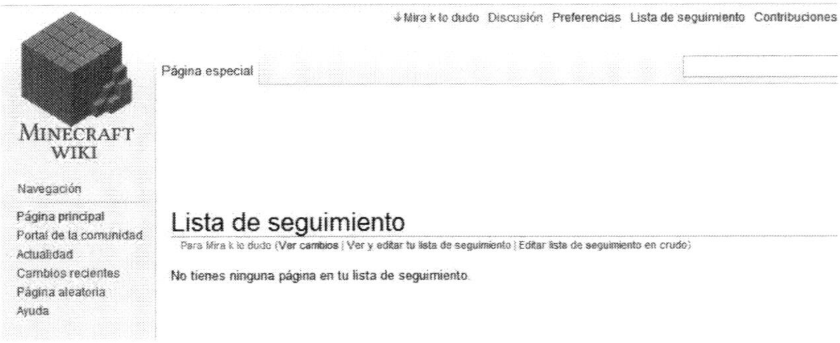

__Figura 12.42.__ Lista de seguimiento

- **Contribuciones**. Una lista de todas las contribuciones que ha hecho en la wiki.

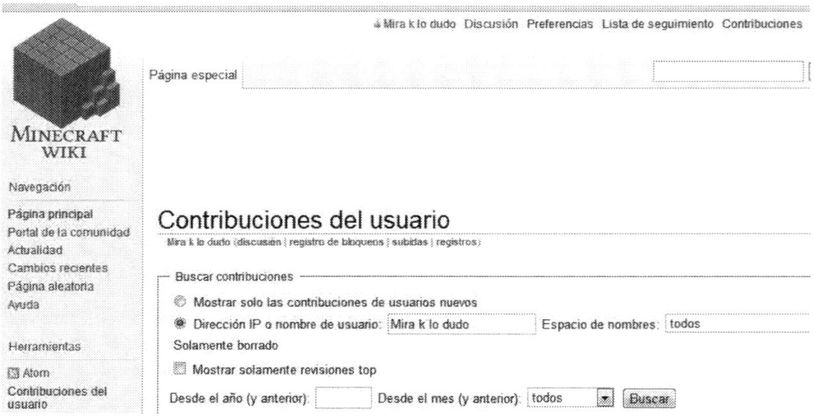

__Figura 12.43.__ Contribuciones del usuario

- **Cerrar sesión**. Para desconectarse de la wiki.

ACTIVIDADES 12.6

- Haga capturas de los enlaces de usuario de su wiki. Cierre sesión y haga capturas de cómo quedarían los enlaces de un usuario sin identificar.

12.8.4 CREAR UNA PÁGINA NUEVA

Hay varias formas de crear una página nueva. Estas pueden variar en función del tipo de página a crear, así como de la wiki y del espacio.

MediaWiki hace que sea muy fácil enlazar páginas utilizando una sintaxis estándar. Podemos crear un enlace a un artículo que aún no existe clicando sobre un enlace interno (Figura 12.44) y escribiendo el nombre de la nueva página (Figura 12.45), guardamos la página (Figura 12.46). El enlace será de color rojo (Figura 12.47).

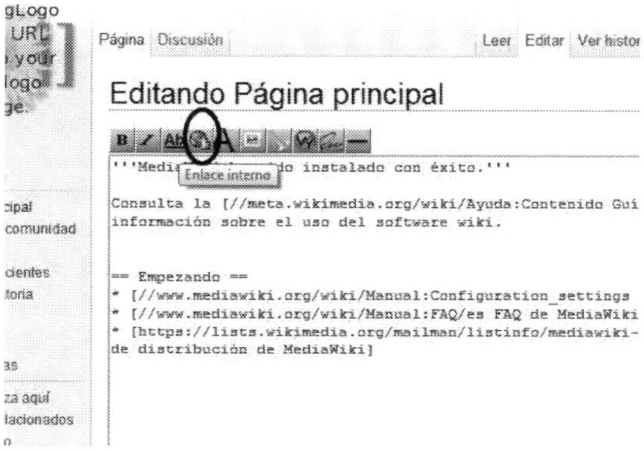

Figura 12.44. Enlace interno

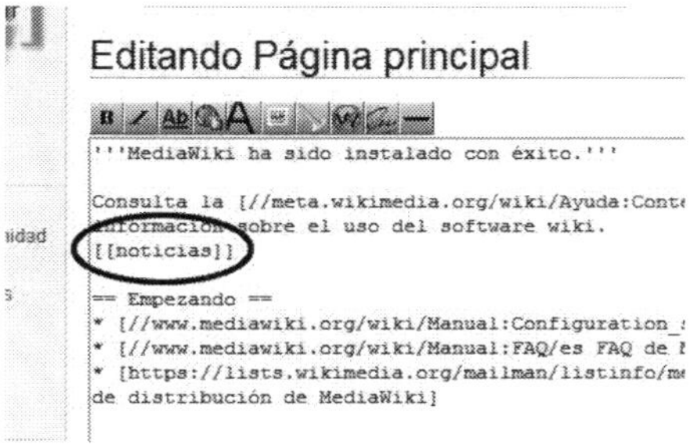

Figura 12.45. Enlace a noticias

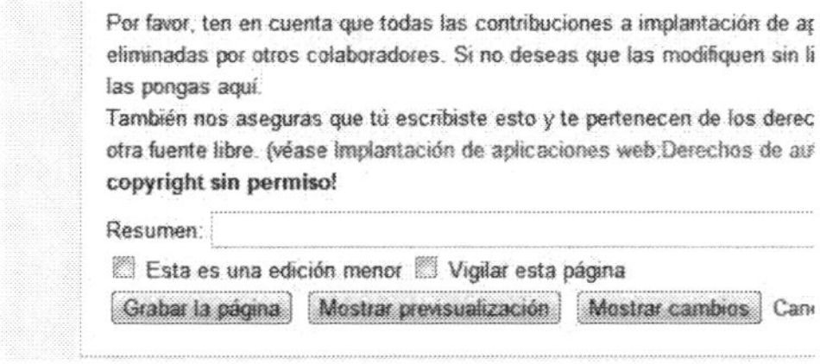

Figura 12.46. Grabar la página

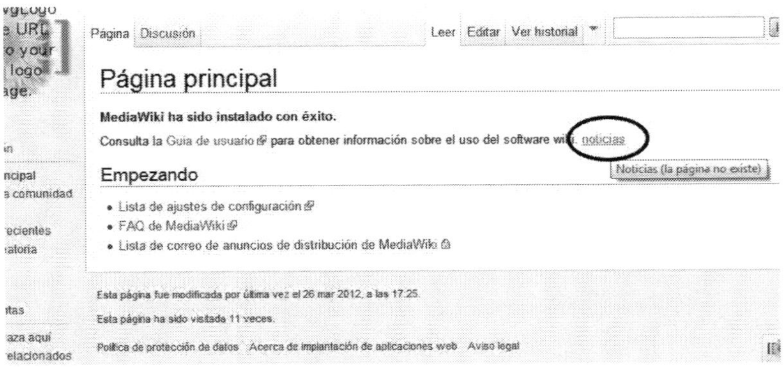

__Figura 12.47.__ Enlace rojo

Al hacer clic en un enlace rojo le llevará a la página de edición del nuevo artículo. Basta con escribir el texto, haga clic en **Grabar la página** y la nueva página será creada.

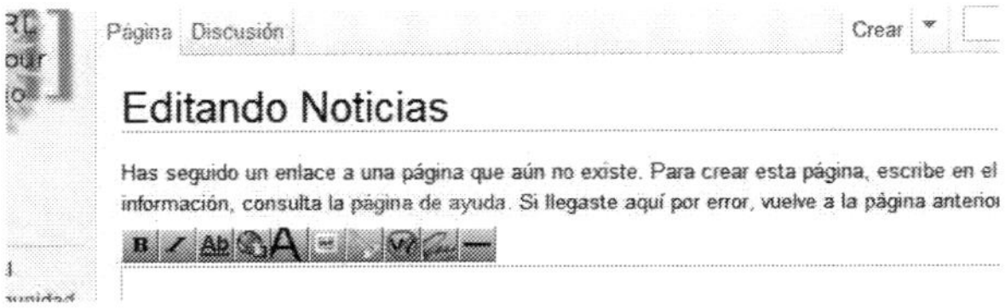

__Figura 12.48.__ Editando la página nueva

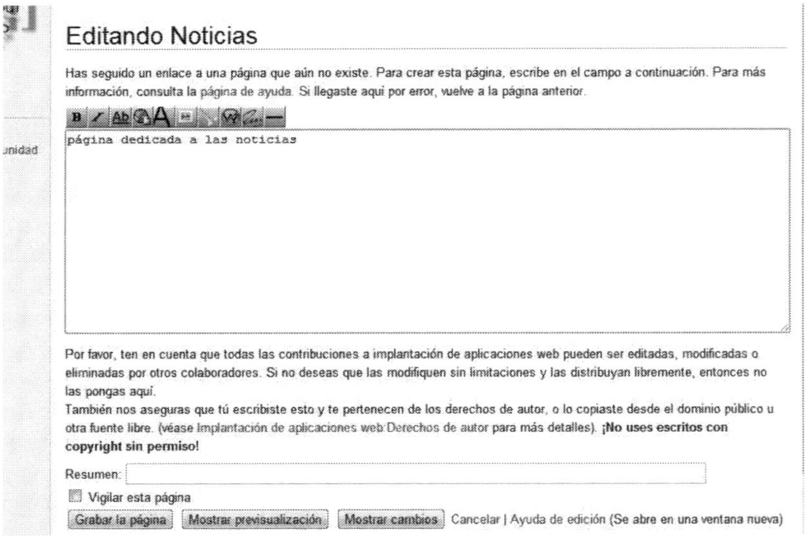

__Figura 12.49.__ Dotar contenido noticias

Una vez que la página ha sido creada, el enlace cambiará de rojo a azul (color morado para las páginas que ha visitado), indicando que el artículo ya existe.

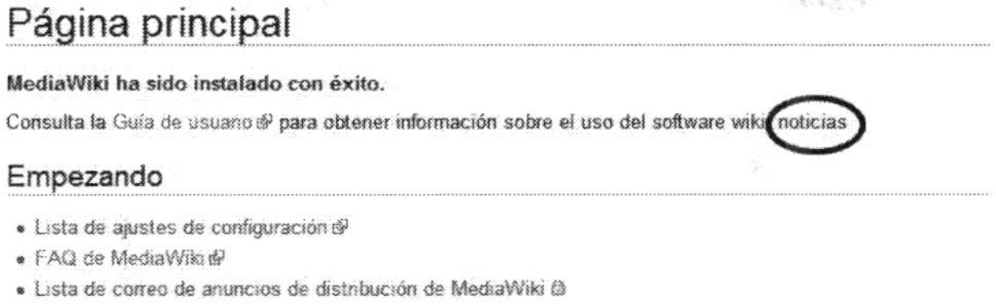

Figura 12.50. *Enlace azul (morado)*

Por lo general, esta es la mejor manera de crear una nueva página, ya que significa que desde el primer momento, la página será enlazada desde, al menos, otro lugar en la wiki. Si va a crear una nueva página sin crear ningún enlace a ella, puede que tenga que preguntarse: ¿realmente esta página encaja con los temas ya incluidos en la wiki? Además, ¿cómo espera que los visitantes encuentren esta página? Normalmente, no crearemos una página nueva sin utilizar un enlace rojo a la misma, ya que no sería accesible mediante un enlace desde nuestra wiki.

Otra forma de crear una página es buscar una página que no existe (en el cuadro de búsqueda y botón **Ir** en la parte superior derecha). Tras esto nos mostrará un enlace para crear la nueva página.

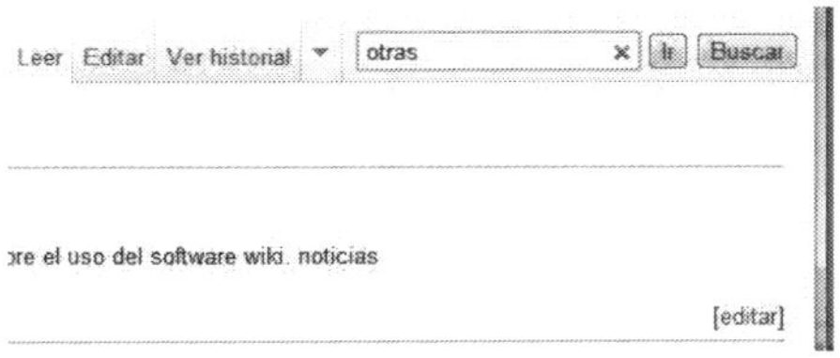

Figura 12.51. *Buscar*

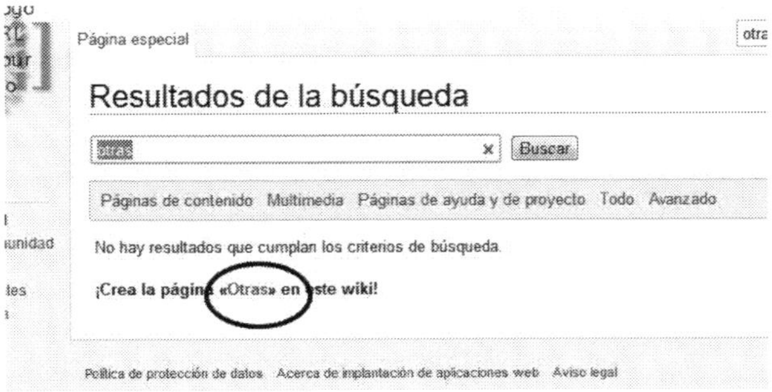

Figura 12.52. *Enlace rojo*

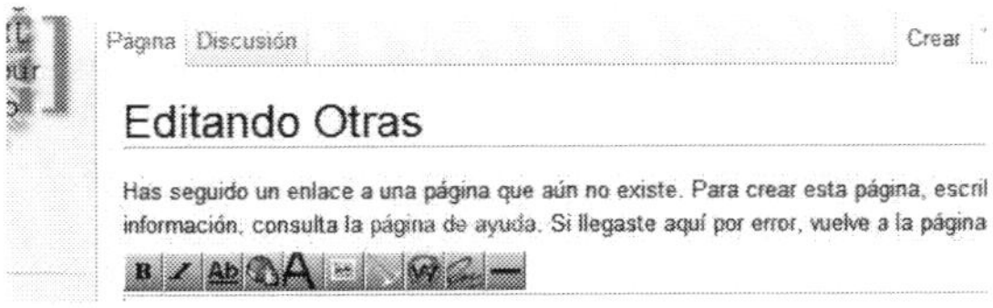

Figura 12.53. *Editando*

La última forma para crear una página es utilizando directamente la dirección URL de la wiki. La dirección de un artículo de la wiki será:

http://miservidor/mediawiki/nuevoarticulo

Donde *nuevoarticulo* es el nombre de la página que desea crear. Esto nos llevará a una página en blanco que indica que no existe ningún artículo con ese nombre todavía.

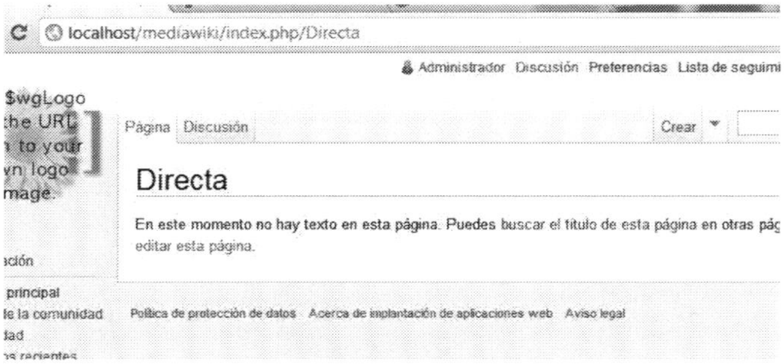

Figura 12.54. *Nuevo artículo*

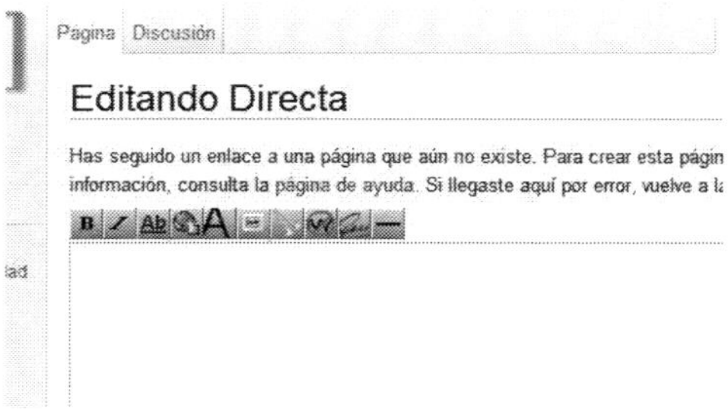

Figura 12.55. *Editando la nueva página*

No se olvide de crear redirecciones cuando inserte una página nueva, si no nadie podrá acceder al contenido de la misma.

Normalmente, una nueva página wiki puede ser editada por otras personas, sin embargo, un operador del sistema podría proteger la página para evitar la modificación por usuarios normales.

ACTIVIDADES 12.7

- Cree tres páginas nuevas y redirecciónelas a su wiki. Inserte cada una de ellas de una forma distinta. Haga capturas de todo el proceso seguido. No se olvide de las redirecciones.

12.9 PERSONALIZACIÓN DE LA INTERFAZ, PLANTILLAS

A pesar de que la apariencia varía entre las plantillas, en general, todas las plantillas tienen la misma interfaz de componentes. Cada plantilla puede mostrar el componente de la interfaz de manera diferente, mostrando las opciones en diferentes colores o posicionamiento de forma distinta en la página.

Para probar las plantillas disponibles haga clic en **Preferencias** mientras está conectado. A continuación, haga clic en la pestaña **Apariencia**.

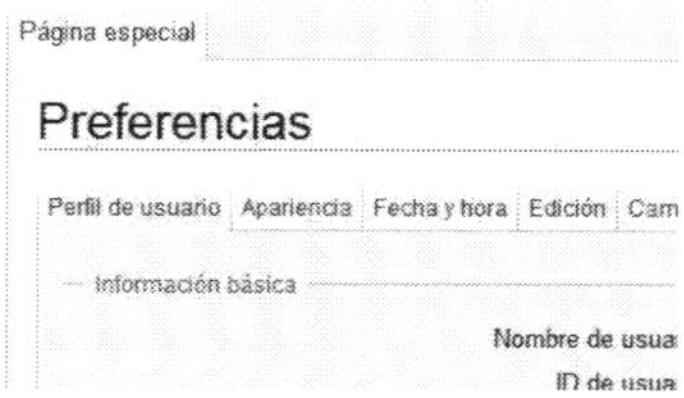

Figura 12.56. *Preferencias*

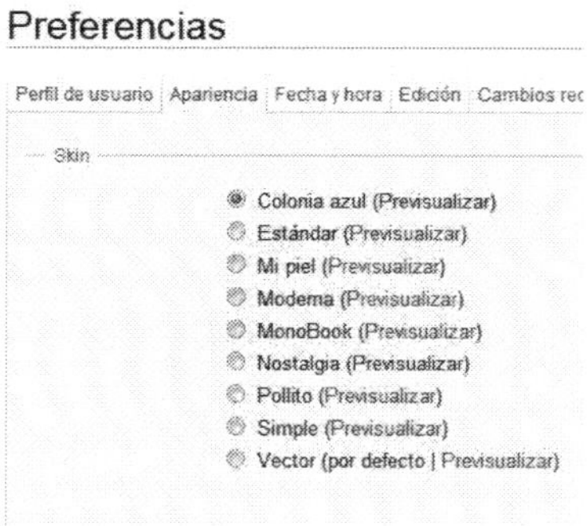

Figura 12.57. *Apariencia*

Por defecto, MediaWiki incluye los siguientes aspectos: Pollito, Estándar, Colonia Azul, etc. (se pueden apreciar todos en la Figura 12.57). Podemos elegir la plantilla que más nos guste, hay tener en cuenta que algunas plantillas o elementos de diseño no se mostrarán como se pretende en navegadores de clientes. En términos generales, la plantilla Vector (por defecto) o la plantilla MonoBook nos asegurarán que se muestre la wiki como se pretende.

Los usuarios familiarizados con Hojas de Estilo en Cascada (CSS) pueden personalizar el archivo de la plantilla actual.

ACTIVIDADES 12.8

- Cambiar la apariencia de su wiki. Hacer capturas de todo el proceso seguido.

12.10 MECANISMOS DE SEGURIDAD INTEGRADOS

En ocasiones, algunos usuarios pueden hacer entradas en una wiki y pueden borrar contenido importante, introducir errores, contenido inapropiado u ofensivo, etc. También pueden incumplir la normativa de la wiki o intentar introducir *spam*. Para evitar esta serie de actuaciones no deseadas podemos llevar a cabo las siguientes acciones:

- Deshacer rápidamente los cambios en la wiki.
- Bloquear temporalmente usuarios o direcciones IP, de tal forma que no puedan seguir editando.
- Si estas actividades se producen siempre en una misma página, podemos proteger esa página.
- No permitir editar páginas sin estar registrado. También podemos aplicar una variante de esta medida: no poder editar las entradas si no se es un usuario registrado con un mínimo de antigüedad.
- En casos extremos, generalmente, ataques por medio de herramientas automáticas, podemos bloquear la base de datos de la wiki, no permitiendo así ningún tipo de edición.

Además de estas medidas, en algunas wikis se crean y mantienen toda una serie de herramientas e implementaciones técnicas destinadas a actuar contra el vandalismo: desde foros y canales específicos de IRC hasta programas paralelos de detección y aviso, pasando por usuarios que son en realidad programas *bot*, cuya misión es exclusivamente combatir el vandalismo.

12.11 EDICIÓN

Es muy fácil editar el contenido de una wiki, ya sea la nuestra o alguna en la que queramos colaborar. Es cuestión de unos pocos clics.

- Nos situamos sobre la página que queremos editar.
- Hacemos clic en **Editar**, pestaña que se encuentra en la parte superior derecha de la página.

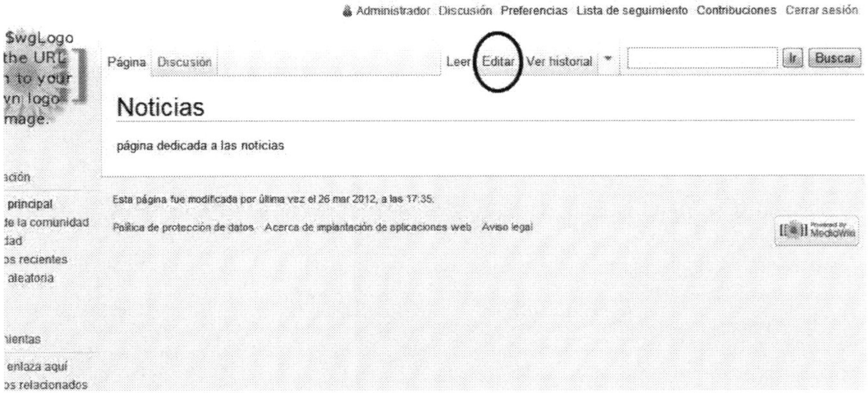

Figura 12.58. *Editar página*

- Realizamos los cambios en el texto.
- Pulsamos sobre el botón **Grabar la página**.

Figura 12.59. *Editando la página*

La regla número uno de la edición de una wiki es ser audaz, investigar y hacer cambios. Otras personas pueden corregir sus errores después, así que tenga confianza y dese una oportunidad. Existen una serie de reglas y políticas que rigen la edición de páginas wiki, pero el “ser valiente” es la regla que domina todas las demás.

En general, hay que tratar de escribir con claridad y concisión, y con el objetivo de hacer algo que mejore los contenidos de la wiki. Una edición puede consistir en párrafos enteros o páginas completas, o puede ser tan simple como la corrección de un error de ortografía.

Cuando sea necesario utilizar algún tipo de formato, por ejemplo, un nuevo título o texto en negrita, se debe hacer utilizando la sintaxis wiki o los botones en la barra de edición anterior.

Antes de guardar un cambio, podemos introducir una pequeña nota en el resumen. No hay que preocuparse en exceso sobre esto, con una pequeña descripción de lo que se acaba de cambiar valdría: “arreglé la ortografía” o “añadí más información acerca de los girasoles”, será más que suficiente.

El resumen se graba junto con la edición y permite a las personas seguir los cambios en la wiki con mayor eficacia.

Es una buena idea usar la función **Mostrar previsualización** (Figura 12.60) para ver cómo quedarán los cambios antes de guardar la página. Es conveniente revisar nuestro propio trabajo con la vista previa antes de guardar, porque si encontramos un error podremos cambiarlo en lugar de tener que editar después para hacer correcciones.

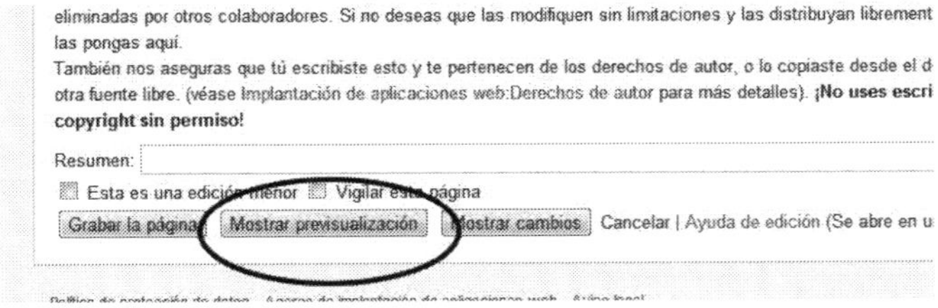

Figura 12.60. *Mostrar previsualización*

Otra opción es **Mostrar cambios** (Figura 12.61), la cual nos permite ver las diferencias entre la versión actual y la versión editada.

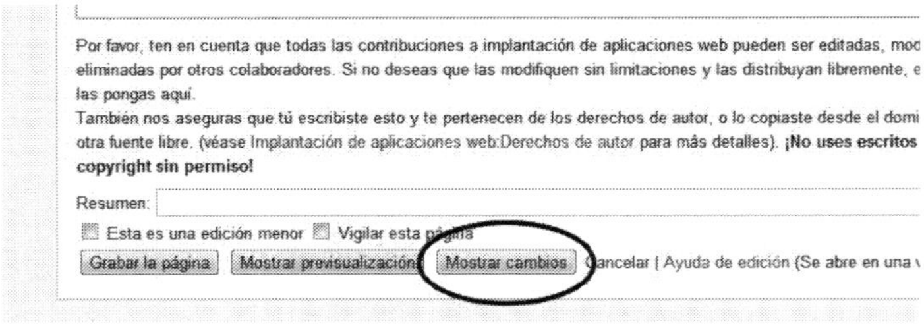

Figura 12.61. *Mostrar cambios*

ACTIVIDADES 12.9

- Edite la página principal y las tres que hemos creado en las Actividades 12.7 de su wiki. Haga capturas de todo el proceso seguido.

12.12 COPIAS DE SEGURIDAD

Para hacer una copia de seguridad de todo lo hecho hasta ahora introducimos en el navegador la dirección de nuestro servidor de bases de datos PHPMyAdmin. Nos vamos hasta la pestaña **Exportar**.

Figura 12.62. *Exportar*

Seleccionamos la base de datos que se creó al instalar la wiki, en nuestro caso llamada *my_wiki*. Marcamos **Guardar a un archivo**.

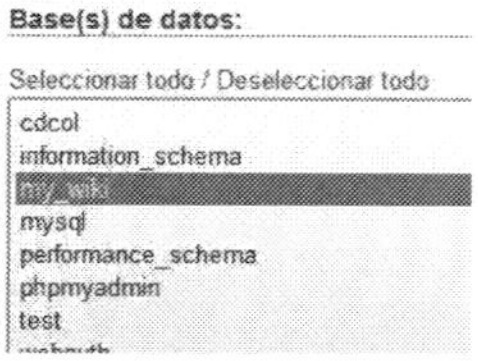

Figura 12.63. *Seleccionamos bd*

Pulsamos sobre **Continuar**. Debemos guardar el fichero *.sql* que crea pues es la copia de seguridad de la base de datos.

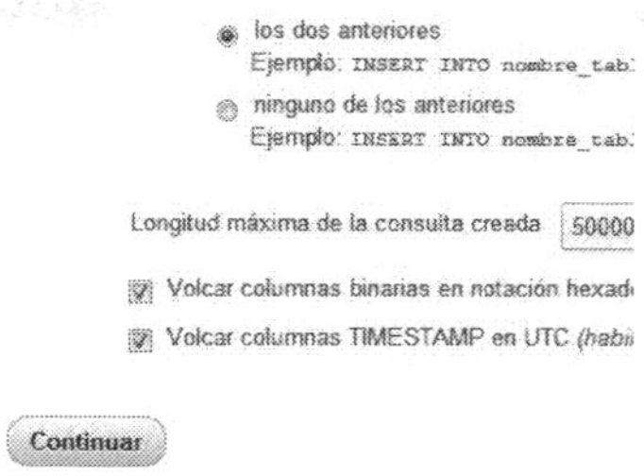

Figura 12.64. *Continuar*

ACTIVIDADES 12.10

- Haga una copia de seguridad de la base de datos de su wiki. Haga capturas de todo el proceso.

RESUMEN DEL CAPÍTULO

Ha llegado el turno de las wikis como objeto de estudio de este capítulo. A lo largo del mismo se introduce el concepto y se presenta la wiki más utilizada en la web, la Wikipedia.

Tras esta introducción, se nos presenta una de las wikis más utilizadas en la actualidad, MediaWiki, ya que es software libre y tiene toda la potencia que puede esperarse de una wiki.

Se ha tratado su instalación, personalización y dotación de contenido a nuestra wiki o a otras wikis que no sean la nuestra, ya que el proceso que deberá seguirse es el mismo que para dotar de contenido a la nuestra.

EJERCICIOS PROPUESTOS

1. ¿Qué es una wiki? ¿Para qué sirve?

2. ¿Cuál es la wiki más conocida y utilizada en la web?

3. ¿Dónde cree que radica el éxito de la Wikipedia?

4. ¿Puede considerarse verdadero y contrastado todo lo que se publica en la Wikipedia? ¿Por qué?

5. Plantee algún tema o contenido sobre el que sería interesante realizar una wiki.

TEST DE CONOCIMIENTOS

1 El concepto de wiki y las wikis nacen en el año:
a) 1993.
b) 1995.
c) 2000.
d) 2001.
e) 2011.
f) Todas son ciertas.
g) Todas son falsas.

2 La Wikipedia nace en el año:
a) 1993.
b) 1995.
c) 2000.
d) 2001.
e) 2011.
f) Todas son ciertas.
g) Todas son falsas.

3 MediaWiki y, en general, las wikis son:
a) Gratuitas.
b) Gratis las 3 primeras, a partir de la cuarta son de pago.
c) De pago.
d) De pago solo para empresas, para los usuarios comunes son gratis.
e) Todas son falsas.

4 Para instalar MediaWiki necesito tener:
a) El mejor equipo que haya en el mercado con la conexión más rápida existente.
b) Un servidor web con soporte PHP y MySQL.
c) Un equipo con Windows.
d) Un equipo con Linux.
e) Todas son ciertas.
f) Todas son falsas.

5 Para utilizar MediaWiki o cualquier wiki en general necesito tener:
a) El mejor equipo que haya en el mercado con la conexión más rápida existente.
b) Un equipo normal con una conexión normal.
c) Un equipo con Windows.
d) Un equipo con Linux.
e) Todas son ciertas.
f) Todas son falsas.

6 Podemos modificar lo que otra persona ha publicado en la wiki:
a) Según el privilegio que tengamos.
b) A veces, depende de la wiki.
c) Siempre.
d) Las respuestas *a* y *b* son ciertas.
e) Todas son falsas.

13 Instalación de sistemas gestores para imágenes

OBJETIVOS DEL CAPÍTULO

- ✓ Definir los Sistemas Gestores para Imágenes.
- ✓ Conocer las ventajas de los Sistemas Gestores para Imágenes.
- ✓ Conocer algunas aplicaciones de Sistemas Gestores para Imágenes, organizadas por categorías.
- ✓ Instalar y explotar una aplicación de cada categoría anterior.
- ✓ Conocer y darse de alta en aplicaciones gestoras de imágenes "especiales": Facebook y Tuenti.

13.1 INTRODUCCIÓN

La fotografía digital se ha impuesto sobre la analógica. Principalmente por sus ventajas frente a la fotografía clásica: vista previa de las fotos, poder almacenar cientos y miles de fotos en una tarjeta del tamaño de un euro, compartir esas fotografías con amigos, imprimir en papel, e incluso hacer retoques en las mismas.

No todo son ventajas: la fotografía digital exige que el usuario destine tiempo para organizar, seleccionar o editar esas imágenes.

En este último apartado entra en juego el software para gestión de imágenes, ya que disponer y saber utilizar un buen programa de gestión de imágenes, facilita en gran manera la tarea. Los desarrolladores de software son conscientes de ello, y por eso, la mayoría de las cámaras digitales incluyen diversos programas para la gestión y tratamiento digital de imágenes. Además, el sistema operativo de su ordenador también incluye opciones de software fotográfico. Eso, sin hablar de los que comercializan las empresas de software o las aplicaciones para gestión de imágenes que nos encontramos en la Web. La elección del programa vendrá determinada por sus necesidades.

13.1.1 VENTAJAS DE LAS APLICACIONES GESTORAS DE IMÁGENES

- Permiten organizar y clasificar las imágenes de forma sencilla.
- Permiten realizar tareas básicas de edición y no tan básicas: pudiendo ir de tareas reducidas, a retoques profesionales y mejoras.
- Permiten la creación de álbumes web: posibilidad de subir nuestro material a la nube como método de copia de seguridad y de compartición de archivos con los contactos que deseemos.
- Proponen al usuario opciones creativas, como creación de calendarios sencillos, tarjetas de visita o montajes sencillos.

13.1.2 EDICIÓN BÁSICA DE FOTOS ON LINE

Si no pretende hacer retoques avanzados, este tipo de programas resolverán la mayor parte de sus necesidades de edición de fotos de la manera más sencilla. Además, no necesitará instalar ningún programa en su ordenador. Son servicios *on line*: sube sus fotos, las edita y se las descarga. Así de sencillo. ¿Le interesa? Estos son algunos de los más conocidos:

- **Photoshop Express Editor**: se trata de la versión *on line* del más popular software para la edición de fotos. Solo que esta vez es mucho más sencillo de usar. Ha habido cierta controversia sobre las condiciones que se deben aceptar para poder usarlo (Adobe pasa a poder explotar comercialmente las imágenes que subamos a su sistema). Pero, en cualquier caso, es una de las principales referencias.
- **Snipshot**: fue uno de los primeros editores que salió al mercado, y desde entonces ha crecido considerablemente. Incorpora una versión Pro que permite la edición de RAW, detección facial y efectos avanzados.

13.1.3 ARCHIVADO Y ALMACENAMIENTO

- **Picasa**: los usuarios del software de gestión y edición de fotografías de Google lo destacan por su facilidad de uso y el impresionante conjunto de características que posee. Su integración con Gmail, las sencillas herramientas de edición que ofrece y los álbumes web son los tres puntos fuertes que hacen de Picasa el elegido de una gran mayoría a la hora de editar y compartir sus fotografías *on line*.
- **Flickr**: sus defensores destacan el sistema de etiquetado, la organización por sets y colecciones, la difusión a través de sus grupos temáticos y la capacidad ilimitada de la cuenta Pro. Aunque cabe destacar que aquellos que utilizan la versión gratuita de Flickr también pueden disfrutar de sus mejores herramientas, incluida la de edición de fotografías.

13.1.4 CREACIÓN DE PRESENTACIONES PARA FOTOS

- **Memories on TV**: probablemente, estamos ante el más popular de los programas de presentación en vídeo de fotografías. Debe saber que se trata de un programa de múltiples posibilidades. El único inconveniente es que es de pago.
- **SlideFlickr**: es un excelente programa para el montaje de presentaciones *on line* de fotos. Es gratuito y todo lo que necesita es subir sus fotos a una cuenta de Flickr. Es tan sencillo, que solo le costará unos pocos minutos montar su vídeo.

13.1.5 RETOQUE FOTOGRÁFICO Y EDICIÓN AVANZADA

- **Adobe Photoshop**: fuera de toda duda. Es el gran referente en lo que a retoque fotográfico se refiere. Y no solo por sus inmensas posibilidades: estamos, probablemente, ante el más potente software de edición de imágenes que existe, es el programa utilizado por los grandes magos del retoque: existen toneladas de información en la Red sobre cómo conseguir los más espectaculares efectos con Photoshop. Sin duda es una opción ganadora.
- **The Gimp**: seguramente estamos ante la más potente de las herramientas gratuitas de edición fotográfica. De hecho, muchos aseguran que, en muchos aspectos se asemeja bastante al rey en la categoría: Photoshop. Al fin y al cabo, no todo el mundo puede hacer un desembolso tan importante (en el caso de Photoshop) para poder entrar en el mundo del retoque, ¿no?
- **Photoscape**: programa de edición de fotografías simple y potente que permite acercarse al mundo del postprocesado a cualquier usuario. Es totalmente gratuito y está traducido a 27 idiomas.

13.2 INSTALACIÓN

En este apartado vamos a ver cómo instalar o utilizar una aplicación de cada categoría de las vistas en el apartado anterior.

13.2.1 EDICIÓN BÁSICA DE FOTOS ON LINE: PHOTOSHOP EXPRESS EDITOR

Al ser una herramienta *on line* no va a ser necesario instalar nada en nuestro ordenador. Una cosa antes de empezar, está en inglés. Partimos de la página web:

http://www.photoshop.com/tools/expresseditor?wf=editor

Hacemos clic en **Get Started** (comenzar) (Figura 13.1), como queremos editar una foto no necesitamos crear una cuenta en *adobe.com*. Simplemente hacemos clic en **Upload photo** (subir foto) (Figura 13.2).

Figura 13.1. *Página principal de Photoshop Express Editor*

Figura 13.2. *Upload Photo*

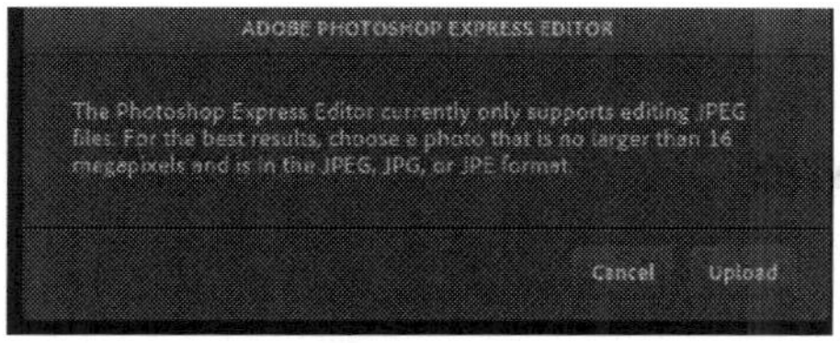

Figura 13.3. *Solo podemos editar fotos tipo jpeg*

Nos aparece un mensaje indicando que esta aplicación actualmente solo admite ficheros de tipo *jpeg* (*jpg*) (Figura 13.3). En caso de estar de acuerdo hacemos clic sobre **Upload** y nos aparecerá un cuadro de diálogo para seleccionar la imagen deseada (Figura 13.4).

Figura 13.4. *Seleccionamos foto de nuestro equipo*

Ya tenemos la imagen cargada en la aplicación (Figura 13.5), procedemos a realizar los retoques que consideremos oportunos (Figuras 13.6 y 13.7). Una vez hayamos concluido nuestro trabajo hacemos clic en el botón **Done** (Figura 13.8).

Figura 13.5. *Imagen cargada en Photoshop Express*

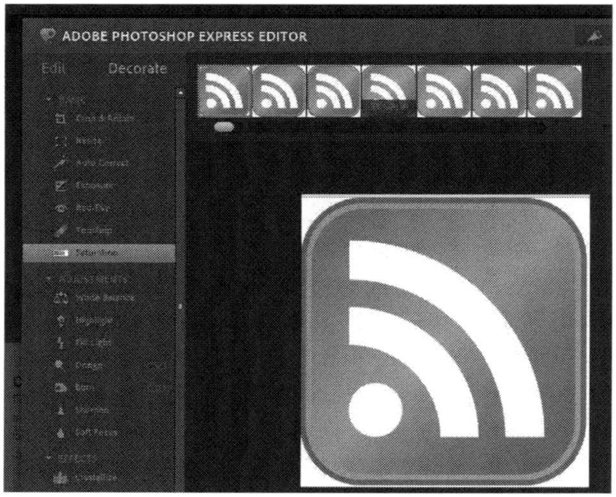

Figura 13.6. *Realizamos ajustes*

Figura 13.7. *Realizamos más ajustes*

Figura 13.8. *Una vez hemos finalizado, hacemos clic en Done*

En este momento nos da la posibilidad de guardar esta imagen en multitud de localizaciones: guardarla en nuestra máquina, compartirla a través de *photoshop.com*, compartirla en Facebook, Picasa, Flickr o Photobucket (Figura 13.9). En nuestro caso hemos seleccionado **Guardar** (*save*) en nuestra máquina, le asignaremos un nuevo nombre a la imagen (Figura 13.10) y podremos guardar dicha modificación en nuestra máquina (Figura 13.11).

Figura 13.9. *Guardado*

Figura 13.10. *Guardar en nuestra máquina*

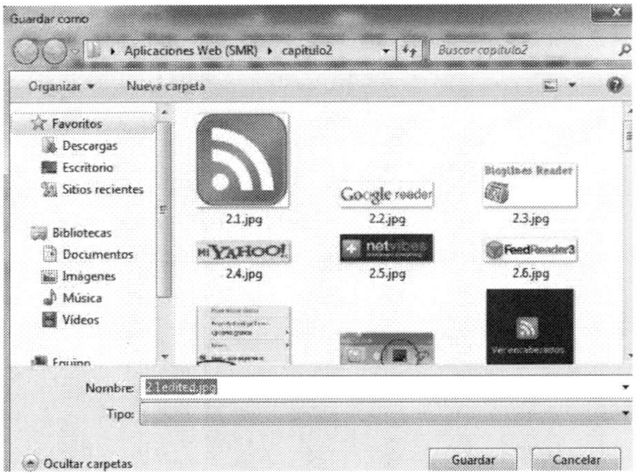

Figura 13.11. *Selección de ubicación donde guardar*

ACTIVIDADES 13.1

- Edite una imagen o fotografía aplicando varias modificaciones a la misma. Debe enviar al profesor/a la imagen original, la modificada y las capturas de todo el proceso seguido para dicho retoque.

13.2.2 ARCHIVADO Y ALMACENAMIENTO: PICASA

En primer lugar, vamos a descargar e instalar Picasa. Partimos de la página principal *http://picasa.google.es/*, hacemos clic en **Descargar Picasa** (Figura 13.12).

Figura 13.12. *Descarga de Picasa*

Una vez se ha descargado, procedemos a la instalación, bastante sencilla, de Picasa en nuestra máquina (Figuras 13.13, 13.14, 13.15 y 13.16).

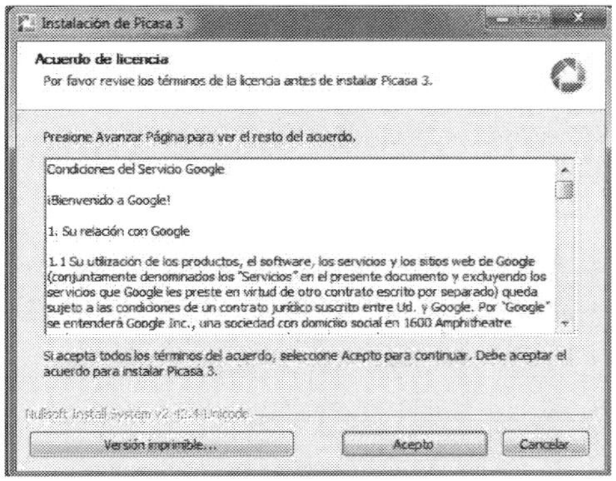

Figura 13.13. Instalación de Picasa

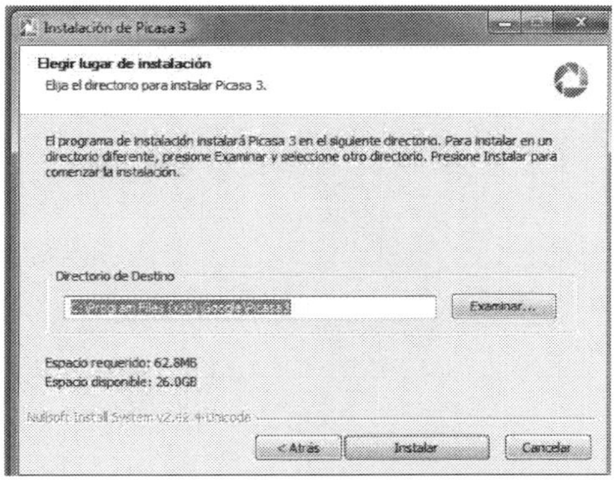

Figura 13.14. Instalación de Picasa

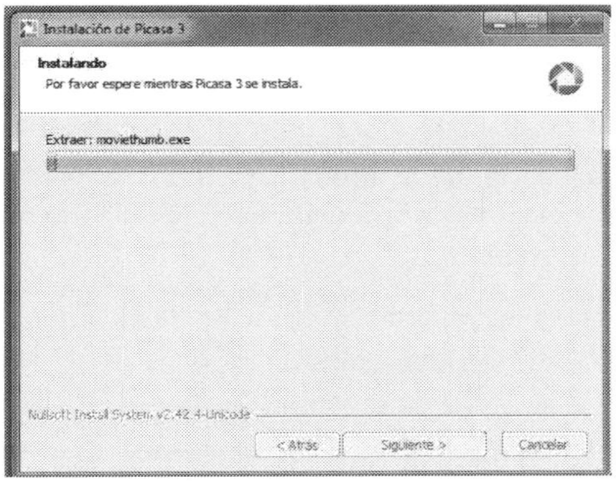

Figura 13.15. Instalación de Picasa

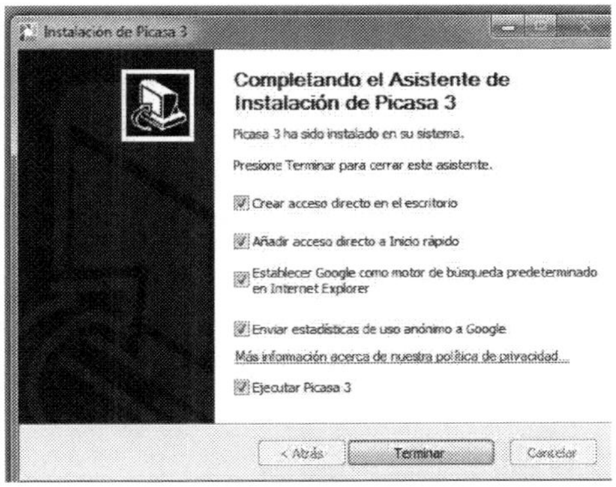

Figura 13.16. Finalizar instalación de Picasa

Nos da la posibilidad de escanear todo el equipo en busca de imágenes o buscar tan solo en *Mis documentos*, *Escritorio* y *Mis Imágenes*. Si tiene las fotos en otras ubicaciones, como otras unidades de disco u otras carpetas, seleccione **Buscar imágenes en todo el equipo** (Figura 13.17) comenzando a explorar todas las unidades y agregando automáticamente carpetas de imágenes y archivos multimedia (Figura 13.18).

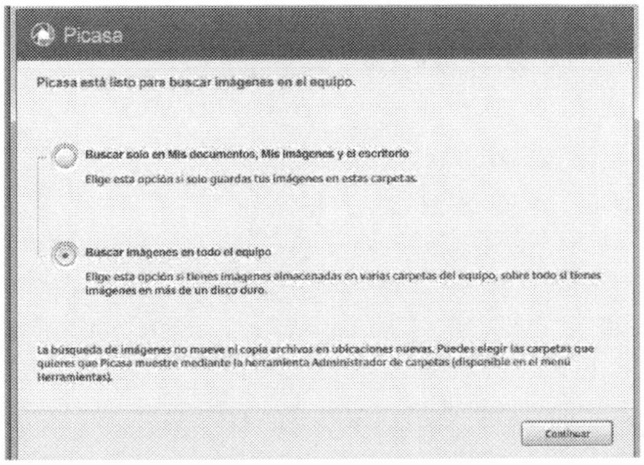

Figura 13.17. Buscar imágenes en el equipo

Figura 13.18. *Búsqueda de imágenes*

Una vez que Picasa ha explorado todas sus imágenes, organiza de manera automática una biblioteca virtual. Cuando abra este programa aparecerá esta biblioteca dejándonos ver de manera ordenada las imágenes en miniatura (lado derecho), y todas las carpetas que contienen imágenes (lado izquierdo).

Nótese que Picasa ha tomado las carpetas que contenían imágenes bajo el nombre que usted les había dado, y las ha organizado por años. Esta biblioteca de imágenes también muestra otros tipos de formatos de archivo como vídeos y animaciones (Figura 13.18).

Picasa permite a sus usuarios no solo organizar y mejorar sus imágenes sino además compartirlas *on line*. Para ello usted debe contar con una cuenta en Gmail. Esto le permitirá mostrar sus imágenes a un gran número de personas. Para iniciar sesión hacemos clic en el enlace que hay en la parte superior derecha de la ventana **Acceder con tu cuenta de Google** (Figura 13.19). Nos aparecerá una ventana para iniciar sesión con nuestra cuenta Google (Figura 13.20). Una vez identificados, la parte superior ha cambiado (Figura 13.21), mostrando ahora nuestra cuenta Google, un enlace para ver nuestros álbumes web (Figura 13.22) y un enlace para cerrar sesión.

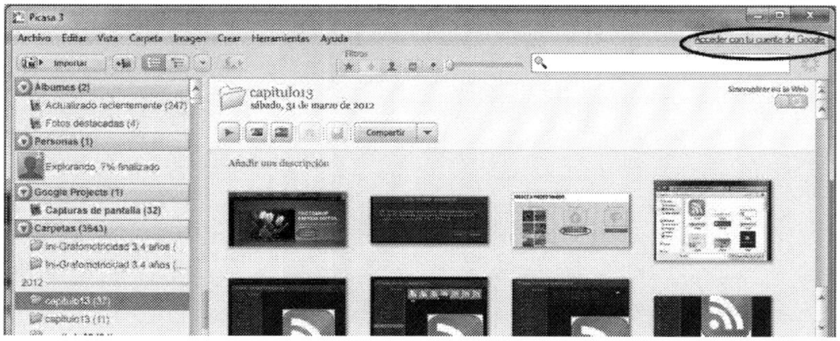

Figura 13.19. *Acceder con tu cuenta Google*

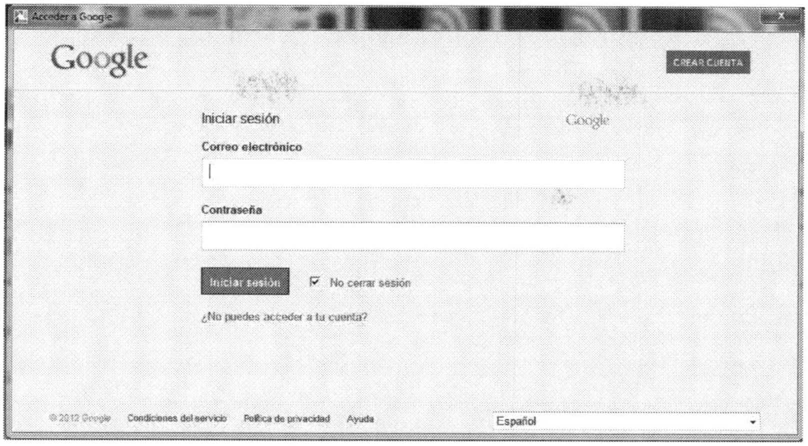

__Figura 13.20.__ Iniciar sesión en Google

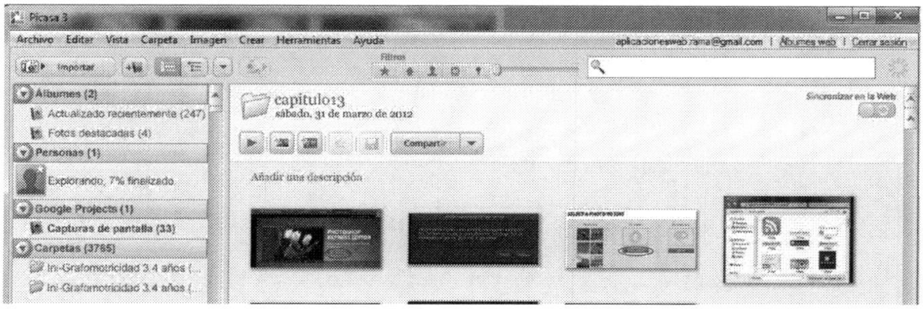

__Figura 13.21.__ Sesión iniciada

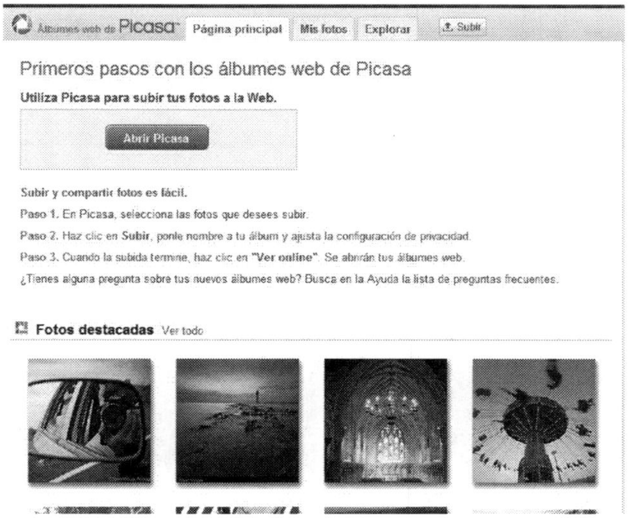

__Figura 13.22.__ Álbumes web

Para poder subir imágenes al álbum web de Picasa, tan solo tenemos que seleccionar las fotografías elegidas, pulsar botón derecho en el ratón y elegir la opción **Subir a álbumes web de Picasa** (Figura 13.23). A continuación podremos elegir (Figura 13.24) el nombre del álbum nuevo (por defecto asigna el nombre de la carpeta origen), una descripción, la visibilidad del álbum (Figura 13.25), el tamaño de la imagen (Figura 13.26), mensaje de correo que recibirán los contactos a los que enviemos el enlace y la lista de contactos que podrán acceder a dichas fotografías, pudiendo incluso participar en este álbum (Figura 13.27). Una vez hemos configurado estos parámetros hacemos clic en **Compartir** y las fotos serán subidas a la web de Picasa (Figuras 13.28, 13.29 y 13.30). No solo podemos subir ficheros, también podemos subir carpetas completas al álbum web pulsando botón derecho sobre la carpeta que nos aparece en el explorador de Picasa (Figura 13.31).

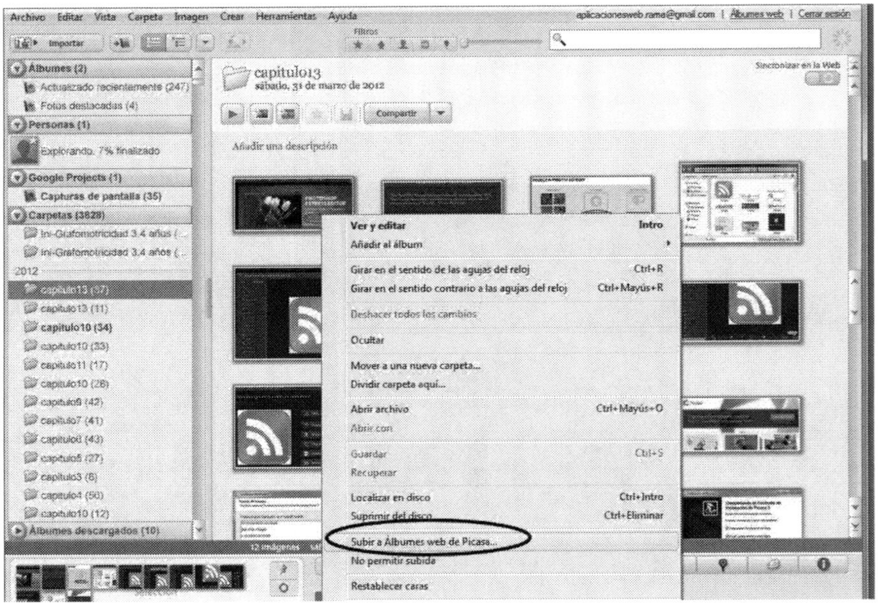

Figura 13.23. *Subir a álbumes web de Picasa*

Figura 13.24. *Subir a Picasa*

Figura 13.25. *Visibilidad del álbum*

Figura 13.26. *Tamaño de la imagen*

Figura 13.27. *Mensaje correo y añadir contactos*

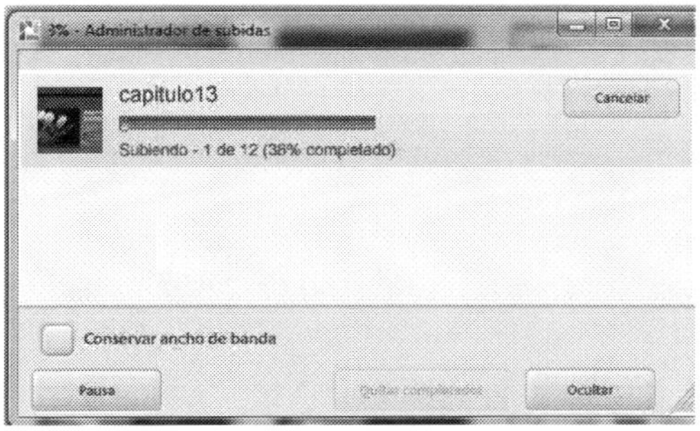

Figura 13.28. *Subida de los archivos*

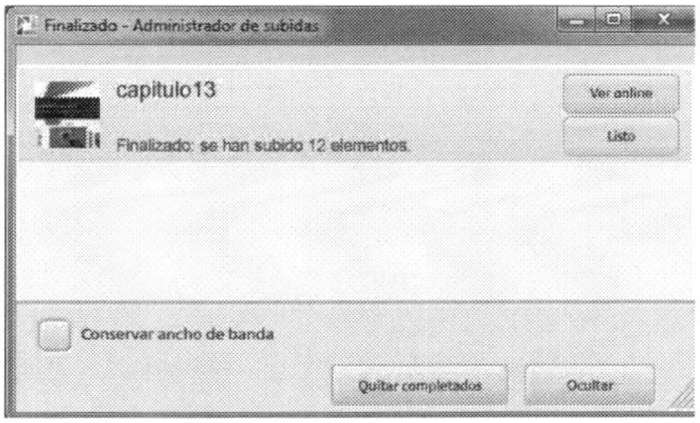

Figura 13.29. *Subida completada*

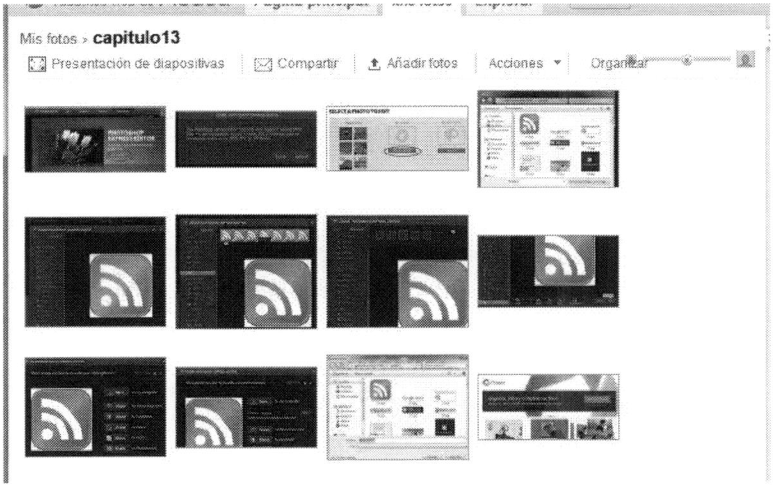

Figura 13.30. *Álbum web de Picasa*

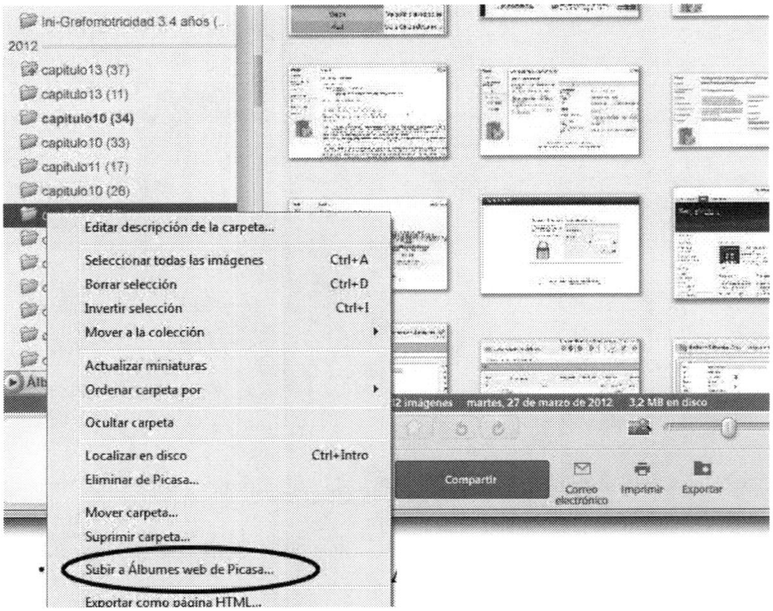

Figura 13.31. *Subir a Álbumes web de Picasa*

Los contactos con los que hemos compartido dichas fotografías (Figura 13.27), recibirán un correo con el texto que se indicó (Figura 13.32) y a partir de este momento podrán acceder a dichas imágenes (Figura 13.33). Podemos incluso compartir las imágenes desde **Álbumes web de Picasa** (Figura 13.34).

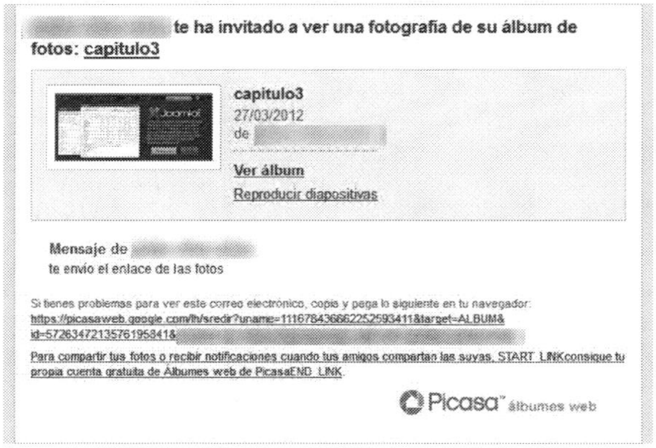

Figura 13.32. *Correo recibido*

Figura 13.33. Acceso a Picasa Web

Figura 13.34. Compartir álbum vía Picasa Web

No solo se utiliza Picasa para subir fotos a la web. También podemos realizar otra serie de acciones dentro de Picasa, como crear álbumes nuevos, eliminar, retocar imágenes o tener sincronizadas nuestras imágenes con las de la web, entre otras muchas opciones.

Para **crear un álbum nuevo**, podemos hacerlo de varias formas: haciendo clic en el menú **Archivo → Álbum nuevo**. Otra posibilidad es hacer clic en el icono **Álbum nuevo** que está en el panel de navegación (parte superior de la pantalla de Picasa) (Figura 13.35).

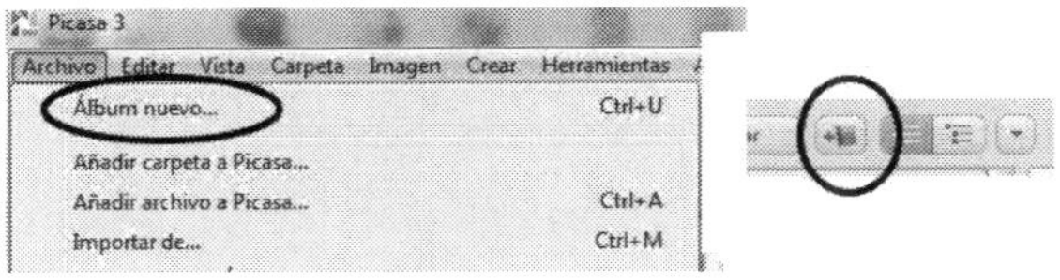

Figura 13.35. Nuevo Álbum

Si deseamos retocar una imagen, hacemos doble clic sobre ella y nos muestra dicha imagen en el programa, en la parte izquierda tenemos una serie de herramientas para el retoque de dicha imagen, como recortar, enderezar, eliminar ojos rojos y muchas más (Figura 13.36), incluso una muy típica de Google, **Voy a tener suerte**. Una vez hechas las modificaciones podemos guardar el archivo con el mismo nombre, sobrescribiendo el anterior, o podemos guardarlo con otro nombre, para así tener también el original (Figura 13.37).

Figura 13.36. *Retocar una imagen*

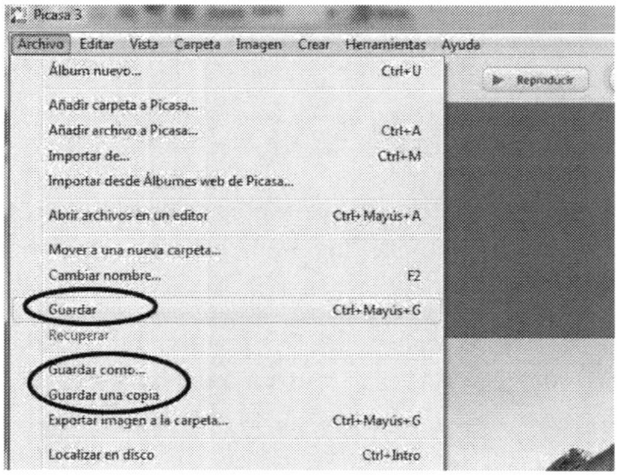

Figura 13.37. *Guardar, Guardar como*

Podemos sincronizar un álbum de nuestra máquina en la web, así cuando modifiquemos esta carpeta sincronizada, quedará modificada también en la carpeta web de Picasa (Figura 13.38).

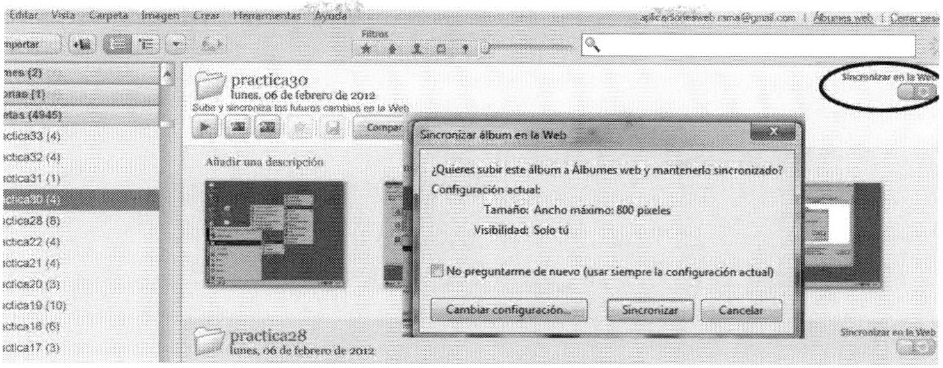

Figura 13.38. Sincronizar en la Web

13.2.3 CREACIÓN DE PRESENTACIONES PARA FOTOS: MEMORIESONTV

Partimos de la web *http://www.codejam.com/* (Figura 13.39). Nos dirigimos a la sección **Descargas** (*Downloads*) (Figura 13.40) y hacemos clic en **Download**. Una vez descargado, procedemos a su instalación, una vez lleguemos al tipo de instalación seleccionaremos **Home Edition** (Figura 13.41), el resto de la instalación es trivial, no es más que pulsar **Next** y, al final, no tendremos más que reiniciar el ordenador para completar la instalación (Figura 13.42).

Figura 13.39. Web de MemoriesOnTV

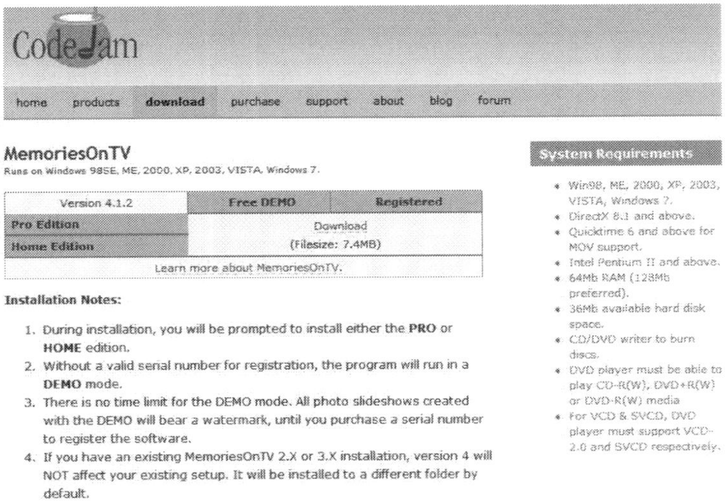

Figura 13.40. *Descarga de MemoriesOnTV*

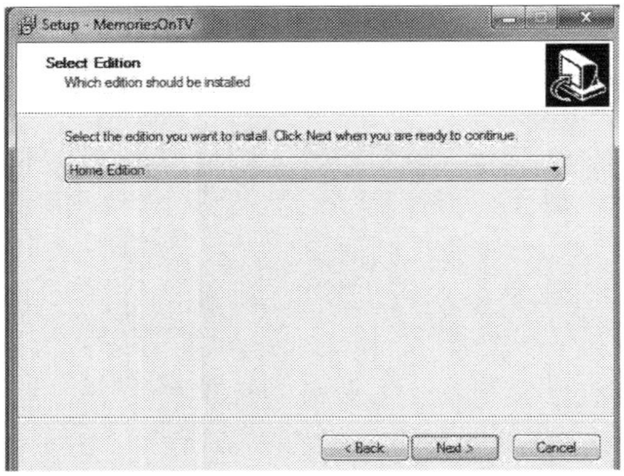

Figura 13.41. *Home Edition*

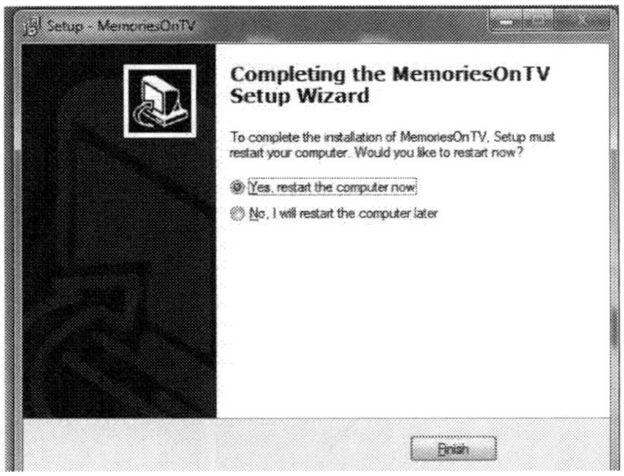

Figura 13.42. *Restart the computer now*

Utilizar MemoriesOnTV es muy sencillo, abrimos el programa y hacemos clic en **Evaluate** (Figura 13.43) y nos aparecerá la pantalla principal de la aplicación (Figura 13.44). Para hacer composiciones de fotos, solo debemos elegir las fotos y arrastrarlas hacia la zona central de la aplicación. Podemos arrastrar una a una o un grupo completo de fotos (Figura 13.45).

Figura 13.43. *Evaluate*

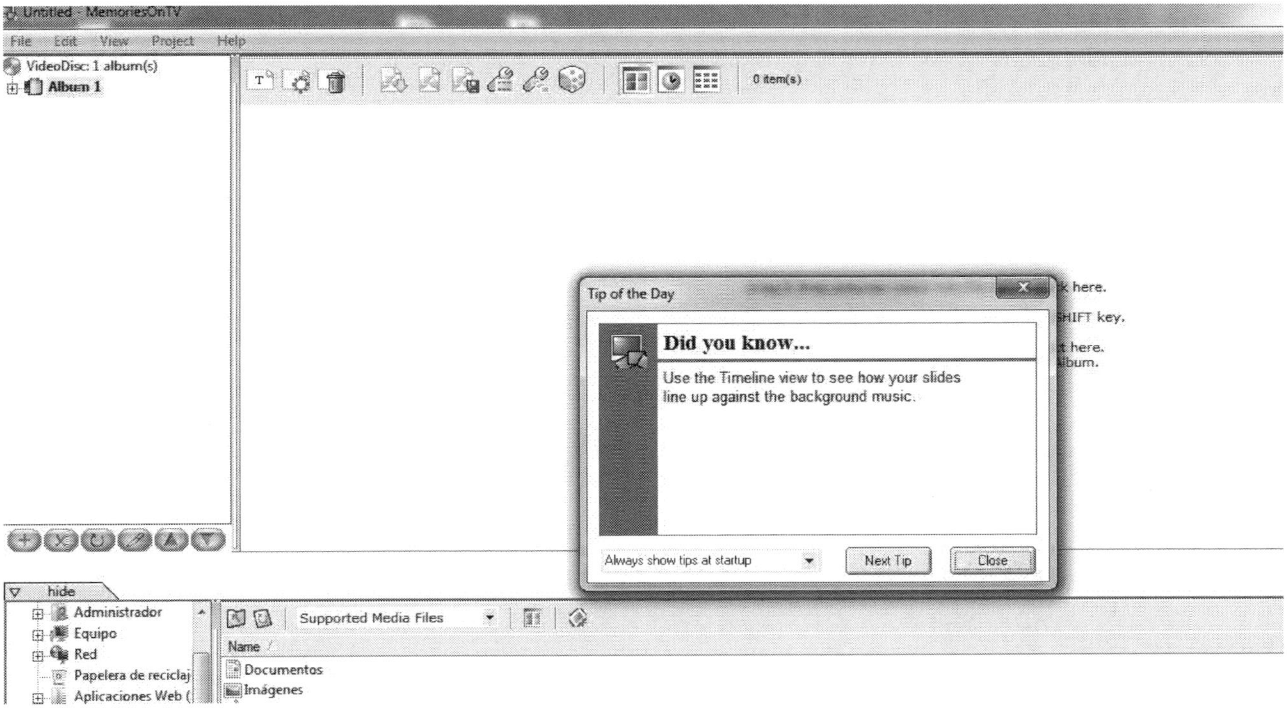

Figura 13.44. *MemoriesOnTV*

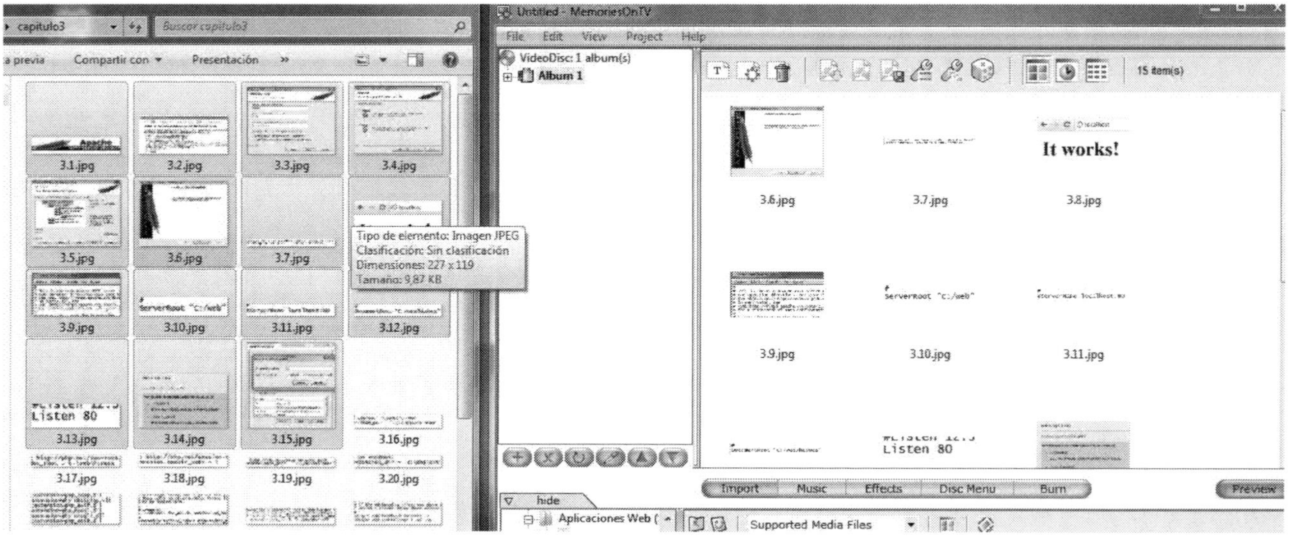

Figura 13.45. *Arrastrar imágenes a MemoriesOnTV*

Podemos añadir también música a nuestra composición, para ello hacemos clic en el botón **Music** (Figura 13.46) y nos aparece una ventana similar a la de las imágenes pero para arrastrar y soltar canciones (Figura 13.47). A su vez, también podemos añadir transacciones entre una imagen y otra (Figura 13.48).

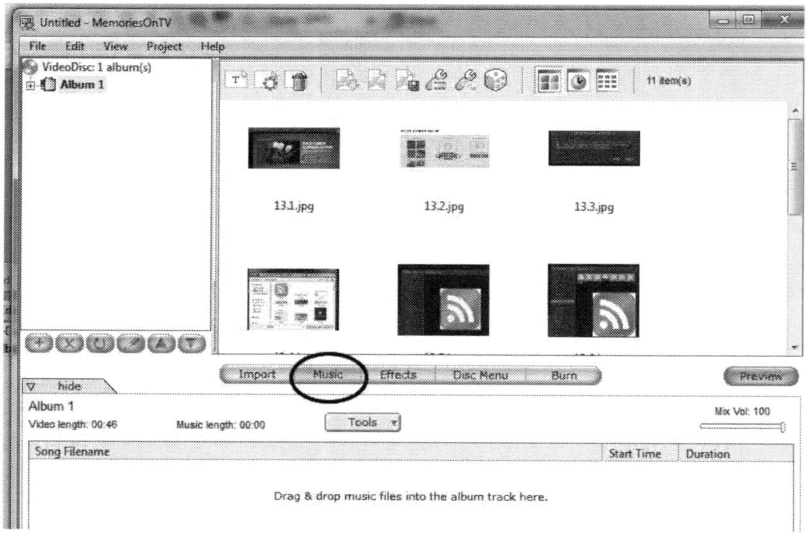

Figura 13.46. *Music*

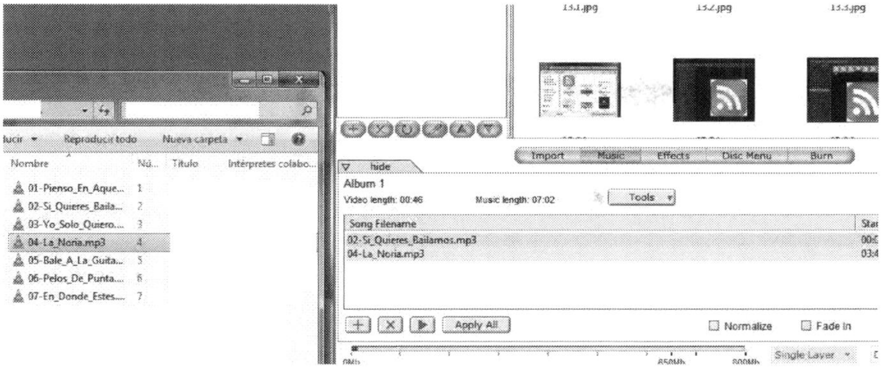

Figura 13.47. *Arrastrar música al cargador*

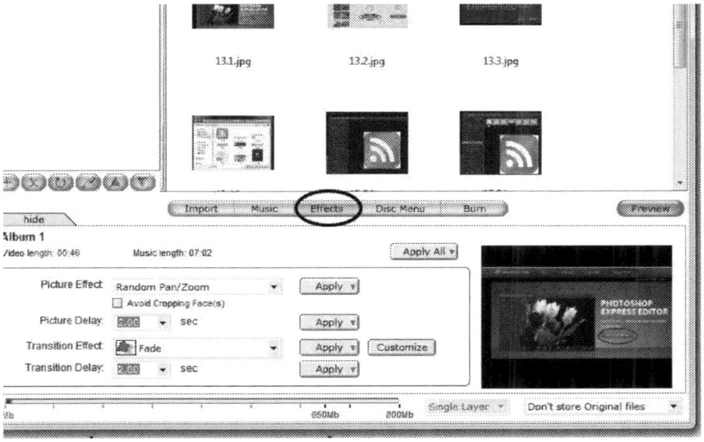

Figura 13.48. *Effects*

Una vez hemos concluido el trabajo, podemos grabarlo en un disco. Para ello nos vamos a la opción **Burn** y hacemos clic en **Start** (Figura 13.49).

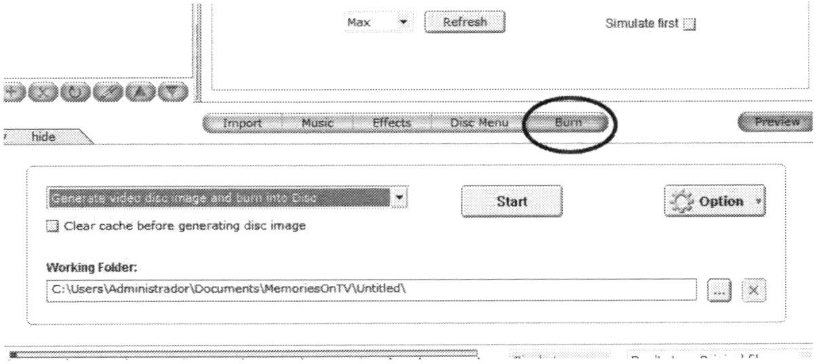

Figura 13.49. *Burn (grabar el proyecto)*

13.2.4 RETOQUE FOTOGRÁFICO Y EDICIÓN AVANZADA: PHOTOSHOP

Para descargar e instalar Adobe Photosop, en primer lugar debemos dirigirnos a *http://www.adobe.com/content/dotcom/es/products/photoshop.html*. Dentro de esta web hacemos clic en la parte superior, en el enlace **Descargas** (Figura 13.50).

Figura 13.50. *Web de Adobe Photoshop*

Una vez estamos en la zona de descargas, debemos elegir la aplicación que nos interese, en nuestro caso Photoshop (Figura 13.51).

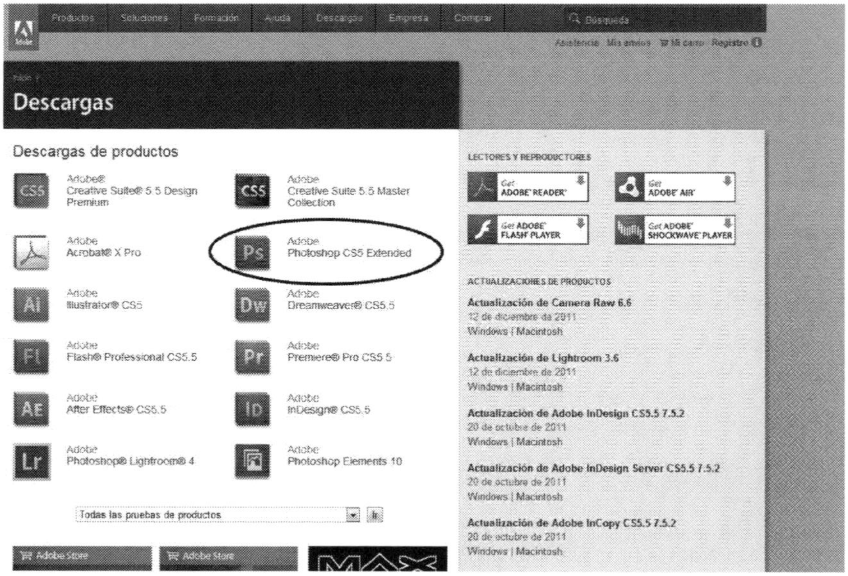

Figura 13.51. *Descarga de Adobe Photoshop*

Nos aparece una pantalla con los requisitos del sistema y las preguntas frecuentes, debemos hacer clic sobre **Descargar ahora** (Figura 13.52) para que se descargue la aplicación en nuestro equipo.

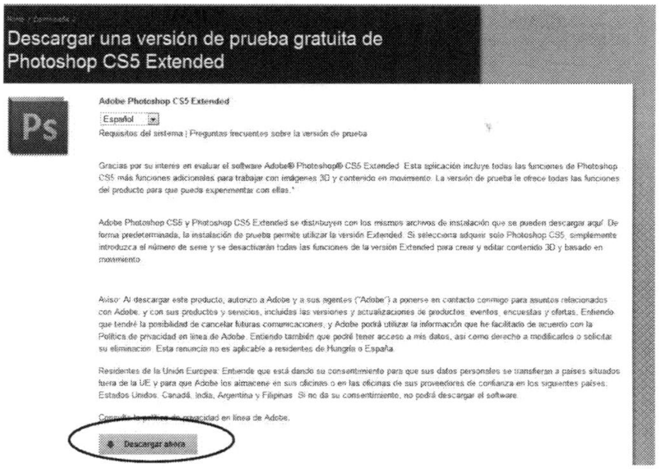

Figura 13.52. *Requisitos del sistema y preguntas frecuentes*

Se nos descarga un pequeño programa que será el encargado de la instalación web de la aplicación. Ejecutamos el programa que hemos descargado (Figura 13.53).

Figura 13.53. *Instalando Adobe Download Assintant*

Ahora nos aparece la configuración de la ubicación de la instalación, también podemos crear un acceso en el escritorio y abrir la aplicación tras la instalación (Figura 13.54).

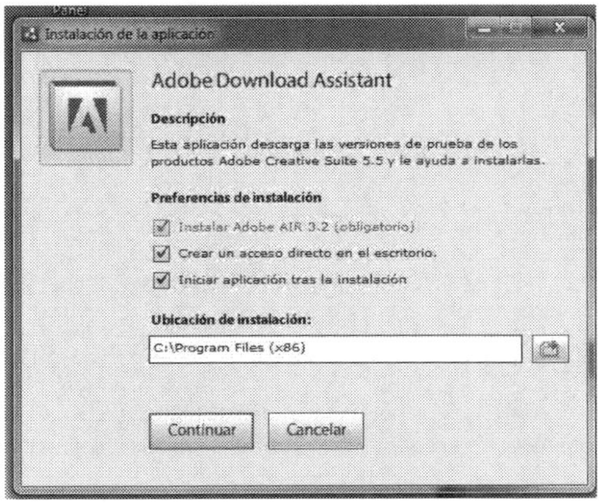

Figura 13.54. *Ubicación de la instalación*

Después de hacer clic en **Continuar** nos aparece el contrato de licencia del programa (Figura 13.55). Si estamos de acuerdo con él debemos hacer clic en **Acepto**.

Figura 13.55. *Contrato de licencia*

Comienza la instalación de la aplicación (Figura 13.56), ahora nos aparecen los términos y condiciones del programa (Figura 13.57), debemos hacer clic en **Aceptar** para continuar la instalación.

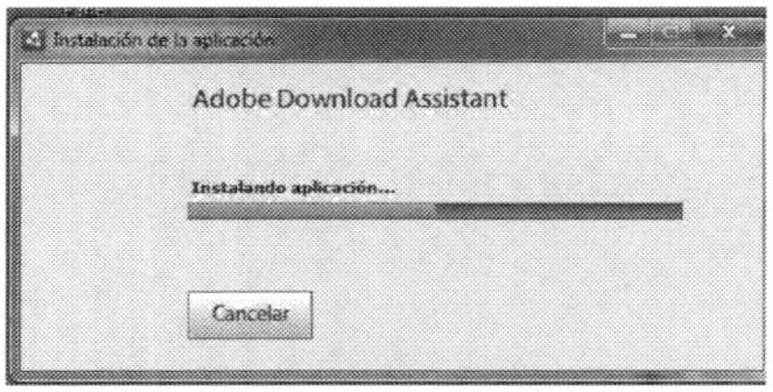

Figura 13.56. *Comienza la descarga*

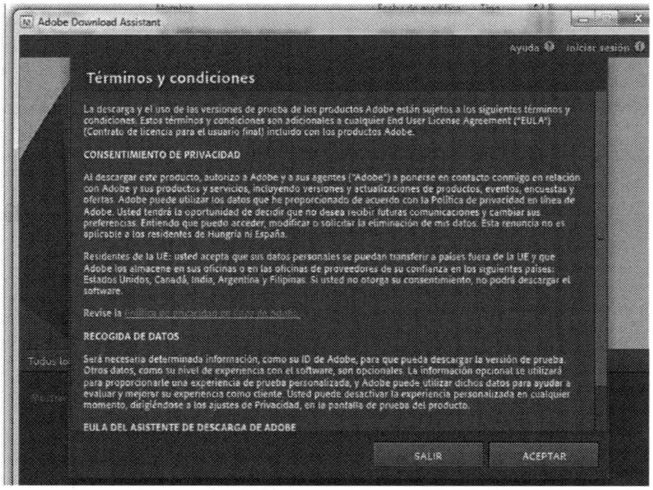

Figura 13.57. *Términos y condiciones de la descarga*

Se descargará Photoshop del servidor de Adobe, tenga paciencia, el fichero ocupa casi 1 GB, por tanto, no es recomendable su descarga para conexiones lentas (Figura 13.58).

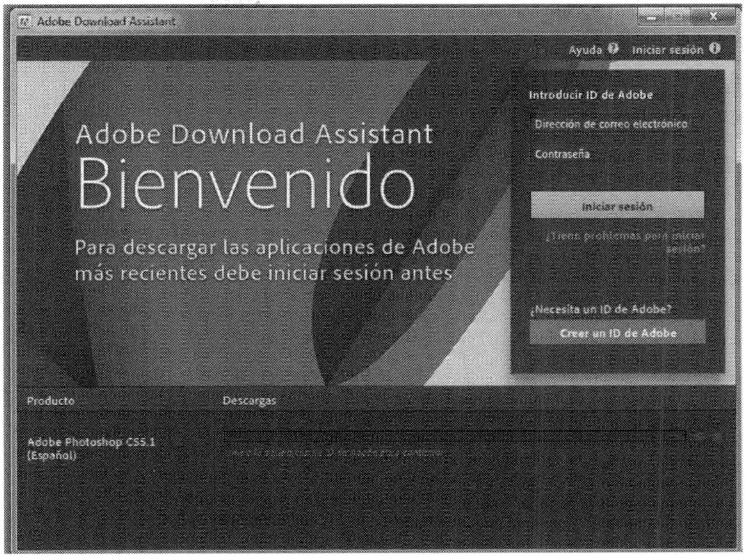

Figura 13.58. *Descarga de Photoshop*

Antes de poder utilizarlo debemos crear una cuenta en Adobe (Figura 13.59).

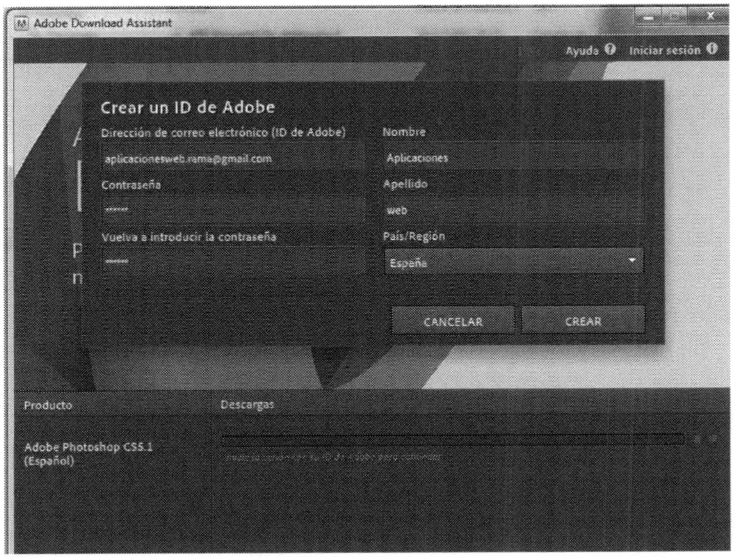

Figura 13.59. *Crear un ID de Adobe*

Una vez descargado comienza la instalación en nuestra máquina, ahora nos aparece el contrato de licencia de software (Figura 13.60).

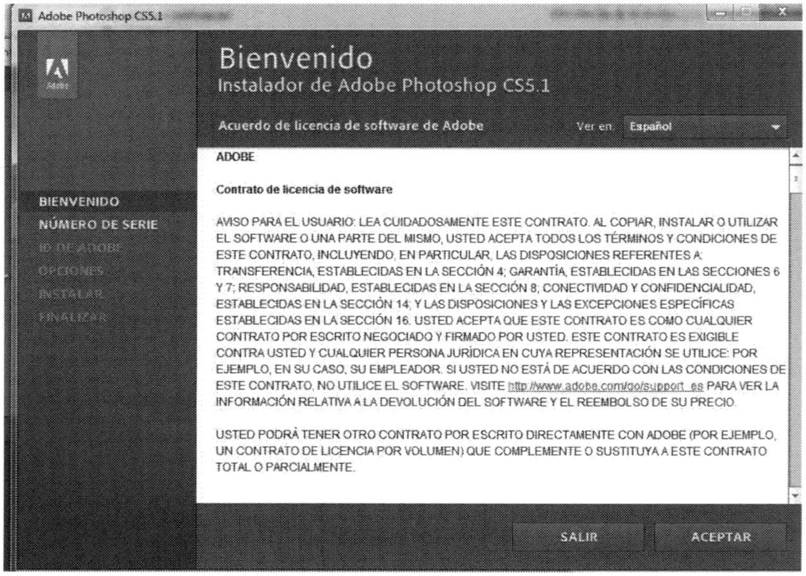

Figura 13.60. *Acuerdo de licencia del software*

Tras esto nos pide el número de serie o instalar el producto como prueba. Nosotros hemos seleccionado **Instalar el producto como prueba** (Figura 13.61). Disponemos de 30 días para evaluar el producto.

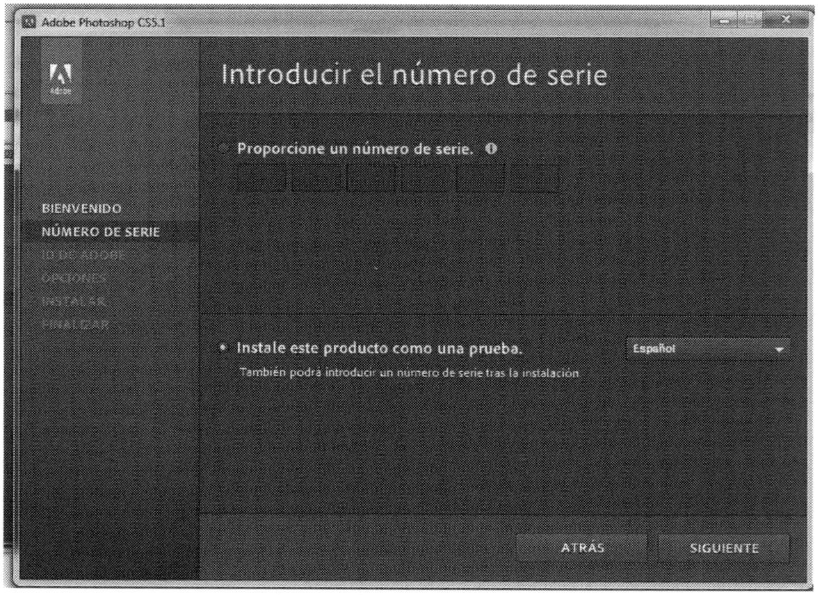

Figura 13.61. *Número de serie o prueba del producto*

Se instalará el software en nuestra máquina (Figura 13.62), una vez instalado nos mostrará un mensaje indicando que ha llegado a su fin (Figura 13.63).

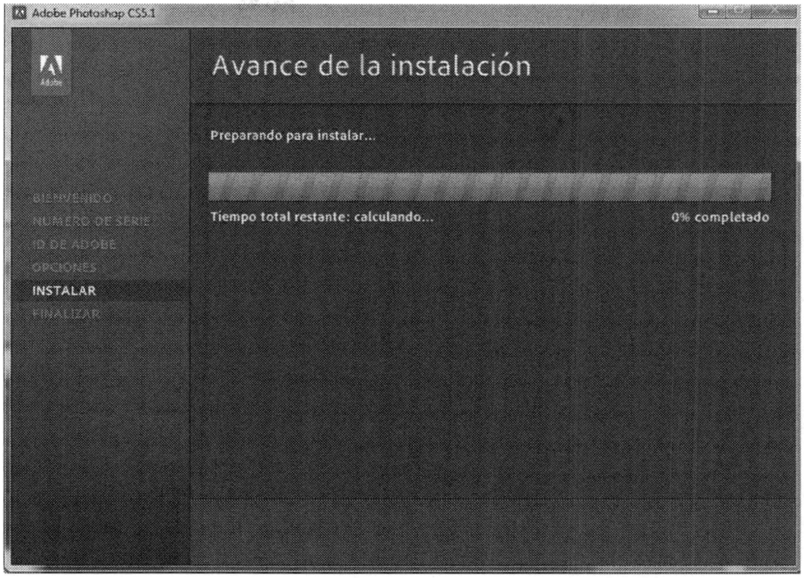

Figura 13.62. *Instalación*

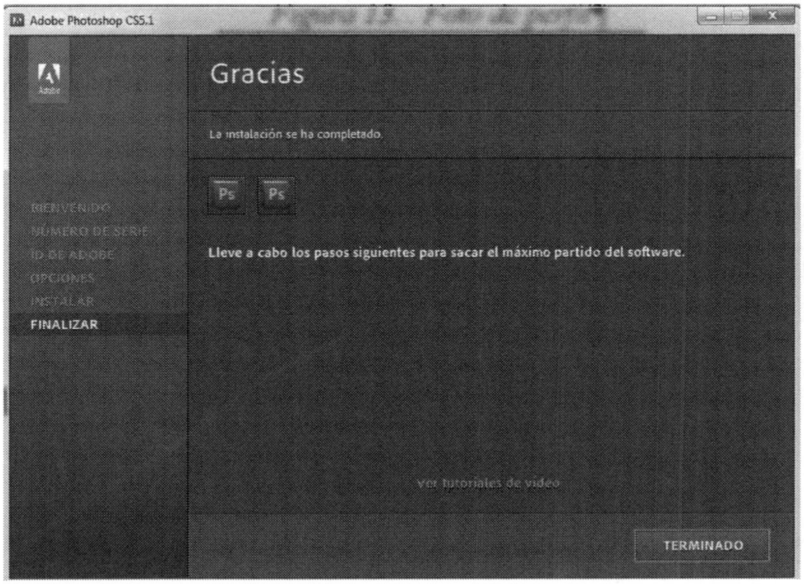

Figura 13.63. *Fin de la instalación*

Ya tenemos instalado Photoshop en nuestro equipo, cuando lo abramos nos mostrará un mensaje indicando si queremos introducir el número de serie para activarlo o en caso contrario los días que nos quedan de evaluación del producto (Figura 13.64).

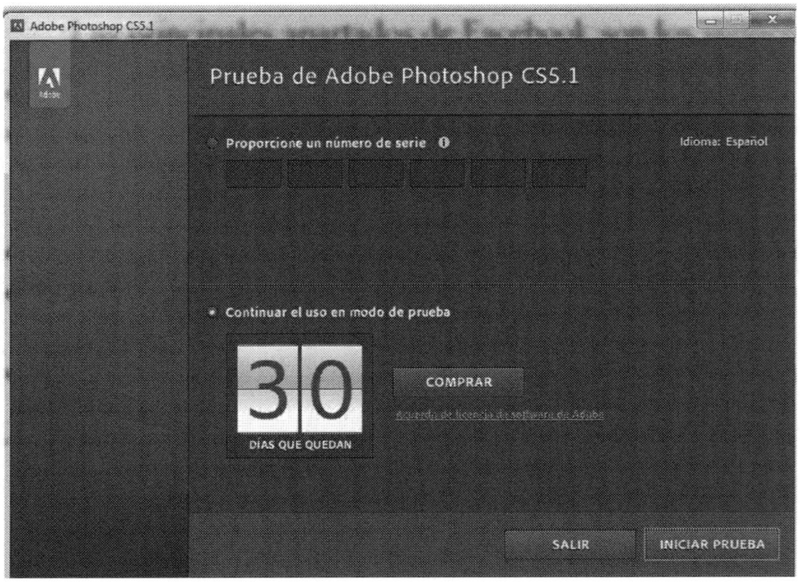

Figura 13.64. *Introducir número de serie o días que quedan de evaluación*

Figura 13.65. *Adobe Photoshop*

13.2.5 FACEBOOK

Facebook es un sitio web de redes sociales creado por Mark Zuckerberg. Originalmente era un sitio para estudiantes de la Universidad de Harvard, pero actualmente está abierto a cualquier persona que tenga una cuenta de correo electrónico. Los usuarios pueden participar en una o más redes sociales, en relación con su situación académica, su lugar de trabajo o región geográfica.

A mediados de 2007 lanzó las versiones en francés, alemán y español para impulsar su expansión fuera de Estados Unidos, ya que sus usuarios se concentraban en Estados Unidos, Canadá y Reino Unido. En julio de 2010, Facebook contaba con 500 millones de miembros y traducciones a 70 idiomas. En noviembre de 2011 alcanzó los 800 millones de usuarios.

En Facebook puede tener (una lista de) amigos, su propia página o grupo, un muro donde dejar mensajes, fotografías... Hay un *chat* y aplicaciones de terceros que permiten regalar cosas a sus amigos, jugar juegos sociales, entre otras muchas cosas.

Para darnos de alta, tan solo debemos dirigirnos a la página principal de Facebook (*http: / / www.facebook.com /*) y debemos completar los datos de registro (Figura 13.66). Durante la instalación nos permitirá agregar los contactos que tengamos en la cuenta de correo sobre la que hemos creado la cuenta de Facebook (Ffigura 13. 67).

Figura 13.66. *Página de inicio en Facebook*

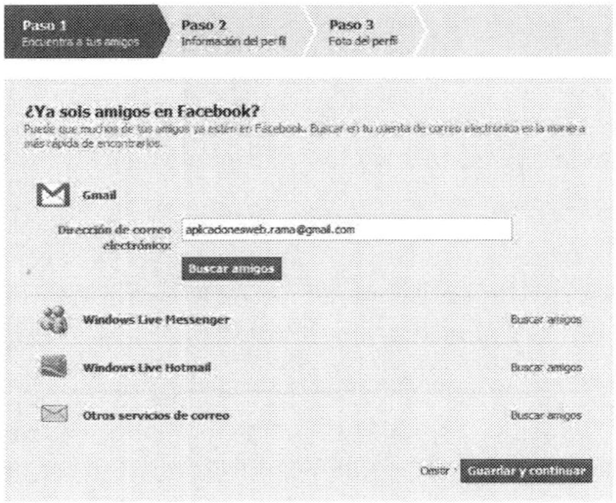

Figura 13.67. *Agregar contactos a Facebook*

Figura 13.68. *Permiso para acceder a los contactos*

Debemos completar la información para rellenar el perfil (Figura 13.69) y subir o tomar una foto con la *webcam* (Figura 13.70). Ya tenemos nuestro Facebook disponible para poder utilizarlo (Figura 13.71).

Figura 13.69. *Rellenar la información de tu perfil*

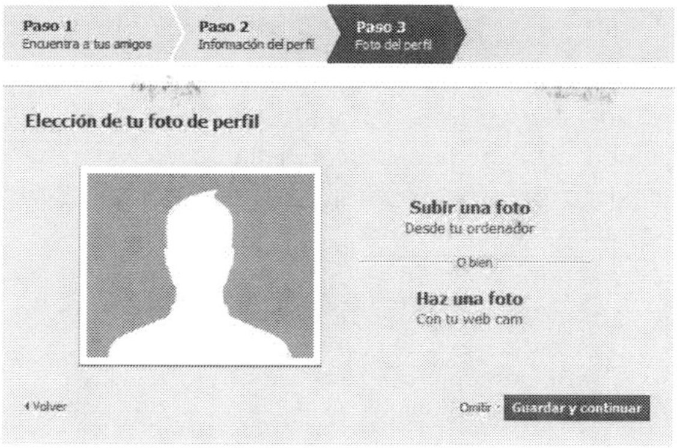

Figura 13.70. *Foto de perfil*

Figura 13.71. *Bienvenido a Facebook*

Los principales apartados de Facebook son los siguientes:

- **Perfil**: datos de la persona.
- **Amigos**: aparecen los amigos conectados y agregados a Facebook. En este apartado puede invitar a nuevos amigos a que formen parte de la comunidad o buscar amigos.
- **Mensajes**: permite enviar, recibir mensajes o notificaciones.
- **Muro**: permite escribir ideas o lo que cada uno quiera y a la vez permite que el resto de los miembros puedan escribir.
- **Chat**: para comunicarse con los demás miembros de Facebook.

13.2.6 TUENTI

Tuenti es una red social española a la que solo se podía acceder por invitación hasta el 14 de noviembre de 2011, y para la cual era necesario tener una edad mínima de 16 años. A fecha de febrero de 2012, Tuenti tiene más de 13 millones de usuarios. El sitio está enfocado principalmente a la población española. Permite al usuario crear su propio perfil, añadir a otros usuarios como amigos e intercambiar mensajes. Además, los usuarios se pueden unir a páginas de intereses comunes, gestión de eventos, subida de fotos y vídeos, etc.

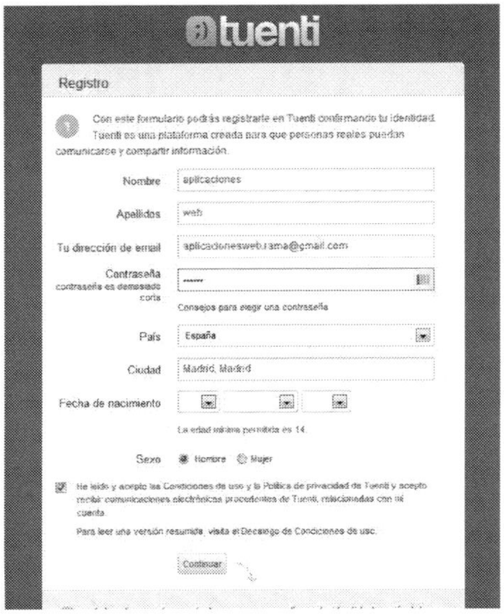

Figura 13.72. Registro en Tuenti

Lo primero que vamos a analizar es el panel de inicio, que es lo primero que vemos una vez que accedemos con nuestro usuario a Tuenti. Podemos diferenciar básicamente dos partes: la barra lateral izquierda y el panel derecho.

Figura 13.73. Tuenti

En el panel derecho Tuenti nos muestra las últimas actualizaciones de nuestros amigos, si han subido alguna foto, han recibido algún mensaje en su tablón o si han hecho algún amigo nuevo.

En la barra izquierda observamos un pequeño bloque de información nuestra, como nuestro estado, nuestra foto principal y las visitas que hemos recibido en nuestro perfil. Si nos vamos un poco más abajo observamos un pequeño *widget* con el que podemos enviar invitaciones a nuestros amigos que aún no tengan Tuenti.

RESUMEN DEL CAPÍTULO

Llegamos a los sistemas gestores para imágenes. Este es un campo muy amplio con infinidad de aplicaciones y herramientas. Por eso se han dividido estas aplicaciones en grupos para facilitar su estudio.

En primer lugar están las aplicaciones de edición *on line* sencillas, si no somos expertos en el tema de retoque y/o no queremos complicarnos la vida en exceso, cualquiera de estas aplicaciones nos permitirá aplicar retoques a nuestras fotos de forma rápida y simple.

En segundo lugar, aparecen unas aplicaciones para la organización y gestión de nuestras fotografías, con el fin de poder tenerlas de forma ordenada.

En tercer lugar, aparecen otro tipo de aplicaciones que pueden resultarnos útiles en ciertas ocasiones, son las aplicaciones para la creación de presentaciones. Podemos realizar pases de diapositivas de nuestras fotos favoritas amenizadas con música y efectos de transición espectaculares. Si el manejo de las aplicaciones anteriores era sencillo, estas aplicaciones, con diferencia, son las más sencillas de utilizar de todas.

En cuarto lugar, tenemos las aplicaciones de retoque avanzado. En este caso, retocar fotos no se realiza de forma sencilla, están destinadas a profesionales de la materia o usuarios expertos, y por norma general, requieren un equipo informático bastante completo (caro) para poder utilizarlas de forma completa.

Para finalizar el capítulo, también hemos visto dos gestores de imágenes “especiales”, Facebook y Tuenti, las dos aplicaciones de tipo “redes sociales” reinas de la compartición de fotos *on line*.

EJERCICIOS PROPUESTOS

1. Una vez finalizado el capítulo, ¿qué sistema gestor para imágenes considera más importante para usted? ¿Por qué?

2. Localice en Internet una aplicación más de cada grupo en los que hemos dividido los sistemas gestores para imágenes.

3. ¿Por qué cree que Photoshop ha desarrollado una herramienta web para la edición sencilla de imágenes si ya posee la edición de Escritorio?

4. Localice alguna aplicación más orientada a las redes sociales que nos permita compartir imágenes con nuestros contactos.

5. ¿Por qué cree que las redes sociales han tenido tanto crecimiento en estos últimos años? ¿Seguirán creciendo o irán en retroceso? ¿Por qué?

TEST DE CONOCIMIENTOS

1 Photoshop Express Editor es una aplicación de:

a) Edición sencilla *on line* de imágenes.
b) Archivado de imágenes.
c) Edición avanzada de imágenes.
d) Creación de presentaciones de imágenes.
e) Redes sociales.

2 Facebook es una aplicación de:

a) Edición sencilla *on line* de imágenes.
b) Archivado de imágenes.
c) Edición avanzada de imágenes.
d) Creación de presentaciones de imágenes.
e) Redes sociales.

3 MemoriesOnTV es una aplicación de:

a) Edición sencilla *on line* de imágenes.
b) Archivado de imágenes.
c) Edición avanzada de imágenes.
d) Creación de presentaciones de imágenes.
e) Redes sociales.

4 The Gimp es una aplicación de:

a) Edición sencilla *on line* de imágenes.
b) Archivado de imágenes.
c) Edición avanzada de imágenes.
d) Creación de presentaciones de imágenes.
e) Redes sociales.

5 Picasa es una aplicación de:

a) Edición sencilla *on line* de imágenes.
b) Archivado de imágenes.
c) Edición avanzada de imágenes.
d) Creación de presentaciones de imágenes.
e) Redes sociales.

14 Gestores de contenidos para foros: bbPress

OBJETIVOS DEL CAPÍTULO

- ✓ Definir el concepto de foro.
- ✓ Diferenciar los componentes de un foro.
- ✓ Conocer y utilizar uno de los foros con licencia GPL que más fuerza están tomando: bbPress.

14.1 DEFINICIÓN

Los foros en Internet son también conocidos como foros de mensajes, de opinión o foros de discusión y son una aplicación web que le da soporte a discusiones u opiniones en línea. Son los descendientes modernos de los sistemas de noticias BBS (*Bulletin Board System*) y Usenet, muy populares en los años 1980 y 1990. Por lo general, los foros en Internet existen como un complemento a un sitio web invitando a los usuarios a discutir o compartir información relevante a la temática del sitio, en discusión libre e informal, con lo cual se llega a formar una comunidad en torno a un interés común. Las discusiones suelen ser moderadas por un coordinador o dinamizador quien generalmente introduce el tema, formula la primera pregunta, estimula y guía, sin presionar, otorga la palabra, pide fundamentaciones y explicaciones y sintetiza lo expuesto antes de cerrar la discusión.

Comparado con las wikis, no se pueden modificar los aportes de otros miembros a menos que se tengan ciertos permisos especiales como moderador o administrador. Por otro lado, comparado con los *weblogs*, se diferencian porque los foros permiten una gran cantidad de usuarios y las discusiones están añadidas, algo similar a lo que serán los comentarios en los *weblogs*. Además, por lo general, los foros suelen ser de temas más diversos o amplios con una cantidad de contenido más variado.

Un foro en Internet permite que el administrador del sitio defina varios foros sobre una sola plataforma. Estos funcionaron como contenedores de las discusiones que empezarán los usuarios; otros usuarios pueden responder en las discusiones ya comenzadas o empezar unas nuevas según lo crean conveniente.

En este capítulo nos vamos a centrar sobre bbPress, una herramienta de los creadores de WordPress, nueva y gratuita para la creación de foros. BbPress se centra en los estándares web, la facilidad de uso, facilidad de integración, y la velocidad. La primera versión de bbPress aparece en el año 2008.

La intención de este CMS es que sea tan pequeño y ligero como sea posible al tiempo que permita añadir nuevas características a través de un gran sistema de *plugins*. ¿Qué significa todo esto? BbPress está dispuesto a asumir cualquier tipo de trabajo. Así que vamos a empezar.

14.2 LICENCIAS DE USO DE BBPRESS

BbPress es un sistema de gestión de foros con licencia GPL que comparte código con WordPress (mediante Backpress), de modo que se pueden integrar ambos sistemas de forma muy fácil. Requiere ser instalado en un servidor web propio.

14.3 REQUERIMIENTOS DE FUNCIONAMIENTO

- Un servidor web que soporte PHP y MySQL. Se recomienda utilizar Apache o Litespeed como servidores web.
- PHP versión 4.3 o superior.
- MySQL versión 4.0 o superior.

14.4 INSTALACIÓN

En primer lugar descargamos la aplicación bbPress desde su página web *http://bbpress.org/download/* (Figura 14.1).

Figura 14.1. *Descarga de bbPress*

Subimos los ficheros descomprimidos a nuestro servidor, también podemos utilizar un servidor local (tipo *xampp*) para hacer las pruebas oportunas. También podemos subir los ficheros de idioma al servidor (opcional, aunque recomendable) (Figura 14.2).

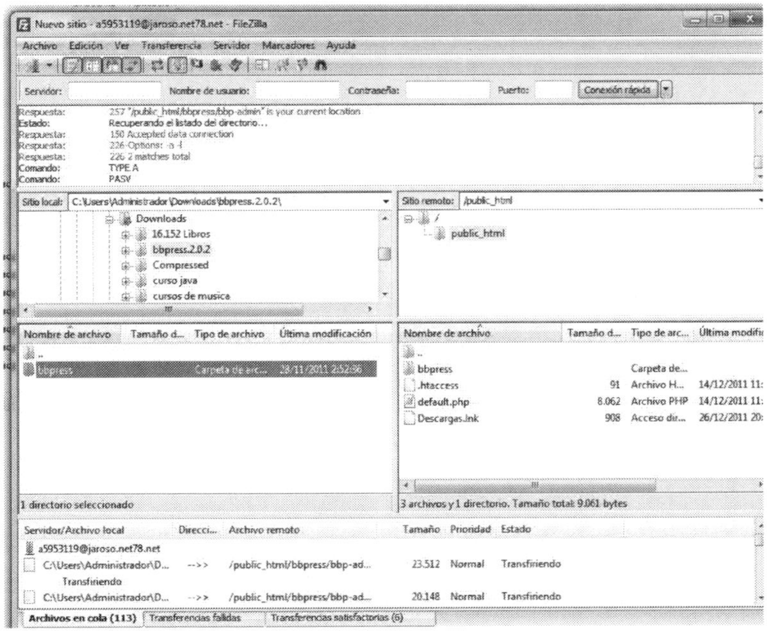

Figura 14.2. *Subir al servidor*

Antes de realizar el proceso de instalación debemos crear una base de datos para utilizarlo con la aplicación (Figura 14.3).

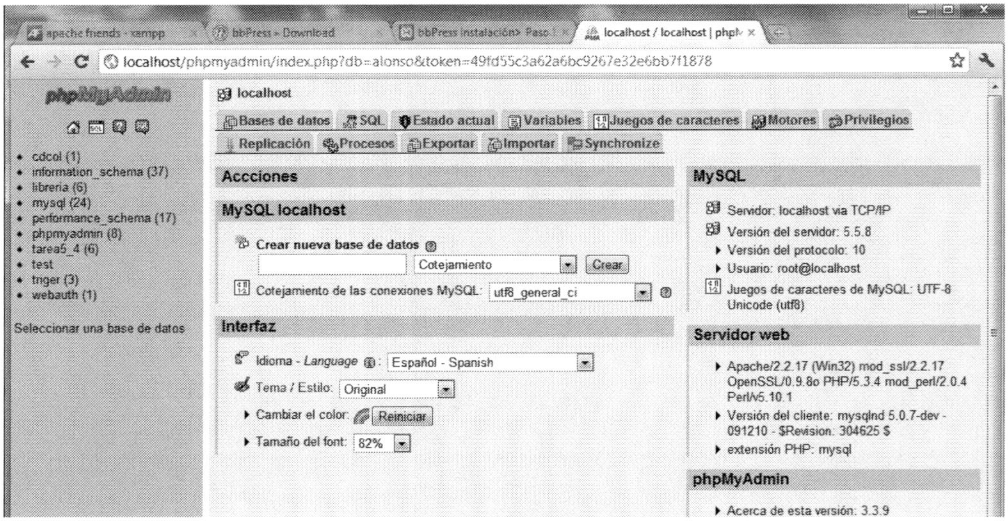

Figura 14.3. *Creamos la base de datos*

Accedemos a la página inicial del sitio e instalamos bbPress siguiendo las instrucciones del instalador (Figura 14.4).

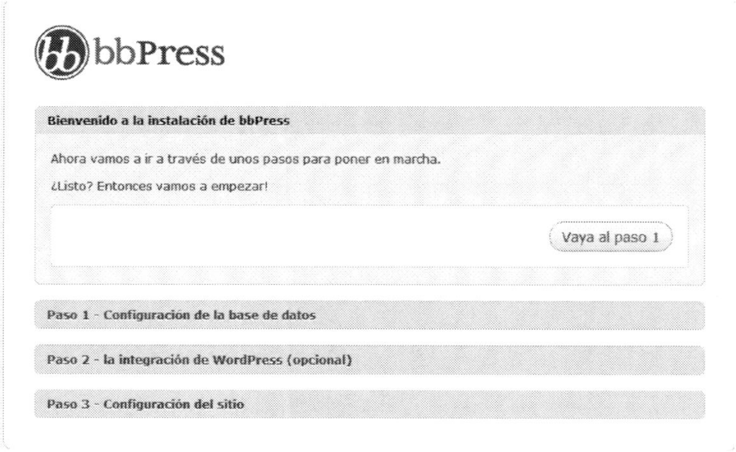

Figura 14.4. *Lanzamos la instalación*

En el apartado de configuración de la base de datos debemos rellenar varios campos: en nombre de la base de datos escribiremos el nombre de la base que hayamos creado. A su vez, deberemos rellenar el nombre de usuario y la contraseña que son los del gestor de la base de datos (Figura 14.5).

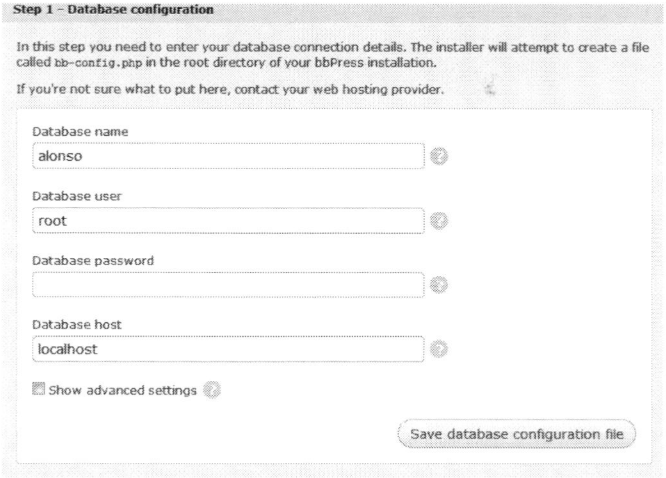

Figura 14.5. *Configuración de la base de datos*

El siguiente paso es para la integración con WordPress, este paso es opcional y no lo vamos a utilizar.

Ahora configuraremos el foro propiamente dicho, dotaremos de nombre a dicho foro, asignaremos la dirección web de dicho foro y crearemos un usuario administrador (llamado *master key*), que será el amo todopoderoso del foro. A su vez también crearemos el primer foro de discusión de nuestro nuevo sitio (Figura 14.6).

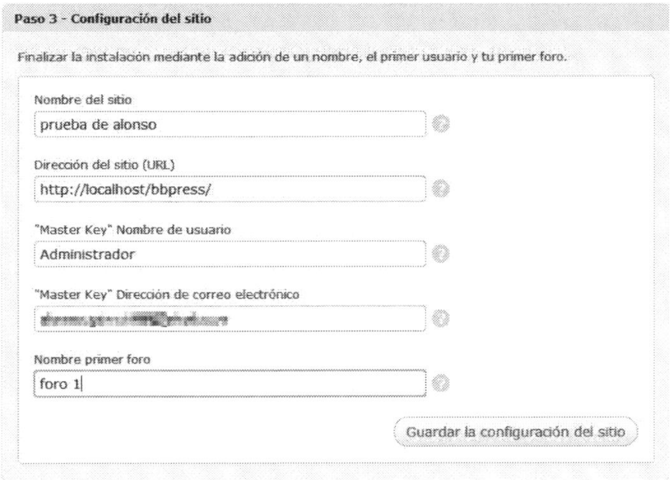

Figura 14.6. *Configuración del sitio*

Después de hacer este trámite nos aparecerá un mensaje informándonos de que se guardarán los datos que se han creado y haremos clic en el botón **Completar la instalación**, y muy importante: al terminar nos saldrá una pantalla con la información final de su instalación; en este momento le generará la contraseña de su usuario (Figura 14.7).

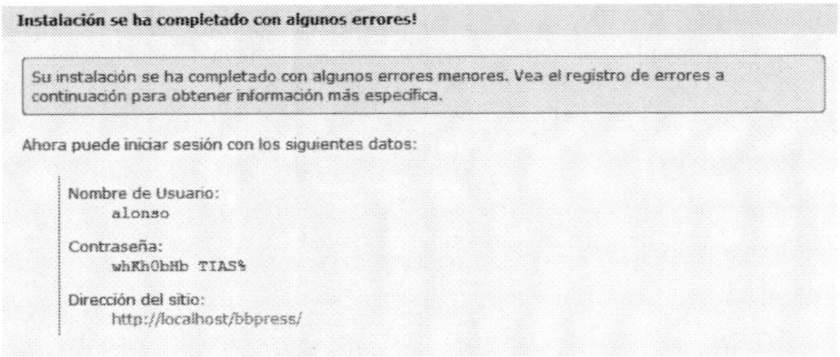

Figura 14.7. *Instalación completada*

ACTIVIDADES 14.1

- Descargue e instale la última versión de bbPress.

14.5 ESTRUCTURA

Partimos de la página principal del foro:

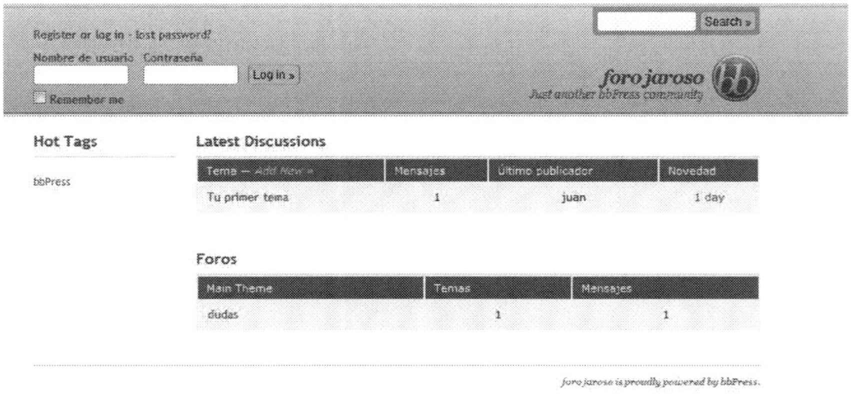

Figura 14.8. *Estructura de bbPress*

- **Zona de registro - autenticación de usuarios**: en esta zona podemos registrarnos en el foro o identificarnos en el caso de que ya estemos registrados en el foro (Figura 14.9).

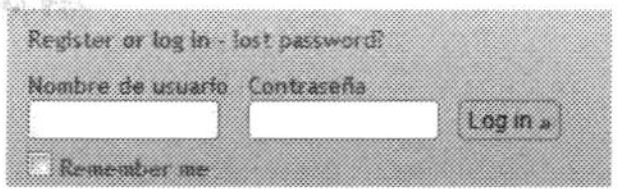

Figura 14.9. *Zona de registro-autenticación*

- **Nombre del foro**: el nombre del foro que pusimos en la instalación (Figura 14.10).

Figura 14.10. *Nombre del foro*

- **Búsqueda**: permite localizar temas y mensajes en el foro (Figura 14.11).

Figura 14.11. *Búsqueda*

- **Últimos post publicados**: últimas entradas al foro (Figura 14.12).

Figura 14.12. *Últimos post*

- **Foros disponibles**: los temas de discusión que existen y están disponibles actualmente en nuestro foro (Figura 14.13).

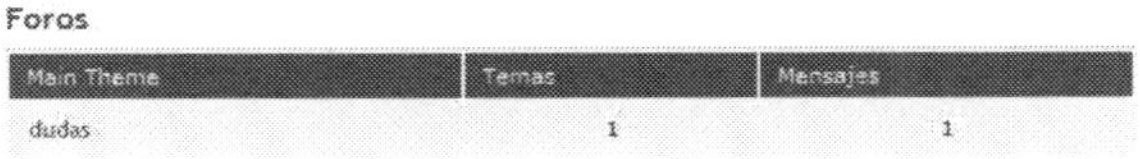

Figura 14.13. *Foros disponibles*

ACTIVIDADES 14.2

- Haga una captura de los diferentes elementos que componen su foro recién creado: zona de registro, nombre del foro, búsqueda, último *post* y foros disponibles.

14.6 PERSONALIZACIÓN DE LA INTERFAZ

Para cambiar la interfaz, debemos estar identificados como *master key* (Figura 14.14).

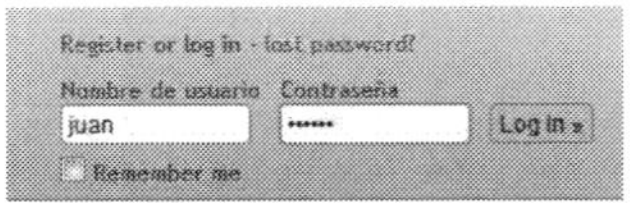

Figura 14.14. *Identificación*

Una vez identificados debemos pulsar sobre **Admin** (Figura 14.15).

Figura 14.15. *Admin*

Seleccionaremos **Appearance** (Figura 14.16). Nos aparecerá un menú con los temas disponibles, deberemos elegir el que más nos guste y activarlo con la opción **Activate** (Figura 14.17).

Figura 14.16. *Appearance*

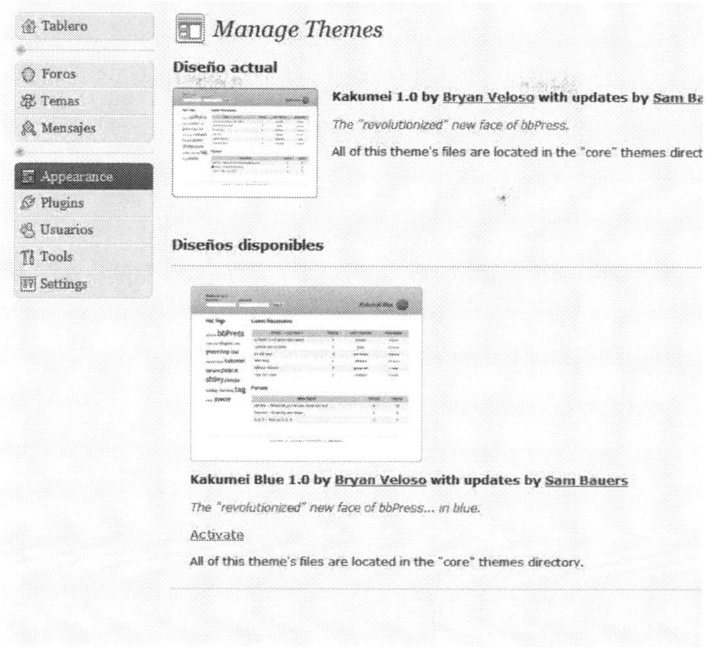

Figura 14.17. *Manage Themes*

ACTIVIDADES 14.3

- Personalice la interfaz de su foro.

14.7 PERFILES DE USUARIOS Y MECANISMOS DE SEGURIDAD INTEGRADOS

En este apartado se puede apreciar la seguridad referente a los diferentes tipos de usuarios que se mencionaron anteriormente en el apartado de seguridad. Los diferentes tipos de usuarios y su seguridad serían los que se explican a continuación.

14.7.1 MASTER KEY

Es el usuario con más privilegios. Este tipo de usuario puede realizar todo tipo de operaciones. Eliminar foros, eliminar usuarios (incluidos administradores).

14.7.2 ADMINISTRADOR

Es el usuario con más privilegios después del *Master Key*. Este tipo de usuario es el encargado de gestionar el foro pero tiene algunas restricciones que lo diferencian con el *Master Key*, ya que estos no pueden modificar lo creado por otro administrador, es decir, ni eliminar, modificar, bloquear todo lo que haya creado otro administrador.

14.7.3 MODERADOR

Este usuario tiene los privilegios de poder controlar todo lo relacionado con su foro, es decir, solamente en el foro que le esté asignado, no podrá controlar la conversación de otros foros como podrían los usuarios anteriores.

14.7.4 MIEMBRO

Es aquel usuario que pertenece al foro pero no tiene ningún tipo de privilegios respecto al resto de los usuarios.

14.7.5 BLOQUEADO

Este usuario es un miembro que ha sido inutilizado por un usuario con mayor privilegio debido a que haya incumplido alguna de las normas a seguir del foro.

14.8 USUARIOS Y GRUPOS

En primer lugar se recomienda cambiar la contraseña del usuario creado como *master key* para poner una más fácil de recordar.

- Con el usuario identificado nos dirigiremos al enlace **Admin** (Figura 14.18).

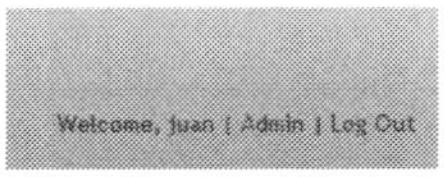

Figura 14.18. *Admin*

- Dentro de éste al apartado **Usuarios** (Figura 14.19).

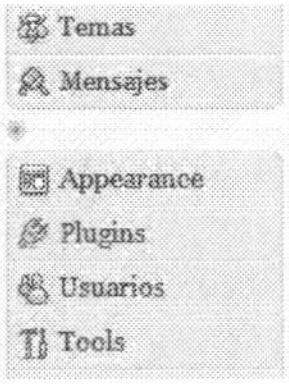

Figura 14.19. *Usuarios*

- Seleccionamos nuestro usuario y pulsamos sobre **Editar** (Figura 14.20).

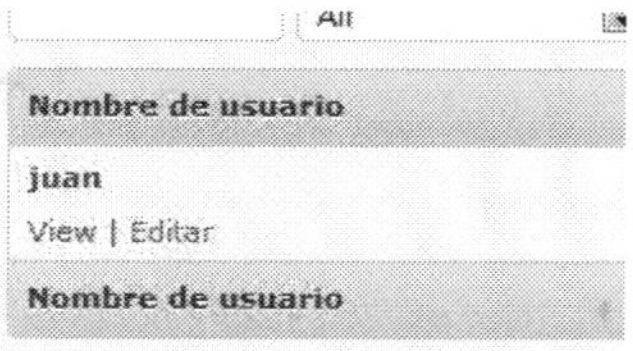

Figura 14.20. *Editar*

- En el apartado **New Password** (nueva contraseña) cambiamos la contraseña y guardamos los cambios (Figura 14.21).

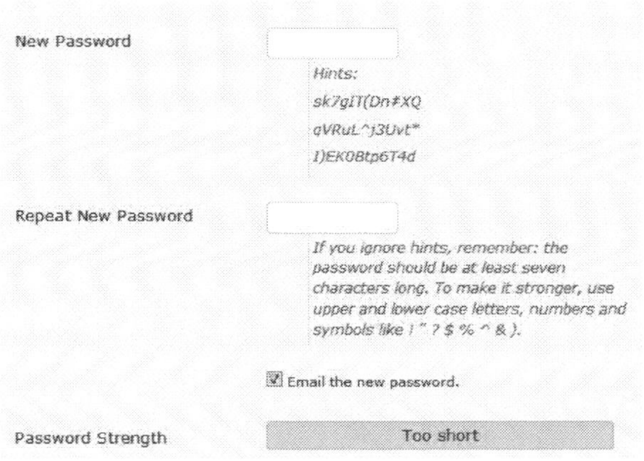

Figura 14.21. *New Password*

Para añadir un nuevo usuario, dentro de **Usuarios**, haremos lo siguiente:

- En el menú de usuarios, pulsamos sobre **Add New** (añadir nuevo) (Figura 14.22).

Figura 14.22. *Usuarios, Add New*

- En este apartado rellenaremos los datos personales. Lo más importante son el nombre de usuario, con el cual el usuario se identificará en el sistema, la contraseña y el tipo de usuario que será. Existen muchos tipos de usuarios: bloqueados, inactivos, moderadores, administradores. En nuestro caso hemos elegido el perfil de **Miembro** (Figura 14.23).

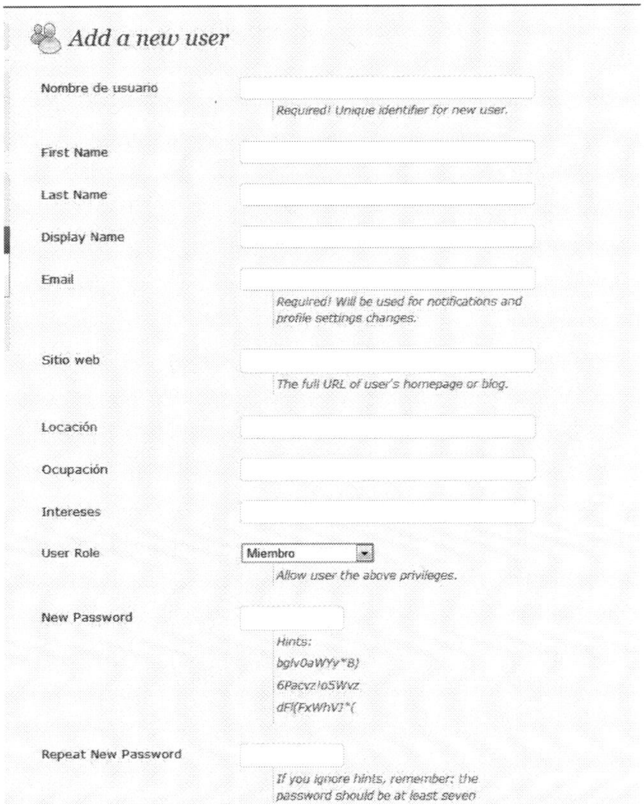

Figura 14.23. *Añadimos nuevo usuario*

ACTIVIDADES 14.4

- Añadir tres usuarios a nuestro foro: uno de ellos con perfil de administrador, otro con perfil de usuario y el último con perfil de moderador.

14.9 INTEGRACIÓN DE MÓDULOS

La herramienta da la opción de poder integrarse en un WordPress. Este proceso era el paso número dos de la instalación que recordamos que era opcional, para la integración de esta utilidad en WordPress deberíamos seguir el siguiente procedimiento:

Para bbPress se debe trabajar con la versión más reciente de WordPress 2.9.x; debe actualizarse el *blog* antes de trabajar con WordPress y bbPress.

14.9.1 BASE DE DATOS

BbPress puede compartir datos de los usuarios con una instalación de WordPress. Todo lo que necesita hacer es especificar la ubicación de la base de datos sobre la instalación o después de la **Integración de WordPress** del área **Configuración** en su administración bbPress.

14.9.2 COOKIES

La integración de las *cookies* permite a los usuarios iniciar sesión en cualquiera de sus *blogs* de WordPress o de sus foros bbPress. Esta función requiere WordPress y bbPress instalados en el mismo nombre de dominio, o por lo menos en los subdominios del mismo nombre de dominio.

Se debe consultar la sección **Integración de WordPress** del área **Configuración** en su administración bbPress para los ajustes que necesita añadir a su fichero de configuración de WordPress, después de haber agregado la información de WordPress en el de **Cookies**.

14.9.3 REGISTRO

Cuando un usuario se registra en el foro bbPress, su *blog* de WordPress no sabe nada de él (y viceversa). El usuario será creado, pero WordPress no sabe qué tipo de usuario se conecta.

En la **Integración de WordPress** del área **Configuración** en la administración bbPress se encuentra un **Mapa de función** de usuario, donde se pueden establecer los roles que se aplicarán a los usuarios que se registren en sus foros. Los usuarios que se registren en el *blog* de WordPress tendrán el papel apropiado aplicado a su cuenta la primera vez que acceden a bbPress. Si no se configuran los roles de usuarios no funcionará. Al hacer un mapa de configuración de rol (o cambiar) los usuarios que faltan a uno u otro rol se actualizarán, pero los roles existentes no se verán afectados.

14.9.4 FUNCIONES (OPCIONAL)

bbPress no tendrá acceso a las funciones de WordPress de forma manual a menos que se configure bbPress para cargar WordPress en primer lugar. Este paso de integración también se conoce como integración "profunda", que es una parte totalmente opcional de integración y no se requiere para obtener las cookies compartidas e inicios de sesión de trabajo. Con el fin de hacerlo, es necesario poner *require_once (dirname (FILE) '/ ruta / a / wp-load.php)*; en *bbPress ' bb-config.php (wp-load.php* está en el mismo directorio como *WordPress ' wp-config.php* archivo, así que si la carpeta de bbPress está directamente dentro de la carpeta WordPress, el comando se convierte en *require_once (dirname (FILE)'/.. / wp-load.php. ');)*.

Hacer esto le añade mucho peso a la instalación de bbPress ya que esto haría WordPress para cargar en su totalidad. Su mejor opción es tratar de emular la funcionalidad que requiere dentro de un *plugin* bbPress.

14.10 GESTIÓN DE TEMAS

Para crear un nuevo tema para debatir en el foro realizaremos la siguiente ruta: **Admin → Forums → Add forum**; y debería aparecernos la siguiente pantalla.

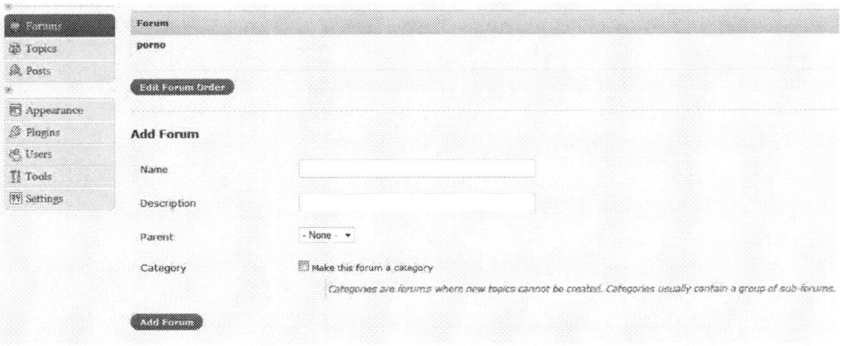

Figura 14.24. *Temas*

ACTIVIDADES 14.5

- Añadir tres nuevos temas a nuestro foro.

14.11 PUBLICACIÓN

En cuanto a la publicación de un comentario en los foros creados, su elaboración es muy sencilla: simplemente hay que ir a la página principal de bbPress, seleccionar un tema de los creados y aparecerá el apartado para poder enviar un nuevo *post* o comentario.

Figura 14.25. *Publicación*

Figura 14.26. *Publicación*

ACTIVIDADES 14.6

- Añadir dos nuevos comentarios a cada uno de los temas creados en las Actividades 14.5.

14.12 SINDICACIÓN DE CONTENIDOS

Una vez publicado el comentario podemos ver también un icono RSS para poder seguir todo lo referente al foro. RSS, *Really Simple Syndication*, un formato XML para sindicar o compartir contenido en la web. Se utiliza para difundir información actualizada frecuentemente a usuarios que se han suscrito a la fuente de contenidos. El formato permite distribuir contenidos sin necesidad de un navegador, utilizando un software diseñado para leer estos contenidos RSS (agregador). A pesar de eso, es posible utilizar el mismo navegador para ver los contenidos RSS.

14.13 COPIAS DE SEGURIDAD

Para hacer una copia de seguridad de todo lo hecho hasta ahora introducimos en el navegador la dirección de nuestro servidor de bases de datos PHPMyAdmin (Figura 14.27).

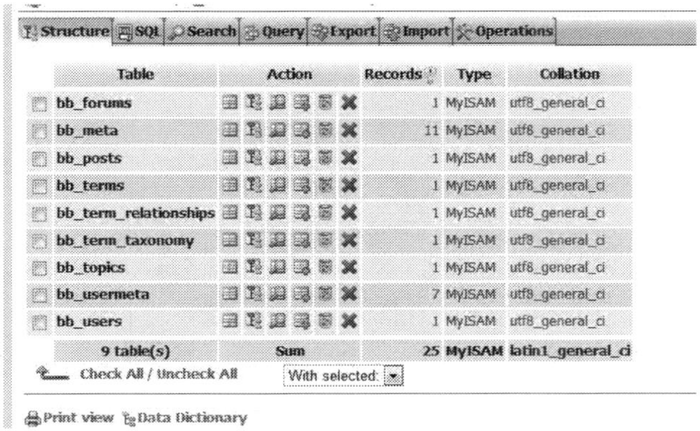

Table	Action	Records	Type	Collation
bb_forums		1	MyISAM	utf8_general_ci
bb_meta		11	MyISAM	utf8_general_ci
bb_posts		1	MyISAM	utf8_general_ci
bb_terms		1	MyISAM	utf8_general_ci
bb_term_relationships		1	MyISAM	utf8_general_ci
bb_term_taxonomy		1	MyISAM	utf8_general_ci
bb_topics		1	MyISAM	utf8_general_ci
bb_usermeta		7	MyISAM	utf8_general_ci
bb_users		1	MyISAM	utf8_general_ci
9 table(s)	Sum	25	MyISAM	latin1_general_ci

Figura 14.27. *PHPMyAdmin*

Seleccionamos las tablas de la base de datos que hemos creado y, acto seguido, la opción **Export** (Figura 14.28).

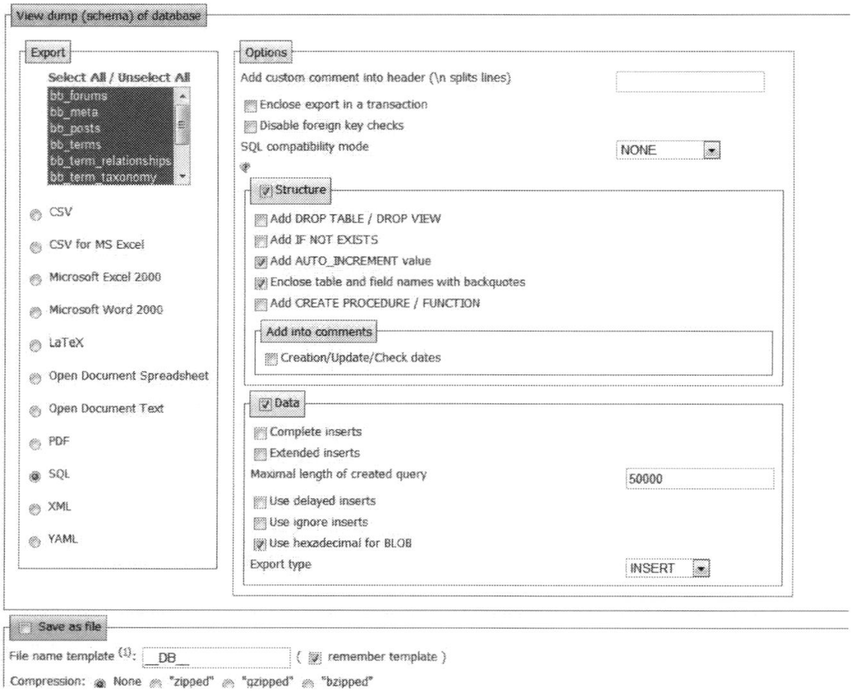

Figura 14.28. *Exportar*

Marcamos **Save as file** y pulsamos sobre **Go**. Debemos guardar el fichero *.sql* que crea, pues es la copia de seguridad de la base de datos.

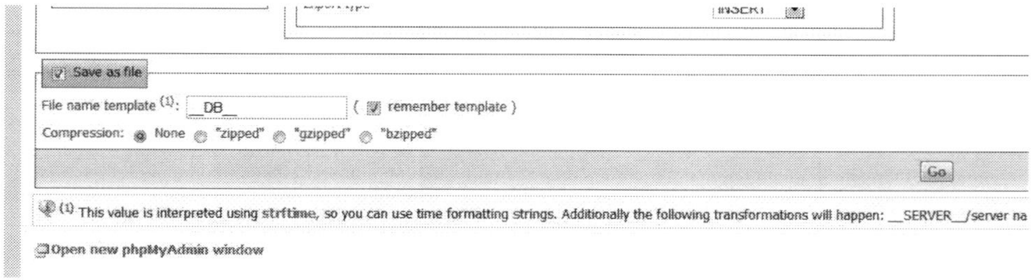

Figura 14.29. *Hacer copia de seguridad*

ACTIVIDADES 14.7

- Hacer una copia de seguridad del contenido de nuestra base de datos creada para nuestro foro.

14.14 SELECCIÓN DE MODIFICACIONES A REALIZAR

Para poder modificar un comentario escrito anteriormente hay que ir al comentario escrito y nos aparecerá la opción **EDIT** si queremos modificar el comentario que se ha subido anteriormente (Figura 14.30).

Figura 14.30. *Editar*

Si somos un usuario con privilegios también tendremos la opción de borrar el comentario (Figura 14.31).

Figura 14.31. *Borrar*

ACTIVIDADES 14.8

- De los comentarios insertados en las Actividades 14.6, elimine 2 de ellos y modifique otros 2. Haga capturas de todo el proceso seguido.

14.15 INCORPORACIÓN Y ADAPTACIÓN DE FUNCIONALIDADES

A la hora de poder incorporar o adaptar nuevas funcionalidades dentro de **Admin**, en la pestaña **Plugins** hay una variedad de **añadidos** para poder mejorar nuestro servidor de foros.

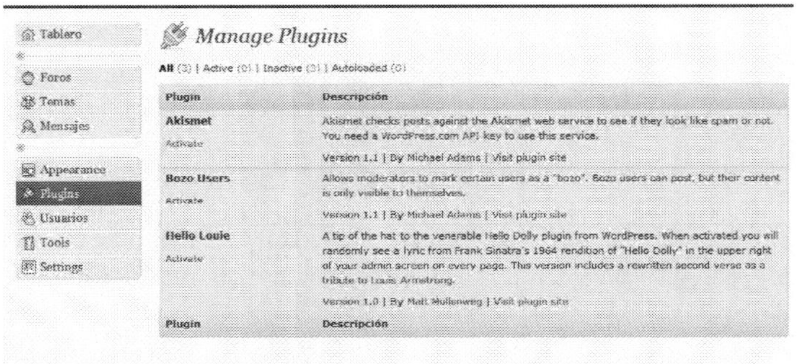

Figura 14.32. *Plugins*

ACTIVIDADES 14.9

- Instale un *plugin* que crea que es interesante para su foro. Haga capturas de todo el proceso seguido.

RESUMEN DEL CAPÍTULO

Los foros son una herramienta muy utilizada en la actualidad, hay foros de diversos temas: de hardware, de belleza, incluso hay algunos muy populares donde los usuarios añaden *links* de descarga para películas, series y programas.

En este capítulo nos hemos centrado en bbPress. BbPress es una herramienta "joven" pero con mucho potencial, debido principalmente a que es gratuita y extremadamente sencilla de utilizar. BbPress ha sido creado por los autores de WordPress y además de permitir la integración con blogs creados con dicha herramienta, permite también un funcionamiento en solitario.

A lo largo del capítulo hemos estudiado cómo descargarlo, instalarlo y configurarlo para que los usuarios puedan hacer sus aportaciones a nuestro foro.

EJERCICIOS PROPUESTOS

1. Defina con sus palabras qué es un foro.

2. ¿Conoce algún foro público? ¿Participa en alguno?

3. Dese de alta en algún foro que no sea de un compañero de clase. Hacer capturas de todo el proceso de alta seguido.

4. Busque información sobre bbPress en páginas en español.

5. Localice en Internet algún otro gestor de foros, ya sea de pago o gratuito. Muestre las ventajas e inconvenientes de cada uno de los encontrados.

TEST DE CONOCIMIENTOS

1 BbPress aparece en el año:

a) 1980.
b) 1987.
c) 1995.
d) 2008.
e) 2011.
f) Todas son ciertas.
g) Todas son falsas.

2 Los antecesores de los foros son:

a) BBS.
b) Usenet.
c) Netuse.
d) SBB.
e) Las respuestas *a* y *b* son ciertas.
f) Las respuestas *c* y *d* son ciertas.
g) Todas son falsas.

3 BbPress es:

a) Gratuito.
b) Gratis los 3 primeros foros, a partir del cuarto son de pago.
c) De pago.
d) De pago solo para empresas, para los usuarios comunes es gratis.
e) Todas son falsas.

4 Para instalar bbPress necesito tener:

a) El mejor equipo que haya en el mercado con la conexión más rápida existente.
b) Un servidor web con soporte PHP y MySQL.
c) Un equipo con Windows.
d) Un equipo con Linux.
e) Todas son ciertas.
f) Todas son falsas.

5 Para utilizar bbPress necesito tener:

a) El mejor equipo que haya en el mercado con la conexión más rápida existente.
b) Un equipo normal con una conexión normal.
c) Un equipo con Windows.
d) Un equipo con Linux.
e) Todas son ciertas.
f) Todas son falsas.

15 Sistemas operativos *on line*

OBJETIVOS DEL CAPÍTULO

- ✓ Definir el concepto de sistema operativo *on line*.
- ✓ Ver algunos ejemplos de sistemas operativos *on line*.
- ✓ Instalar y explotar un sistema operativo *on line*.

15.1 INTRODUCCIÓN

No cabe duda de que la aplicación más utilizada actualmente es el navegador web. Esto lleva a la deducción de que el actual Sistema Operativo de Disco será sustituido por el Sistema Operativo *On line*, el sistema operativo de Internet, donde todo depende de la Red de redes. La primera objeción a este cambio podría haber sido el hecho de que Internet en general suele ser más lento que el disco, sin embargo, eso está cambiando, ya que las conexiones de hoy permiten un acceso a datos estable y rápido, a lo que se ha añadido la gran cantidad de aplicaciones web que hemos visto en capítulos anteriores.

Todas las aplicaciones del Sistema Operativo *On line* dependen de Internet, por tanto, no es necesario bajar e instalar ningún tipo de programa, o en el caso que sea necesario, muy simple para el usuario. La actualización del software es automática, proporcionando una actualización permanente. Al hacer clic en **Guardar los datos** también son guardados en un servidor web. Muchos expertos especulan que esto traerá problemas de seguridad y privacidad.

Poco a poco la preocupación de que los datos se guarden en la red está siendo olvidada. La ventaja es que el Sistema Operativo *On line* tendrá el mismo aspecto en cualquier lugar desde donde sea accedido. El usuario tendrá el mismo escritorio en casa y en el trabajo, con todas sus configuraciones, favoritos, programas y documentos accesibles en todo lugar que tenga acceso a Internet. A continuación vamos a ver algunos ejemplos de estos Sistemas Operativos *On line*.

15.1.1 GOOGLE CHROME OS

Google Chrome OS es un proyecto llevado a cabo por la compañía Google para desarrollar un sistema operativo basado en web. Google Chrome OS es un sistema realizado con base en código abierto (núcleo Linux) y orientado inicialmente para *netbooks* (miniportátiles). Funciona sobre microprocesadores con tecnología x86 o ARM.

Google liberó el código fuente del proyecto Google Chrome OS en noviembre de 2009 bajo el proyecto Chromium OS, para incorporar la colaboración de la comunidad de software libre y ayudar en el desarrollo del proyecto.

El 7 de diciembre de 2010, Google anunció un programa piloto que consistió en enviar una computadora portátil llamada *Chrome Notebook (Cr-48)* sin coste alguno, a aquellas personas residentes en Estados Unidos que quisieran empezar a probar el sistema operativo Chrome OS. El computador contó con una conexión 3G, conexión Wi-Fi, una pantalla LCD de 12,1 pulgadas, cámara integrada, ratón multitáctil, y un teclado modificado especialmente para Chrome OS.

Figura 15.1. *Google Cr-48*

Chromebook: el 11 de mayo de 2011, en el evento Google I/O fueron presentados dos Chromebooks con Chrome OS como sistema operativo, fabricados por Samsung y Acer. Ambos Chromebooks cuentan con discos SSD, sin unidad óptica, ratón multitáctil, pantallas de 12,1 y 11,6 pulgadas, conexión Wi-Fi o 3G, y con baterías de larga duración de hasta 8,5 horas.

Los Chromebooks se comercializan con el sistema operativo Google Chrome OS, que utiliza el núcleo Linux y el navegador web Chrome y con un reproductor de medios integrado. Su tiempo de arranque medio es de 8 segundos y todos los contenidos, ya sean juegos, programas o documentos personales se actualizan al instante con el servidor de forma automática, siempre que se disponga de conexión, ya sea 3G o Wi-Fi, pudiendo acceder a toda la información desde cualquier punto o dispositivo compatible. Por otro lado, y al contrario de otras plataformas, el diseño de Chromebook está pensado para que se actualice solo, sin que el usuario tenga que realizar búsquedas manuales.

Al estar basado puramente en la nube, su capacidad fuera de línea es limitada. En lugar de que el usuario tenga que instalar software de la forma tradicional, los Chromebooks funcionan con aplicaciones que se pueden descargar desde el Chrome Web Store, ya sean gratuitas o de pago. Google afirma que gracias a la arquitectura multicapa, elimina la necesidad de tener ningún tipo de software antivirus. El sistema soporta dispositivos USB tales como webcam, ratones, teclados externos así como memorias flash con un funcionamiento muy similar al *plug and play* de otros sistemas operativos. Al estar enfocado en la navegación web, el teclado del Chromebook incluye varias teclas específicas para mejorar la experiencia en línea, tales como para controlar las ventanas que se abren, teclas de apertura y cierre del navegador y un botón de búsqueda rápida.

15.1.2 JOLICLOUD

Jolicloud es un sistema operativo basado en Linux y que actualmente se encuentra en su versión estable 1.2. El proyecto fue fundado por Tariq Krim en París, en 2009.

Jolicloud se construye sobre Ubuntu 10.04, pero está optimizado para ordenadores con especificaciones más limitadas en términos de capacidad de disco, memoria y tamaño de pantalla, es decir, está diseñado para funcionar sobre netbooks y se basa en paquetes de Mozilla Prism para ejecutar aplicaciones principalmente basadas en web. Para aplicaciones con versiones solamente para Windows utiliza el software Wine. Incluye soporte para Wi-Fi, *bluetooth* y 3G.

Jolicloud funciona sobre la mayor parte de *netbooks* de las principales marcas como Asus, Acer, Dell, MSI y Samsung. Por otro lado, Jolicloud asegura que su sistema operativo es compatible con el 98% de los *netbooks*.

15.2 INSTALACIÓN DE JOLICLOUD

Antes de instalar vamos a descargar el sistema, en primer lugar vamos a descargarlo de la web, para ello nos vamos a la página web *http://www.jolicloud.com/jolios/download*. Hay diferenciar 2 versiones: una para utilizarla conjuntamente con Windows (**Keep Windows**), en la que podemos elegir un sistema operativo u otro al arrancar el ordenador, y la versión en solitario (**Just Joli OS**) (Figura 15.2).

Figura 15.2. *Descargar de Jolicloud*

En nuestro caso hemos seleccionado la versión en solitario (Just Joli OS), por tanto, descargamos la ISO (es un archivo donde se almacena una copia o imagen exacta de un sistema de ficheros. Se rige por el estándar ISO 9660 que le da nombre) de este sistema operativo. Una vez tenemos la ISO descargada la grabamos en un CD con cualquier programa de grabación. Ya podemos instalar Jolicloud en nuestra máquina física (o en una máquina virtual). Para instalar este sistema operativo, nuestra máquina debe tener el arranque desde CD/DVD. En la primera pantalla que nos aparece seleccionamos **Instalar Joli OS** (*Install Joli OS*) (Figura 15.3), comenzará la carga de la instalación del sistema operativo (Figura 15.4). En la primera pantalla debemos establecer el idioma tanto para la instalación como para Jolicloud (Figura 15.5), en nuestro caso hemos seleccionado Español. En la siguiente pantalla hay que introducir la ubicación donde nos encontramos, para nuestra instalación hemos seleccionado Europa, España (Madrid) (Figura 15.6). Después de la ubicación debemos establecer la configuración de idioma del teclado a utilizar (Figura 15.7). Seleccionamos también España.

En la siguiente pantalla hay que seleccionar la unidad de disco/partición sobre la que vamos a instalar este sistema operativo (Figura 15.8), como hemos indicado al comienzo, la instalación va a ser en solitario, por tanto, seleccionamos **Borrar y usar el disco entero**. Ya solo queda la última pantalla de configuración, ahora debemos crear un usuario que tendrá privilegios de superusuario en nuestro sistema, además de proporcionar una contraseña para dicho usuario y un nombre al equipo en la Red (Figura 15.9). Hacemos clic sobre **Instalar** y durante unos minutos se instalará este sistema operativo en nuestro equipo. Una vez concluida la instalación (Figura 15.13) hacemos clic sobre **Reiniciar ahora** para comenzar a disfrutar de nuestro nuevo sistema. Antes de reiniciar el equipo debemos eliminar el medio con el que instalamos este sistema operativo en nuestra máquina (Figura 15.14) y pulsar **Intro**.

Figura 15.3. *Install Joli OS*

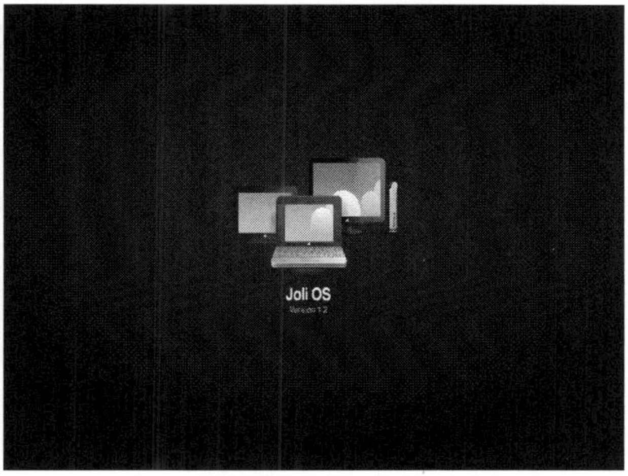

Figura 15.4. *Carga*

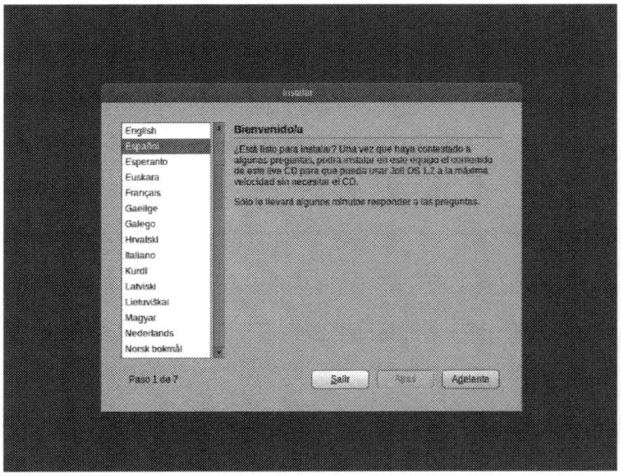

Figura 15.5. *Selección idioma*

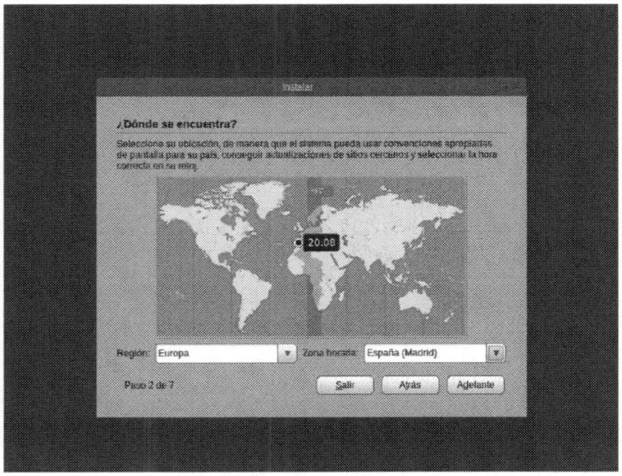

Figura 15.6. *Ubicación*

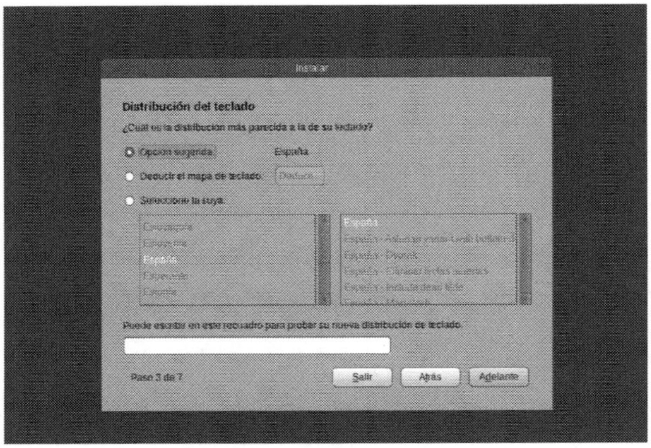

Figura 15.7. *Distribución de teclado*

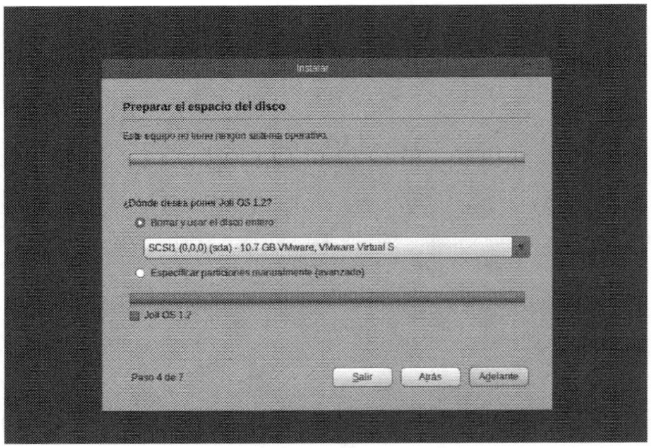

Figura 15.8. *Selección disco*

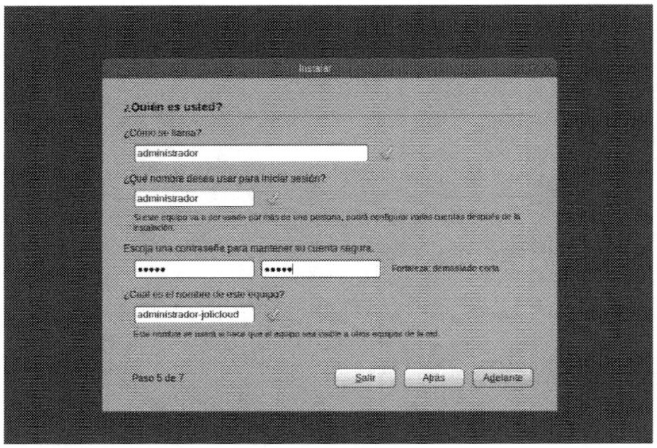

Figura 15.9. *Usuario*

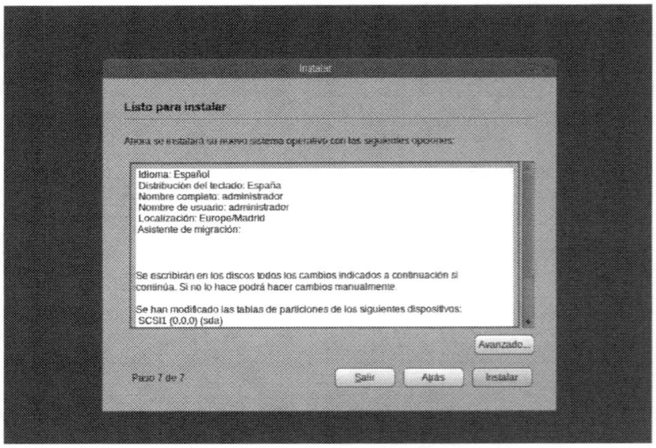

Figura 15.10. *Listo para instalar*

Figura 15.11. *Instalación*

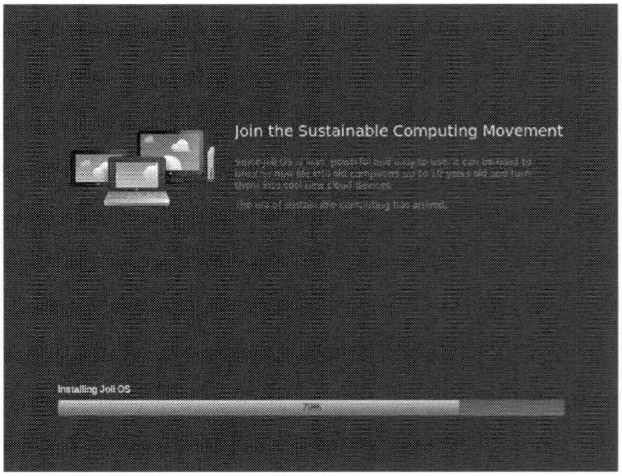

Figura 15.12. *Instalación*

Figura 15.13. *Instalación completada*

Figura 15.14. *Elimine medio instalación y pulse ENTER*

15.3 UTILIZACIÓN

Para utilizar este sistema operativo en primer lugar debemos identificarnos en el sistema, para ello introducimos los datos del usuario que hemos creado durante la instalación (Figura 15.15).

Figura 15.15. *Acceso al sistema operativo*

La primera vez que iniciamos la carga del sistema debemos rellenar una serie de información que nos pide. En primer lugar, debemos hacer *login* con una cuenta de Jolicloud o utilizando la cuenta de Facebook. En nuestro caso hemos elegido esta segunda opción ya que creamos una anteriormente.

Figura 15.16. *Login*

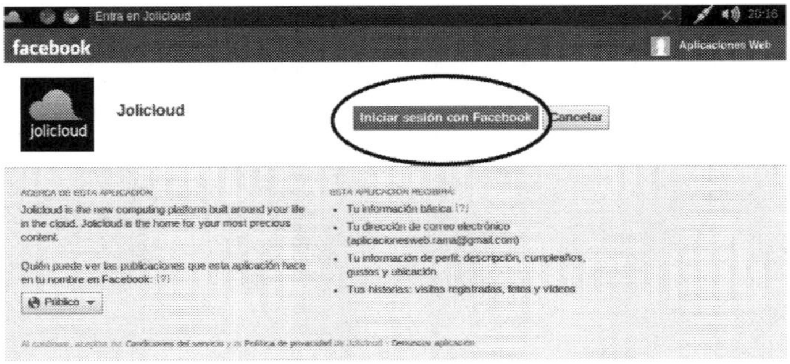

Figura 15.17. *Iniciar sesión con Facebook*

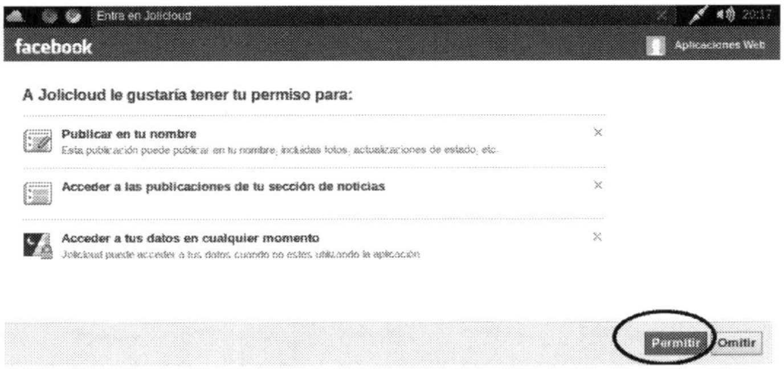

Figura 15.18. *Permitir sobre la cuenta Facebook*

También debemos configurar el tipo de equipo sobre el que acabamos de instalar el sistema operativo (Figura 15.19), especificar si es un equipo *desktop* (sobremesa), *laptop* (portátil), *netbook* (miniportátil) u otro equipo (Figura 15.20). A su vez debemos introducir un nombre para el dispositivo (Figura 15.21), el cual nos vendrá bien en caso de tener instalado Jolicloud en varios equipos.

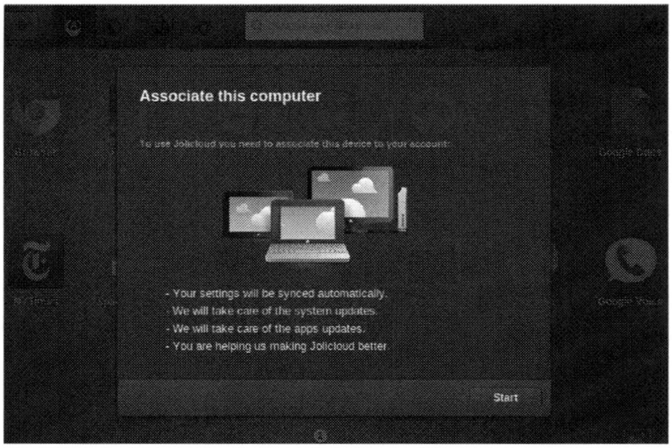

Figura 15.19. *Asociar Jolicloud a un equipo*

Figura 15.20. *Tipo de equipo que tenemos*

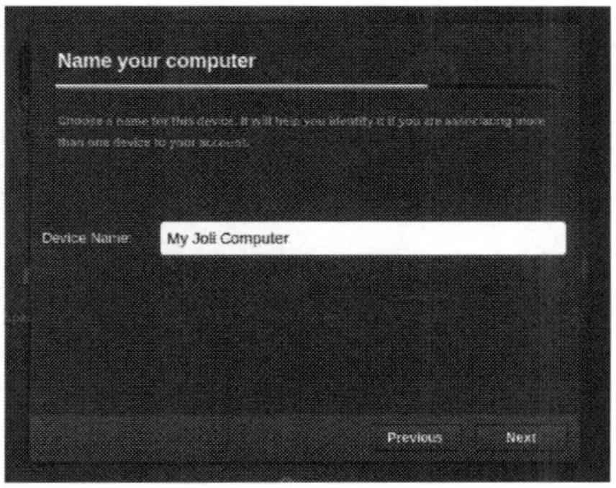

Figura 15.21. *Nombre del dispositivo*

Ya tenemos nuestro sistema operativo totalmente funcional, ante nosotros tenemos dos escritorios en los que nos aparecerán las aplicaciones instaladas, parecido al sistema Android (Figura 15.22).

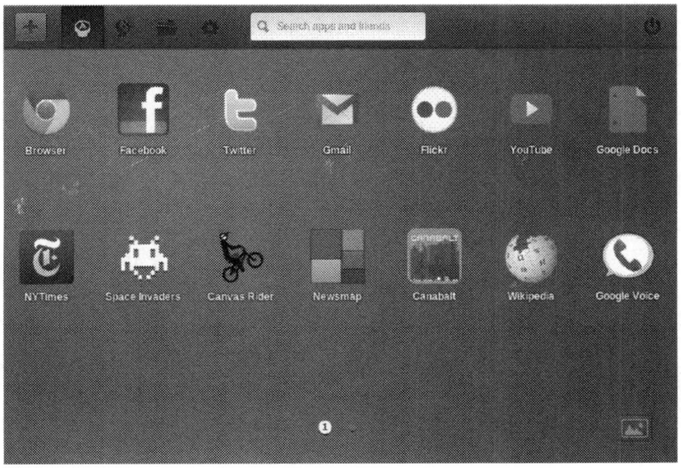

Figura 15.22. *Escritorio de Jolicloud*

En la parte superior izquierda aparece un icono verde con un signo más (+). Este icono sirve para agregar aplicaciones a nuestro sistema operativo (Figura 15.23). Las aplicaciones están organizadas en categorías (Figura 15.24). Para instalar una nueva aplicación tan solo debemos pulsar sobre ella y hacer clic en el botón **Add** (añadir) (Figura 15.25). La nueva aplicación añadida aparecerá en el escritorio (Figura 15.26).

Figura 15.23. *Añadir aplicaciones*

Figura 15.24. *Categorías de las aplicaciones*

Figura 15.25. *Add (añadir una aplicación)*

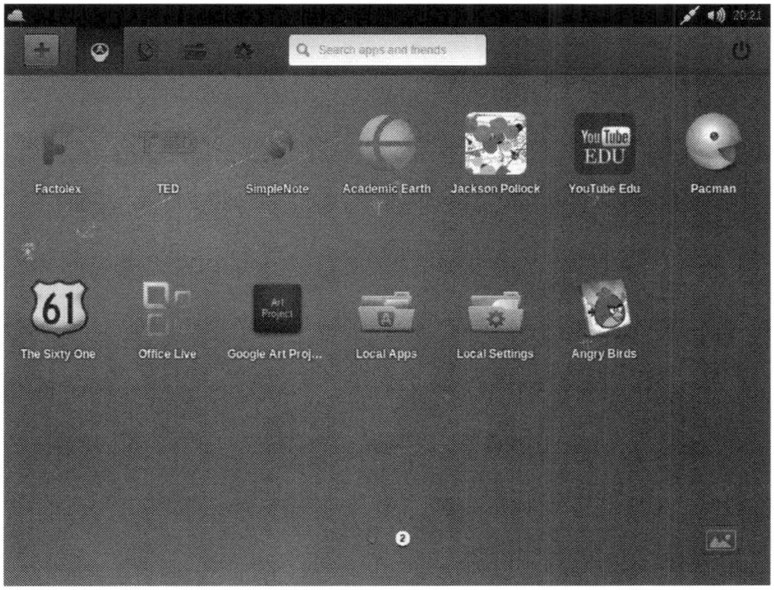

Figura 15.26. *Aplicación instalada*

Si queremos terminar la sesión con nuestro equipo tan solo debemos pulsar el botón apagado que aparece en la parte superior derecha de nuestro escritorio y nos aparecerá una ventana preguntando si queremos cerrar sesión (*Log Out*), reiniciar (*Restart*) o apagar (*Shut Down*).

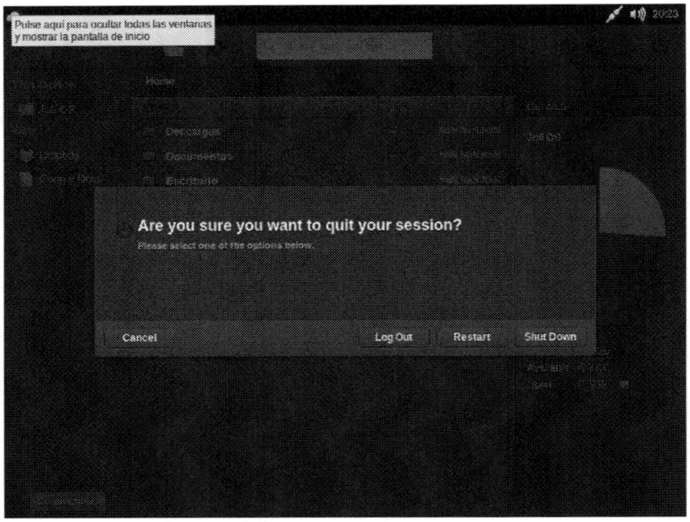

Figura 15.27. *Cerrar la sesión*

El sistema operativo además del escritorio (*dashboard*) y el botón más (+) (Figura 15.28), cuenta con otros iconos en la parte superior izquierda de la pantalla. A continuación de estos dos iconos comentados tenemos el icono *Stream* (Figura 15.29), relacionado con las redes sociales. Después tenemos el icono para el explorador de archivos (Figura 15.30), que nos va a permitir movernos tanto por el sistema de ficheros local como por los sistemas de ficheros web Dropbox o Google Docs. Para finalizar esta barra de botones, tenemos el botón **Configuración** (Figura 15.31), que nos permitirá establecer la configuración tanto de nuestra cuenta como de nuestro dispositivo.

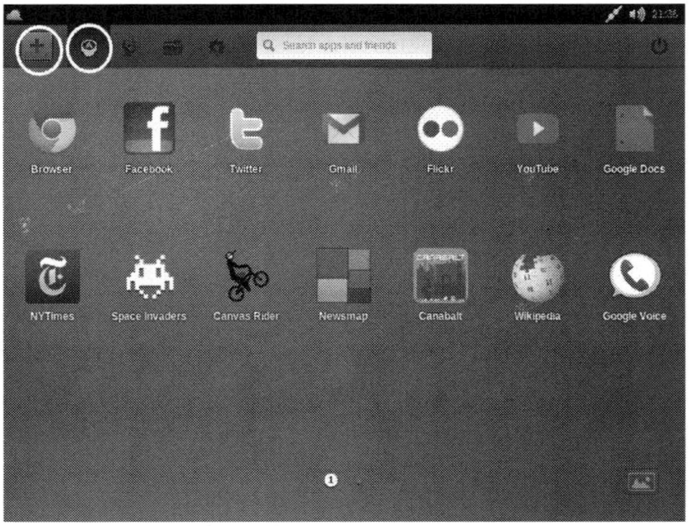

Figura 15.28. *Botón más (+) y escritorio (A)*

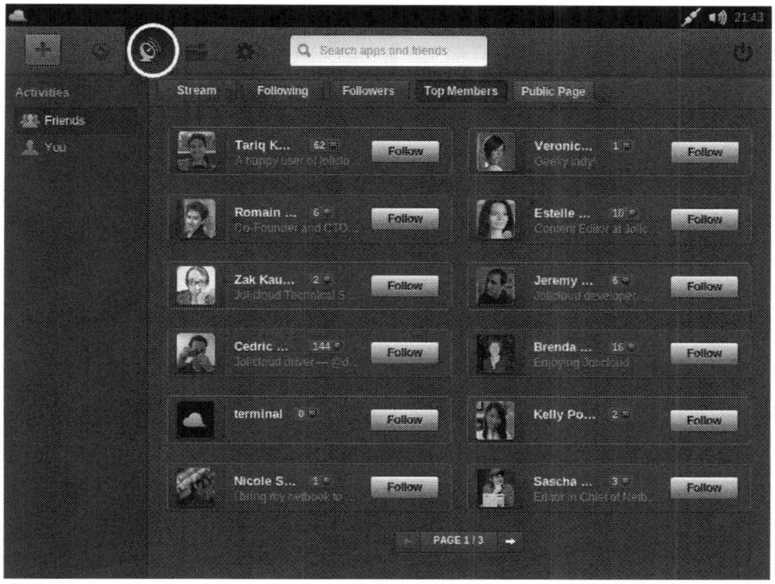

Figura 15.29. *Stream social*

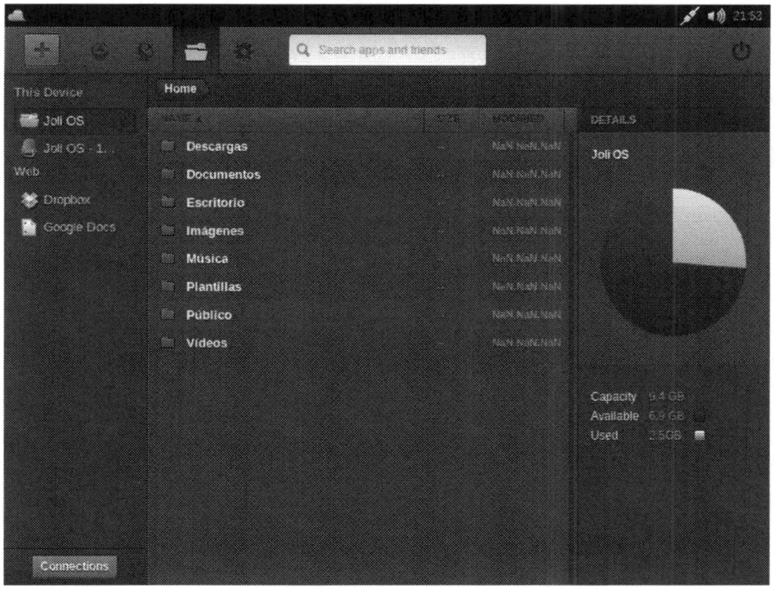

Figura 15.30 *Explorador de archivos*

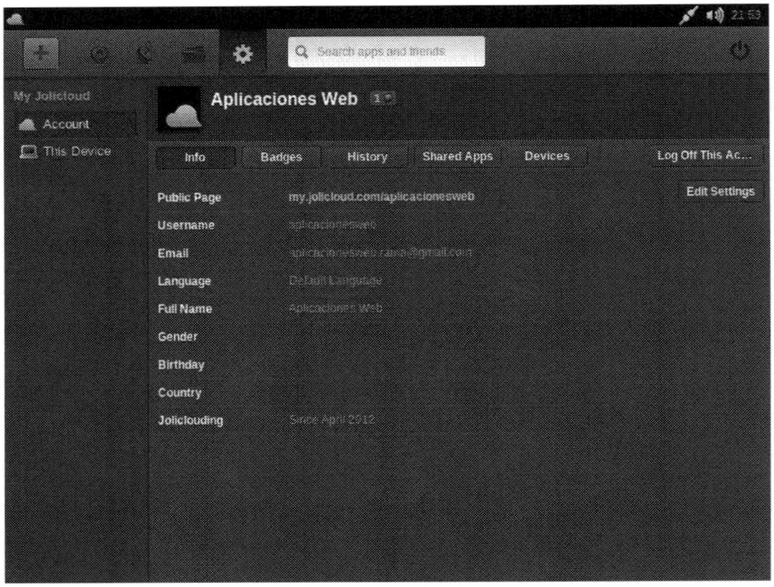

Figura 15.31. *Configuración*

Un último apunte de este sistema operativo: podremos acceder a él y sus recursos con tan solo iniciar sesión desde un navegador web (*http://beta.jolicloud.com/*), iniciando sesión con nuestra cuenta accederemos a los programas y recursos que tenemos instalados en nuestro sistema operativo local Jolicloud, de esta forma accedemos en modo *webtop* (ver Capítulo 10).

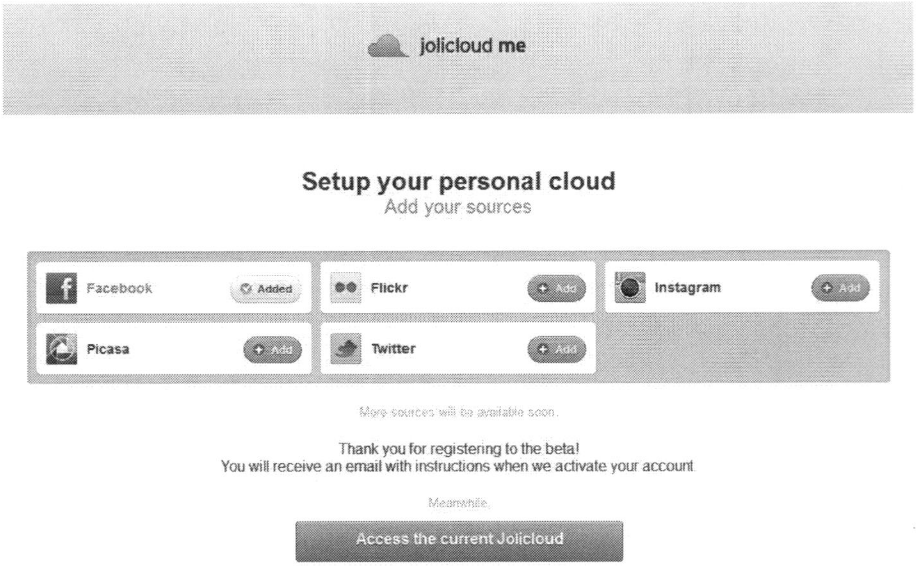

Figura 15.32. *Web de Jolicloud*

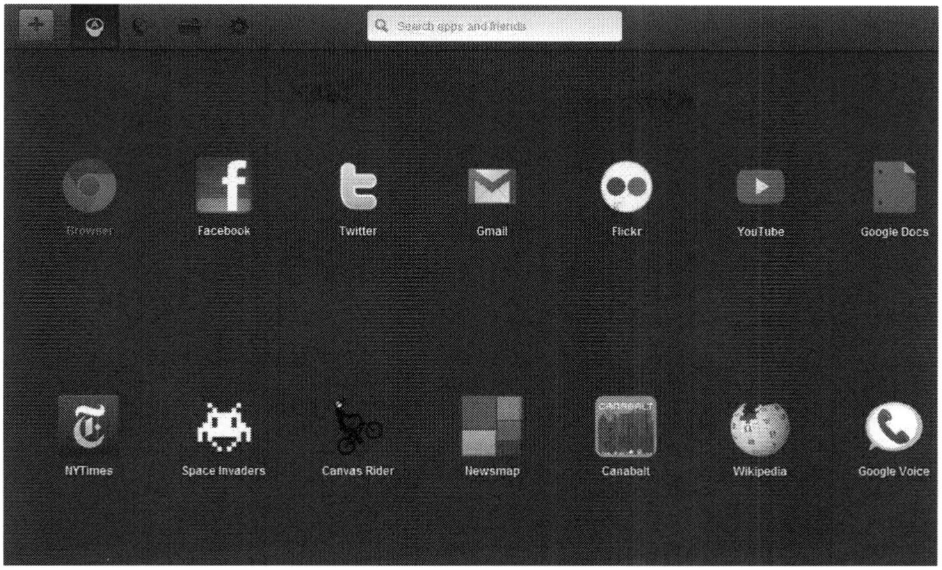

Figura 15.33. *Jolicloud desde el navegador*

RESUMEN DEL CAPÍTULO

En un capítulo anterior hemos visto las aplicaciones web, es decir, aplicaciones que ejecutamos a través de la web con la ayuda de un navegador. Pues bien, los sistemas operativos *on line* son la evolución de las aplicaciones web. Si necesitamos un sistema operativo para abrir un navegador y utilizar las aplicaciones, ¿por qué no hacemos un sistema operativo que sea ese navegador?

Ese es el concepto de sistema operativo *on line*, un equipo que inicia prácticamente al pulsar el botón de encendido, ya que no necesita cargar servicios ni programas al inicio, ya no necesitamos antivirus, ni software monitorizando el sistema, tan solo carga unos pocos controladores y un navegador web, desde ahí haremos todo.

La principal desventaja viene determinada porque para poder utilizar estos sistemas operativos necesitamos conexión continua a Internet, ya que sin esta Red, las máquinas con estos sistemas operativos sirven para poco.

EJERCICIOS PROPUESTOS

1. Una vez finalizado el capítulo, ¿qué ventajas e inconvenientes encuentra en los sistemas operativos *on line*?

2. Vista la tendencia actual con los *smartphones*, *tablets*, *netbooks*, etc., ¿cree que los sistemas operativos *on line* son el futuro de los sistemas operativos?

3. Localice en Internet otro sistema operativo *on line*. Plantee una memoria de instalación similar a la vista en el capítulo con Jolicloud.

4. En este capítulo se han visto dos fabricantes que han apostado por Chrome OS como sistema operativo para sus *netbooks*. ¿Existe algún otro fabricante que incorpore Chrome OS en sus máquinas? ¿Cuáles son sus características? ¿A qué precio?

5. Una solución que contentaría tanto a partidarios de sistemas operativos de disco como a los partidarios de los sistemas operativos *on line*, sería un sistema operativo híbrido, mezcla entre sistemas operativos tradicionales y sistemas operativos *on line*. ¿Existe alguno en la actualidad? ¿Cómo funciona exactamente?

TEST DE CONOCIMIENTOS

1 La aplicación de un sistema operativo más utilizada en la actualidad es:

a) Procesador de textos.
b) Visor de imágenes.
c) Navegador web.
d) Terminal.
e) Todas son falsas.

2 El código fuente del sistema operativo Chrome OS ha sido liberado bajo el proyecto:

a) Chromebook.
b) Google Chrome.
c) Chromium OS.
d) Chromium Web browser.
e) Todas son ciertas.
f) Todas son falsas.

3 El netbook de Chrome Cr-48 fue presentado en el año:

a) 2006.
b) 2008.
c) 2009.
d) 2010.
e) 2012.
f) Todas con falsas.

4 En 2011, en el evento Google I/O fue presentado el Chromebook del fabricante:

a) Asus.
b) Acer.
c) Samsung.
d) Toshiba.
e) Las respuestas *a* y *b* son ciertas.
f) Las respuestas *b* y *c* son ciertas.
g) Las respuestas *c* y *d* son ciertas.
h) Las respuestas *b* y *d* son ciertas.

5 El sistema operativo Jolicloud aparece en el año:

a) 2006.
b) 2008.
c) 2009.
d) 2010.
e) 2012.
f) Todas con falsas.

Material adicional

El material adicional de este libro puede descargarlo en nuestro portal Web: *http://www.ra-ma.es.*

Debe dirigirse a la ficha correspondiente a esta obra, dentro de la ficha encontrará el enlace para poder realizar la descarga. Dicha descarga consiste en un fichero ZIP con una contraseña de este tipo: XXX-XX-XXXX-XXX-X la cual se corresponde con el ISBN de este libro.

Podrá localizar el número de ISBN en la página 2 (página de créditos). Para su correcta descompresión deberá introducir los dígitos y los guiones.

Cuando descomprima el fichero obtendrá los archivos que complementan al libro para que pueda continuar con su aprendizaje.

INFORMACIÓN ADICIONAL Y GARANTÍA

- RA-MA EDITORIAL garantiza que estos contenidos han sido sometidos a un riguroso control de calidad.
- Los archivos están libres de virus, para comprobarlo se han utilizado las últimas versiones de los antivirus líderes en el mercado.
- RA-MA EDITORIAL no se hace responsable de cualquier pérdida, daño o costes provocados por el uso incorrecto del contenido descargable.
- Este material es gratuito y se distribuye como contenido complementario al libro que ha adquirido, por lo que queda terminantemente prohibida su venta o distribución.

Índice Alfabético

Símbolos

4shared, 185

A

Adobe Photoshop, 307
Agregador, 43
Apache, 67
Aplicaciones de Ofimática Web, 209
Aplicaciones Web de Escritorio, 229
Aptana Studio, 36
ASP, 32
ASP.NET, 33

B

Back-end, 101
bbPress, 339
Bitcasa, 183
Blog, 248
Blogger, 251
Blogroll, 247
Bookmark, 42
Box, 184
Brinkpad.com, 55

C

Cabecera, 248
Categorías/etiquetas, 250
Chromebook, 361
CloudMe, 232
CMS, 100
Cookie, 42
Correo web, 234
CSS, 27

D

Delicious, 48
Digg, 48
Dot.com, 42
Dreamweaver, 35
Dropbox, 183

E

Empressr.com, 56
Escritorio web, 230
Etiquetas CSS, 27

F

Facebook, 333
Feed, 42, 43
File Dropper, 184
Filelab, 60, 61
Flickr, 57, 307
Front-end, 101

G

Gadget, 42
Gmail, 242
Gmail Drive, 186
Goear.com, 265
Google Chrome OS, 360
Google Docs, 211, 212
Google Docs presentaciones, 55
Google Drive, 207
Google Sites, 58

H

Hojas de estilo, 27
HTML, 18

J

Javascript, 25
Jolicloud, 361
Joomla, 109
JSP, 33

K

Kaltura, 60

L

Lenguajes de marcas, 17

M

Marcadores sociales, 47
MediaWiki, 271
Memories On TV, 307, 321
Microsoft SQL Server, 38
Mister Wong, 48
Moodle, 145
Mozilla Thunderbird, 234
Myna, 62
MySQL, 37, 77

N

Neositios, 59
Nivio, 233
Notepad++, 35

O

Online Convert, 63
Oracle, 37

P

PDFaid, 63
Permalink, 251
Photoscape, 307
Photoshop, 326
Photoshop Express, 57
Photoshop Express Editor, 306, 308
PHP, 32
PHPMyAdmin, 83
Picasa, 57, 307, 312
Podcast, 42, 54
Post, 42
Python, 34

R

Roxer, 59
RSS, 43
Ruby, 34

S

Script de cliente, 25
Script de servidor, 31
Servicios de Gestión de Archivos Web, 181
Servidores virtuales, 17
Servidor web, 68
SGBD, 76
Sindicacion, 43
Sistema Gestor de Base de Datos, 76
Sistemas Gestores para Imágenes, 305
Sistemas Operativos On Line, 359
Site, 43
SkyDrive, 186
SlideFlickr, 307
SlideShare, 56
Snipshot, 58, 306
Soundation Studio, 62
Streaming, 54

T

Tag, 43
Template, 43
The Gimp, 307
Thinkfree Online, 211
Timeline, 43
Tuenti, 336

V

Vidcast, 43
Viddix, 61
Videocast, 43
Vodcast, 43

W

Web 3.0, 43
Wiki, 272
Wix, 59

X

XAMPP, 90

Z

Zamzar, 63
ZeroPC, 231
Zoho, 211

Impreso en Litográfica Ingramex S. A. de C. V.,
a través d e Grupo Editorial Neisa